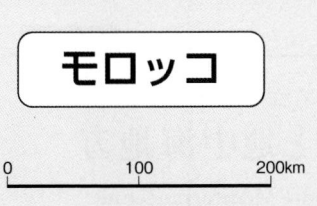

モロッコ

N

0   100   200km

イギリス
ドイツ
ウクライナ
フランス
スイス
ポルトガル
スペイン
ジブラルタル海峡
チュニジア
モロッコ
アルジェリア
リビア
エジプト
サウジアラビア
モーリタニア
マリ

N

モロッコ周辺図

JN029722

▶P.2

▶P.221

▶P.226
エッサウィラ
Essaouira

大 西 洋
Océan Atlantique

▶P.235
アガディール
Agadir
スース川
Oued Sous
マサ川
Oued Massa
▶P.243 ティズニット
Tiznit

▶P.238 シディ・イフニ
Sidi Ifni

Bouizakarne

カナリア諸島（スペイン領）
Îles Canaries

Lanzarote
Arreecife

Fuerteventura
Puerto Del Rosario

Las Palmas de
Gran Canaria

グールミン
Guelmim

Tan-Tan Plage

タンタン
Tan-Tan

タルフィヤ
Tarfiya

Disputed Border

ラアユーン
Laayoune

西 サ ハ ラ
SAHARA OCCIDENTAL

P.129

古都メクネスや、聖都ムーレイ・イドリス、古代ローマのヴォルビリス遺跡など、モロッコのなかで最も歴史、文化を感じられるエリアがここ。なかでも1200年の歴史をもつフェズは、マラケシュと並ぶ観光都市のひとつ。

P.251

文化が交わるコスモポリタンエリア
タンジェと地中海地方

Tanger et la Côte Méditerranéenne

海の玄関口が集まるだけあって、コスモポリタンな雰囲気のある町が多い。フェニキア時代よりヨーロッパとアフリカの交流中継地点として栄えたためか、今でも開放的な都市が残っている。

幻想的なシャウエン

P.183

ランカ

都であるラバトと、
済の中心地とし
栄え、空の玄関
もなっているカサ
ンカ。ここはモロ
でも有数の都
的解放感に満ち
れている。

スペイン
SPAIN

地中海
Mer Méditerranée

● タンジェ

● メリリャ

● シャウエン

ナドール

ヴォルビリス遺跡

● ラバト ● フェズ

● カサブランカ

メクネス

アル・ジャディーダ

モワイヤン・アトラス

ue

● サフィ

エルラシディア

ッサウィラ

● マラケシュ

ト・アトラス

エルフード

アイト・ベン・ハッドウ
Aït Ben Haddou

カスバ街道

ディール ●

ワルザザート

メルズーガ ●

● タルーダント

ザゴラ ●

● ティズニット

アルジェリア
ALGERIA

order

モーリタニア
MAURITANIA

地球の歩き方 E07　2019～2020年版

モロッコ
Morocco

地球の歩き方編集室

MOROCCO CONTENTS

出発前に必ずお読みください！ 旅のトラブルと安全情報…322

Column

歩き方の使い方

本書で用いられる記号・略号

読者投稿について

読者の方々の投稿文には、冒頭に ☑ マークを付け、末尾に（都道府県、名前、寄稿年度）を明記してあります。投稿内容につきましては、編集室で追加取材・調査を行うことを原則としています。調査済みの投稿に関しましては、（都道府県、名前、寄稿年度）のあとに ['19] と、再調査年度を添えています。

ACCESS：町への行き方
○：物件
→：参照ページ
MAP：参照地図ページ
住：住所
☎：電話番号
FREE：フリーダイヤル
FAX：ファクス番号
URL：ホームページアドレス
E-mail：e メールアドレス
日本：日本の問い合わせ先
料：料金
開：開館、営業時間
休：休館日、定休日
Pl.：Place（広場）
Ave.：Avenue（アベニュー）
Blvd.：Boulevard（大通り）

（マラケシュの局番）
0524

○メナラ空港
☎ (0524)44-79-10

ACCESS

マラケシュへのおもな行き方
▶カサブランカから
飛行機はモロッコ航空が1日6便ほど運航。所要50分、937DH～。
列車はカサ・ヴォヤジャー駅から ONCF が1日9本運行、所要約3時間、117DH～。
バスは CTM が1日9本運行、所要約3時間30分、95DH～。
▶▶ライトから
列車は ONCF が1日8本運行、所要4時間、133DH～。
バスは CTM が1日5～6本運行、所要約6時間、135DH～。
▶▶フェズから
飛行機はエアアラビア・モロッコが週3～4便運航。所要約1時間、291DH～。
列車は ONCF が1日7本運行、所要約7時間、188DH～。
バスは CTM が1日5～6本運行、所要約9時間、170DH～。
▶▶ワルザザートから
飛行機はモロッコ航空が週3便運航、所要約40分、304DH～。
バスは CTM が1日7本運行、所要約4時間、85DH～。スープラトゥールは1日2本運行、所要4時間30分、80DH。
▶▶タンジェから
飛行機はエアアラビア・モロッコが週3～6便運航。所要約1時間10分、260DH～。
列車は ONCF がアル・ボラァ（高速鉄道）を利用し乗り換え便を1日5便運行、所要約6時間、276DH～。
▶▶エッサウィラから
CTM のバスが1日1～2本運行、所要約2時間30分、80DH。スープラトゥールは1日7本運行、所要約3時間、80DH。
▶▶ザゴラから
エアアラビア・モロッコが週2～3便運航。所要約1時間、Jb0JH～。
※列車は直通運転の本数が

52

オリエンテーション

マラケシュの町は、**ゲリーズ Guéliz** と呼ばれる新市街、ジャマ・エル・フナ広場（以下フナ広場）を中心とした**メディナ Medina**（旧市街）、そして王宮のあるメディナの南側の**史跡地区**と、大きく3つに分けられる。

新市街には、メナラ庭園 Jardin Menara、マジョレル庭園 Jardin Majorelle があるほかはこれといった見どころは少ないが、かわいいモロッコ雑貨を扱うショップや、おしゃれなカフェやレストラン、大型複合施設などがどんどん建ち、まさに「現代のモロッコ」といった感じだ。一方、メディナは、広さ約600ha、北アフリカいちを誇り、約20万人が住む。大通芸人や屋台の集まるフナ広場を中心に、いろいろな店がひしめくスーク（市）が広がり、狭い道を人々が縦横に行き交う、モロッコ人の生活感たっぷりのエリアだ。終日やむことのない楽器の音や人々のにぎやかな声が、独特な空気を造り出している。モロッコでも最大規模といわれるメディナだけあって、その町並み、喧騒、雰囲気、それ自体が最大の観光ポイントだ。南側の史跡地区も実はメディナの一部だが、こちらは、宮殿や墳墓群、庭園など、歴史的な建築物が建ち並ぶいわゆる「観光エリア」となる。

マラケシュを観光するには最低でも2泊は予定しておこう。この町は、史跡を訪ね歩くというよりは、熱気あふれるメディナの雰囲気を味わう町。1日かけて、スークを迷い歩き、人々と言葉を交わしながら「モロッコ」を体感しよう。時間のない人は、これだけでも十分マラケシュを楽しんだことになる。だいたいの雰囲気と地理感覚がつかめてきたら、いわゆる見どころのポイント巡りだ。効率よく回るにはガイドと一緒に回るといい。史跡の説明する順序まで考えてガイディングしてくれる。

▲ゲリーズもピンク色で統一されている

▲メディナに網の目のように広がるスーク

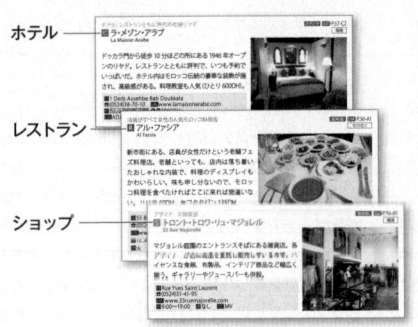

ホテル ——

ラ・メゾン・アラブ
La Maison Arabe

ドゥカッラ門から徒歩10分ほどの所にある 1946 年オープンのリヤド。レストランとともに評判で、いつも予約でいっぱい。ホテル内はモロッコ伝統の要素な装飾が施され、高級感があふれる。料理教室も人気 1Dから 6000円。

住 Derb Assehbe Bab Doukkala
☎(0524)38-70-10 **料** S www.lamaisonarabe.com

レストラン ——

アル・ファシア
Al Fassia

新市街にある、女性だけという老舗フェ ズ料理店。老舗といっても、店内は落ち着いたおしゃれな雰囲気で、料理のディスプレイもかわいらしい。味はお墨付きで、モロッコ料理を食べに行くとどこに来れば間違いない。サ料理 1307頃

住 Rue Yves Saint Laurent
☎(0524)31-41-95

ショップ ——

トロントトロワ・リュ・マジョレル
33 Rue Majorelle

マジョレル庭園のエントランスそばにある雑貨店。あ マディナ 広場内高品を見かり価格を提示するモ、イゲンスな物、市販品、インテリア用品も多い。ギャラリーやジュースバーも併設。

住 Rue Yves Saint Laurent
☎(0524)31-41-95
URL www.33ruemajorelle.com
開9:00～19:00 **休**なし **CC** MV

物件データ

S：シングルルーム　**D**：ダブルルーム
T：トリプルルーム　**Dm**：ドミトリー
CC：使用可能なクレジットカード
　A：アメリカン・エキスプレス
　D：ダイナース
　J：JCB カード
　M：マスターカード
　V：VISA カード
客室数：ホテルの客室数
📶：Wi Fi の有無

6

地図

- **H** ：ホテル
- **Ⓡ** ：リヤド（邸宅ホテル）
- **Ⓡ** ：レストラン
- **Ⓒ** ：カフェ
- **Ⓢ** ：ショップ
- **Ⓝ** ：バー、ナイトクラブ
- **Ⓑ** ：銀行
- **ⓘ** ：観光局、観光案内所
- **⊗** ：警察署
- ：城壁と門
- ：公園
- **♨** ：ハマム
- **☾** ：モスク
- ：イスラム墓地
- ：ユダヤ墓地
- ：キリスト教会
- ：オアシス、ヤシの林
- **🚕** ：タクシー乗り場
- **🚌** ：バス乗り場
  （CTM、民営バスなど）
- **✉** ：郵便局
- **☎** ：テレブティック（公衆電話）
- **✚** ：病院
- ：ガソリンスタンド
- **🎥** ：映画館

住所の表記について

各地域の見どころやホテル、レストランなどの施設の住所は、原則として都市名が省略してあります。郵便を出す場合は、掲載住所の後ろに都市名と国名（Morocco）を追加してください。

ホテル設備

- ：エアコン
- ：温シャワー
- ：テレビ
- **$** ：セーフティボックス
- ：コーヒーメーカー
- ：朝食付き、朝食料金
- ：昼食付き、昼食料金
- ：夕食付き、夕食料金
- **♨** ：ハマム

- ：トイレ
- ：水シャワー
- ：ドライヤー
- ：ミニバー
- ：暖房

ホテルの宿泊料金表示について

掲載しているホテルの料金は、ドミトリーを除きすべて1室当たりの料金です。

■掲載情報のご利用に当たって

編集部では、できるだけ最新で正確な情報を掲載するよう努めていますが、現地の規則や手続きなどがしばしば変更されたり、またその解釈に見解の相違が生じたりすることもあります。このような理由に基づく場合、または弊社に重大な過失がない場合は、本書を利用して生じた損失や不都合について、弊社は責任を負いかねますのでご了承ください。また、本書をお使いいただく際は、掲載されている情報やアドバイスがご自身の状況や立場に適しているか、すべてご自身の責任でご判断のうえでご利用ください。

■現地取材および調査時期

本書は、2019年3〜5月の取材調査データを基に編集されています。しかしながら時間の経過とともにデータの変更が生じることがあります。特にホテルやレストランなどの料金は、旅行時点では変更されていることも多くあります。したがって、本書のデータはひとつの目安としてお考えいただき、現地では観光案内所などでできるだけ新しい情報を入手してご旅行ください。

■発行後の情報の更新と訂正について

本書に掲載している情報で、発行後に変更されたものや、訂正箇所が明らかになったものについては『地球の歩き方』ホームページの「ガイドブック更新・訂正情報」で可能なかぎり最新のデータに更新しています（ホテル、レストラン料金の変更などは除く）。出発前にぜひ最新情報をご確認ください。

http://book.arukikata.co.jp/support

■本書の特徴

本書は、モロッコ各地の「歩き方」と「見どころ」を中心にホテル、レストラン、ショップ、旅をするうえでの注意事項などを紹介しています。おもに個人やツアーで旅行される方を想定し、できるだけ使いやすいものをと心がけて作りました。

地球の歩き方
GEM STONE 026
美食と雑貨と美肌の王国
魅惑のモロッコ

モロッコに魅せられた著者が贈る、モロッコビジュアルガイドの決定版。美しい写真と文章にモロッコの魅力が満載です。

たかせ藍沙／写真・文　ダイヤモンド社刊　¥1500＋税
ISBN978-4-478-07586-9

モロッコの基本情報

▶ 旅の言葉
→ P.332

▶ モロッコの歴史
→ P.328

正式国名
モロッコ王国　Kingdom of Morocco

国旗
赤色は預言者ムハンマドを象徴し、五芒星は「スレイマンの印章」を表している。

面積
44万6000km²（日本の約1.2倍）
※西サハラは除く

人口
総人口は3574万人（2017）。都市別人口ではカサブランカ、ラバト、フェズの順で多くなっている。

首都
ラバト Rabat

元首
ムハンマド6世 Mohammed VI国王

政体
国王を元首とする立憲君主国家

民族構成
アラブ人65%、ベルベル人30%、その他5%

宗教
国教はイスラム教（スンニ派がほとんど）

言語
公用語はアラビア語とベルベル語。フランス語も広い範囲で通用する。スペイン語や英語も都市部や若い世代には通じる。

通貨と為替レート

DH

▶ 物価と予算
→ P.302

●通貨
　基本通貨はディルハム DH。補助通貨はサンチーム C。1DH＝100 C。硬貨は5C、10C、20C、50C、1DH、2DH、5DH、10DHの8種類。
　紙幣は20DH、50DH、100DH、200DHの4種類。1DH＝11.3円（2019年6月12日現在）。

●両替
　両替は空港、市内の銀行、両替所、ホテルなどで可能。両替時にはパスポートの提示が必要。モロッコでは2008年から両替のレートが自由化された。ただ

し2019年6月現在、銀行と両替商の差はまだあまりない。どこで両替してもレシート（両替明細書）をくれる。端数（小銭分）は切り捨てられる場合もあるので、レシートの確認と保管を忘れずに。
　また、空港ではモロッコ・ディルハムの再両替を受け付けていない銀行が多く、両替はこまめに必要な分だけすることをおすすめする。
　ちなみにモロッコでは、ユーロでの支払いを受け付けているところも多い。遅い時間に到着する場合など、ユーロを持っていると安心。

| 200DH | 100DH | 50DH | 20DH |

| 10DH | 5DH | 1DH | 50C | 20C |

電話のかけ方

▶ 通信事情
→ P.320

日本からモロッコへの電話のかけ方　　**例** ラバト（0537）12-34-56へかける場合

国際電話会社の番号	国際電話識別番号	モロッコの国番号	市外局番（頭の0は取る）	相手先の電話番号
001（KDDI）※1 **0033**（NTTコミュニケーションズ）※1 **0061**（ソフトバンク）※1 **005345**（au携帯）※2 **009130**（NTTドコモ携帯）※3 **0046**（ソフトバンク携帯）※4	**010**	**212**	**537**	**12-34-56**

※1「マイライン・マイラインプラス」の国際通話区分に登録している場合は不要。詳細は、www.myline.org
※2 auは005345をダイヤルしなくてもかけられる。
※3 NTTドコモは事前にWORLD WINGに登録が必要。009130をダイヤルしなくてもかけられる。
※4 ソフトバンクは0046をダイヤルしなくてもかけられる。
※携帯電話の3キャリアは「0」を長押しして「＋」を表示し、続けて国番号からダイヤルしてもかけられる。

日本からモロッコまでの直行便は就航していないので、ヨーロッパ、中東などの第三国での乗り換えが必要となる。パリ、アブダビ、ドバイ、カタールなどを経由し、所要時間は約18時間〜。ヨーロッパまで行き、ヨーロッパ発の格安航空会社（LCC）を使うという方法もある。

日本からの フライト時間

▶モロッコへの道
→P.306

日本国籍で3ヵ月以内の滞在はビザ不要。パスポートの残存有効期間はモロッコ入国時に3ヵ月以上必要。かつて、飛行機でモロッコに入国し、タンジェからスペインにフェリーで渡る観光客の出国が拒否されるという事例があったが、ICパスポートの普及によりほぼなくなっている。

入出国

▶入国と出国
→P.309

気候

▶地理と気候
→P.327

マラケシュと東京の気温と降水量

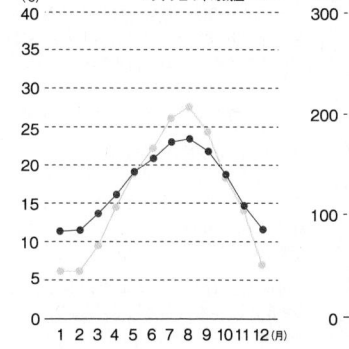

- 東京の平均気温
- マラケシュの平均気温
- 東京の降水量
- マラケシュの降水量

※東京の気温および降水量は、東京管区気象台のデータ。マラケシュの気温および降水量は、モロッコ観光局資料より。
※平均気温は東京に近くても、朝夕は冷えるので注意。

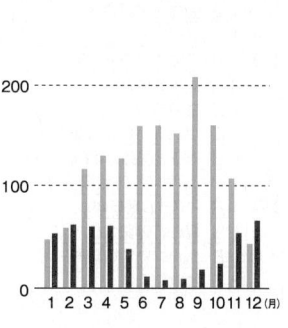

▲モロッコは地域によって寒暖の差が激しい

モロッコから日本へかける場合　　(例) (03) 1234-5678 または (090) 1234-5678へかける場合

| 国際電話識別番号 00 ※1 | + | 日本の国番号 81 | + | 市外局番と携帯電話の最初の0を除いた番号 3 または 90 | + | 相手先の電話番号 1234-5678 |

※1 公衆電話から日本にかける場合は左記のとおり。ホテルの部屋からは、外線につながる番号を頭につける。

▶電話のかけ方
市内電話は、3つ星以上のホテルやテレブティック（公衆電話店）からかけられる。公衆電話はコイン式とテレホンカード式がある。詳しくは P.320 を参照のこと。

時差とサマータイム

　日本より－8時間。かつては日本より－9時間で、サマータイム時のみ－8時間だったが、2018年10月に通年でサマータイムを継続することが決定。念のため渡航前に最新の情報を確認のこと。

日本	モロッコ（－8時間）
15：00	7：00

ビジネスアワー

　金曜はイスラム教徒の祈りの日であるため、営業時間がほかの曜日と異なる。またラマダン中も営業時間が短くなる。

●官庁
月～金曜　8:30 ～ 16:30

●商店
月～金曜　8:00 ～ 19:00
※ただし、場所によって異なるうえ、昼間でも人がいないことが多いので、事前に確認を。新市街は土・日曜休み、旧市街メディナは金曜の休みが多い。

●銀行
月～金曜　8:00 ～ 16:30
土・日曜は休み
※銀行により時間が違う。午前中が確実。

モロッコのおもな銀行
＊マグリブ銀行 Bank Al-Maghrib
＊モロッコ大衆銀行 Banque Populaire
＊BMCE 銀行 BMCE Bank　など

▲店の看板もフランス語が多い

▲ATMが普及しているので便利

祝祭日 (2019)

▶ モロッコ各地の祭り
　→ P.341

1 月	1 日	新年
	11 日	独立宣言記念日
5 月	1 日	メーデー
6 月	5 日	ラマダン明けの祭り※
7 月	30 日	国王即位の日
8 月	12 日	犠牲祭※
	14 日	ウェッド・ダハブ奪回記念日
	20 日	国王と国民の革命記念日
	21 日	ムハンマド6世誕生日
9 月	1 日	イスラム暦新年※
	6 日	緑の行進記念日
11 月	10 日	ムハンマド生誕祭※
	18 日	独立記念日

(2019)

　ラマダン明けの祭りと犠牲祭前後の1週間は、多くのモロッコ人が大都市から地方に移動する。鉄道、長距離バス、グランタクシーは大混雑するうえ、料金も高くなるので、予定を立てるときは注意が必要。

■イスラム暦の問い合わせ先
（法）イスラミックセンタージャパン
〒 156-0041 東京都世田谷区大原 1-16-11
☎ (03)3460-6169
URL www.islamcenter.or.jp

※の付いた日はイスラム暦に基づく休日。毎年変わる。また、月の満ち欠けにより多少前後するので注意。

税 関

TAX

●持ち込み制限
　免税の範囲は、たばこ 200g（200本）、蒸留酒 1ℓ、香水 150mℓ、オードトワレ 250mℓ まで。ビデオなどの電化製品は税関に申告し、申告済みのスタンプをもらうこと。

●持ち出し制限
　美術品、アンティーク品などをモロッコ国外に持ち出す場合、モロッコ文化庁発行の証明書が必要。モロッコディルハムは 2000DH まで持ち出し可能。

▲幾何学模様のタイルは町のあちこちにある

●電気
110Vと220V、50Hz。110Vは古い建物にまれにあるが、たいがいは220V。プラグタイプは丸穴ふたつのCタイプ。ただし、安ホテルにはコンセントがないことも。

●ビデオ＆DVD
モロッコのビデオ方式はSECAM、DVDのリージョンコードは5。日本のビデオ方式はNTSC、リージョンコードは2。再生するにはハードとソフト両方の方式が同じである必要がある。

電気＆ビデオ

飲料水

飲料用には、商店やキオスクでミネラルウオーターを購入したほうがいい。そのほか、レストランでペットボトルの水を購入することも可能。500mℓで4DH程度。

チップ

モロッコはチップ大国。ホテルではランクやサービス内容にもよるが、ポーターに宿泊数×10DH程度。レストランはサービス料が含まれている場合はチップの必要はないが、含まれていない場合は料金の5〜10%が目安に。ガイドへのチップは→P.22。

郵便

日本への郵便料金は、封書（20ｇ）で18DH。到着までに最低1週間はかかる。大きな荷物を送るときは、国際宅配サービスを行っている大きな郵便局へ行こう。荷物は封をしないで持って行き、局員に中身をチェックしてもらい、包み代を支払う。
例えば1kgの品物を日本へ送る場合、かかる日数や運ぶ手段によって200〜500DH程度。マラケシュやフェズなどの観光都市では、荷物をパッキングしてくれるところもある。

●郵便局 PTT
URL www.poste.ma

▲マラケシュのPTT

安全とトラブル

観光国であるモロッコは、アフリカ大陸のなかでも治安はよいほうだ。ただし、警察の取り締まりにより減ってきたとはいえ、いまだ存在する悪質な自称ガイドやスリ、引ったくりには十分気をつけよう。また、女性に対するセクハラも多い。特に日本人女性はだましやすいといわれているので十分注意すること。

●緊急時の電話番号
警察…**19** 消防・救急…**15**

●在モロッコ日本国大使館
Ambassade du Japon
住 39 Ave. Ahmed Balafrej, Souissi, Rabat Royaume du Maroc
☎ (0537) 63-17-82 〜 84
FAX (0537) 75-00-78

▶ トラブルと安全情報 →P.322

年齢制限

ラマダンや宗教的な祭日（ムスリムのみ）以外は、18歳以上であれば、飲酒や喫煙は特に禁止されていない。ただし人前での飲酒は控えること。観光都市にあるバーなどは問題ない。

その他

モロッコの通貨リアル RIALは50年前に廃止され、現在はほとんど使われていない。しかし、地方の小規模店でいまだに単位として使われることがあるほか、メディナ内でも硬貨はなくとも口頭で使用されることがある。日本の「銭」のような使い方だ。
※ 1DH=100C=20RIAL。

モロッコの基礎知識

Morocco Basic Knowledge

モロッコは、北アフリカで人気の観光地のひとつ。しかし、実際はどのような国なのか、あまり知られていないのが実情だ。基本的な知識を事前に頭に入れ、旅を有意義なものにしたい。

{ 位置 } 日の没する大地「マグレブ」の1国

一般的に北西アフリカのモロッコ、アルジェリア、チュニジア、リビアを総称して「マグレブ」と呼ぶ。マグレブとは「西方」または「日の没する大地」の意。スペインからは高速船で1時間程度。まさにヨーロッパからアフリカへのゲートウエイといえる。

エッサウィラのサンセット

{ 地理 } ひと口では語り尽くせない表情豊かな大地

モロッコの面積は日本の約1.2倍。国土のほぼ中央には、北から順に4つの山脈が走っている。なかでもオート・アトラスは4000m級の高い峰が連なり、これが国の気候を大きく二分。北西部は肥沃な平野が広がる穀倉地帯で、南東部は砂漠とオアシスの世界が広がる。

マラケシュから砂漠地方へはオート・アトラス山脈を越える

{ 気候 } 日没後は涼しくなるので上着が必須

内陸から地中海沿岸にかけては四季があり、冬の山岳地帯では積雪も見られる。気候は概して温暖で過ごしやすいが、1年を通じて寒暖の差がある。降水量は全体的に極めて少ない。4〜5月、10〜11月が雨季、6〜9月が乾季といった区別が一応存在する。

{ 宗教 } ムスリムがほとんど

ジュラバを着た女性

モロッコでは国民のほぼ全員がスンニ派のイスラム教徒。キリスト教など、ほかの宗教者もごく少数いるが、それらのほとんどが外国人で構成されている。かつてはユダヤ教徒も住んでおり、今も多くのメディナ内にはメッラハ（ユダヤ人街）が残っているが、その多くはイスラエルの建国にともない移住していった。

{ 町の仕組み } メディナ（旧市街）と新市街で構成

モロッコの町のほとんどは、7世紀にアラブ人が侵入してきたときに造られたメディナ（旧市街）と、19世紀になってその周辺に発達した新市街に分かれている。そしてメディナこそ、モロッコらしい世界を見せてくれる観光ポイントだ。

フェズの旧市街フェズ・エル・ジェディド

フェズの新市街

ヴォルビリスのある北西部は比較的温暖な穀倉地帯

砂漠は特に昼夜で寒暖の差が激しい

｛ 人口比率 ｝ アラブ人とベルベル人が共存

民族はアラブ人が65％、ベルベル人が30％。しかし、民族交配が進み、ベルベル系アラブ人、アラブ系ベルベル人などが多く、はっきりした数字とはいえない。モロッコは若者の数がとても多い国。旅行中に感じるエネルギッシュなパワーは、ここから来ているのかもしれない。

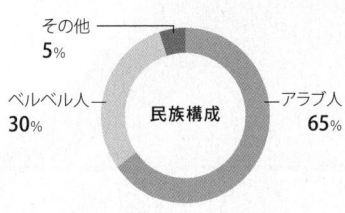

その他 5％
ベルベル人 30％
民族構成
アラブ人 65％

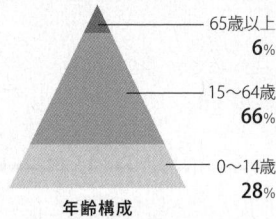

65歳以上 6％
15〜64歳 66％
0〜14歳 28％
年齢構成

｛ あいさつ ｝ 男女で異なるので注意したい

男性同士 ♂
右手で握手をしたあと、自分の胸に手を置く。親しい間柄ならライト・キスも交わす。

女性同士 ♀
右手で握手を交わしたあと、親しい間柄であればライト・キスを1〜2回。

男性と女性 ♀♂
右手で自分の心臓部分に手を当てたあと、右手で握手。親しい間柄ならライト・キスも行われる。

｛ タブー ｝ 宗教、王室関係は注意

・国王および王室の批判
・宗教に関する誹謗、中傷
・公衆の面前での卑猥な行為
・一般女性の撮影
※あとになってチップを請求されることも。なるべく仲よくなってからにしよう。

異教徒は入ることのできないモスクも多い

｛ 食事 ｝ イスラムの戒律に気をつけよう

イスラム教のため、アルコールと豚肉は禁止されている。ただし、旅行者を対象にしたレストランなどで飲食することは可能。それらは基本的に、メディナ内ではなく、新市街や高級ホテル内にある。

｛ 治安 ｝ 比較的旅のしやすいムスリムの国

年間1000万人以上の観光客が訪れる人気観光地だが、スリや置き引きなどのほか、女性へのセクハラが多数報告されている。在モロッコ日本国大使館の在留邦人向け安全の手引きはとても参考になるので、旅行前の一読をおすすめする。
URL www.ma.emb-japan.go.jp/pdf/ryoji/anzen-tebiki-ma.pdf

基本的に人々はとても親切

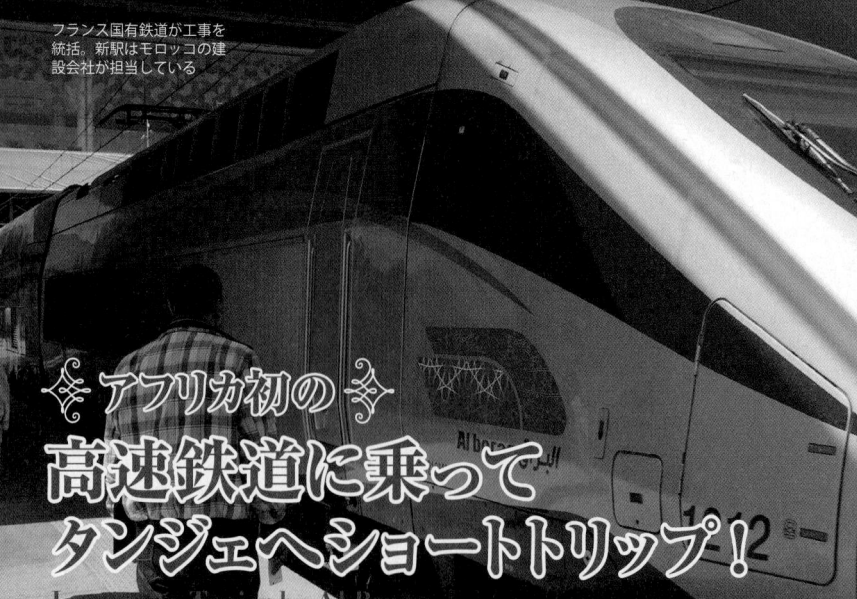
フランス国有鉄道が工事を統括。新駅はモロッコの建設会社が担当している

◈ アフリカ初の ◈
高速鉄道に乗って
タンジェヘショートトリップ！
Journey to Tanjer by Al Boraq

2018年、カサブランカ～タンジェ間に高速鉄道 LGV（通称アル・ボラク）が開通。5時間かかっていた道のりがわずか2時間に短縮され、気軽にタンジェを訪れることができるようになった。アフリカ初の高速鉄道に乗って知られざるタンジェの魅力に出合う旅に出かけよう。

8:00 カサ・ヴォヤジャー駅を出発！

LGV が発着するのはカサ・ヴォヤジャー駅（カサ・ポール駅ではないので注意）。ターミナルは LGV 開通に伴い新たに建設された、非常にモダンな建物だ。ショップやレストラン、カフェも入っている。建物の2階で、在来線含め乗車券の購入が可能。

旧駅の隣に建設された新カサ・ヴォヤジャー駅

 車内はこんな感じ

LGV の1等車。幅の広いシートでたいへん快適

シートにはコンセントを完備。Wi-Fi はない

カフェテリア（食堂車）では軽食を取ることができる

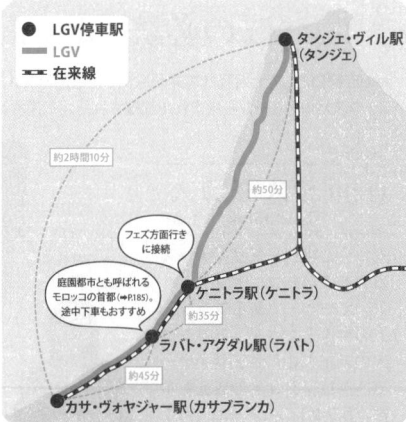

凡例
● LGV停車駅
━━ LGV
━━ 在来線

タンジェ・ヴィル駅
（タンジェ）

約2時間10分

約50分

フェズ方面行き
に接続

庭園都市とも呼ばれる
モロッコの首都（→P.185）。
途中下車もおすすめ

ケニトラ駅（ケニトラ）
約35分

ラバト・アグダル駅（ラバト）
約45分

カサ・ヴォヤジャー駅（カサブランカ）

❧ 10:10 タンジェ・ヴィル駅に到着

タンジェ・ヴィル駅は新市街の東に位置し、市街地までは約10分、プチタクシーで15～20DH。駅周辺は新開発エリアで、5つ星ホテルやショッピングモールが建ち並ぶ。エキゾチックさには欠けるので、泊まるならメディナ内の宿がおすすめだ。

駅周辺では開発工事が進んでいる

のどかな景色を
楽しんでいると
あっという間

❧ 10:30 人気リヤドにチェックイン

少し早いが、リヤドにチェックイン。部屋がまだ用意できていない場合は、荷物を置いて観光に出かけよう。見どころはメディナ周辺に集まっているので、郊外でなければ、徒歩ですべてアクセスできる。

デザイナーが手がけただけあり内装はすばらしい

おすすめ宿 リヤド・ラ・メゾン・ブランシュ
Riad La Maison Blanche（→ P.260）

モロッコ人オーナー、アジズさんの営む人気のリヤド。内装がそれぞれ異なる洗練された客室はフランス人デザイナーによるもの。アンティークの調度品もおしゃれだ。ルーフトップテラスからの景色は圧巻で、メディナを一望できる。

客室にはそれぞれモロッコに関わる有名人の名が付けられている

タンジェにようこそ！

15

タンジェの必訪スポット巡りへ!

海の玄関口として大規模な開発が進んでいる港町タンジェは、モロッコのどの町とも異なる雰囲気をもつ。
ミックスカルチャーから生まれた洗練された人気スポットの数々を訪ねてみよう。

11:00 ラス・チカス
Las Chicas →P.263

モロッコならではの雑貨を集めてます!

モロッコ中からデザイナーズ雑貨を集めたコンセプトストア。オーナーであるフランス人のヤスミンさん、モロッコ人のアイダさんもデザイナーで、自社ブランドの商品も多数。カフタン、バブーシュ、バッグなど、かわいらしいデザインの商品が揃う。

オーナーのひとり、ヤスミンさん

1、2階にそれぞれ3部屋あり2階にはカフェも併設

12:00 エル・モロッコ・クラブ・カフェテラス
El Morocco Club Café Terrace　MAP P.256-A1

タンジェの有名な高級モロッコ料理店が手がけるカジュアルなカフェ。樹齢100年のイチジクの木の下で、タジンやクスクス(金曜のみ)のほか、サンドイッチやキッシュなどが楽しめる。朝食やランチはカフェテラスで、ディナーはレストランがおすすめ。

季節の野菜サラダと4種のチーズのキッシュ

シェフの作るおいしい料理が食べられる

14:00 ギャルリ・コニル
Galerie Conil →P.263

ローカルアーティストの育成にも熱心

タンジェのアートシーンを牽引する著名なギャラリー。メディナ内に3軒あり、モロッコやアフリカ人アーティストの優れた作品を展示・販売している。オーナーはフランス人男性のコニルさん。

優れた作家の作品を厳選して展示している

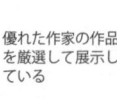

ディスプレイにもこだわっている

16:00 タンジェ・アメリカ公使館協会
Tangier American Legation Institute
→ P.258

メディナの必訪ポイント。ポール・ボウルズに関する展示や、モロッコのモダンアート、モロッコとアメリカの歴史に関わる資料など、興味深い展示物がセンスよくディスプレイされている。歴史のある建物もじっくりと堪能したい。

タンジェに住んでいたアメリカ人作家ポール・ボウルズに関する展示

建物自体も魅力的なのでゆっくり時間をかけて観賞したい

現代アートも展示している

コースに含まれる料理のすべて。料理はもちろんおいしいが、自家製ジュースが特に絶品！

寡黙な料理人が腕を振るう

19:00 サヴール・デュ・ポワッソン
Saveur du Poisson
→ P.262

昔ながらの伝統料理を食べていって！

タンジェでシーフードといえばこちら。創業30年の老舗で、リフ地方の伝統的な料理を食べさせてくれる。メニューはコース（写真参照）のみで、どれも美味。オーナーのハッサンさんをはじめスタッフは皆ぶっきらぼうだが、気のいい人ばかり。

オーナーのハッサンさん

20:00 レ・フィス・デュ・デトロワ
Les Fils du Détroit
→ P.262

カスバの片隅で40年以上も続く老舗のカフェ。毎日18:00を過ぎるとプロのミュージシャンが集い、アラブ - アンダルース音楽のセッションが行われる。かつてミック・ジャガーもジャムセッションに参加したという。ミントティーを片手にすばらしい演奏を楽しもう。

店名は"海峡の息子"という意味

プロの演奏が気軽に聴ける穴場スポット

ミュージシャンが入れてくれるミントティー

砂漠&マラケシュを楽しむ

弾丸5泊8日
よくばりモデルプラン!

メディナに砂漠に世界遺産。駆け足スケジュールだって、
こんなにモロッコを楽しめる。さあ、今すぐ出発だ!

Day1〜2 モロッコに到着!
その日のうちにマラケシュへ

日本を出発して、翌日の午後にはカサブラン
カに到着。すぐに向かえば18:00頃にはマラケ
シュだ。短い日程だからこそ、豪華リヤド（➡
P.36）に宿泊するのがおすすめ。

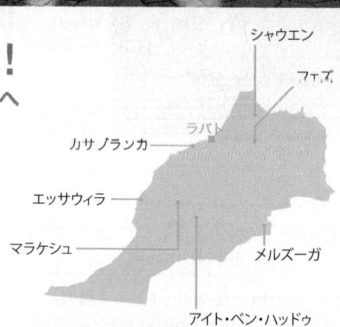

> シャウエン
> ファズ
> ラバト
> カサブランカ
> エッサウィラ
> マラケシュ
> メルズーガ
> アイト・ベン・ハッドゥ

12:45 ムハンマド5世空港
（カサブランカ）に着

13:55 空港から
列車に乗る
入国までに1時間
以上はかかると考
えておこう
➡ P.197

15:35 カサ・ヴォヤジャー駅で
乗り継いでマラケシュへ

18:14 マラケシュ駅に到着
リヤドのスタッフがお出迎え

モロッコ文化を体験できる豪華リヤドでくつろぎ
ステイを（❷リヤド・エニヤ→P.72）

Day 3

モロッコの代名詞
マラケシュを散策!

ショッピングに見どころ巡り、モロッコ料理を堪能するなど、はずせないお楽しみをこの1日に効率よく詰めこむ。朝から行動してマラケシュを楽しもう!

10:00 ジャマ・エル・フナ広場 ➡ P.65

オレンジジュースで疲れた体をリフレッシュ

民族音楽バンドと記念撮影

11:00 メディナの見どころ巡り

スーク周辺に見どころが集まっている

私設ミュージアムが続々オープン!

必見のダール・エル・バシャ博物館

14:00 スーク ➡ P.64

スークに入る前に昼食を済ませよう

スークでおみやげを物色

おしゃれな店が急増中

19:00 ジャマ・エル・フナ広場の屋台
➡ P.65

夜こそフナ広場の真髄が見られる

Day 4~6

いざ砂漠へ! ➡ P.22
マラケシュ発2泊3日ツアー

砂漠エリアを効率よく周遊するなら、旅行会社のツアーに参加するのがいちばん。道中も大自然が織りなすダイナミックな景観や世界遺産など見どころがいっぱい!

アトラスを越えて砂漠エリアへ

世界遺産アイト・ベン・ハッドゥ
(→ P.100) を見学

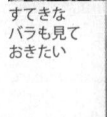

すてきなバラも見ておきたい

メルズーガで憧れのサハラ砂漠へ

Day 7~8

マラケシュからカサブランカへはチャータータクシーで所要3~4時間、約1000DH

マラケシュから
カサブランカの空港へ

チャータータクシーで 8:00 にマラケシュを出発すると、カサブランカに着くのは 11:00。午後の便で出発すれば、翌日日本に到着する。これなら、ギリギリまでモロッコを楽しめるはず。

➡ プラス何日? アレンジプランも!

19

プラス＋ 1 Day マラケシュから日帰りで エッサウィラへ → P.226

芸術家が集まるエッサウィラに日帰り旅行へ。滞在時間は4時間半だが、十分この町の雰囲気は味わえる。

8:00 マラケシュからバスで エッサウィラへ → P.227

> バスは
> スープラ
> トゥールが
> おすすめ

バス会社はいくつかある

↓

11:00 エッサウィラ到着

メディナ内にもしゃれたカフェが多い

↓

11:30 メディナを散策

> フォトジェニックな稜堡(→P.229)やズラリと並んだシーフード屋台、みやげ物屋をぶらり

昔ながらの雰囲気を残したメディナ

歴史ある城塞は撮影ポイントとしても人気

↓

15:30 バスでマラケシュへ

↓

18:30 マラケシュへ到着

プラス＋ 3 Day マラケシュから フェズ＆シャウエンへ → P.131、271

マラケシュよりもさらに古い歴史をもつ都市フェズと、憧れの"青い町"シャウエン。個性的な2都市を楽しむ！

1日目 移動

終日移動だが、列車から流れる窓の景色を楽しもう。この日の最後は豪華なリヤド滞在で締めくくりたい。

10:00 マラケシュから列車で フェズへ → P.133

> フェズへはスープラトゥールや国内線で行くこともできる

立派な外観のマラケシュ鉄道駅

↓

16:35 フェズ到着

> 駅からリヤドへの道順の確認を忘れずに

メディナが永遠と続くかのよう

↓

17:00 リヤドへ

伝統的な建築技法で建てられた
🏨リヤド・フェス (→ P.39)

2日目 | 1000年続く 古都フェズを巡る

2日目は丸1日フェズ観光に費やそう。
見どころにたどり着けなくても、ただ町を
歩くだけでも満喫できるはずだ。

9:00 ブー・ジュルード門 → P.141

メディナへのメインゲート

9:15 メディナを迷い歩き

革製品を扱うタンネリ・ショワラ

狭い道ではロ
バが運送手段

見事な門構
えの王宮

12:00 昼食

メディナにある**R**ダ
ール・タジン（→ P.
152）でおいしいモ
ロッコ料理！

13:00 スークで買い物

迷うことこそこの町の楽しみ

スーク内を
ぶらぶらしながら
探そう

サボテンの
ドライフラ
ワー

18:00 リヤドへ

あまり遅くならずに
リヤドへ戻ろう！

3日目 | "青い町" シャウエンを散策

青で統一された町並みが人気の山あいの町。
小さな町なので1泊でも十分楽しめる。

7:00 フェズからバスで シャウエンへ
↓
11:00 青い町を散策

不思議な青の世界を堪能

鮮やかな青い壁
の家々が山肌に
広がる

どこを向いてもただひ
たすら青の世界

町の人々はとても親切

↓
18:00 宿へ

ホテルのイン
テリアも青！

4～5日目 | 移動

7:00 チャータータクシーで ムハンマド5世空港へ
↓
13:00 空港着
↓
15:00 日本へ

アイト・ベン・ハッドゥ、
メルズーガ大砂丘
を巡る

マラケシュ発

2泊3日 砂漠ツアー に出発！

要塞化された住居カスバ。大自然が織りなす峡谷。
静寂の地である砂漠……。3日間で
このすべてを訪れる究極のプラン。

1日目

アトラス山脈を越えて
アイト・ベン・ハッドゥ、
ワルザザートへ

マラケシュ
1日目 アイト・ベン・ハッドゥ
エル・ケラア・ムグナ
トドラ峡谷
3日目
ワルザザート 2日目
メルズーガ

都市部と砂漠地帯を分ける
アトラス山脈を越える
→ P.88

9:00

都市と砂漠を分けるア
トラス山脈。酔いやす
い人はアトラス越えの
前に酔い止め薬を飲ん
でおこう。

いよいよ車でマラケ
シュを出発。現地発
だからこそ、必ず事
前に待ち合わせ場所
を確認し、担当者の
連絡先を控えておく
こと。

アトラスを越えたら昼食。ツアーで利
用するレストランは旅行者にも安心だ。

砂漠ツアーへのアドバイス

ツアー代金

ツアー代金は申し込む人数によって変わる。
例えば現地旅行会社「クスール・ヴォヤージュ」
の場合、P.22～26へのツアーはひとりだと
7580DHだが、4人集まると2990DH（ひとり）
といった具合に。ツアーメイトを旅行会社が
募集していることもあるので確認を。

チップ

カフェやトイレでチップが必要になることが多い。5～
10DHを多めに準備しておこう。下記はチップの目安。
●ドライバー → 1日150DH～
※ツアーメイト全員で割勘して渡してよい
●ラクダの案内人 → 20～50DH
●ホテルのポーター＆ルームサービス→ それぞれ10DH程度
●カフェ → 2～5DH

13:00

モロッコいち美しい村
世界遺産アイト・ベン・ハッドゥ
➡ P.100

迷路のようになったアイト・ベン・ハッドゥ内を探索しよう。ドライバー兼ガイドの解説も必聴！

歩いてアイト・ベン・ハッドゥへ。道の脇にあるみやげ物屋を抜けると、徐々にその全景が見えてくるはず。

川渡りを手伝うからチップを頂戴ね！

周辺には同様のカスバが点在しており、別のカスバに立ち寄ることもできる。

砂漠への起点
ワルザザート
18:00
➡ P.95

ワンポイントアドバイス　ワルザザートでお酒を買って、翌日の夜に砂漠で飲む！なんてのも最高！

ワルザザートで1日目は終了。追加料金でホテルのグレードを上げることもできる。

23

2日目

オレンジと青が作る美しいコントラストの世界 いざメルズーガ大砂丘へ

砂漠へ向けて出発！

8:00

ワルザザートを出発。前日までに何時出発か確認を。ホテルで朝食を取る時間も考慮すること。

旧50DH札にも描かれたスコーラ（→ P.115）のカスバ「アムリディル」をバックに記念撮影しよう。

バラの町
エル・ケラア・ムグナ
→ P.115

10:00

ロッククライミングの聖地
トドラ峡谷 → P.114

13:00

バラの香りに包まれる、バラの名産地「エル・ケラア・ムグナ」で休憩＆ショッピング。

おみやげのローズ製品をお買い物。ツアーだからこそ、みんなでまとめ買いすれば価格交渉も可能！？

トドラ峡谷では、誰もが巨大な岩壁に圧倒される。また、ここまで来るカスバ街道の景観も美しい。

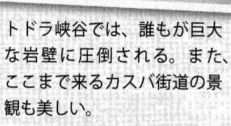

冷たい川で水遊びを楽しもう。

ドライバーは旅の心強い味方さ！

メルズーガ大砂丘 → P.124

アトラス山脈付近で取れた化石の加工場を見学。ここでは加工手順を説明してくれる。ショップも併設。

**ワンポイント
アドバイス**

カメラは砂漠撮影用に
バッテリー残量を
考えて使おう

メルズーガからは夕焼けのなかをラクダに乗って1時間でテントに到着する。このときこそシャッターチャンス！

夜はテントでモロッコ料理に舌鼓。料理人が作るハリラ、タジンなどのモロッコの定番料理はたいへん美味

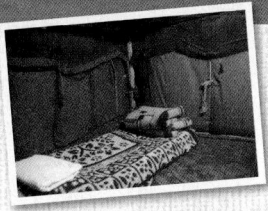

テントの中は意外に快適。テント泊のほか、砂丘目の前のホテルに宿泊するアレンジも可能。

そして砂漠の夜は
更けてゆく……

**ワンポイント
アドバイス**　カメラの防塵用にビニール
袋の用意をしておこう

まるで遊牧民
になった気分！

4:40

砂丘に昇る朝日に魅せられる

朝日が昇る時間を確認するのを忘れずに。小高い砂丘に登るのも、おすすめの観賞方法のひとつ。

3日目

1日かけてメルズーガ大砂丘からマラケシュへ

毎朝ベルベルの子供がテント前でお店を開店。どれも一点物ばかり

ワンポイントアドバイス 朝晩の砂漠は思いのほか冷え込む。防寒具は必須！

メルズーガに別れを告げて帰路へ 10:00

ラクダでロッジまで戻ってきたあとは、マラケシュへ向けて出発。消耗したバッテリーはロッジで充電可能。

途中、昼食のほかショップなどに立ち寄ることも。時間次第で立ち寄る場所は変更される。

往路とは違ったルートでマラケシュへ向かう。広大な自然や素朴な風景は、撮影ポイントの宝庫。

マラケシュに到着 21:00

この日の宿はあらかじめ予約しておいたほうがよい。1日目の集合場所か各ホテルにて解散。

取材協力 **クスール・ヴォヤージュ**
Ksour Voyages (→P.97)

ワルザザートにあるクスール・ヴォヤージュなら現地在住の日本人が対応してくれる。モロッコ国内での信頼が厚いので、何かあったときも安心して頼れる。マラケシュ発2泊3日ツアーのほかに多数のツアーを取り揃えており、アレンジをすることも可能だ。

メルヘンチックな青い世界に迷い込む

シャウエンで 不思議な町歩き

ティスーカ、メッグというふたつの峰に抱かれた町シャウエン。町の東を清流が流れる自然豊かなこの町は、イスラムの聖域として長く閉ざされていた歴史を持つ。それゆえ、今でも秘境的な雰囲気が残され、人々の昔ながらの穏やかな暮らしが垣間見られる。すべてが青で塗られたメディナで、まるで童話のような世界に迷い込もう。➡ P.271

Wandering about
Blue Town of Chefchaouen

1. シャウエンは高地にあるためジュラバを着用する人が多い 2. メディナ内には共用の水道が点在する 3. カラフルな鉢植えがある階段は人気の撮影スポット 4. 人々は穏やかで、昔ながらの生活を営んでいる

Ⓐ ハウタ広場 Pl. Hawta

中心にかわいらしい泉のあるフォトジェニックな広場。わざわざ絵の具を持ち込んで写生をする人も多い。

水色からディープブルーまでさまざま

ウタ・エル・ハマム広場周辺には民芸品店も多い

扉ももちろん青

町を歩いていると童話の世界に迷い込んだかのような不思議な感覚に陥る

Ⓑ カスバ Kasbah

展示物自体はそれほどでもないが、ここの楽しみはカスバから望むシャウエンの景色。

カラフルなコットン製品を売る店

Ⓒ ウタ・エル・ハマム広場 Pl. Outa El Hammam

大きな杉の木が目印の、メディナのへそともいえる広場。観光客向けのカフェやレストランが並ぶ。町歩きの拠点にもなるので覚えておこう。

どこを切り取っても絵になる

シャウエンはすてきな町よ!

オンサー門
Bab El Onsar

Ⓔ ラス・エル・マ
Ras El Maa

ハウタ広場
Pl. Hawta Ⓐ

ウタ・エル・ハマム広場
Pl. Outa El Hammam
Ⓒ
カスバ
Kashah Ⓑ

デブナット・エル・マクゼン広場
Pl. Debnat El Makhzen

アイン門
Bab El Ain

スペイン・モスク
Spanish Mosque Ⓓ

🏛 共同釜

※アイン門から
ラス・エル・マまで
徒歩で30分程度

0   50   100m

28

スペイン・モスクへ続く山道からの景色

おばあちゃんも
かわいらしい

メディナには
猫がいっぱい

人が穏やかなのでここで買
い物をするのもおすすめ

D スペイン・モスク
（ジャマ・ブザアファ）
Spanish Mosque (Jamma Bouzaafar)

高台にあり、シャウエンの町を見渡す大
パノラマを楽しめる。特に夕暮れ時とも
なれば多くの観光客でにぎわう。

タジン鍋などの陶器を
商う店

写真を嫌がる人が多い
ので気をつけよう

E ラス・エル・マ Ras El Maa

町歩きに疲れたら、オンサー門を抜けラス・エル・
マの清流へ。涼を求めて、あるいは洗濯をしにやっ
てきた地元の人々でにぎわっている。川に沿って点
在するカフェでほっとひと息。

Column 伝統的な共同釜

メディナには、人々がパンを焼く古い共同釜が点在し、な
かには16世紀にまでさかのぼる古いものも。共同釜とし
て使われる一方、クッキーやパ
ンを焼いて販売もしている。休
憩用に素朴な味わいのクッキー
を買って食べるのもおすすめ。

世界遺産を巡る旅

Journey to World Heritage Sites in Morocco

9つもの世界文化遺産を擁するモロッコ。
今なお人々が暮らしている旧市街そのものが
遺産となっているケースが多く、
1000年以上もの歴史をもつフェズや、
モロッコ最大のスークをもつ
マラケシュのメディナなどはその代表格だ。

※各遺産の和訳名は本文記事と合わせたため、
ユネスコの登録名称とは一部異なる

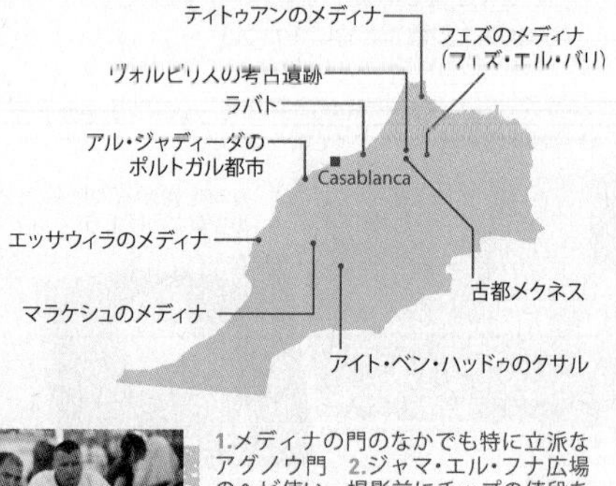

ティトゥアンのメディナ
フェズのメディナ
（フェズ・エル・バリ）
ヴォルビリスの考古遺跡
ラバト
アル・ジャディーダの
ポルトガル都市
Casablanca
エッサウィラのメディナ
古都メクネス
マラケシュのメディナ
アイト・ベン・ハッドゥのクサル

1.メディナの門のなかでも特に立派な
アグノウ門　2.ジャマ・エル・フナ広場
のヘビ使い。撮影前にチップの値段を
確認しよう　3.昼間のジャマ・エル・フ
ナ広場は比較的閑散としている

3

1

2

伝統音楽グナワ
を聴いていって！

30

ようこそ
マラケシュへ！

4.日が暮れると徐々ににぎわい始める
ジャマ・エル・フナ広場　5.きらびやか
な工芸品が美しいスークエリア 6.史跡
地区にあるサアード朝の墳墓群 7.メ
ディナを見守るクトビア・モスク 8.夕
方以降に営業を始めるジャマ・エル・フ
ナ広場の屋台　9.昔ながらの市場が見
られるマラケシュのスーク　10.真鍮製
品のスーク、スーク・アッタリーン

人々のエネルギッシュなパワーを肌で感じる

マラケシュのメディナ

1985年
登録

Medina of Marrakech　　　➡ P.58

　メディナの中心であるジャマ・エル・フナ広場ほど、アラ
ブのメディナのなかで旅人を楽しませてくれる場所はないだ
ろう。特に夜、巨大な屋台街へと変貌した広場では、激しい
呼び込み、大道芸の音楽、ときには地元の人の喧嘩まで……
と喧騒が絶えない。毎日深夜まで続く宴は、モロッコの代名
詞にして象徴となる光景だ。

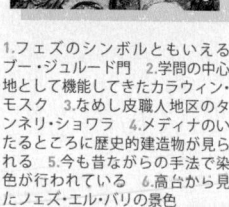

1000年以上の歴史をもつモロッコ文化の中心地

1981年登録

フェズのメディナ（フェズ・エル・バリ）

Medina of Fèz

➡ P.136

　城壁の門をくぐり一歩足を踏み入れると、カオスな世界が目の前に広がる。細い路地を行き交う人々、店の呼び込み、朽ち果てたかのような細いトンネル。それらの力にほとんどの旅行者は一度ひるむが、この町は、知れば知るほどまた訪れたくなる不思議な魅力にあふれている。

1.フェズのシンボルともいえるブー・ジュルード門　2.学問の中心地として機能してきたカラウィン・モスク　3.なめし皮職人地区のタンネリ・ショワラ　4.メディナのいたるところに歴史的建造物が見られる　5.今も昔ながらの手法で染色が行われている　6.高台から見たフェズ・エル・バリの景色

6

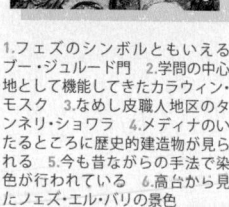

1987年
登録

ベルベルの歴史を今に伝える

アイト・ベン・ハッドゥのクサル

Ksar of Aït Ben Haddou → P.100

　7世紀にアラブ人がモロッコ北部を征服すると、先住民族ベルベル人はその支配から逃れるため、アトラス山脈を越え、オアシスにカスバ（要塞）を築いて移り住んだ。アトラスの南には数々のカスバが残るが、そのなかでもアイト・ベン・ハッドゥは、最も美しいクサル（カスバ化した村）といわれている。

1.アイト・ベン・ハッドゥの全景。現在でも3〜4世帯が暮らしている　2.クサルとは要塞化された村のこと(→ P.97)　3.クサル内で営業しているこぢんまりとしたカフェ　4&6.対岸の村には小さなみやげ物店が並ぶ　5.いまだに昔ながらの生活を送る住民もいる

古代ローマ遺跡で時の流れに浸る

ヴォルビリスの考古遺跡

Archaeological Site of Volubilis → P.172

　古都メクネスから車で約1時間。野原の中にぽっかりと出現するのが、モロッコで最大の古代ローマ遺跡「ヴォルビリス」だ。ここは紀元前40年頃にローマの属領となった町で、当時は2万人もの人が居住していたといわれる。発掘品のなかで特に重要なものはラバトの考古学博物館に展示されている。

1.緑の草原に忽然と現れるローマ遺跡　2&3.市場としても使われたバシリカ礼拝堂　4&5.遺跡内には緻密なモザイク画が多く残されている

白と青のコントラストが美しい

エッサウィラのメディナ

Medina of Essaouira → P.226

　15世紀にポルトガル人によって発見されたあと、18世紀にフランス人建築家によって計画都市として開発された。現在では芸術家が集う町として、モロッコ有数の観光都市になっている。

1.スカラと呼ばれる城塞に残る大砲　2.マラケシュやフェズと違ってどこか緩い雰囲気のメディナ　3.船と空の青がエッサウィラのイメージカラー　4.メディナの建物は白で統一されている

親しみやすくも堅牢な海辺の砦

2004年登録

アル・ジャディーダの ポルトガル都市 → P.216

Cité Portugaise

1514年にポルトガル人によって造られてから1796年までポルトガルに属していた。そのため他都市のメディナに比べ、モロッコとヨーロッパの文化が交わった不思議な雰囲気に包まれている。

抜けるような青空と
白い家並みが地中海に映える

テイトゥアンの メディナ → P.267

1997年登録

Medina of Tetouan

15世紀にヨーロッパのイベリア半島から逃れてきたイスラム教徒とユダヤ教徒によって築かれた町。アンダルシアの世界に迷い込んだかのような、丘一面に広がる真っ白な家並みが美しい。

現在も続くアラウィー朝の元都

1996年登録

古都メクネス → P.158

Historic City of Meknès

17〜18世紀に都と定められていた町。ムーレイ・イスマイル王の死後に建てられたムーレイ・イスマイル廟と、王都入口のマンスール門は、イスラム建築最高傑作のひとつに数えられている。

新旧が混在する行政都市

ラバト：近代都市と 歴史的都市が共存する首都

2012年登録

Rabat, Modern Capital and Historic City → P.185

1912〜1930年のフランス統治時代に築かれた近代的な町並みは、アフリカにおける20世紀の都市建設で最も規模が大きいことで知られる。歴史的町並みには、ハッサンの塔などが含まれる。

伝統と洗練の邸宅ホテル　Riad-Traditional Moroccan House
モロッコの美しきリヤドに

キーワードで見るリヤド

マラケシュの人気リヤド、
ル・クロ・デ・ザールで解説！

中庭＆ルーフトップ
Courtyard & Rooftop

古い伝統建築を再利用しているため、どのリヤドも基本的に構造は同じ。噴水のある中庭を囲むように部屋が配されている。屋上はテラスになっていて、食事をするスペースやプールなどがある。眺望も抜群。

メイン棟の中庭。細やかな装飾とシンプルなデザインが美しい

朝食はルーフトップにて。
小さなプールもある

リヤド利用の注意点

予約は早めに

客室数が少ないため、人気のリヤドは数ヵ月前でも満室ということもある。予約は早めにしておきたい。ほとんどのリヤドはホテル予約サイトでも予約ができる。

夜は出歩かない

多くのリヤドはメディナ（旧市街）の奥深くに位置している。夜は街灯も少なく、酔っ払いや地元の不良がいることもあるので絶対に出歩かないようにしよう。

迎えを手配

前述のとおり、リヤドはメディナの奥深くにあるので、場所によってはひとりでたどりつけないことも多い。予約の際に迎えをお願いするか、道順を聞いておくようにしよう。

意外に不便？

雰囲気や環境を重視するため、テレビがない、シャンプーの瓶が詰め替えタイプなどといったところも多い。ホテルと同じようにはいかないということも覚えておこう。

泊まる

モロッコならではの宿泊施設といえばリヤド。この国の伝統と洗練を体感することができると旅行者に大人気だ。マラケシュやフェズを中心にモロッコ中にあるので、一度は試してみたい。

リヤドとは……　本来「中庭をもつ邸宅」を意味するアラビア語。現在ではおもに「中庭をもつ伝統的なモロッコ建築の邸宅を改装した宿」などといった意味合いで使われている。

伝統と洗練
Tradition & Refinement

リヤドのオーナーは、フランス人やイタリア人を中心にヨーロピアンが多い。美しいモロッコの伝統建築とヨーロッパの洗練されたセンスがうまく調和した、すばらしい空間を作り上げている。

伝統的なスタイルや装飾を生かしたデザイン。調度品はモロッコのアンティーク

モロッコスタイルの朝食。1品1品にこだわりが感じられたいへん美味

アットホーム
Cozy Atmosphere

いずれも客室はそれほど多くない。小さなものでは4室などといった宿もあり、この場合、リヤドではなく、「家」を意味するダール Dar を称するところもある。小さな宿ならではのアットホームなサービスが期待できる。

美食
Gourmet

高級リヤドは食事にもこだわっており、レストランとしても評判のリヤドが多い。ゲストのなかには宿泊せずにレストランだけを目当てに訪れる人もいるほど。席数にもかぎりがあるので早めの予約がおすすめ。

ジョルジナさんとスタッフたち

マラケシュで指折りの人気リヤド
リヤド・ル・クロ・デ・ザール
Riad Le Clos des Arts　　➡ P.73

マラケシュで指折りの人気リヤド。オーナー夫妻マッシモ＆ジョルジナさんを中心に、スタッフのきめ細やかな心配りと絶妙な距離感がうれしい。ジョルジナさんがデザインしたインテリアもすばらしく、思わず写真を撮りたくなるシーンがめじろ押し。

格安リヤドも！

高級なイメージのあるリヤドだが、3000円程度から泊まれるリーズナブルなところもある。安くても、内装はおしゃれなことが多く、リヤド感は味わえる。予算に合わせて自分に合った宿を探してみよう。

厳選極上リヤド

マラケシュの迷宮にただずむ極上リヤド

アンサナ・リヤド・コレクション

マラケシュ MAP P.57-C3

Angsana Riad Collection

世界有数のホテルブランドが手がけた豪華リヤド。コレクションという名で6軒のリヤドがあり、それぞれ14〜18世紀の邸宅を改装した「デラックスさ」が特徴。宿泊者以外でもスパ（→P.41）やレストランなどの施設の利用が可能。

明りがともり、よりいっそうエキゾチックな中庭

🏠 N. 1-2-4 Derb Abbes El Fassi Riad Zitoun Jdid – Medina
☎ (0524) 38-89-05（シ・サイード）
URL www.angsana.com
🛏 €82.80〜
CC AJMV
客室数 47（6軒のリヤドの合計）　📶あり（客室）　♨

🍃 Excellent 🍃

ダイニング Dining

屋上テラスにセッティングされたふたりのためのデスティネーションダイニング。思い出に残る最高の夜が過ごせる。

6つのカテゴリーがある客室は、内装をはじめ、インテリアなど異なるイメージで造られている。

まるで別世界の豪華リヤド

ラ・スルタナ

マラケシュ MAP P.57-C3

La Sultana

3軒の邸宅を改装したため、パティオが3つある珍しいリヤド。3年がかりで造り上げられた豪華で手の込んだ装飾は一見の価値あり。夜は特にプールやレストランなどのライトアップが美しくロマンチック。

🏠 403 rue de la Kasbah
☎ (0524) 38-80-08
URL www.lasultanahotels.com
🛏 3600DH〜
CC AMV
客室数 28　📶あり（客室）　♨

🍃 Excellent 🍃

スパ spa

ふたつの伝統的なハマムと、ジャクージ、サウナ、屋外マッサージサロンなど、施設が充実したスパ＆ハマム。

ルーフテラス The Roof Terrace

屋上テラスからは、雄大なアトラス山脈が見え、ロケーションは抜群。のんびりとミントティーを楽しみたい。

モロッコ王室御用達の豪華絢爛ホテル

ロイヤル・マンスール・マラケシュ マラケシュ MAP P.56-B2
Royal Mansour Marrakech

　モロッコ王室が建てた豪華絢爛なラグジュアリーホテル。3haを有する敷地内にはメディナが再現され、完璧にプライバシーが守られた全53室のリヤドが建てられている。もちろん1棟建てで、リヤドによって内装は異なる。いちばん小さなリヤドでも、1階はリビング、2階がバスルームと寝室、3階がテラスになっている。

テラスに造られた特別なプライベート空間

🏠 Rue Abou Abbas El Sebti
☎ (0529) 80-80-80
URL www.royalmansour.com
🏠⌂⌂⌂TV⌂S⌂⌂⌂
💲⌂1万1549DH〜
CC ADMV
客室数 53　☎あり（客室）⌂

《 Excellent 》

スパ spa
真っ白なエントランスでスタッフが迎えてくれる。100以上ものメニューが用意されており、ハマムでは垢すりが体験できる。

ルーフテラス
The Roof Terrace
リヤドによって装飾や内容が異なる極上空間。テラスからは、美しく、エキゾチックなマラケシュの町並みを眺められる。

《 Excellent 》

モダングルメ
Modern Gourmet
ルレ・エ・シャトーに加盟しているだけあり、食事も評判。リヤドらしからぬモダンなレストランでおいしい料理が食べられる。

圧巻の装飾が施された中庭。調度品もたいへん豪華だ

フェズで初めてのリヤド

リヤド・フェス フェズ MAP P.139-C2
Riad Fés

　ブー・ジュルード門から東へ約300m。100年以上前に建てられた宮殿を改装したリヤド。宮殿というだけあってほかのリヤドに比べ広々。客室は伝統的なモロッコ様式とモダンタイプに分かれ、それぞれがエレガントな雰囲気に包まれている。食にこだわるフランスのホテル会員組織ルレ・エ・シャトーにも加盟している。

🏠 Derb Ben Slimane, Zerbtanah
☎ (0535) 94-76-10
URL riadfes.com
🏠⌂⌂⌂TV⌂P⌂S⌂⌂⌂
💲⌂2250DH〜
CC ADMV
客室数 30　☎あり（客室）⌂

マラケシュのラグジュアリーリヤドで体験
モロッコの ハマム&スパガイド

モロッコでぜひ体験したいことのひとつがハマム。イメージは何となくあるけれど
実際は何をするところなの？　そんなギモンにお答えします。

重厚でエキゾチックなル・スパのハマム

スパ専用のプールでリラックス（アンサナ・スパ）

優雅な香りをまといリラックス

ハマム&スパ
モロッコだから体験できること

❶ 贅を尽くしたインテリア Interior

リヤドやホテルにある観光客向けのハマムは、どこも贅沢で洗練された雰囲気。エキゾチックなモロカンインテリアが気分を盛り上げてくれる。

❷ メニューの豊富さ Menu

ハマムが備わったスパなら、100以上ものメニューが用意されているところも珍しくない。自分に合ったメニューをチョイスできるのもモロッコスパのいいところ。

❸ ロケーション Location

ほとんどのハマムとスパは、敷地内の静かな場所に建てられている。ホテルによっては、プライバシーの守られた屋外のガーデンにマッサージルームがある場合も。

知っていると便利！
モロッコのハマム&スパ用語

ハマム（ハンマーム） Hammam

中東全域にある伝統的な公衆浴場。浴場といっても浴槽はなく、体を温めるサウナのようなもの。

サボン・ノワール Savon Noir

黒オリーブをすり潰して作ったペースト状の石鹸。古くからモロッコのハマムで使用されている。

ガスール Gassoul

モロッコの山で取れた天然の粘土（クレイ）を指す。ガスールとはアラビア語で「洗い清める」という意味。

ケッサ Kessa

サボン・ノワールと同様、モロッコのハマムで伝統的に使われているミトン。肌に塗布したサボン・ノワールをこするようにすることで、不要な角質を取り去り、潤いが行き渡りやすくなる。

ローズウオーター Rose Water

モロッコに自生するダマスクローズ。その貴重な花を手摘みして、昔ながらの製法で作られるローズウオーター。

ハマム&スパ ビギナーズ講座

Q 予約は必要？

A 必要。ハイシーズンや希望の時間が決まっている場合は、早めの予約がベター。直接予約をしてもいいが、宿泊ホテルのコンシェルジュにお願いするとスマート。

Q 予約の時間に行けばいい？

A 問診票の記入などがあるため、予約時間の15分前には到着しておきたい。スパによっては、無料でサウナやプールが利用できる場合も。

Q 何を着ていけばいいの？

A 宿泊ホテルで着用している普段通りの服装でOK。どうせ脱ぐからとルーズな服装で行くのはNG。グレードに見合った服装で。

Q どんな格好でトリートメントを受けるの？

A 使い捨てのショーツが用意されている。着用しているものはすべて脱ぎ、使い捨てのショーツとガウンに着替えてトリートメントルームへ。

Q チップは必要？

A リラックスした時間が過ごせたと思ったら、担当のテラピストに心づけとしていくらか渡すのがスマート。金額はあくまで気持ち程度でOK。

贅沢なインテリアで迎えてくれるスパエントランス（ル・スパ）

白を基調としたやさしいイメージのハマム（ロイヤル・マンスール・スパ）

ツーリストハマムと ローカルハマム

ツーリストハマム

ホテルや町なかにある観光客専用のハマムやスパ。観光客向けのため、料金は比較的高いが、すべてのものが揃っているため、手ぶらで利用できる。ホテルに併設されているスパがメインで、スパの中にハマムがあるといったところも多い。予約はマスト。

ローカルハマム ➡ P.305

地元の人が利用しているハマム。しいていえば浴槽のない銭湯といった感じ。バケツは用意してあるが、タオルや石鹸、シャンプーなどは持参する必要がある。貴重品もできれば持って行かないほうがいいだろう。

オススメの ハマム& スパ

ル・スパ
Le Spa

モロッコと東洋文化が融合したエキゾチックスパ&ハマム。伝統的インテリアが特徴的。屋内プール、ジャクージ、屋外マッサージルームなど充実の設備。

🏠 ☑ ラ・マムーニア
🕐 7:00～21:00
メニュー例
各種マッサージ 1200DH～（60分）
ボディスクラブ&ハマム
1200DH～（60分）
プライベートボディスクラブ&ハマム
700DH～（60分）
各種フェイシャル 1200DH～（60分）

ロイヤル・マンスール・スパ
Royal Mansour Spa

誰もが驚く真っ白なスパエントランスを抜けるとリラクセーション空間が広がっている。アーユルヴェーダ、ホットストーンなどメニューは100種類を超える。

🏠 ☑ ロイヤル・マンスール・マラケシュ（→P.39）
🕐 9:00～21:00
メニュー例
各種マッサージ 2200H～（60分）
ホットストーン 2200DH（60分）
ボディスクラブ&ハマム
1400DH～（60分）
シグニチャートリートメント
2000DH～（75分）

アンサナ・スパ
Angsana Spa

アジアンテイストにモロッコのエッセンスを効かせたアンサナ・スパ。ハマムとマッサージがセットになったハマム・エクスペリエンスが人気。

🏠 ☑ アンサナ・リヤド・コレクション（→P.38）
🕐 9:00～19:00
メニュー例
フルボディマッサージ 630H～（60分）
ハマム 750H～（60分）

Let's Try
Moroccan Cuisine!

旅を鮮やかに彩る

モロッコ料理図鑑

日本でも人気のモロッコ料理。おもしろいフォルムのタジンや、世界一小さなパスタといわれるクスクスなど、魅力的な料理がめじろ押しだ。スパイスがほどよく効いたモロッコの料理は、日本人の味覚にもよく合うはず。ここではその代表的なメニューを紹介しよう。

タジン *Tajine*

モロッコ人が毎日食べている煮込み料理。モロッコ料理の代名詞ともいえる。タジン鍋と呼ばれる厚い陶製の鍋に具材を入れ、三角錐のふたをして弱火にかける。基本的には鶏肉、羊肉、牛肉、ウサギ肉、魚、ケフタ（ひき肉）などをメインに数種類の野菜と煮込む。

ラムのタジン

チキンのタジン

牛肉とプルーンのタジン

ケフタ（ひき肉）のタジン

豆知識　タジンは具材から出る水分だけを利用し、弱火でじっくり調理するので時間がかかる。しかし水溶性のビタミンやミネラルが残留するため栄養価が高く、油もあまり使用しないためヘルシー。ただし、都市部では圧力鍋で代用することも多くなっている。

クスクス *Couscous*

北アフリカで広く食べられている料理。羊肉、鶏肉、魚などを野菜と煮て中身とスープを分けて取り出し、これをスムールという粗粒状の小麦を蒸したものにかけて食べる。うま味の決め手は各家庭で異なるスパイスの調合。都市部では毎週金曜日に食べるのが慣例。

ハリラ

羊肉か魚のだしでヒヨコマメ、タマネギ、トマトなどを煮込み、小麦粉でとろみをつけたスープ。栄養満点で、モロッコではハリラを飲めば医者はいらないといわれているほど。こだわる人は木製のスプーンで飲む。

ラマダンの食事

ラマダン期間中は日没まで断食をし、日が沈むといっせいに断食明けの食事（フトゥール）を取る。メニューはハリラ、ナツメヤシ、干しイチジク、モロカンスイーツ、コーヒーなど。

モロカンサラダ

トマト、ピーマン、キュウリ、タマネギなどをさいの目状に切り、クミン風味のドレッシングであえたもの。よくトッピングされるのはゆで卵やオリーブなど。野菜に火を通して供されることも多い。スパイスで味付けされているので、どんどん食べてしまう。

パスティラ

ハト肉か鶏肉をタマネギ、アーモンド、スパイスと炒め、それをパイ皮で包んで焼いた伝統料理。高級レストランで前菜として供される。上にはアーモンドや粉砂糖、シナモンパウダーなどがかかり、甘さとしょっぱさがミックスされた不思議な味に魅了される。

ケバブ

アラブ圏全域で食べられる肉の串焼き。スパイスで臭みを消した羊、牛、チキン、ケフタ（ひき肉）などを串に刺し、炭火でじっくりと焼く。レストランではブロシェットとフランス語で書かれていることも多い。じっくりと火を通したものはとってもジューシー。

ミントティー

アラブで盛んに飲まれているミントティー。ポットに中国茶、ミントの葉、棒砂糖を入れ、高い位置から泡立てながら注ぐ。グラスに葉を直接入れたものはホフィKhokhiと呼ばれる。

撮影協力 ★モロッコ タジンや

東京、飯田橋にあるモロッコ料理店。本格的でおいしいモロッコ料理を味わえるほか、ベリーダンスショーも楽しめる。そのほかモロッコ旅行に関する相談も受け付けており、旅行の手配も可能。メルズーガではホテル（→P.127）も経営している。
URL www.morroco-tajinya.com

おみやげカタ◎グ

色彩の国
ならではの
かわいいおみやげが
いっぱい

人気No.1のバブーシュなどバラエティ豊か

革製品 Leather Products

革製品は主要産業品のひとつで、各地でみやげ物として売られている。フェズのなめし革職人地区が特に有名。おもに羊、牛、ヤギなどの革が用いられる。

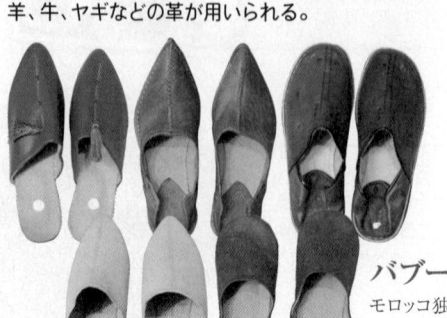

ブックカバー
革ならではの高級感が出るブックカバー。色のバリエーションも豊か

バブーシュ
モロッコ独自の革のスリッパ。上履きから外履き、女性用から男性用、無地から派手なデザインのものまでさまざま。1足50DH〜

Shopping Tips！
安いからといって質の悪いものを買ってしまうと、湿気の多い日本に帰ってから強烈な臭いを発することも。

バッグ
日本でも十分使えそうなデザインのバッグが勢揃い。交渉次第ではかなり安価で手に入る

Shopping Tips！
革製品はいろいろな動物の革が使われるが、ヤギ革は比較的丈夫で特有の臭いも少なく、高価であることが多い。

ランプシェード
革職人と鍛冶職人の技が融合したモロッコ名産品。味のある洗練されたデザインのものが多い

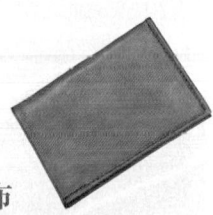

財布
なめらかな高品質の本革財布が安価で手に入るので、掘り出し物を探してみよう

モロッコの天然素材で美を追求！

ナチュラルコスメ Natural Cosmetics

モロッコ特産のアルガンオイルを使ったコスメを筆頭に、モロッコならではの天然素材を使用した美容化粧品がバラエティ豊かに揃う。アトラス山脈の粘土から造られるガスールも有名。

アルガンオイル製品

しわをなくす効果のある
エッセンシャルオイル

アルガンオイルで作った
サボンノワール

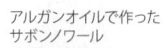

ローズウオーター

カスバ街道沿いに位置するエル・ケラア・ムグナという町特産のバラから抽出した水。化粧水などとして利用される

アルガンオイル、
シアバター配合の
保湿クリーム

天然素材のみを使用した
無添加石鹸

ガスール

アトラス山脈の粘土から造られる石鹸。粉末タイプと固形タイプがある。パック、洗顔、洗髪など用途はさまざま。スーパーで買うのがおすすめ

サボンノワール

ポリフェノールやビタミンEたっぷりの黒オリーブから作られる石鹸。ハマムではまずこれを使って肌を磨き上げる

Shopping Tips!

おしゃれなパッケージのアルガンオイルを購入できる店が増えているが、特にデザインを気にしなければ、薬局で購入すると比較的安く手に入る。

おしゃれなデザインのグッズが続々登場

布製品 Textile Products

モロッコでは羊毛や綿などを使った布製品も有名。絨毯やアラブ服、リネン類などは洗練されたデザインのものも多い。絨毯はアンティークもおすすめだ。十分に吟味して購入しよう。

アラブドレス

新市街のショップなどでは、アラブ服をハイセンスにデザインしたものが見られる

絨毯

地域によりさまざまな種類がある。産地で購入するのもいいが、モロッコ中から絨毯が集まるマラケシュで買うのもいい

リネン

あまり目立たないが、マラケシュのメディナには綿製品スークがある。西洋人などが現代風にアレンジしたものが人気

陶器 Pottery

陶器の2大産地はフェズブルーで有名なフェズと大西洋沿岸の
町サフィ。日本のものより強度は劣るが、幾何学模様の美しさ
は圧巻。そのほかベルベルの素朴な焼き物などもあり楽しい。

デザイナーズ陶器

洗練されたデザインのかわいらしい食
器類も増えてきている。新市街のショッ
プなどで手に入る

タジン鍋

水を使わず、野菜などから出る水
分で調理をするモロッコ独自の
鍋。小さいものは小物入れに便利

ベルベル陶器

ベルベル伝統の焼き物。割れや
すいが、素朴なデザインが人気

Column! フェズの老舗窯元コセマCocema

フェズブルーと呼ばれる美しい青色の幾何学模様や、そ
の丈夫さで知られているフェズの陶器メーカー、コセマは
2009年に閉鎖。ストックのある店は少なくなってきており、
なかなか手に入りづらい。

モロッコ陶器のおもな産地

●フェズ

言わずと知れたモロッコいちの
陶器の産地。美しい青はフェズブ
ルーとして知られ、
有名ブランドのも
のは世界中に出
回っている。

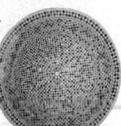

コセマの皿

●サフィ

フェズに次いで有名な陶器の産地
サフィ。質のよい土と手作業の色
鮮やかな色付
けが特徴。や
や壊れやすい
のが難点。

●タムグルート

モロッコ南東部、サハラの入口に
位置するイスラム教神秘主義の聖
地として知られる町。独特の緑色を
した焼き物
で有名。

ツアーに参加してすてきな石をゲット！

化石、鉱石 Fossil & Mineral

世界有数の化石の産地であるモロッコでは、マニア垂涎のお宝
がザックザク。旅行会社のツアーには化石発掘ツアーなどもあ
るので参加してみよう。また、鉱石も有名で、さまざまなパワー
ストーンが取れる。

化石

よく見つかるのはアンモナイト、三葉
虫、サメの歯、サンゴなど。種類によっ
ては小さなものでDH10から購入でき
る。写真は左からアンモナイト、三葉
虫、サンゴ

鉱石

モロッコではさまざまな鉱石が産出さ
れる。写真は左から黒水晶、ヘマタイ
ト、水晶、デザートローーズ

Shopping Tips!

化石は偽物も多く
出回っているので購
入する際は注意
しよう。

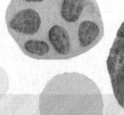

そのほかのおみやげ Other Souvenirs

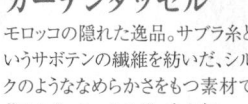

寄木細工
こまやかな仕事を得意とするモロッコ人の技の真骨頂。幾何学模様が施された小物入れや、コースターなども

カーテンタッセル
モロッコの隠れた逸品。サブラ糸というサボテンの繊維を紡いだ、シルクのようななめらかさをもつ素材で作られる。キーホルダーも人気

真鍮製品
伝統工芸のひとつである真鍮細工。緻密な幾何学模様が美しいランプシェードなどが有名

スパイス
モロッコ料理に欠かせない各種スパイス。店頭では円錐状にディスプレイされて売られている

籐製品
モロッコは高級素材で知られるラフィアヤシが育つ国のひとつ。丈夫でなめらかな質感が特徴だ

アルガンオイル（食用）
モロッコ名産のアルガンオイルは食用にも使われる。抗酸化作用、しわ予防などの効果あり。ナッツの香りが強い

アンティーク
古い歴史をもつ国ならではのアンティークが揃っている。スークにはアンティークショップもたくさんある

ハーブティー
最近ではおしゃれなデザインのオーガニックハーブティーがよく見られる。写真はアニスティー

クスクス
日本に持ち帰ってモロッコの味を再現しよう！ スーパーなどで安く手に入る

スーパーのバラマキみやげ

スーパーマーケットはもはや定番のおみやげスポット。地元の人にとっては何気ないものでも、日本人からすれば外国のエキゾチックなおみやげになる。ここではおすすめの商品を紹介!

30.70DH

11DH

13.35DH

21.50DH

48.95DH

30.70DH

Orientinesのクッキー

モロッコブランドのクッキー。値段は高めだがとてもおいしい! 特にオレンジ味がおすすめ

ミントティー

ティーバッグ(右)とガンパウダー(左ふたつ)がある。おすすめは老舗のスルタン Sultan。カフェで買うのもおすすめ(→ P.213)

12.95DH

10.40DH

29.90DH

デーツ

スーパーフードとも呼ばれる栄養価満点のナツメヤシの実

クスクス

世界最小のパスタとも呼ばれる北アフリカの伝統料理。日本でも作ってみよう

インスタントハリラ

おもに流通しているのはKnorr(クノール)と Idéal。水だけで作れるので簡単

6.95DH

19.95DH

33.95DH

スペインのチョコレート

少し高めだが、パリパリ食感とナッツがクセになる!

アルガン石鹸

最も手頃な Fayz(上)のものでも肌がスベスベに。まとめ買いもおすすめ

6.65DH

135.95DH

アプリコットジャム

モロッコはアプリコットがおいしい。大手 El Baraka のジャムは在住日本人にも人気

アムルー

アルガンオイル、アーモンド、ハチミツのペースト。食べるアルガンとも呼ばれ栄養価が高い

スーパーマーケット事情

モロッコのスーパーマーケットといえばカルフール Carrefour、マルジャン Marjane、アシマ Acima など。いずれも大都市には必ずあり、品揃えもそれほど差はない。

- ● カサブランカ ➡ P.212
- ● マラケシュ ➡ P.87
- ● フェズ ➡ P.157

ピンク色の土壁にかかる色とりどりの絨毯

Marrakech et les Haut Atlas

マラケシュとオート・アトラス

※2023年9月8日に発生したモロッコ地震により、マラケシュ
などに被害が出ました。2024年1月現在おもなインフラは回
復していますが、一部の掲載物件に変更等の可能性があります。

マラケシュとオート・アトラス

　モロッコのほぼ中央、標高450mに位置するマラケシュ。この町を抜きにモロッコを語ることはできない。マラケシュにはモロッコのさまざまな歴史、世界遺産に登録された貴重な建造物の数々、自然、そして人間が見事に集約されている。いわばモロッコの縮図だ。町の背後にはオート・アトラス Haut Atlas 山脈があって、北の肥沃な大地と、はるか南のサハラ砂漠との隔壁となっている。3000mから4000m級の悠然とした山並みは、まるでこの町を抱き守るかのようだ。新市街には近代的な建物が建ち並ぶが、マラケシュの象徴、旧市街はすべての建物が赤土の日干しレンガで造られ、どこもかしこも赤茶色。この赤い町をナツメヤシやオリーブの緑が囲み、冬から春にかけてアトラスは純白の雪を身にまとう。モロッコ人と旅行者で年中お祭り騒ぎのマラケシュをぜひ体感しよう。

▲マラケシュでは数百軒ものリヤドが営業している

▲モロッコ随一のショッピングスポット

テンシフト川 Oued Tensift　サフィへ　カサブランカへ　ベニ・メラルへ

0　　50km

シディ・ウリル Sidi-Rahhal　デムナト Demnate

エッサウィラへ

シシャウア Chichaoua

アイト・ウリル Aït-Ourir

Aït-Bou-Riah

MARRAKECH P.51

ア・イト・ウリル

テッスト川 Oued Tessaout

グエマッサ Guemassa

P.89 アルガン・ティシュカ Argane Tichka

タダルト Taddert

アンママール山 Jbel Ammamar

タハナオウト Tahanaout

ウリカ渓谷 Ourika Valley

ティシュカ峠 Tiz-n-Tichka・Telouet

イミ・ン・タヌート Imi-n-Tanout

アミズミズ Amizmiz

アスニ Asni

ウカイメダン Oukaïmeden

セティ・ファティマ Setti Fatma

イルヘルム・アグダル Irherm-n-Agoudal

Adassilo

イムリル Imlil

ウリガン Ouirgane

アグイム Agouim

P.100 アイト・ベン・ハッドウ Aït Ben Haddou

エルドウーズ山 Jbel Erdouz

アラムド Aremd

オート・アトラス HAUT ATLAS P.88

ブー・タゾルト Bou-Tazoulte

ティフルトウトのカスバ

イグデッド山 Jbel Igdet

トゥブカル山 Jbel Toubkal

国立公園

アメルザヌ Amerzgane

タウリルトのカスバ

Tin-Mal

イジュウカク Ijoukak

ティキルト Tikirt

ソルザザート OUARZAZATE P.95

ナイナガ山 Jbel Tichka

Mzouzite・Tagoundaft

Tiouine

タジュナガ山 Jbel Aoulime

ティズ・ン・テスト Tiz-n-Test

タチョクチュ Tachokchte

Anezalo

ズゴラへ

アウフール Aoufour

アスカウン Askaoun

シルーア山 Jbel Siroua

N

アウルーズ Aoulouz

タゼナクト Tazenakht

アガディールへ

P.240 タルーダント Taroudannt

スース川 Oued Sous

タリウィン Taliouine

マラケシュとオート・アトラス周辺

▲さまざまな大道芸人、屋台などが集まるジャマ・エル・フナ広場

モロッコを代表するエネルギッシュな大都市

マラケシュ
Marrakech

世界遺産
マラケシュのメディナ

北から、大西洋岸から、そしてサハラ砂漠から、あらゆる土地の人々がやってくる町、マラケシュ。集う人間も、売買される品物も、交わされる情報も、あまりにもバラエティ豊かで、その数もあふれんばかりだ。中心のジャマ・エル・フナ広場では、各地の芸人たちがパフォーマンスを繰り広げ、夜には広場いっぱいに屋台が建ち並ぶ。はちきれそうなこの町のエネルギーは、このカオスのような雑多さが生み出しているのだと感じられるだろう。北アフリカ最大の規模を誇るマラケシュのメディナ、ここは、モロッコのなかでもとりわけエネルギッシュで、エキサイティングな場所だ。

　マラケシュは、フェズに次いで2番目に古い町である。1070年頃、ベルベル人による最初のイスラム国家ムラービト朝（アルモラビト朝）がこの地を都と定めた。王朝が発展するとともに、キャラバン貿易をはじめ、商工業、文化が栄えた。その次の王朝、ムワッヒド朝（アルモハッド朝）もここを都とし、マラケシュは交易の中心、商工業の中心、そして学問の中心ともなった。マリーン朝になり、首都が1269年にフェズに移ると一時衰退したが、15世紀半ば、サアード朝（サーディン朝）が再びここを首都に定めた。このとき建てられた美しい廟やマドラサなどが訪れる人の目を楽しませてくれる。長い間、政治、文化の舞台であり続けたマラケシュは、現在も人々を引き寄せる底知れぬパワーをもっている。

オリエンテーション

マラケシュの町は、**ゲリーズ Guéliz** と呼ばれる新市街、ジャマ・エル・フナ広場（以下フナ広場）を中心とした**メディナ Medina**（旧市街）、そして王宮のあるメディナの南側の**史跡地区**と、大きく3つに分けられる。

新市街には、メナラ庭園 Jardin Menara 、マジョレル庭園 Jardin Majorelle があるほかはこれといった見どころは少ないが、かわいいモロッコ雑貨を扱うショップや、おしゃれなカフェやレストラン、大型複合施設などがどんどん建ち、まさに「現代のモロッコ」といった感じだ。一方、メディナは、広さ約 600ha、北アフリカいちを誇り、約23万人が住む。大道芸人や屋台の集まるフナ広場を中心に、いろいろな店がひしめくスーク（市）が広がり、狭い道を人々が縦横に行き交う、モロッコ人の生活感たっぷりのエリア。終日やむことのない楽器の音や人々のにぎやかな声が、独特な空気を造り出している。モロッコでも最大規模といわれるメディナだけあって、その町並み、喧騒、雰囲気、それ自体が最大の観光ポイントだ。南側の史跡地区も実はメディナの一部だが、こちらは、宮殿や墳墓群、庭園など、歴史的な建築物が建ち並ぶいわゆる「観光エリア」となる。

マラケシュを観光するには最低でも2泊は予定しておこう。この町は、史跡を訪ね歩くというよりは、熱気あふれるメディナの雰囲気を味わう町。1日かけて、スークを迷い歩き、人々と言葉を交わしながら「モロッコ」を体感しよう。時間のない人は、これだけでも十分マラケシュを楽しんだことになる。だいたいの雰囲気と地理感覚がつかめてきたら、いわゆる見どころのポイント巡りだ。効率よく回るにはガイドを雇うといい。史跡の説明や回る順序まで考えてガイディングしてくれる。

▲ゲリーズもピンク色で統一されている

ACCESS
マラケシュへの行き方
▶▶カサブランカから
　飛行機はモロッコ航空が1日6便ほど運航。所要50分、937DH～。
　列車はカサ・ヴォヤジャー駅から ONCF が1日9本運行。所要約3時間、49DH～。
　バスは CTM が1日9本運行。所要約3時間30分、95 DH ～。
▶▶ラバトから
　列車は ONCF が1日8本運行。所要4時間、133DH～。
　バスは CTM が1日5～6本運行。所要6時間、135 DH ～。
▶▶フェズから
　飛行機はエアアラビア・モロッコが週3～4便運航。所要約1時間、291DH～。
　列車は ONCF が1日7本運行。所要約7時間、156 DH ～。
　バスは CTM が1日5～6本運行。所要約9時間、170 DH ～。
▶▶ワルザザートから
　飛行機はモロッコ航空が週3便運航。所要約40分、304DH～。
　バスは CTM が1日7本運行。所要約4時間、85 DH ～。スープラトゥールは1日2本運行。所要約4時間30分、80DH。
▶▶タンジェから
　飛行機はエアアラビア・モロッコが週3～6便運航。所要約1時間10分、260DH～。
　列車は ONCF が LGV（高速鉄道）を利用した乗り継ぎ便を1日7便程度運行。所要約6時間、276DH～。
▶▶エッサウィラから
　CTM のバスが1日1～2本運行。所要約2時間30分、80 DH。スープラトゥールは1日7本運行。所要約3時間、80DH。
▶▶ザゴラから
　エアアラビア・モロッコが週2～3便運航。所要約1時間、260DH～。
※バスは CTM、スープラトゥール以外に民営バスも運行しており、本数はそちらのほうが多い。ほかに各都市からグランタクシー（→ P.316）も出ている。

▲メディナに網の目のように広がるスーク

空港、鉄道駅、バスターミナルから市街へ

✦ 空港から

　マラケシュの**メナラ空港 Menara Airport** は、市街の南西6km の所にある。空港からはバスかタクシーで市街に出ることができる。バスは19番の空港循環バス（6:00 ～ 23:30）が約30分おきにジャマ・エル・フナ広場前まで運行している（空港→フナ広場→ドゥカラ門→ゲリーズの順で停車）。所要約30分、片道30DH。プチタクシーは100 ～ 150DH。

✦ 鉄道駅から

　マラケシュ鉄道駅前のハッサン2世通りを渡った所にある市内バス停から、8番か10番のバスでフナ広場へ。料金は4DH。バスは、フナ広場の南、🅷グランド・オテル・タジ前の広場に到着する。駅からフナ広場までプチタクシーを使えば20DH程度。夜間は50％増し。乗客が旅行者の場合はメーターを使ってもらえないことが多いため、乗車前に料金の交渉をしておこう（→P.54）。

✦ バスターミナルから

　マラケシュにバスターミナルは3つある。まずは**CTMバスターミナル**（MAP P.56-A2）。カサブランカからCTMでマラケシュに着く場合など、ほとんどのCTMがこのターミナルに発着する。マラケシュ鉄道駅の南に位置しているので、鉄道駅まで行って8、10番のバス（4DH）に乗るか、プチタクシーでフナ広場まで20DH（夜間は50％増し）。ふたつ目が**民営バスターミナル**（MAP P.56-B1）。こちらは民営の長距離バスが中心だが、CTMもわずかだが発着している。場所はメディナのドゥカラ門 Bab Doukkala の外側で、近くにはグランタクシー乗り場もある。フナ広場までは歩けなくもないが、8、10番のバス（4DH）かプチタクシー（15DH程度）を使ってもいい。

　鉄道を運営するONCFと同系列の**スープラトゥールバス乗り場**（MAP P.56-A2）はマラケシュ鉄道駅からすぐのハッサン2世通り沿いなので、予約や時刻の確認もしやすい。すべての都市を網羅しているわけではないが、もし路線があるようであれば、こちらの利用をおすすめする（スープラトゥール路線図→P.312）。フナ広場まではプチタクシーで20DHが目安。

　いずれのバスステーションを利用するにせよ、到着時に次の目的地への時刻やバス会社を確認しチケットを購入しておくと安心だ。

▲マラケシュ鉄道駅

✪メナラ空港
☎ (0524)44-79-10

✪ALSA（マラケシュ市内バス）
☎ (0524) 33-52-70
URL www.alsa.ma

▲ゲリーズにあるマラケシュ鉄道駅

観光客向けハマム

✪ ハマム・ミル・エ・ウニュ・ニュイ
Hammam Mille & Une Nuit

　1842年創業という歴史あるハマム。中は男女に分かれていないので、1時間おきに男女が交代になる。人気のハマムなので、事前に男女の時間の確認をして予約をしたほうがよい。上記マッサージ、アカスリパックは、まずスチームバスで汗をかき、サボン・ノワールでアカスリしてもらう。続いてマッサージ。大柄の専門スタッフが豪快にバキバキやってくれる。終了後、サロンでミントティーを飲みながらリラックス。マッサージにはチップを忘れずに。
MAP P.63-B3
🏠 58 Place Jamaa El Fna, Derb Dabachi
☎ (0524)44-30-79
URL www.spa-hammam 1001nuits.com/
🕐 10:00 ～ 22:00
🚫 なし
💴 マッサージ、アカスリパック　150DH アルガンマッサージパック　330DH
CC MV

▲ハマムのあとはサロンでのんびり

マラケシュから
グランタクシー移動

　ドゥカラ門そばにあるグ
ランタクシー乗り場からは
モロッコ各地へのグランタ
クシーが発着している。お
よそ6人乗りの乗用車に人
数が集まり次第出発する。

エッサウィラ	100DH
カサブランカ	120DH
タールダント	120DH
ワルザザート	100DH

▲市内バスのバス停

サボテンの実

　路上でよく売られている
サボテンの実。一度は試し
てみたいものだ。買うと皮
をむいてくれるので食べや
すい。甘くて歯ごたえがあ
る。1個で5DHほど。

▲意外においしい

市内交通

✣ タクシー

　プチタクシー Petit Taxi と呼ばれるタクシーが町中を走ってお
り、どこでも簡単につかまえることができる。タクシーには一応
メーターが付いている。21:00以降は日中より50%増しになる。た
だし乗客が旅行者の場合はメーターを使ってくれないことがほと
んど。乗車する前に必ず料金の確認をしよう。料金の目安は、旅
行者の場合、町の中心部の移動がひと乗り10〜20DH。少し郊外
であれば30DHほどが相場だ。タクシーでも価格交渉ができる。
上手に利用するコツとしては、駅や、フナ広場などで客待ちをし
ているタクシーはまちがいなく高値をふっかけてくるので利用せ
ず、町なかを走っているタクシーを停めるといい。地元の人が乗っ
ているタクシーはメーターを使用している場合がほとんどなので、
客の乗ったタクシーを停めるのも手。先乗りの客と同じ方向であ
れば、乗せてくれる。同様にひとりで乗っていても相乗りになる
こともある。また、宿泊先のホテルでタクシーを頼んだ場合も交
渉料金となり割高になる。夕方はつかまえるのが難しいというこ
とも覚えておくといい。

　また、都市と都市を結ぶ長距離移動の場合によく使われるのが
グランタクシー。古いベンツが使用されていることが多く、基本
的に客は6人乗りで、客が集まると出発する仕組み。ひとりで

チャーターするとかな
り割高になる。グ
ランタクシーの乗り
場は、行き先ごとに
固まっている場合が
多いので、どこ行き
なのかドライバーな
どに確認しよう。

▲マラケシュのプチタクシーは車体がイエロー

✣ 市内バス

　メディナから新市街へは歩いて30分程度だが、暑い日の日中
はかなりくたくたになる。可能なかぎり予算を抑えたい人には市
内バスがおすすめだ。メディナから新市街へは、クトゥビアの近
く、**H**オテル・ドゥ・フコール前のバス乗り場（**MAP** P.55-A2）か
ら乗車する。新市街からメ
ディナへは、モハメド5世
通りの観光局 ONMT 前の
バス停、またはマクドナル
ドの向かい（**MAP** P.56-A1、
B1）から乗車しよう。料
金はひとり4DH。利用は
下記のバス番号を参考に。

▲清潔で使い勝手がよい市内バス

<観光に便利な市内バス>
○ No.1、19　メディナ～新市街
○ No.8、10、14、66　メディナ～鉄道駅
○ No.4 & 12　マジョレル庭園（新市街）～メディナ
○ No.11　メディナ～メナラ庭園

✣ クチ

マラケシュ市内ではほろ付きの馬車「クチ」が、自動車と並んで道路をポクポク走っている。町をゆったりと見物しながら移動できるし、撮影にもうってつけなので、旅行者にとても人気の乗り物だ。値段は交渉次第だが、1時間200DHが目安。たいていの場合高値をふっかけてくるので、目安を念頭に置いて粘り強く交渉してみよう。フナ広場のほか、おもな門の周辺でも客待ちをしている。移動目的というよりも、見どころのひとつとして、マラケシュ滞在中に一度は乗車したい。

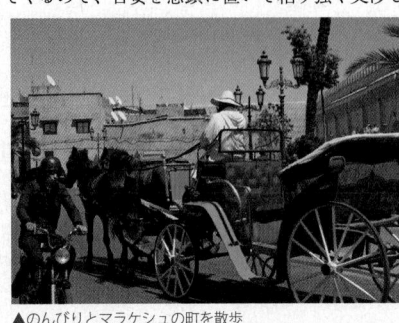

▲のんびりとマラケシュの町を散歩

✪メナラ庭園
Jardin Menara
MAP P.56-A3
12世紀のムワッヒド朝時代に造られた広大な庭園。中央に貯水池があり、その周りをオリーブの林が囲んでいる。貯水池に面しているパビリオンは、19世紀に修復されたもので、スルタンたちのデートスポットでもあったという。アトラス山脈を背景に、池に美しく映える。ここから見渡すと、オリーブの林が地の果てまで続くかと思われるほどたくさん植えられており、メディナ内の喧騒を忘れさせてくれる。
料 パビリオンに入る場合のみ70DH
休 なし

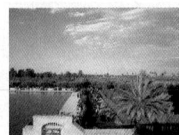

▲水と緑が広がる庭園

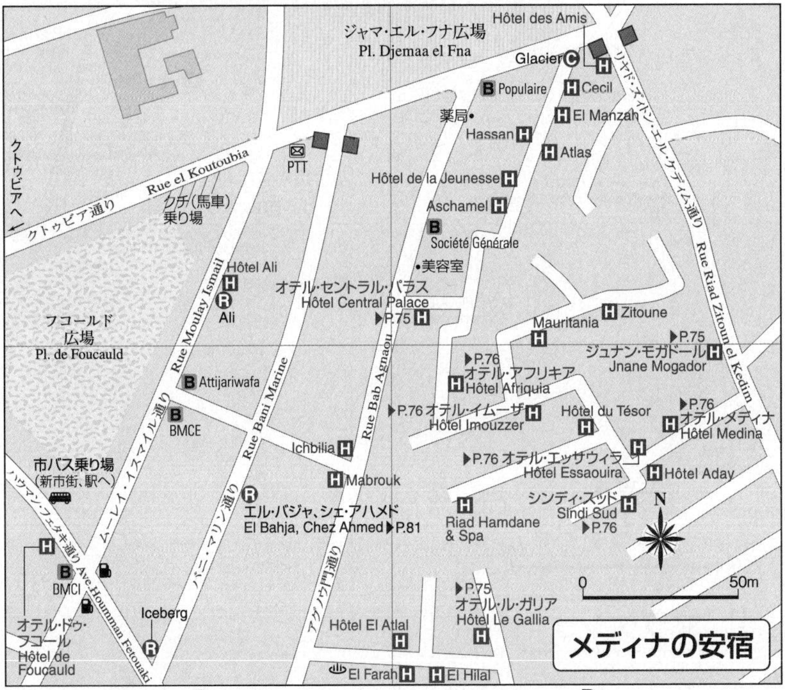
メディナの安宿
ジャマ・エル・フナ広場
Pl. Djemaa el Fna
Hôtel des Amis
Glacier
Populaire
Cecil
薬局
El Manzah
Hassan
Atlas
リヤド・ズィトゥン・エル・ケディム通り
Rue Riad Zitoun el Kedim
PTT
Rue el Koutoubia
クトゥビア通り
クトゥビアへ
クチ(馬車)乗り場
Hôtel de la Jeunesse
Aschamel
Société Générale
美容室
Hôtel Ali
Ali
オテル・セントラル・パラス
Hôtel Central Palace
P.75
Mauritania
Zitoune
P.75
ジュナン・モガドール
Jnane Mogador
フコールド広場
Pl. de Foucauld
Rue Moulay Ismail
Attijariwafa
BMCE
P.76
オテル・アフリキア
Hôtel Afriquia
P.76 オテル・イムーザ
Hôtel Imouzzer
Hôtel du Tésor
P.76
オテル・メディナ
Hôtel Medina
Rue Bani Marine
Rue Bab Agnaou
Ichbilia
P.76 オテル・エッサウィラ
Hôtel Essaouira
Hôtel Aday
市バス乗り場
(新市街、駅へ)
Mabrouk
ムーレイ・イスマイル通り
バニ・マリン通り
エル・バジャ、シェ・アハメド
El Bahja, Chez Ahmed P.81
Riad Hamdane & Spa
シンディ・スッド
Sindi Sud
P.76
N
0
50m
ハウマン・フェタキ通り
Ave. Houmman Fetouaki
BMCI
アグノウ門通り
P.75
オテル・ル・ガリア
Hôtel Le Gallia
Iceberg
オテル・ドゥ・フコール
Hôtel de Foucauld
Hôtel El Atlal
El Farah
El Hilal
1
2
A
B

マルジャン ▶P.87 へ

肉のグリル料理街 ▶P.79

サフィ、アル・ジャディーダへ

▶P.82
トロント・トロワ・リュ・マジョレル
33 Rue Majorelle

アブデル・ムーメン・ベン・アリ広場
Pl. Abdel Moumen Ben Ali

▶P.71 イヴ・サン・ローラン美術館
Musée Yves Saint Laurent

アマル ▶P.77
Amal

▶P.71 マジョレル庭園 ▶P.82
Jardin Majorelle アニ
チケット売り場 Ahita

アビア
APIA
▶P.83

Palm Menara H

Acima S

P.61

ルパン・コティディアン
Le Pain Quotidien

アル・ファシア
Al Fassia ▶P.77

▶P.82
ミシェル・バコニエ
Michele Baconnier

▶P.71 マラケシュ芸術文化美術館
Musée D'Art et de Culture de Marrakech
(MACMA)

ONMT ▶P.58

カレ・エデン・ショッピング・センター
CARRE EDEN Shopping Center
▶P.83

Kenza

グランタクシ
乗り

パティスリー・アル・ジャウダ Patisserie Al Jawda
▶P.61

P.61 アマンディーヌ
Amandine

Hôtel du Pacha

アスワク・アッサラム
Aswak Assalam

民営バスターミナ
(CTMカウンターを

▶P.83 ララ Laila
▶P.79 シーフードレストラン街

ロリエンタリスト
L' Orientaliste
▶P.83

カルフール
Carrefour ▶P.87

Macdonald

ラディソン・ブル・ホテル・マラケシュ・カレ・エ
Radisson Blu Hotel Marrakech Carre Eden
▶P.74

▶P.79 スナック・エル・バハリヤ
Snak El Bahriya

マラケシュ鉄道駅
(ONCF) Gare de Marrakech

Azar
Hôtel Farouk H

スターバックス Starbucks

ドゥカラ門
Bab Doukkala

11月16日広場
Pl. du 16 Novembre

Ibis Moussafir

ハッサン2世通り Ave. Hassan II

スープラトゥール バス乗り場
Gare Routière Supratours

王立劇場
Theatre Royal

新市街（ゲリーズ）
GUÉLIZ

オテル・ラシーン
Hôtel Racine
▶P.75

CTMバスターミナル
Gare Routière CTM

自由広場
Pl. de la Liberté

ラバ
Bab er Raha

会議場
Palais des Congrès

カルフール
Carrefour

コブ門
Bab Nkob

▶P.84 伝統工芸品館
Ensemble Artisana

Lotus Club

シディ・グリブ門
Bab Sidi Ghrib

▶P.74
フォー・シーズンズ・リゾート・マラケシュ
Four Seasons Resort Marrakech

Royal Ranch

ロイヤル・マンスール・マラケシュ
Royal Mansour Marrakech
▶P.39

Es Saadi

ジェディド門
Bab Jdid

ソフィテル・マラケシュ・ラウンジ＆スパ
Sofitel Marrakech Lounge & Spa
▶P.73

Le Méridien N'Fis

ラ・マムーニア
La Mamounia

メナラ・モール
Menara Mall

Ave. de la Menara

▶P.55
メナラ庭園
Jardin Menara

N

0   500m

マラケシュ

A   B

56

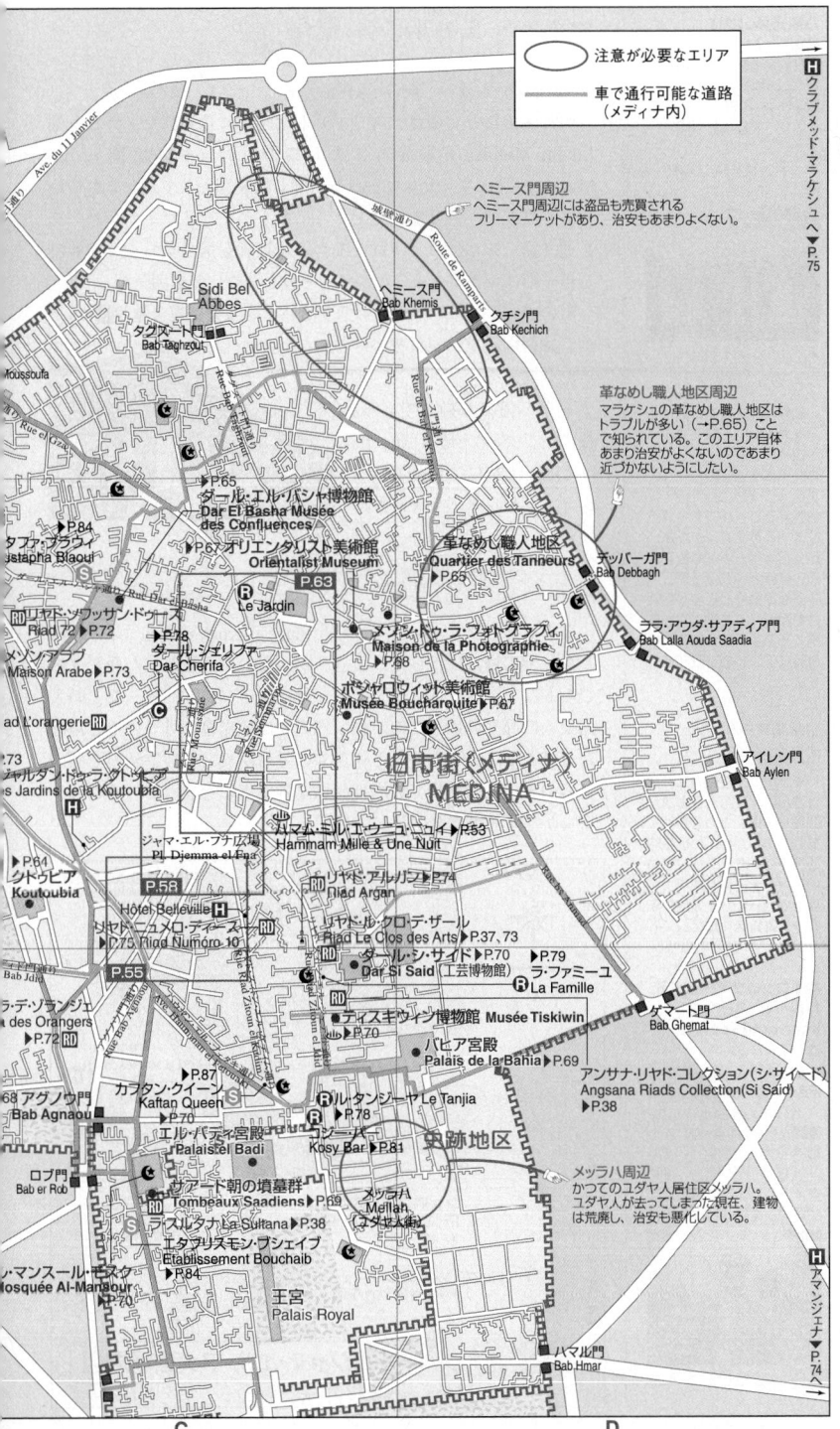

注意が必要なエリア

車で通行可能な道路
（メディナ内）

ヘミース門周辺
ヘミース門周辺には盗品も売買される
フリーマーケットがあり、治安もあまりよくない。

革なめし職人地区周辺
マラケシュの革なめし職人地区は
トラブルが多い（→P.65）こと
で知られている。このエリア自体
あまり治安がよくないのであまり
近づかないようにしたい。

Sidi Bel Abbes

タグズート門
Bab Taghzout

ヘミース門
Bab Khemis

クチシ門
Bab Kechich

ムスタファ・ブラウィ
Mustapha Blaoui

▶P.84

▶P.65
ダール・エル・バシャ博物館
Dar El Basha Musée
des Confluences

▶P.67 オリエンタリスト美術館
Orientalist Museum

P.63

革なめし職人地区
Quartier des Tanneurs
▶P.65

デッバーガ門
Bab Debbagh

Le Jardin

リヤド・ソワッサン・ドゥーズ
Riad 72 ▶P.72

メゾン・アラブ
Maison Arabe ▶P.73

ダール・シェリファ
Dar Cherifa

▶P.78

メゾン・ドゥ・ラ・フォトグラフィ
Maison de la Photographie
▶P.58

ララ・アウダ・サアディア門
Bab Lalla Aouda Saadia

L'orangerie

▶.73
レ・ジャルダン・ドゥ・ラ・クトゥビア
Les Jardins de la Koutoubia

ブジャロウィット美術館
Musée Boucharouite ▶P.67

アイレン門
Bab Aylen

旧市街（メディナ）
MEDINA

▶P.64
クトゥビア
Koutoubia

ジャマ・エル・フナ広場
Pl. Djemma el Fna

P.58

ハマム・ミル・エ・ウニュ・ニュイ ▶P.53
Hammam Mille & Une Nuit

リヤド・アルガン ▶P.74
Riad Argan

P.55

Hôtel Belleville H
リヤド・ニュメロ・ディス ▶RD
P.75 Riad Numéro 10

リヤド・ル・クロ・デ・ザール
Riad Le Clos des Arts ▶P.37、73

ダール・シ・サイド ▶P.70
Dar Si Said（工芸博物館）

▶P.79
ラ・ファミーユ
La Famille

ラ・デ・ゾランジェ
des Orangers
▶P.72 RD

ティスキウィン博物館 Musée Tiskiwin
▶P.70

ゲマート門
Bab Ghemat

68 アグノウ門
Bab Agnaou

バイア宮殿
Palais de la Bahia ▶P.69

アンサナ・リヤド・コレクション（シ・サイード）
Angsana Riads Collection(Si Said)
▶P.38

カフタン・クイーン
Kaftan Queen

▶P.87

▶P.70

ル・タンジーヤ Le Tanjia R

▶P.78

コージー・バー
Kosy Bar ▶P.81

史跡地区

メッラハ周辺
かつてのユダヤ人居住区メッラハ。
ユダヤ人が去ってしまった現在、建物
は荒廃し、治安も悪化している。

ロブ門
Bab er Rob

エル・バディ宮殿
Palais el Badi

サアード朝の墳墓群
Tombeaux Saadiens ▶P.69

メッラハ
Mellah
（ユダヤ人街）

ラ・スルタナ La Sultana ▶P.38

エタブリスモン・ブシェイブ
Etablissement Bouchaib
▶P.84

エル・マンスール・モスク
Mosquée Al-Mansour
▶P.70

王宮
Palais Royal

ハマル門
Bab Hmar

クラブメッド・マラケシュ へ ▶ P.75

アマンジェナ ▼ P.74 へ

C

D

✿観光局ONMT

MAP P.56-A1
🏠 Pl. Abdel Moumen Ben Ali
☎ (0524)43-61-79
🕐 月～木 8:30 ～ 12:00、
　　　　14:30 ～ 20:00
　　金　 8:30 ～ 11:30、
　　　　15:00 ～ 18:30
🚫 土・日

▲新市街にある観光局

マラケシュのガイド

効率よく有意義に見どころを周るならモロッコ政府が認めた公認ガイドを雇うのがベスト。公認ガイドは、ホテルや観光局ONMTに依頼することができるフランス語と英語ガイドが多いが、日本語ガイドも数名いる。公認ガイドは必ず、ガイド登録番号と氏名が記載されたカードを観光客が確認できるよう見える位置に携帯しているので確認するといい。

日本語でマラケシュの町を案内してくれる

マラケシュ在住のユーセフさんは、英語と日本語が話せるモロッコの公認ガイド。15年のガイド歴を誇るベテランガイドだ。史跡地区やメディナを効率よく周ってくれたり、人気のモロッコ雑貨店や旬なレストランなども教えてもらえる。

✿モロッコツアーガイド
ハルービ・ユーセフ
Kharroubi Youssef

☎ 0670-93-03-04、
　(0524)30-71-72
URL www.marrakechtourguide.com
　　www.moroccotourguide.com
E-mail y.kharroubi@yahoo.com
💰 半日ガイドツアー　€50
　　1日ガイドツアー　€90
※メールでの問い合わせは英語で、電話は日本語可。

▲日本語が話せるユーセフさん

マラケシュの歩き方

✛ 新市街ゲリーズ Guéliz

新市街の見どころは、ムワッヒド朝時代に造られたメナラ庭園 Jardin Menara と観光客に大人気のマジョレル庭園 Jardin Majorelle。イヴ・サンローランが愛した庭園として親しまれているこの庭園は、外せない見どころのひとつだ。イヴ・サンローラン通り沿いには、おしゃれなモロッコ雑貨を扱うショップが並びこの一帯はマラケシュのなかでも一段と華やいだ雰囲気だ。

町の中心は、モハメド5世通り沿いに立つ大型複合施設Ｓカレ・エデンの周辺で、銀行やバス停、カフェやレストラン、ホテルなど何でも揃っている。特に、リベルテ通り Rue de la Liberte には、おしゃれなショップやレストランが並んでいる。

▲モダンな建物のＳカレ・エデン

✛ メディナのヘソはジャマ・エル・フナ広場

まずはジャマ・エル・フナ広場 Place Djemaa el Fna（以下、略してフナ広場）に行ってみよう。かつての処刑場だった面影はみじんもなく、ヘビ使いやミュージシャンのパフォーマーなどの大道芸人の周りには人があふれ、物売りは観光客を見つけると声をかけてくる。夜ともなると何百もの屋台が集い、呼び込みと強引な客引き、人の熱気で広場は異様な雰囲気に包まれる。まさしくここが「ザ・マラケシュ」なのだ。

ジャマ・エル・フナ広場周辺

ここは、モロッコといえばマ
ラケシュ、マラケシュといえば
フナ広場というほど象徴的な
光景が見られる場所でもある。

▲昼間のジャマ・エル・フナ広場

フナ広場に立って、ぐるっ
と周囲を見ると南西の方向に
は高い塔、クトゥビア Koutoubia
が見える。その方向に向かって延びるのがクチ（馬車）乗り場があ
るクトゥビア通り、広場の南端には郵便局、銀行、両替所、フナ広
場のエネルギーあふれる喧騒が眺められるテラス付きカフェが並
ぶ。そして広場の南、半径500ｍに放射状に広がるゾーン、特に
アグノウ門通り Rue Bab Agnaou と**リヤド・ズィトン・エル・ケディ
ム通り Rue Riad Zitoun el Kedim** とその路地には安宿、リヤド、
食堂、カフェ、ハマムなどが集まっている。

なお新市街からフナ広場に来るときは、高くそびえるクトゥビ
アを目指すといい。夜もライトアップされて目印になる。

✣ 迷路のように入り組んだスーク

フナ広場の北側にはジュースの屋台が数珠つなぎに並んでいて
こちらもマラケシュ名物、1日中オープンしている。その後ろ側
にスークが広がる。スパイスやドライフルーツ、籠細工のスーク
を抜けて、**スマリン門 Bab Semmarine** から**スマリン通り Rue
Semmarine** へ。

ムラービト朝時代マラケシュに都が置かれた頃から織物業とな
めし業が栄え、この目抜き通りはもともと布地のスークだったが
現在はみやげ物、衣類、日用雑貨、金細工、靴、カーペットなど
いろいろな店が連なる。

300ｍほど歩くと**ラハバ・カディーマ広場 Place Rahba Kedima**
に通じる細い路地がある。ここは1912年まで奴隷市場があった所。
今は広場一帯に外国人向けの籠細工（マルシェ・バッグ）の露店、
おみやげ雑貨、その周囲にスパイス、アラブ自然療法の薬屋、ハ
マム用品店などが並ぶ。

▲スークの休憩スポット、ラハバ・カディーマ広場

マラケシュで買い物を楽しむ方法

モロッコのスークでは値
札がないのが普通だ。欲し
いものを欲しい金額で手に
入れる。モロッコのスーク
では自分でいかに値切るか
が勝負。ガイドと一緒に回
れば目安の値段は教えても
らえるが、個人で買い物を
するときは、図々しいくら
いの値段から交渉しよう。

マラケシュの商人はかな
り強気だが、その雰囲気に
のみ込まれないようにした
い。欲しいものが見つかっ
たら、ひとまず値段を聞い
てみる。だいたい地元プラ
イスの2〜4倍、カーペッ
トなら10倍くらいの金
額を言ってくるはずだ。そ
こで、そんなに高いと無理、
というような表情を見せ、
店をあとにしよう。すると
「ちょっと待て、いくらな
ら買うのか？」と聞いてく
る。小手調べに5分の1
くらいの料金でどうかと聞
くと、店主は「とんでもな
い」というような顔をする
だろう。そして交渉へと入
る。しばらくすると「ラス
トプライスを言え」。ラス
トプライスとは、本当の希
望価格。そこからまた交渉
が始まる。希望価格に近づ
いた頃、店主はおもむろに
別の品を出してきて「ふた
つで○○ DH でどうか？」
と言ってきたりもする。も
し全然欲しくないなら、き
っぱり断ろう。また、ひと
つの店にこだわらず、ほか
の店でも値段を比較して、
一番安い店で交渉を始めよ
う。

▲ラグはサイズが豊富

▲カラフルな工芸品を扱うショップ

▲史跡地区の町並み。右に見えるのがアル・マンスール・モスク

▲メディナ内部では歴史を感じる門が多く見られる

▲スーク内はまるで迷路のよう

ラハバ・カディーマ広場を過ぎたあたりで道はY字に分かれる。Y字の左側の通り、スーク・エル・アッタリーン通り Rue Souk el Attarine の右側は**バブーシュのスーク Souk Smat Marga** だ。ここは染められたヤギ革とバブーシュを黙々と作る男性職人たちが見られる。奥へ行くとカンカントントンと音が鳴り響く、規模も大きな**鍛冶屋のスーク Souk Haddadine、銅・真鍮製品のスーク Souk Attarine（Kdima & Cuivre）** となる。左側一帯は順に**染色職人のスーク Souk Sbbaghirine、籠細工・木工職人のスーク Souk Chouari** だ。

Y字右側のスーク・エル・ケビール通り Rue Souk el Kebir（昔の革製品スーク）沿いを北上すると、右側にはベルベルの**絨毯のスーク Souk Joutia Zrabi、貴金属のスーク Souk des Bijoutiers** などが広がる。この道をずっと突き進むと、天井のすのこが取れて、広場が開ける。ここには北アフリカ最大規模を誇るイスラム神学校の**ベン・ユーセフ・マドラサ Medersa Ben Youssef** がある。緑色の屋根と四角いミナレットは**ベン・ユーセフ・モスク Mosquée Ben Youssef**、モスクの前は、礼拝の前に体を清める場所でもあった**クッバ・バアディン Koubba Ba'Adiyn** で、ここはマラケシュに残るムラービト朝時代の建築作品例だ。また、モスクに向かって右側に**マラケシュ博物館 Musée de Marrakech** が見えるはずだ。

マドラサから北上していくと、ムラービト朝の古い**タグズート門 Bab Taghzout** に出る。この周辺はメディナのなかでも最も古く、キャラバン隊が利用したフンドゥーク（隊商宿）の建物がいくつも残っている。

▲路地をやさしい灯りで包み込む銅・真鍮製品のスーク

✧ 史跡地区をひと巡りしよう

　史跡地区は、道もあまり複雑でなく、王宮の周囲の広い道を歩いて行けば見どころに行ける。まず、フナ広場からマグリブ銀行に向かって左側のアグノウ門通り Rue Bab Agnaou を行くと広場に出る。これを越えて真っすぐ行った突き当たりの広場にある、どっしりとした門が**アグノウ門 Bab Agnaou** だ。この門をくぐって 20 m くらい行くと、カフェやみやげ物店が並ぶカスバ通り Rue de la Kasbah にぶつかる。正面に美しい**アル・マンスール・モスク Mosquée Al-Mansour**（カスバ寺院）が見え、右側に**サアード朝の墳墓群 Tombeaux Saadiens** の入口がある。

　このカスバ通りをさらに南下し左回りに進むと、右側に**アグダル庭園 Jardin de l'Agdal** がある。さらに左に回って行くと、**エル・バディ宮殿 Palais el Badi** が見えてくる。ちなみに、そのそば一帯は旧ユダヤ人地区**メッラハ Mellah** と呼ばれる。エル・バディ宮殿を出て、前にある広場の右側の道を道なりに行くと、ひときわ豪華な**バヒア宮殿 Palais de la Bahia** だ。バヒア宮殿を出て右に曲がったリヤド・ズィトン・エル・ジェディド通り Rue Riad Zitoun el Jdid を北上するとフナ広場に戻れる。この道の途中、細い路地を右へ入ると、**ダール・シ・サイド Dar Si Said** に出る。

ベルベル&アラブ音楽に酔う「ファンタジア」

　「ファンタジア」とはもともとモロッコ各地に伝わる祭りで、馬に乗ってバロウドと呼ばれる銃を撃ち放ち、昔の戦いを再現したもの。マラケシュではツーリスト向けに、ディナーとフォークロアショーを盛り込んだファンタジアがいくつか開催されている。

　有名なのは、フナ広場から車で 15〜20 分の所にあるシェ・アリ Chez Ali。11ha もの会場で、ファンタジアやアクロバットショー、ベルベルダンスなどが次々と披露される。マラケシュを訪れたら、ぜひ鑑賞してみよう。

※シェ・アリは、旅行会社やホテルで申し込み可。送迎、食事付きで 450DH 程度（ただし、飲み物は基本的に別料金）。

◎シェ・アリ
 restaurant-chez-ali.com

マラケシュとオート・アトラス ✧ マラケシュ

ゲリーズでおいしいモロカンスイーツを

column

　マラケシュの新市街ゲリーズには、おいしい伝統菓子を販売するパティスリーが数軒営業している。**パティスリー・アル・ジャウダ**は 1985 年創業のマラケシュ初のパティスリー。アラウィさんが祖母から受け継いだおいしいモロカンスイーツが食べられる。無添加なので賞味期間は 1 週間。詰め合わせセット（小箱 60DH〜）がおすすめ。おしゃれなベーカリーレストラン、**ル・パン・コティディアン**もこだわりの伝統菓子を用意している。店内は雰囲気がよいので休憩にも最適。ダール・ミライ（→ P.75）では、この店のお菓子を個包装して箱に詰めたものを販売しているので問い合わせてみよう。**アマンディーン**は高級感のあるパティスリー。詰め合わせの小箱（100DH〜）が購入可能だ。ゲリーズ散策の際はぜひ立ち寄ってみよう。

アル・ジャウダの伝統菓子▶

S パティスリー・アル・ジャウダ MAP P.56-A1
Patisserie Al Jawda
🏠 11, Rue de la Liberté Guéliz
☎ (0524)43-38-97
URL www.al-jawda.com
🕐 8:30〜20:30（日 9:00〜18:00）
🚫 なし CC MV

C ル・パン・コティディアン MAP P.56-A1
Le Pain Quotidien
🏠 41, Rue Yougoslavie Guéliz
☎ (0524)42-00-88
URL www.lepainquotidien.ma
🕐 7:00〜23:00 🚫 なし CC MV

C アマンディーン MAP P.56-A1
Amandine
🏠 177, Rue Mohamed El Beqal
☎ (0524)44-96-12
URL www.amandinemarrakech.com
🕐 7:00〜21:00
🚫 なし CC MV（200DH〜）

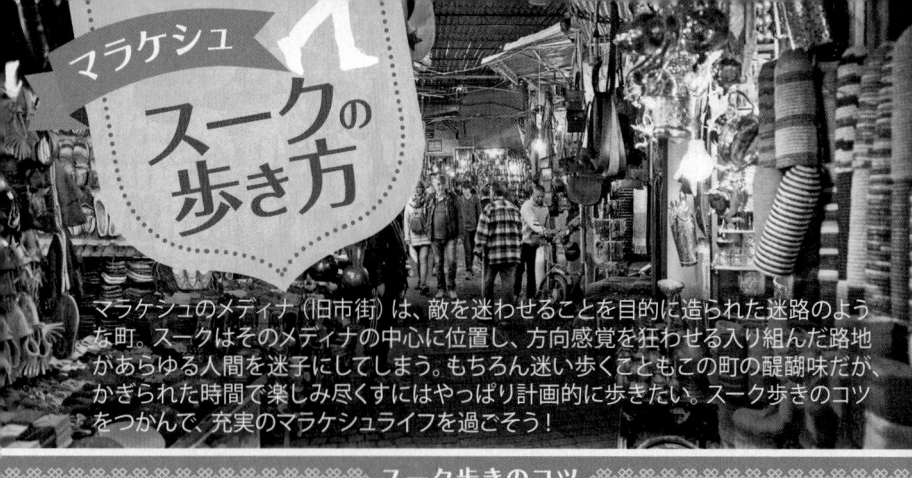

マラケシュ スークの歩き方

マラケシュのメディナ（旧市街）は、敵を迷わせることを目的に造られた迷路のような町。スークはそのメディナの中心に位置し、方向感覚を狂わせる入り組んだ路地があらゆる人間を迷子にしてしまう。もちろん迷い歩くこともこの町の醍醐味だが、かぎられた時間で楽しみ尽くすにはやっぱり計画的に歩きたい。スーク歩きのコツをつかんで、充実のマラケシュライフを過ごそう！

スーク歩きのコツ

1 構造を知る

まずはスークを構造的に把握しよう。スタートはジャマ・エル・フナ広場からのゲート、**スマリン門Bab Semmarine**。ここがスークへの入口だ。そしてそこから北に真っすぐ延びるスークのメインストリートが**スマリン通りRue Semmarine**。この通りは途中でY字形に**スーク・エル・ケビール通りRue Souk el Kebir**と、**スーク・エル・アッタリーン通りRue Souk el Attarine**に分かれ、その間に挟まれる形で各スークがひしめき合っている。分岐点の手前を東に入ると、スークの休憩スポット、**ラハバ・カディーマ広場Place Rahba Kedima**がある。

2 ランドマークを知る

スーク内はどこも同じ景色で困ってしまうが、路地を抜けるとランドマークとなる場所が点在している。一度路地の迷路を抜けると場所が把握できることも多い。右ページ地図のランドマーク（写真）を参照しながら歩こう。

ジャマ・エル・フナ広場の方向を示す看板はいたるところで見られる

3 スークの名前を知る

複雑に入り組んだ路地にはそれぞれスークの名前がついており、入口の門にはちゃんと名前が記されている。右ページ地図に記してある各スーク名と照らし合わせれば、世界最大級の迷路も迷わずに歩けるはず。

◉ 主要なスーク

Ａスーク・ハッダーデイン
[鍛冶屋のスーク]
店先には鉄製の鳥籠、ランプシェードなどが並ぶ大きなスーク。

Ｂスーク・チェラティン
[革職人のスーク]
革を加工する職人が集まるスーク。なめしたばかりの革の臭いがする。

Ｃスーク・ジュテイア・ズラビ
[絨毯のスーク]
ラハバ・カディーマ広場の裏。夕方にオークションが開かれる。

Ｄスーク・アッタリーン
（カディマ＆クイーブル）
[真鍮職人のスーク]
ほの暗い路地に、いくつもの真鍮ランプシェードがさがっている。

Ｅスーク・スマト・マルガ
[バブーシュのスーク]
バブーシュ（モロッコの伝統的なスリッパ）を探すならここ。

Ｆスーク・スバッジリーン
[染色職人のスーク]
一帯に鮮やかな色に染められた布が干され、フォトジェニック。

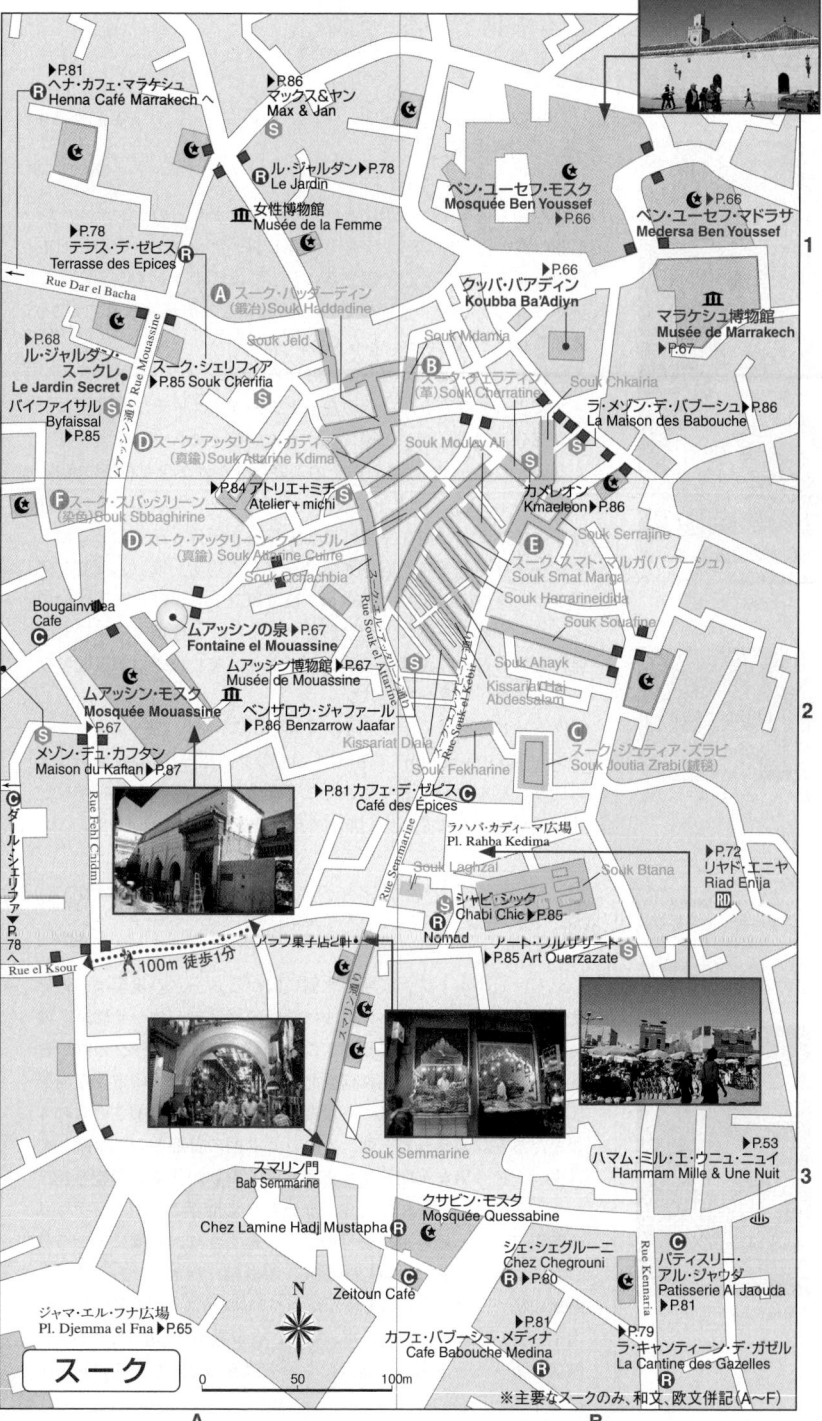

▶P.81
ヘナ・カフェ・マラケシュ へ
Henna Café Marrakech

▶P.86
マックス&ヤン
Max & Jan

▶P.78
ル・ジャルダン
Le Jardin

ベン・ユーセフ・モスク
Mosquée Ben Youssef
▶P.66

▶P.66
ベン・ユーセフ・マドラサ
Medersa Ben Youssef

女性博物館
Musée de la Femme

▶P.78
テラス・デ・ゼピス
Terrasse des Epices

Rue Dar el Bacha

▶P.66
クッバ・バアディン
Koubba Ba'Adiyn

マラケシュ博物館
Musée de Marrakech
▶P.67

▶P.68
ル・ジャルダン・
スークレ・
Le Jardin Secret

スーク・シェリフィア
▶P.85 Souk Cherifia

(鍛冶)Souk Haddadine

(革)Souk Cherratine

ラ・メゾン・デ・バブーシュ▶P.86
La Maison des Babouche

バイファイサル
Byfaissal
▶P.85

スーク・アッタリーン・カディマ
(真鍮)Souk Attarine Kdima

Souk Moulay Ali

カメレオン
Kmaeleon ▶P.86

スーク・スバッヒリーン
(染色)Souk Sbbaghirine

▶P.84 アトリエ+ミチ
Atelier + michi

スーク・アッタリーン・クイーブル
(真鍮)Souk Attarine Cuirre

Souk Serrajine

スーク・スマット・マルガ(バブーシュ)
Souk Smat Marga

Souk Harrarineijdida

Souk Qechiahbia

Bougainvillea
Café

ムアッシンの泉▶P.67
Fontaine el Mouassine

Souk Souafine

ムアッシン博物館▶P.67
Musée de Mouassine

Souk Ahayk

Kissariat Hai
Abdessalam

ムアッシン・モスク
Mosquée Mouassine
▶P.67

ベンザロウ・ジャファール
▶P.86 Benzarrow Jaafar

メゾン・デュ・カフタン
Maison du Kaftan ▶P.87

Kissariat Diala

スーク・ジュティア・ズラビ
Souk Joutia Zrabi (絨毯)

Souk Fekharine

▶P.81 カフェ・デ・ゼピス
Café des Epices

ダール・シェリファ
▶P.78
へ

ラハバ・カディーマ広場
Pl. Rahba Kedima

Souk Laghzal

Souk Btana

▶P.72
リヤド・エニヤ
Riad Enija

シャビ・シック
Chabi Chic ▶P.85

Rue el Ksour

Nomad

アート・ワルザザート
▶P.85 Art Ouarzazate

100m 徒歩1分

▶P.53
ハマム・ミル・エ・ウニュ・ニュイ
Hammam Mille & Une Nuit

Souk Semmarine

スマリン門
Bab Semmarine

クサビン・モスク
Mosquée Quessabine

Chez Lamine Hadj Mustapha

シェ・シェグルーニ
Chez Chegrouni
▶P.60

パティスリー・
アル・ジャウダ
Patisserie Al Jaouda
▶P.81

ジャマ・エル・フナ広場
Pl. Djemma el Fna ▶P.65

Zeitoun Café

N

▶P.81
カフェ・バブーシュ・メディナ
Cafe Babouche Medina

▶P.79
ラ・キャンティーン・デ・ガゼル
La Cantine des Gazelles

スーク

0   50   100m

※主要なスークのみ、和文、欧文併記(A〜F)

A   B

おもな見どころ

◆ メディナ

マラケシュのランドマーク
クトゥビア
Koutoubia

★★★ 🌍 世界遺産

MAP P.57-C2

▲質実剛健なアンダルシア
スタイルのクトゥビア

昔も今もメディナの西にそびえ立つマラケシュのシンボル。ひときわ高い約77mのミナレット（塔）は、ナツメヤシの森と旧市街地の両方を見下ろし、観光客にとっては町歩きをするうえでの目印になっている。壁面はそれぞれ異なる装飾が施されており、最も美しいといわれることも多い。

1147年ムワッヒド朝（→P.329）の創始者、アブド・アル・ムーメンによって着工され、その息子ヤクーブ・ユーセフの時代にモスク部分が完成したが、後にメッカに対してモスクの位置が正しくないとして一度破壊され、その基礎部分だけが今も右側に残る。その後の1199年、ヤクーブ・エル・マンスールによってモスク部分が建て直され、現在見られるミナレット部分となった。このミナレットは西側イスラム世界で最も美しく均衡が取れ、セビリアのヒラルダ Giralda の塔（97m、後に東ヨーロッパやスペインのカトリック教会建築に大きな影響を与えた）と並びムーア様式の傑作といわれる。夜はライトアップされ、美しい壁面が暗闇のなかにくっきりと浮かび上がる。

クトゥビアとはアラビア語の「本屋（写本屋）アル・クトゥビーイン al-Koutoubiyyin」に由来するもので、12〜13世紀頃モスクの周りに写本屋が集まっていたことから名づけられた。神学校と礼拝所が併設されており、非イスラム教徒は入れない。

▲ミナレットはスークの中からも見える

✿スーク

🕐 9:00頃〜21:00頃
※営業時間はあくまで目安。金曜は終日クローズの店もある。金曜の11:00〜16:00は集団礼拝のため多くの店が閉まる。

方向感覚を狂わせるラビリンス
スーク
Souk

★★★ 🌍 世界遺産

MAP P.63

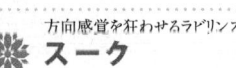

ジャマ・エル・フナ広場の北側に広がるスークの規模は、世界最大ともいわれる。マラケシュは沿岸の諸都市とサハラ砂漠との交易の中継地として発展してきた。とにかくこのスークの物の豊富さと文化の多様さを見れば、北アフリカでもいかに重要な商業都市、あらゆる職人が息づく産業都市だったかを実感させられることだろう。ムラービト朝、ムワッヒド朝の首都として繁栄して以来、人種や男女を問わずさまざまな人や物が往来し影響を及ぼした。そのグローバルな文化、混沌とした世界こそがマラケシュの魅力である。細い道が網目のように巡らされ、両側にところ狭しと店が並ぶ。その混雑の中を人々が縦横に行き交い、ときおり路地の幅いっぱいに荷物を積んだロバが通っていく。織物、香辛料、肉や野菜、装身具、スリッパ、家具、皮革製品、木彫品、銅製品、陶器、カーペット……、職人たちの工房ものぞきながら、歩いてみよう（→P.62）。

▲真鍮製品のスーク

ジャマ・エル・フナ広場

これぞマラケシュ！

Place Djemaa el Fna

★★★ 🌐 世界遺産

MAP P.58

夕方になると屋台が次々と立ち始め、いったいどこからわいてくるのか、ワラワラと人々が集まってくる。そこかしこで大道芸が行われ、丸い人だかりの輪ができる。さながらお祭りの日の興奮とにぎわいだ。しかもこれが毎日深夜1:00頃まで続く、というのだからすごい。今ではこのジャマ・エル・フナあってのマラケシュ。いやモロッコ旅行で最大のお楽しみがこの広場に詰まっているといってもいいだろう。マラケシュの人には「ジャマ」や、「ラ・プラス（広場）」と略して呼ばれている。

昼間から宵のうちは、アクロバット芸やベルベルダンス、ヘビ使いなどが目立ち、その間を水売りが行き来している。夜が更けると、音楽の生演奏を取り囲む輪が多くなる。ほかにも講釈師、小劇団、ヘナ描き、入れ歯売り、ガラクタ売りなどあらゆる出店がどこからともなく出現する。観光客がフナの輪に近寄るやいなや、芸人たちはすぐにチップを要求してくるのがやっかいだが、まあ、楽しめたらチップをはずんでも悪くない。

そもそもジャマ・エル・フナはかつて公開処刑場であり、また

▲深夜までお祭り騒ぎが続く

サハラやアトラス商人や農民など各地の人々が集う場所でもあったという。近年はバス乗り場やのみの市広場、スークの延長の店が並んだが現在は歩行者天国となり、今では「ジャマ・エル・ファナーヌ（芸術家たちの広場）」とも呼ばれている。

ダール・エル・バシャ博物館

王宮の一部を改装した必見の博物館！

Dar El Bacha Musée des Confluences

★★★ 🌐 世界遺産

MAP P.57-C2

現王宮の一部を改装してオープンした博物館。1907～1956年にマラケシュのパシャ（総督）だったタミ・エル・グラウィにより建造された建物は、モロッコ建築の原型ともいわれ、柱や天井など、現地の職人により施された緻密な装飾が圧巻。また、イタ

▲柱に施された細やかな装飾は必見

リアの様式に影響を受けたドアや窓、セントラルヒーティングシステムなども見られる。さまざまな企画展が催されるが、建物だけでも十分に訪れる価値がある。

写真撮影に注意！

グナワミュージシャンやヘビ使いなど、大道芸人の写真を撮る際には注意が必要。たとえ1枚でも写真を撮ろうものなら高額のチップを要求されることも。なかには自作の料金表を出してくるものもいる。必ず撮影前に交渉しよう。数枚撮って20DH程度で十分。

フナ広場を見渡す
展望カフェ4選

→ P.80

▲伝統的な音楽を演奏するグナワミュージシャン

✿革なめし職人地区
Quartier des Tanneurs

マラケシュにも皮なめし職人地区（MAP P.57-D2）はあるが、フェズのものよりも規模は小さいし、同エリアは治安が悪いことでも知られている。フェズも訪問予定ならフェズのタンネリ・ショワラ（皮なめし職人地区）を訪れることをおすすめする。マラケシュの皮なめし職人地区は入場無料で案内人にチップを払うシステムだ。トラブルが多いのでガイドと一緒に行った方がよいだろう。見学後はみやげ物店に連れて行かれる。

✿ダール・エル・バシャ博物館
🏠 65, 69 Riad Laârous, route Dar El Bacha
☎ (0524)38-17-63、0672-58-07-05
🕙 10:00～18:00
休 火　料60DH

▲きれいに整備された中庭も美しい

マラケシュとオート・アトラス ❖ マラケシュ

❋ベン・ユーセフ・マドラサ

行き方：ベン・ユーセフ・モスクを左側、クッバ・バアディンを右側に見て、左正面の道を入った右側に入口がある。

開 9:00 〜 18:00
休 祝 **料** 20DH

※ 2019 年 6 月現在、改装工事のため閉鎖中。2020 年に再開予定。

▲化粧漆喰は高い技術によって造られた

❋ベン・ユーセフ・モスク

行き方：スークを真っすぐ北側に抜けた所にある。

▲アンダルシア様式の緑瓦が特徴

❋クッバ・バアディン

行き方：スークの北側、ベン・ユーセフ・モスクの正面にある。

開 9:00 〜 18:00
休 祝 **料** 20DH

※ 2019 年 6 月現在、閉鎖中。

▲メディナで唯一残るムラービト朝の遺構

美しいイスラム神学校の内部へ
ベン・ユーセフ・マドラサ
Medersa Ben Youssef

★★★ 🌐 世界遺産

MAP P.63-B1

1956 年まで使用されていたイスラム神学校。1565 年にサアード朝のスルタン、アブダラー・アル・ガリブによって建てられた。マグレブ諸国のマドラサのなかでも最も大規模

▲イスラム建築の美しさに圧倒される

なもので、この時代の建築技術の粋を集めた、アラブ・アンダルシア建築の最高傑作といわれる。

この建物の大部分を占めるのは、学生たちの寄宿舎。回廊脇と2 階には 130 もの小部屋が整然と並んでいて、1 度に 900 人の学生を収容したという。各部屋の広さは約 6 畳、いくつかの部屋には学生たちの質素な生活用具が展示されている。

マドラサに入ったら、ありとあらゆる詳細部を見てほしい。建物の構造や外観はシンプルだが、化粧漆喰、緑瓦、タイル、床、柱の頭、天井、アーチ、小部屋に入る光の具合……と、どれも凝った装飾。中庭には白い大理石が敷き詰められ、真ん中の水盤には見事な壁が映し出され、美的効果を倍増させている。

四角いミナレットが美しい
ベン・ユーセフ・モスク
Mosquée Ben Youssef

★★ 🌐 世界遺産

MAP P.63-B1

メディナのなかでは最大のモスク。四角いミナレットをもち、緑色の装飾が施されている。12 世紀、ムラービト朝時代の 7 人の聖人のひとり、アリ・ベン・ユーセフにちなんで建てられた。現在あるのは 16 〜 19 世紀に再建されたもの。入口は西側にあるが、非イスラム教徒は中に入ることはできない。

ムラービト朝の重要建築物
クッバ・バアディン
Koubba Ba'Adiyn

★★ 🌐 世界遺産

MAP P.63-B1

この小さな丸天井の建物はマラケシュの旧市街で唯一残る 12 世紀ムラービト朝のもので、この時代のイスラム建築様式の重要な一例だ。いくつものエレガントなアーチ、内側の大理石には花のモチーフの彫刻が施されている（もともとクッバとは白いドーム状の建物を指し、聖人などの墓が置かれた）。

当時はモスクの礼拝の前に洗身する場所として建てられ、その後は貯水、給水場になり、その跡がクッバの後ろ側に少し残っている。当時の道は今より約 5 m 低い位置にあったため、排水路は埋まっていて見ることができない。

マラケシュ博物館
館内の装飾にも注目
Musée de Marrakech
★★ 世界遺産
MAP P.63-B1

ベン・ユーセフ・モスクのある広場に面した博物館。この建物は 19 世紀後半にダール・ムネブヒ Dar M'Nebhi の宮殿として造られ、特に博物館中央にあるパティオは、モザイク模様と細かい手彫りの装飾が美しく優雅だ。1956 年のモロッコ独立後には、マラケシュで最初の女学校として使われていた。博物館となったのは 1997 年。その敷地は 2000㎡ にも及ぶ。博物館ではおもに、ベルベルの民俗性豊かな装身具や生活用品のほか、現代モロッコの芸術家たちの作品を紹介している。展示物のテーマは時期によって変わるが、かつてのハマムや厨房も展示場に使われていておもしろい。

現在も利用される古の知恵
ムアッシン・モスク＆泉
Mosquée et Fontaine el Mouassine
★ 世界遺産
MAP P.63-A2

ムアッシン・モスクは、16 世紀サアード朝時代に、以前はユダヤ人地区だった所に造られたモスク。このモスクの脇に美しい泉がある。水盤は 3 つあり、そのうちひとつは人間のため、あとのふたつは動物のための泉となっている。

モロッコ人オーナーのコレクション
オリエンタリスト美術館
Orientalist Museum
★★★ 世界遺産
MAP P.57-C2

17 世紀に建てられたリヤドを 1 年かけて改装し、2018 年にオープンしたプライベートミュージアム。モロッコ人ビジネスマンが集めた絵画や陶器、ジュエリーなどのコレクションをセンスよく展示している。モダンな室内にはアンティークの調度品が配され、モロッコと縁のある画家、ダリやドラクロワの作品も展示されている。MACMA（→ P.71）も同マネジメント。

▲ダリの『Battle of Tetouan』

人気のプライベートミュージアム
ボシャロウィット美物館
Musée Boucharouite
★★★ 世界遺産
MAP P.57-C2

ボシャロウィットとは、ベルベル人が古着をリサイクルして作ったマットラグのこと。家庭により異なる味のあるデザインが人気だ。この私設美術館では、オーナーのパトリックさんが情熱をかけて集めた、芸術性の高いボシャロウィットを展示している。すばらしい展示なので、時間のある人はゆっくり回ってみたい。小さいがレストランやカフェもある。18 世紀建造の建物にも注目したい。

❂マラケシュ博物館
☎ (0524)44-18-93
🕐 9:30 ～ 18:00
休 祝　料 50DH

▲歴史が刻み込まれた美しいパティオ

❂ムアッシン・モスク＆泉
行き方：フナ広場から、モロッコ銀行を背にして正面左側にもうひとつの小さな広場がある。ここから北に向かう通りムアッシン通りRue Mouassine を行くと、右側に見えるのがムアッシン・モスクだ。その向こう側へ回った所に泉がある。

❂ムアッシン博物館
Musée de Mouassine
16 世紀、サアード朝時代に建てられた建物に絵画や写真などのアート作品が展示されている。
MAP P.63-A2
住 4, Derb El Hammam, Quartier Mouassine
☎ (0524)37-77-92
URL museedemouassine.com
🕐 9:30 ～ 19:00　休 なし

❂オリエンタリスト美術館
住 Kaat Benahid - Derb El Khamsi N° 5
☎ (0524)44-73-79
🕐 10:00 ～ 19:00　休 なし
料 50DH（マラケシュ芸術文化美術館とのコンボチケット 100DH）

❂ボシャロウィット美術館
住 Azbezt 107, Derb El Cadi
☎ (0524)38-38-87
🕐 9:30 ～ 18:00（8月は閉館）
休 日
料 40DH（16 歳以下無料）

▲ボシャロウィットは絨毯店で手に入る

サイドバー（左列）

☸ ル・ジャルダン・スークレ
🏠 Rue Mouassine 121
☎ (0524)39-00-40
🕐 9:30 ～ 18:30
（4～9月は～19:30、
10～1月は～17:30）
🚫 なし
💰 50DH
※タワーは別途 30DH が必要。

▲ムアッシン通り沿いにある

☸ メゾン・ドゥ・ラ・フォトグラフィ
🏠 46 Rue Souk Ahal Fassi,
kaat Ben Nahid
☎ (0524)38-57-21
🔗 www.maisondelaphoto
graphie.ma
🕐 9:30 ～ 19:00
🚫 なし
💰 50DH

☸ アグノウ門
行き方： フナ広場から、モロッコ銀行の向かって左の道アグノウ門通り Rue Bab Agnaou を南に進むと、広い交差点に出る。そのまま交差点を横切って直進。広い道に突き当たったら、斜め左に進む。左側に城壁のある広場に出ると、門がある。

▲コウノトリの巣が見られる

メインコンテンツ（右列）

メディナの中の癒やしの楽園
ル・ジャルダン・スークレ
Le Jardin Secret
★★★ 世界遺産
MAP P.63-A1

スークのほど近いところにオープンした庭園博物館。荒れ果てたまま放置されていた古い宮殿を修復し公開している博物館や手入れされた庭園はもちろん、庭園に巡らされた地下排水の仕組みは一見の価値あり。また、タワーからは、天気がよければアトラス山脈を望むことができる。ゆっくりとくつろげるカフェとショップを併設。

▲スークの中でほっとできる空間

哀愁漂うセピア色の写真の数々
メゾン・ドゥ・ラ・フォトグラフィ
Maison de la Photographie
★★★ 世界遺産
MAP P.57-C2

古いリヤドを改装して造られた写真博物館。1870 ～ 1960 年までの間に撮影された約1万点にも及ぶアーカイブコレクションが展示されている。人々の豊かな表情や昔ながらの暮らしぶりが垣間見られる貴重な場所。屋上のテラスでは、景色を楽しみながら食事をすることも。定期的に展示会も行われている。

▲小さな入口なので見逃さないように

◆ 史跡地区

美しいアーチ周辺の模様は必見
アグノウ門
Bab Agnaou
★★ 世界遺産
MAP P.57-C3

メディナの南側、王宮の近くにある美しい門。建造は12世紀、ムワッヒド朝時代だ。アーチの周囲は、赤と緑の砂岩で馬蹄形や半円形の繰り込み模様で縁取られ、その上の壁にはコーランの詞の装飾文字が刻まれている。スルタンが宮殿に行くために使った門だが、死刑に処された罪人の首をさらす場所でもあったという。小さなふたつの大砲が備えられている。じっくりと見学する旅行者の姿はあまり見かけないかもしれないが、この門はモロッコの歴史にとって重要なものなので、近くを通ったときはぜひ見ておきたい。

▲マラケシュで最も美しい門として有名。特に夕方は幻想的

スルタンが眠る
サアード朝の墳墓群
Tombeaux Saadiens

★★★ 世界遺産

MAP P.57-C3

サアード朝（1549〜1659年）の代々のスルタンが葬られている大墓廟群。廟には3つの部屋があり、それぞれ、コーランの一節や幾何学模様の美しい装飾が施されている。

▲サアード朝の墓廟

第1の部屋 入ってすぐ左の「ミハラーブの間」は、ミハラーブ（メッカの方向を示す壁のくぼみ）がある礼拝堂。

第2の部屋 「12円柱の間」は、3つのなかで最も荘厳な雰囲気をもつ。目を見張るほど色鮮やかなモザイクタイルが壁面を飾り、イタリア産の大理石でできた12本の柱が、木や漆喰の装飾的なアーチを支えている。中央の一番大きな墓が、サアード朝の黄金王アフメド・アル・マンスールの墓だ。

第3の部屋 「3つのミハラーブの間」には、アル・マンスール王の子供たち、母后ララ・メッサウダをはじめ、サアード朝の王族たちの墓が安置されている。

国王もたびたび宿泊する
バヒア宮殿
Palais de la Bahia

★★ 世界遺産

MAP P.57-D3

19世紀後半、当時の大宰相の私邸として建てられた宮殿。愛妾用の会議室と個室には、彩り鮮やかなタイルが張られ、アトラスシーダー材の天井には細密画が描かれている。壁や柱の彫刻も見事、アルハンブラ宮殿に負けない芸術作品だ。奥には、広くて明るい中庭がある。周囲の建物は、4人の妃と24人の側女たちの部屋だったというが、見られるのは、息子たちが勉学したという部屋とその隣の祈りの部屋だけ。左に抜けると、美しいムーア式の庭に出る。ここは、女たちだけに開放されていたという。

◎サアード朝の墳墓群
行き方：アグノウ門かその隣の門をくぐり、真っすぐ行くと突き当たりにカスバ寺院がそびえている。このモスクの右側に入口がある。
圖 9:00〜17:00
休 なし
料 70DH

▲アル・マンスール王の墓

◎バヒア宮殿
行き方：フナ広場から、カフェ・ド・フランスの向かって左の道リヤド・ズィトン・エル・ジェディド通りRue Riad Zitoun el Jdidを5分くらい真っすぐ進むと左側にある。ヤシの木の並木道が入口に誘ってくれる。
圖 9:00〜17:00
休 なし
料 70DH

▲ぜひ訪れたい美しい宮殿

マラケシュ発の砂漠ツアー

Column

　公共交通があまり充実していない砂漠方面に行くにはツアーの利用が便利。マラケシュからカスバ街道経由のメルズーガ砂丘ツアー（例→P.22)がたくさん催行されている。マラケシュ→メルズーガ→フェズという便利なプランもある。ツアー会社はリヤド・ジトゥン・エル・ジェディド通りやリヤド・ジトゥン・エル・ケディ

ム通りなど、ジャマ・エル・フナ広場の南に多い。あるいは安宿で申し込むという手もある。料金は2泊3日で、宿泊、朝・夕食、英語ガイド付きで1000DH程度。ただしトラブルも多いので事前の調査が必要。日本語のしっかりとしたツアーに参加したいという人は、日本人常駐の現地旅行会社（→P.26）に頼むといいだろう。

マラケシュとオート・アトラス ✿ マラケシュ

❂エル・バディ宮殿

行き方：フナ広場から、CTM ホテルの向かって左側にあるリヤド・ズィトン・エル・ケディム通り Rue Riad Zitoun el Kedim を南に進んだ突き当たり。

⏰ 9:00 ～ 17:00
🈲なし　🈯70DH

▲建物部分は廃墟状態

❂ダール・シ・サイド

行き方：フナ広場からバヒア宮殿に向かうリヤド・ズィトン・エル・ジェディド通りの途中、ほぼ中間くらいの所に広場があるので、そこの小さな門をくぐってバヒア通り Rue Bahia に行こう。門をくぐって少し行ったらダール・シ・サイド通り Dar Si Said を左折、突き当たった所にある。

⏰ 10:00 ～ 18:00
🈲火　🈯30DH

▲アーティスティックな絨毯を展示

❂アル・マンスール・モスク

行き方：サアード朝の墳墓群（→ P.69）参照。

▲周辺はみやげ物屋も多い

❂ティスキウィン博物館

行き方：リヤド・ズィトン・エル・ケディム通りから、ダール・シ・サイドに向かう通りを入って 20m ほど行った右側。

☎ (0524)38-91-92
⏰ 9:00 ～ 12:30、14:30　10:00
🈲なし　🈯30DH

▲トゥアレグの装身具

当時の栄華がしのばれる　★★ 🌐世界遺産

エル・バディ宮殿
Palais el Badi

MAP P.57-C3

　サアード朝のアフメド・アル・マンスール王が、25 年の歳月をかけて建造した宮殿。後のアラウィー朝のムーレイ・イスマイル王によって破壊され、現在は廃墟と化しているため、クレモンテの木々が植えられている広大な中庭と一部残された建物の姿からしのぶしかない。当時はこの中庭を囲むように 360 もの部屋が整然と並び、多くの宝物が収められていたという。モンテーニュは「ベルベル人の王のために建てられた、彫刻のある 50 本の大理石柱をもつ宮殿」と称した。西側にある四角い建物は、金の工場かつ風呂であった所だが、今はコウノトリやハトのすみかとなってしまった。また、南側エリアに、当時の地下牢跡がある。敷地内に写真・芸術博物館がある。

絨毯の展示が大幅にグレードアップしてリニューアル！　★★★ 🌐世界遺産

ダール・シ・サイド
Dar Si Said

MAP P.57-C3

　19 世紀、アラウィー朝時代に宮殿として建造されたものだが、20 世紀になって工芸博物館となった。内部には、オート・アトラスやアンチ・アトラスのベルベル絨毯、細かい彫刻が施された装飾品や短剣、木彫品、家具など、貴重な工芸品が展示されている。

シンプルながらも美しい寺院　★ 🌐世界遺産

アル・マンスール・モスク（カスバ寺院）
Mosquée Al-Mansour(Mosquée de la Kasba)

MAP P.57-C3

　サアード朝の墳墓群（→ P.69）の入口にそびえる塔。1180 ～ 1190 年頃にムラービト朝のヤクーブ・アル・マンスール王が建て、サアード朝のムーレイ・アブダラー王と、その後アラウィー朝のシディ・ムハンマド・ベン・アブダラー王のふたりによって修復されたといわれている。

モロッコ人のルーツを探る　★ 🌐世界遺産

ティスキウィン博物館
Musée Tiskiwin

MAP P.57-C3

　サハラ砂漠からモロッコにいたるまでのベルベル人の生活文化をテーマにした博物館。モロッコ在住 50 年のオランダ人民俗史研究家ベルト・フリント Bert Flint が集めた秀逸なプライベートコレクションで、民族服、農具、絨毯、籠、アクセサリーなどが展示されている。モロッコのルーツをアフリカ（マリ、ニジェールなど）へとたどることができる品々だ。

▲トゥンブクトゥと南モーリタニアの部屋

ゲリーズの隠れた名所
マラケシュ芸術文化美術館
Musée d'Art et de Culture Marrakech (MACMA)

★★★

MAP P.56-A1

オリエンタリスト美術館(→ P.67)と同経営。オーナーはモロッコの芸術・文化に造詣の深いモロッコ人ビジネスマンで、モロッコ人アーティストの絵画や写真などの作品を展示している。作品はもちろん、ディスプレイもすばらしい。

モロッコ愛あふれる展示が見られる▶

マジョレル庭園と併せて訪れたい
イヴ・サン・ローラン美術館
Musée Yves Saint Laurent

★★★

MAP P.56-B1

2017 年、ピエール・ベルジュ＝イヴ・サン・ローラン財団により開業。イヴ・サン・ローランの 40 年の軌跡をたどることのできる常設展示と、テーマに沿った美術系の企画展が楽しめる。ミュージアムショップ、おしゃれなカフェもある。

▲常設展示は撮影禁止

センスが光る空間
マジョレル庭園
Jardin Majorelle

★★★

MAP P.56-B1

1920 年代にフランスのアール・デコの画家ジャック・マジョレルが造園、彼の他界後、デザイナーの故イヴ・サン・ローランが買い取って修復、経営を始めた。ヤシ、バナナ、ブーゲンビリア、いく種もの巨大なサボテンといった南国の植物のなかにたたずむ、濃いコバルトブルーの建物が特徴。この青色は「マジョレル・ブルー」と呼ばれ、親しまれている。マジョレルがアトリエとして使った所は、ベルベル博物館となっており、装身具や伝統衣装など、ベルベル人の文化に関する展示が楽しめる(撮影禁止)。庭園内のブティックはさすがにおしゃれで、モロッコテイストのなかに高級感と斬新さが際立つ品々が並んでいる。

▲フォトジェニックスポットとして人気

▲高級感のあるブティック

❂マラケシュ芸術文化美術館
🏠61, Rue Yougoslavie, Passage Ghandouri
☎ (0524)44-83-26
URLmuseemacma.com
🕐 10:00 ～ 19:00　休日
料70DH（オリエンタリスト美術館とのコンボチケット 100DH）

❂イヴ・サン・ローラン美術館
🏠Rue Yves Saint Laurent
☎ (0524)29-86-86
URL www.museeyslmarrakech.com
🕐 10:00 ～ 18:00　休水
料100DH（マジョレル庭園、ベルベル博物館とのコンボチケット 180DH）

ハイシーズンは行列に注意

マジョレル庭園はマラケシュでも指折りの人気スポット。ハイシーズンは毎日行列ができるほどだ。オープンと同時に並べば比較的すんなり入場可能。また、チケットは隣のイヴ・サン・ローラン博物館でも買えるので、そちらで買うという裏ワザもある。

❂マジョレル庭園
☎ (0524)31-30-47
URLjardinmajorelle.com
🕐 8:00 ～ 18:00（10 ～ 4 月は～17:30、ラマダン中は 9:00 ～ 17:00）
休なし
料70DH（イヴ・サン・ローラン美術館、ベルベル博物館とのコンボチケット 180DH）

イヴ・サン・ローランの遺灰

2008 年に亡くなったイヴ・サン・ローラン。彼にとってマジョレル庭園は特別な場所だったといわれている。そのためパートナーのピエール・ベルジェは、彼の遺灰をマジョレル庭園にまいた。現在、庭園内には記念碑が立っている。

Hotel
ホテル

　マラケシュの町は新市街とメディナに大きく分かれるが、ホテルもこのふたつの地区で大きく性格が異なる。新市街にあるホテルのほとんどが中～高級クラス。メディナの喧騒を離れてのんびりするには最適だろう。一方、メディナのホテルは安宿タイプから高級ホテルまでさまざまだ。最近はインテリアにこだわった中級リヤドが増え、旅行者に人気があるのもこのタイプ。メディナ内には250軒以上のリヤドがあるといわれているので、お気に入りを探そう。**厳選極上リヤドは→ P.38 ～。**

リラックスしたひとときが過ごせる　　　　　　　　　　　メディナ MAP P.63-B2
RD リヤド・エニヤ　　　　　　　　　　　　　　　　　　　　高級
Riad Enija

約300年前の邸宅を改装した、メディアでもたびたび取り上げられる有名なリヤド。フナ広場近くにありながら、建物に一歩足を踏み入れると別世界に来たような印象を受ける。ハマムはないが、スパが充実している。

住Rahba Lakdima, Derb Mesfioui N° 9
☎(0524)44-09-26　URL www.riadenija.com
🅿🈂🛁🏖📺🔺❄️ 🄢🄓2500DH～
CCMV　客室数15　🛜あり（客室）

洗練された上品な空間　　　　　　　　　　　　　　　　メディナ MAP P.57-C3
RD ヴィラ・デ・ゾランジェ　　　　　　　　　　　　　　　高級
Villa des Orangers

メディナにある豪華リヤドの草分け的存在。伝統のモロカンスタイルを取り入れつつ、洗練されたインテリアは、高級リヤドブームの火付け役。料金に空港送迎、軽いランチ、ミニバーなどのサービスが含まれている。

住6 Rue Sidi Mimoun –Pl. Ben Tachfine
☎(0524)38-46-38　URL www.villadesorangers.com
🅿🈂🛁🏖📺🔺❄️ 🄢🄓4600DH～
CCAMV　客室数27　🛜あり（客室）♨

わずか7室のハイセンスなリヤド　　　　　　　　　　　　メディナ MAP P.57-C2
RD リヤド・ソワッサン・ドゥーズ　　　　　　　　　　　高級
Riad 72

オーナーはマラケシュで3軒のリヤドを手がけるイタリア人女性。わずか7室しかないが、客室はいずれもおしゃれで品のある内装。中庭、ルーフトップテラスなどで気持ちよく過ごせる。スタッフは穏やかでとても親切。

住72 Arset Awzel, Bab Doukkala
☎(0524)38-76-29　URLriad72.com
🅿🈂🛁🏖📺🔺❄️ 🄢🄓1300DH～
CCMV　客室数7　🛜あり（客室）♨

ホテル、レストランともに評判の老舗リヤド

メディナ MAP P.57-C2
高級

RD ラ・メゾン・アラブ
La Maison Arabe

ドゥカラ門から徒歩10分ほどの所にある1946年オープンのリヤド。レストランとともに評判で、いつも予約でいっぱいだ。ホテル内はモロッコ伝統の豪華な装飾が施され、高級感がある。料理教室も人気（ひとり600DH）。

値 1 Derb Assehbe Bab Doukkala
☎(0524)38-70-10 **URL** www.lamaisonarabe.com
料 🔣🔣🔣TV🔣🔣🔣 **S D** 2000DH〜
CC ADJMV 客室数 26 🔇あり（客室）♨

居心地のよいリヤド

メディナ MAP P.57-C3
高級

RD リヤド・ル・クロ・デ・ザール
Riad Le Clos des Arts

イタリア人男性とスイス人女性のカップルが経営する人気リヤド。それぞれ色の名前がついた客室は高級感のあるシックな内装。朝食はルーフトップテラスで愛想のよいスタッフたちがサーブしてくれる。

値 Riad Zitoune Jdid, Derb Tbib 50
☎(0524)37-51-59 **URL** www.leclosdesarts.com
料 🔣🔣🔣🔣🔣🔣🔣 **S D** 1200DH〜
CC MV 客室数 9 🔇あり（客室）

クトゥビア広場のそばに立つ

メディナ MAP P.57-C2
高級

H レ・ジャルダン・ドゥ・ラ・クトゥビア
Les Jardins de la Koutoubia

30のミニスイート、22のジュニアスイート、2つのロイヤルスイートを含む109室を有する5つ星ホテル。クトゥビアの景色を望むテラスレストランをはじめ、4つのハマムが備わったスパなど施設面が充実。

値 26 Rue de la Koutoubia **☎**(0524)38-88-00
URL www.lesjardinsdelakoutoubia.com
料 🔣🔣🔣TV🔣🔣🔣 **S D** €185〜
CC AMV 客室数 109 🔇あり（客室）♨

ジェディド門前にあり便利

新市街 MAP P.56-B2
高級

H ソフィテル・マラケシュ・ラウンジ＆スパ
Sofitel Marrakech Lounge&Spa

客室が赤を基調としたモロカンスタイルで、とても落ち着くと評判の高級ホテル。3つのレストラン、3つのバー、ハマム、屋外プールなどの施設がある。メディナに徒歩で行けるのでとても便利だ。

値 Rue Harroun Errachid, Quartier de Hivernage
☎(0524)42-56-00 **URL** sofitel.accorhotels.com
料 🔣🔣🔣TV🔣🔣🔣 **S D** €276〜
CC AMV 客室数 157 🔇あり（客室）♨

H ラディソン・ブル・ホテル・マラケシュ・カレ・エデン
Radisson Blu Hotel, Marrakech Carre Eden Hotel

高級

新市街にオープンしたおしゃれなシティホテル。S カレ・エデンに隣接しているので、ショッピングや食事に便利な立地。バス停にも近く、観光にもおすすめ。施設はレストラン、プール、スパ、フィットネスが備わっている。

住 166-176 Ave. Mohanmmed V　☎(0525)07-70-00
URL www.radissonblu.com/en/hotel-marrakech
料 ［アイコン］ S D 982DH～
CC AMV　客室数 193　☎ あり（客室）

日常を忘れて極上のバカンスを　　　　　　　　　　郊外 MAP P.57-D3 外

H アマンジェナ
Amanjena

高級

マラケシュの中心地から車で約15分、ゴルフコースに隣接した場所にある。大きな池の周りに邸宅のような豪華な客室棟が点在している。すべてにおいて最上級を極めた世界のセレブ御用達のリゾートホテル。

住 Route de Ouarzazate, km 12　☎(0524)39-90-00
URL www.aman.com/ja-jp/resort/amanjena
料 ［アイコン］ S D €500～
CC AMV　客室数 39　☎ あり（客室）

ムーア様式のガーデンサンクチュアリ　　　　　　　郊外 MAP P.56-A2

H フォーシーズンズリゾート マラケシュ
Four Seasons Resort Marrakech

高級

40エーカーの広大な敷地に現代的にアレンジされたモロッコ様式の客室棟と、レストラン、スパやプールなどがガーデンとうまく調和しながら点在している。最高のもてなしで滞在をサポートしてくれる。

住 1 Blvd. de la Menara　☎(0524)35-92-00
URL www.fourseasons.com/marrakech
料 ［アイコン］ S D €400～
CC AMV　客室数 139　☎ あり（客室）

3年かけて仕上げた内装が美しい　　　　　　　　　メディナ MAP P.57-C2

RD リヤド・アルガン
Riad Argan

中級

フナ広場からも歩いて行ける立地のよいリヤド。モダンでアーティスティックな造りが女性に人気。おいしいと評判の食事は家庭的なモロッコ料理€20～（要予約）。空港からホテルへの送迎は€12。

住 33 Derb Zenka Dika, Medina
☎ 0662-09-19-53　URL riadargan.com
料 ［アイコン］ S D €75～
CC MV　客室数 5　☎ あり（客室）

シンプルなシティホテル

H オテル・ラシーン
Hôtel Racine

新市街　MAP P.56-B2 中級

フナ広場から車で5分、新市街の中心
部からも車で10分ほどの所にある。シ
ティホテルながら、ハマムとレストラン、
屋外プールを完備。

住 Angle Ave. Oum Rabia et
Rue Ibn Atia Gueliz
☎(0524)37-92-22
URL hotelracine.ma
料 ⑤ €39〜
CC DJMV 客室数77
あり（客室）

清潔なハマムがうれしい

H ジュナン・モガドール
Jnane Mogador

メディナ　MAP P.55-B2 中級

柱や壁、部屋の中にいたるまで手彫りの
装飾が施してあり、宿泊料金に対して1
ランク上の印象。食事はモロッコ料理の
セットがあり、120〜180DH。

住 116 Riad Zitoun el Kedim,
Derb Sidi Bouloukat
☎(0524)42-63-24
URL www.jnanemogador.com
料 ⑤385DH〜 ❶495DH〜
CC MV
客室数18

奥さんは日本人

RD ダール・ミライ
Dar Mirai

メディナ　MAP P.56-B2 中級

ドゥカラ門近くのアットホームなリヤ
ド。モロッコ人男性と結婚した日本人の
奥さんがいて日本人観光客にも人気。旅
行会社を経営しておりツアーも手配可。

住 35 Derb Hajra Bab Doukkala
☎0639-82-49-41
（日本語／英語）
料 共同 ⑤❶300DH
⑤❶400DH
CC 不可
客室数5
あり（客室）

この価格でこのクオリティはすばらしい

RD リヤド・ニュメロ・ディース
Riad Numéro 10

メディナ　MAP P.57-C2 中級

ジャマ・エル・フナ広場から徒歩10分。H
オテル・シェラザードを過ぎて、初めの曲
がり角を左に入った所にある。デザイン
に凝っていてかわいらしい。

住 10 Derb Jamaa Riad
Zitoune Lakadime
☎0662-64-25-60
料 ⑤❶€38〜
CC MV
客室数11
あり（客室）

ここに泊まれたら幸運だ

H オテル・ル・ガリア
Hôtel Le Gallia

メディナ　MAP P.55-B2 安宿

安宿街からは少し離れたプチホテル。美
しいタイルの装飾や緑豊かな中庭など、
モロッコ情緒があふれ、部屋も清潔で気
持ちがいい。

住 30 Rue de la Recette
☎(0524)44-59-13
URL www.hotellegallia.com
料 ⑤305DH ❶460DH
CC MV
客室数19
あり（客室）

安宿街の老舗ホテル

H オテル・セントラル・パラス
Hôtel Central Palace

メディナ　MAP P.55-B1 安宿

フナ広場からアグノウ門通りに入り、し
ばらく歩いて左側。見つけにくい所だが、
日本人客の利用も多い。歴史のあるホテ
ルだが、客室はきれい。

住 59 Derb Sidi Bouloukat
☎(0524)44-02-35
料 共同 ⑤❶150DH
⑤❶255DH
⑤❶355DH
25DH
CC 不可
客室数38 あり（客室）

マラケシュとオート・アトラス ❖ マラケシュ

屋上テラスからクトゥビアを見られる
H オテル・イムーザ
Hôtel Imouzzer

中庭のタイルの装飾が美しい。共同スペースもきれい。パノラマがすばらしい屋上テラスで朝食（25DH）を取ることができ、頼めばタジンも作ってくれる。

メディナ MAP P.55-B2
安宿

74 Derb Sidi Bouloukate
☎(0524)44-53-36
URLwww.hotel-imouzzer.com
共同
S80〜100DH
D150〜180DH
CC不可 客室数30
あり（客室）

バックパッカーに愛される
H オテル・アフリキア
Hôtel Afriquia

アグノウ門通りから、Hオテル・ドゥ・ラ・ペがある道を入って行ったほうがわかりやすい。明るくて手入れの行き届いたホテルで人気がある。

メディナ MAP P.55-B2
安宿

45 Derb Sidi Bouloukat
☎(0524)44-24-03
共同 S80DH D150DH
SD250DH
CC不可
客室数29
あり（客室）

改装してより快適に
H オテル・エッサウィラ
Hôtel Essaouira

安宿街の中心部となる場所にある安ホテル。長年欧米の若者に人気があり、シーズン時は予約でいっぱいに。すべて、トイレ、シャワー付き。

メディナ MAP P.55-B2
安宿

3 Derb Sidi Bouloukat
☎(0524)44-38-05
URLwww.essaouirahotelmarrakech.com
S€35 D€45 tr€55
CCMV 客室数18
あり（客室）

ルーフテラスもある
H オテル・メディナ
Hôtel Medina

モロッコの普通の家庭を訪れたようなアットホームな雰囲気。清潔度も問題ないし、スタッフの感じもいい。日本語を話すムスタファさんがいる。

メディナ MAP P.55-B2
安宿

1 Derb Sidi Bouloukat
☎(0524)44-29-97
URLwww.hotelmedinamarrakech.com
共同
S70DH〜 D150DH
tr180DH
CCMV 客室数16
あり（客室）

おすすめの安宿
H シンディ・スッド
Sindi Sud

新しく、飾り彫りもきれいで落ち着いた雰囲気だ。清潔感もあり、スタッフもたいへん親切。長期間滞在しても決して苦にならない安宿だ。

メディナ MAP P.55-B2
安宿

109 Derb Sidi Bouloukat
☎(0524)44-33-37
URLsindi-sud.hotelsmarrakech.net
共同 S80DH D200DH
SD350DH〜
CCMV 客室数15
あり（客室）

メディナにしてはモダンな
H オテル・エル・ケナリア
Hôtel El Kennaria

カフェ・ドゥ・フランスに向かって左側の道、ケナリア通りを入り、三差路を左側にUターンするように曲がった所。客室はモダンさが際立つ。

メディナ MAP P.58 外
安宿

10 Rue el Kennaria, Dabachi
☎(0524)39-08-97
共同
S200DH D300DH
S250DH D400DH
CCMV 客室数16
あり（客室）

Restaurant
レストラン

　マラケシュはモロッコきっての歴史ある大都会とあって、レストランは屋台から食堂、高級店まで数多くの選択肢がある。なかでも一度はこの町名物「フナ広場の屋台」をぜひ楽しんでほしい。営業は毎晩18:00頃から翌2:00頃まで。外国人に対する呼び込みは激しいが、流されずに地元の人が集まっているかどうかをよく見てほしい。フナ広場の全景を撮影したい人は広場に面したカフェの屋上の席へ（→ P.80）。エレガントなレストランへ行きたい人はリヤドの中にあるレストランを利用しよう。

店員がすべて女性の人気モロッコ料理店　　　　　　新市街 MAP P.56-A1　モロカン
R アル・ファシア
Al Fassia

新市街にある、店員が女性だけという老舗フェズ料理店。老舗といっても、店内は落ち着いたおしゃれな内装で、料理のディスプレイもかわいらしい。味も申し分ないので、モロッコ料理を食べたければここに来れば間違いない。ハリラ60DH、ケフタタジン135DH。

▲料理はかわいらしい食器で供される

🏠 55 Blvd. Zerktouni
☎ (0524)43-40-60
URL www.alfassia.com/our-restaurant
🕐 12:30～14:30、19:30～23:00
休 火　CC AMV　📶 あり

◀少しおしゃれして訪れたい

モロッコの家庭料理　　　　　　　　　　　　　新市街 MAP P.56-A1　モロカン
R アマル
Amal

モロッコ人女性の自立支援が目的のレストラン。もちろん調理から接客まですべて女性のみ。料理はビーフケフタ45DH、ベジタブルタジン45DH、チキンのブロシェット60DHなどどれもリーズナブル。モロッコ菓子の販売、モロッコ料理教室などもある（要予約）。

▲素朴でやさしい味のビーフケフタ

🏠 Rue Allal Ben Ahmed et Rue Ibn Sina, Gueliz
☎ (0524)44-68-96　URL amalnonprofit.org
🕐 8:30～10:30、12:00～15:30
※夜は団体のみ。要予約
休 イスラムの祝日　CC MV　📶 あり

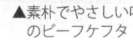

◀ギリーズの静かな場所にある

メディナのおすすめモロッコ料理店

R ル・タンジーヤ
Le Tanjia

メディナの夜景が楽しめるモロッコ料理店。価格は高めだが、洗練された内装で雰囲気がよくアルコールも楽しめる。毎日21:30～22:00にベリーダンスショーが催される。前菜80DH～、グリル130DH～。

住14 Derb J'did – Hay Essalam
☎(0524)38-38-36
開12:00～23:00
休なし　CCMV　🛜あり

メディナのハイセンス空間

R ル・ジャルダン
Le Jardin

17世紀の邸宅を改装したカフェ。店内は緑で統一され、おしゃれで気持ちがいい。料理はモロッコをはじめサンドイッチなどの軽食もある。夜はライブ演奏が催されることも。

住32 Souk El Jeld, Sidi Abdelaziz
☎(0524)37-82-95
URLlejardinmarrakech.com
開11:00～22:00　休なし　CCMV　🛜あり

屋上のソファ席がおすすめのカフェレストラン

C ダール・シェリファ
Dar Cherifa

15世紀のマドラサ（イスラム神学校）を改装しており、味のあるイスラム建築は一見の価値あり。インテリアはおしゃれで、ワークショップやギャラリーとしても利用されている。

住8 Derb Chorfa Lakbir, Mouassine
☎(0524)65-50-24
URLdar-cherifa.com
開10:00～23:00　休なし　CCMV　🛜あり

有名人も多数来店の隠れ家レストラン

R テラス・デ・ゼピス
Terrasse des Epices

Sスーク・シェリフィア（→ P.85）の屋上にある人気のレストラン。アルコールが豊富なので、バーとしての利用もおすすめ。スークの喧騒を忘れてのんびりしたい。前菜85DH～、メイン125DH～。

住15 Souk Cherifia, Sidi Abdelaziz
☎(0524)37-59-04
URLterrassedesepices.com
開12:00～24:00　休なし　CCMV　🛜あり

すてきな空間で菜食料理を

R ラ・ファミーユ
La Famille

メディナの雑踏から一歩入ると、そこはまさにシーク
レットガーデン。フランス人のステファニーさんが
オーナーを務めるカジュアルな店で、ヘルシーな日替
りベジタリアンメニューが食べられる。メイン85DH。

住 42 Riad Zitoun Jdid
☎ (0524)38-52-95
開 12:00～16:00
休 日　CC MV　📶 あり

味もロケーションもグッド！

R ラ・キャンティーン・デ・ガゼル
La Cantine des Gazelles

フナ広場から徒歩5分。旅行者に評判のレストランが
集まるエリアで1、2を争う超人気店なので予約は必
須。モロッコ料理から西洋料理まで何を食べてもおい
しい。コース95DH、ピザ45DH～。

住 6, Dabachi Kennaria
☎ 0624-06-14-52
開 12:00～15:00、19:00～21:30
休 月　CC 不可　📶 あり

地元の人が足繁く通う
お肉＆シーフードレストラン街

Column

　ゲリーズの外れに地元の人でにぎわう通り
がふたつある。ひとつは新鮮なお肉がショー
ウインドーに並ぶグリル料理街。通りに7～
8軒のレストランが並んでいる。地元価格の
ため、どの店もリーズナブル。いろいろな部
位が入ったミックス（500g）で70DHという
店も。羊の脳みそなどほかでは食べられない
部位もその日の入荷次第で店頭に並ぶ。
　もうひとつは、シーフード店通り。グリル
料理街同様、ショーケースにシーフードが並
んでいる。魚介たっぷりのパエリアなども人
気。グリルに比べて料理の価格は高めだが、
ひと皿の量がかなり
多い。人気店のラン
チ時はすぐに満席に
なるので、少し早め
に行くといい。

[肉のグリル料理街]　MAP P.56-A1
[おすすめのシーフード店]

R スナック・エル・バハリヤ　MAP P.56-A1
Snack El Bahriya

住 75 Blvd. Moulay Rachid, Gueliz
☎ (0524)43-41-90
開 12:00～翌 2:00
休 なし　CC 不可

▲新鮮な肉が並ぶ

▲開店と同時に満席に

ジャマ・エル・フナ広場を望む展望カフェ4選

さまざまな角度で撮影できる

C ル・グラン・バルコン・カフェ・グラシエ
Le Grand Balcon Cafe Glacier

メディナ MAP P.58
カフェ

2階のテラス席からフナ広場を一望できる。直接2階
に行き、入口でドリンクを購入しテラスに入るシステ
ム。ミントティーやミネラルウオーター、コーラなど
15DH前後。日没前から観光客でにぎわっている。

🏠Jemaa El Fna
☎(0524)44-21-93
🕐8:00〜23:00
休なし CC不可 📶なし

フレンドリーなスタッフの対応が◎

C カフェ・カッサビン
Café Kessabine

メディナ MAP P.58
カフェ

フナ広場に面した場所ではないので広場全体は見渡せ
ないが、おいしいタジンやクスクス（50DH〜）、モ
ロカンスイーツ、ミントティー（10DH）などを提供
してくれるカフェ。3階のテラス席がおすすめ。

🏠77 Souk Kessabine, Jemaa El Fna
☎0665-29-37-96
🕐9:00〜23:00
休なし CC不可 📶あり

フナ広場のおすすめレストラン

R シェ・シェグルーニ
Chez Chegrouni

メディナ MAP P.58
モロカン

フナ広場に面したレストラン。3階のテラス席でおい
しいモロッコ料理を食べながら夕景を楽しめる。料理
は立地を考えると比較的リーズナブル。ドリンクだけ
の利用も可。タジン45DH〜、ティーポット12DH。

🏠Pl. el Fna face Mosquee Kharbouch N4/6
☎0661-43-41-33
🕐12:00〜23:00
休なし CC不可 📶あり

フナ広場の全景を撮影しよう

R レ・プレミス
Les Prémices

メディナ MAP P.58
インターナショナル

チキンカレー、ステーキ、ピザなどがある、観光客向
けのレストラン。テラス席から見えるフナ広場は、有
名な撮影スポットになっている。おすすめの撮影時間
は夕暮れ時。タジン45〜60DH、ミントティー14DH。

🏠Pl. Jamaa El Fna
☎(0524)39-19-70
🕐8:00〜23:00
休なし CC不可 📶あり

R ヘナ・カフェ・マラケシュ
Henna Café Marrakech

モロッコ料理とヘナアートが楽しめる

メディナ MAP P.63-A1 外 ／ モロカン

気持ちのよいテラスで食事とヘナアートを楽しむことができる。料理はサンドイッチなどの軽食からタジンやクスクスまで揃う。ヘナは50～500DH。

🏠93 Arset Aouzal Souikat
☎0656-56-63-74
URL www.hennacafemarrakech.com
🕐12:00～20:00
休なし
CC不可
📶あり

C カフェ・デ・ゼピス
Café des Épices

いつも人でいっぱいのカフェ

メディナ MAP P.63-B2 ／ カフェ

スークの中に位置するおしゃれなカフェで、サンドイッチ（50DH～）と軽食が中心。スーク散策の休憩にとても便利。

🏠75 Rahba Kedima
☎(0524)39-17-70
URL cafedesepices.net
🕐9:00～22:00
休なし
CC MV (100DH～)
📶あり

C パティスリー・アル・ジャウダ
Pâtisserie Al Jaouda

地元の人々に人気の洋菓子店

メディナ MAP P.63-B3 ／ カフェ

ミックスジュースやスムージー（8DH～）が人気。パン（3DH～）やスイーツ（10DH～）はサイズが大きい割に価格は良心的で満足感がある。

🏠Rue Dabachi No16~18
☎(0524)38-73-05
🕐7:00～24:00
休なし
CC不可
📶あり(無料)

R カフェ・バブーシュ・メディナ
Café Babouche Medina

週末の夜はアフリカ音楽の演奏も

メディナ MAP P.63-B3 ／ インターナショナル

モダンでアフリカンな雰囲気のレストラン。メニューは、パスタやピザなどが中心。料金はひとり当たり60DH～といったところ。

🏠Kennariya No37 Rue des Banque-Marrakech Medina
☎(0524)37-55-95
🕐10:00～23:00
休なし
CC不可
📶あり

R コジー・バー
Kosy Bar

お酒も飲める日本料理店

メディナ MAP P.57-C3 ／ 日本

ワインなどのアルコール類が揃う日本料理店。シックな内装やテラス席から見る夕焼けもすばらしい。刺身110DH、にぎり寿司95DH、巻き寿司85DH。

🏠47 Pl. des Ferblantiers
☎(0524)38-03-24
URL www.kosybar.com
🕐11:00～翌1:00
休なし
CC MV
📶あり

R エル・バジャ, シェ・アハメド
El Bahja, Chez Ahmed

地元の人が集まる

メディナ MAP P.55-A2 ／ モロカン

モロッコ料理の代表的なメニューはすべて揃っているので、旅行者にもおすすめの大衆食堂。サラダ10DH、ブロシェット30DH、ミントティー0.6DH。

🏠41 Rue Marine Lmm Haj Radi
☎(0524)44-03-43
🕐12:00～24:00
休なし
CC不可
📶なし

Shop
ショップ

モロッコ国内でも有数の規模を誇るマラケシュのスークには、ありとあらゆるものが揃っている。ゆっくりと時間をかけておみやげを選んだりしてショッピングを楽しみたい。また、新市街には、おしゃれなモロッコ雑貨店やショッピングモール、カルフールなどのスーパーマーケットが点在している。

デザイナーズ雑貨店

S トロント・トロワ・リュ・マジョレル
33 Rue Majorelle

新市街　MAP P.56-B1　雑貨

マジョレル庭園のエントランスそばにある雑貨店。各デザイナーが店に商品を委託し販売しているので、ハイセンスな食器、布製品、インテリア商品など幅広く揃う。ギャラリーやジュースバーも併設。

住 Rue Yves Saint Laurent
☎ (0524)31-41-95
URL www.33ruemajorelle.com
開 9:00〜19:00　**休** なし　**CC** MV

ビンテージの絨毯を扱う

S アニタン
Anitan

新市街　MAP P.56-B1　布製品

絨毯を中心に布製品を扱うショップ。マジョレル庭園のそばにあり、安心して絨毯の買い物ができる。**S** トロント・トロワ（→上記）などと一緒に訪れたい店。絨毯のほか、陶器や服、リネン類などを置いている。

住 Rue Yves Saint Laurent, Majorelle
☎ (0524)33-23-42、0661-08-19-19
URL anitanrugs.com/stores
開 10:00〜18:00　**休** 日　**CC** MV

フランス系ブティックの老舗

S ミシェル・バコニエ
Michele Baconnier

新市街　MAP P.56-A1　ファッション

フランス人デザイナー、ミシェル・バコニエのブティック。バブーシュ（350DH〜）やカフタン、ブロックプリントのファブリック（350DH〜）など、ハイセンスな品物を取り揃えている。素材の80%はインド産。

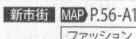

住 12 Rue du Vieux Marrakchi
☎ (0524) 44-91-78　**URL** michele-baconnier.net
開 9:30〜13:00、15:00〜19:00
休 日　**CC** MV

モロッコ国内に9店舗を有する人気店

新市街 MAP P.56-A1
コスメ

S アピア
APIA

自社工場で作られるピュアなアルガンオイルが人気。
料金もリーズナブルで 30DH（30mℓ）、50DH（60mℓ）
など。モロッコ産のオリーブオイルやガスール、はち
みつ、サフランなども販売している。

住 14 Ave. 4eme D.M.M Gueliz
☎(0524)43-85-53
開9:00〜20:00（日 11:00〜20:00）
休イスラム祝日　CC MV

アートギャラリーのようなインテリア雑貨店

新市街 MAP P.56-A1
雑貨

S ロリエンタリスト
L' Orientaliste

おしゃれな店が並ぶリベルテ通り沿いにある老舗の雑
貨店。マラケシュ生まれのフランス人オーナー自ら選
んだセンスあふれる食器や香水、インテリア雑貨、ホー
ムウエア、ポスターなどが並ぶ。

住 11 et 15 Rue de la Liberté, Guéliz
☎(0524)43-40-14
開9:00〜13:00、15:00〜19:00
休日　CC MV

新市街にある複合施設

新市街 MAP P.56-A1
ショッピングモール

S カレ・エデン・ショッピング・センター
CARRE EDEN Shopping Center

ホテルやセレクトショップ、スターバックス、フード
コート、カルフールなどが入った大型複合施設。仏の
ナチュラルコスメ「イヴ・ロシェ」、モロッコのファ
ストファッション「マルワ」などがおすすめ。

住 23 Rue Tarik Ibn Ziad, 5ème étage　URL www.carreedenshoppingcenter.com
開ショップ10:00〜22:00（金・土曜〜23:00）　ダイニング10:00〜
23:00（金・土曜〜24:00）　カルフール9:00〜23:00
休なし　CC 店舗により異なる

ゲリーズで指折りのおしゃれ雑貨店

新市街 MAP P.56-A1
雑貨

S ララ
Lalla

フランス人デザイナー、レティシア・トロイエ Laetitia
Trouillet が手掛けるショップ。カーペットをリメイク
したバッグ（350DH〜）やアクセサリー、各種雑貨が
揃う。すべての商品をマラケシュで手作りしている。

住 35 Boulevard Mansour Eddahbi
☎(0524)44-72-23
URL www.lalla.fr
開10:00〜19:00　休日　CC MV

ここで工芸品の相場をチェック!

S 伝統工芸品館
Ensemble Artisanal

メディナ MAP P.56-B2
民芸品

モロッコの伝統工芸の実演風景と、製品の数々が見られる。いくつかの部屋が中庭を囲んで集まっており、銀細工、銅彫刻、木工品、バブーシュ、カフタン、革製品など、あらゆるモロッコみやげが揃う。

住 Ave. Mohammed V
☎0667-19-43-31
開9:00〜19:30（日 〜14:00）
休なし　CC店舗によって異なる

センスが光るオリジナルモロッコ雑貨

S アトリエ＋ミチ
Atelier + michi

メディナ MAP P.63-A2
雑貨

バブーシュ（200/250/280DH）やころんとしたフォルムがかわいいバッグ「ノスノス（280/380/480DH）」、ラグやクッションなど、どれもクオリティがよくデザイン性も高いと評判。デザイナーは日本人女性。

住 Souk Lachbia N19/21
☎0661-86-44-07
URLwarangwayan-morocco.com
開11:00〜19:00頃　休なし　CC不可

大型みやげ物店で相場をチェック

S エタブリスモン・ブシェイブ
Etablissement Bouchaib

メディナ MAP P.57-C3
民芸品

団体ツアーでも利用される巨大民芸品店。創業30年の老舗だ。モロッコみやげなら何でも揃うので便利だし、ここで相場を知っておけばスークでの交渉の予習にもなる。アグノウ門からすぐで分かりやすい。

住7, Rue de la Kasbah
☎(0524)38-18-53
URLcomplexeartisanal.com
開9:30〜20:00　休なし　CCMV

何でも揃う老舗インテリアショップ

S ムスタファ・ブラウィ
Mustapha Blaoui

メディナ MAP P.57-C2
インテリア

扉を開けるとそこは別世界。煌びやかな真鍮のランプが輝き、四方には大型の絨毯が積み上げられている。いくつものフロアにアフリカ大陸各地から集められたインテリアグッズが展示され、さながら博物館のよう。

住144, Rue Bab Doukkala
☎(0524)38-52-40
開9:30〜19:30
休なし　CCMV

メイド・イン・モロッコの陶器が人気

メディナ **MAP** P.63-B2
雑貨

S シャビ・シック
Chabi Chic

やさしい風合いの陶器のマグカップやプレート、ボウルやティーポットなどオリジナル食器がメインの雑貨店。そのほかボディスクラブやアルガンオイルなどのコスメも揃っている。2階は**R**ノマド。

住 1 Derb Arjan, Pl. des Epices, Medina
☎ (0524)38-15-46
開 11:00〜20:30
休 なし **CC** MV

大人の隠れ場ブティック

メディナ **MAP** P.63-B3
ファッション

S アート・ワルザザート
Art Ouarzazate

バブーシュにカフタン、ドレスやコートなど、ワルザザート出身のモロッコ人デザイナー、サマドさんが手掛けるファッションアイテムが揃う。アンティークの素材から作った逸品も。広々として買い物しやすい。

住 15, Rue Rahba Kdima
☎ 0648-58-48-33
開 10:00〜日没
休 なし **CC** MV

スークの中の一角にある小さなモール

メディナ **MAP** P.63-A1
ショッピングモール

S スーク・シェリフィア
Souk Cherifia

1階はモロッコの定番の雑貨が並ぶみやげ物店とモロッコ菓子が食べられるカフェ、2階はモロッコ在住の外国人アーティストの作品が並ぶおしゃれな空間。3階に**R**テラス・デ・ゼピス（→ P.78）がある。

住 D.S.Abdelaziz
開 9:00〜19:00が目安
休 店舗により異なる
CC 店舗により異なる

高品質のショールが人気

メディナ **MAP** P.63-A1
布製品

S バイファイサル
Byfaissal

品質、サービス、価格。すべてにおいて評判が高い織物専門店。価格表記がされているので買いやすい。コットン100%のショールは220DH 〜、コットン＆リネンは220DH 〜、カシミヤは1200DH 〜。

住 119, Rue Mouassine
☎ 0696-97-20-01
開 10:00〜19:00
休 なし **CC** MV

マラケシュとオート・アトラス ❖ マラケシュ

85

オーガニックハーブと高品質アルガンオイル

S カメレオン
Kmaeleon

スークの奥深い場所にあるモダンなハーブショップ。オーガニックのハーブティーやローズウオーター、アルガンオイルなどを扱っている。アルガンオイルは100mlが180DH、250mlが350DHと高いがクオリティは確か。

住 Souk Cherratine No.2
☎ 0808-50-39-27
開 9:00～20:30
休 なし　**CC** MV

高品質バブーシュの老舗

S ラ・メゾン・デ・バブーシュ
La Maison des Babouches

120～400DHとほかの店よりも高めだが、これは高い品質を保っているため。ヤギ、ラクダ、牛、ラフィアなどの天然素材を使った、さまざまなデザインのバブーシュを揃えている。デモンストレーションも行っている。

住 Souk El Kebir No.274, Semmarine
☎ 0678-09-15-30
開 9:00～20:00
休 なし　**CC** MV

スークの迷路のど真ん中

S ベンザロウ・ジャファール
Benzarrow Jaafar

バブーシュスークからは少し離れている。圧巻のバリエーションと、50DH～というリーズナブルな価格設定で人気。シンプルなデザインのものが多い。すべて定価で、スタッフも親切なので買い物がしやすい。

住 Kissariat Drouje No.1, Souk el Hannaa No.15
☎ (0524)44-33-51
開 9:00～21:00
休 なし　**CC** MV

モロッコならではのおしゃれ雑貨

S マックス＆ヤン
Max & Jan

メディナ内とは思えない広い敷地をもつコンセプトショップ。オーナーはスイス人とベルギー人のふたりのデザイナー。ローカルメイドの服や雑貨が天井の高い店内に並ぶ。おみやげ探しにもぴったり。

住 14 Rue Amsefah, Sidi Abdelaziz
☎ (0524)33-64-06　**URL** maxandjan.com
開 10:00～19:30
休 なし　**CC** MV

1980年創業の老舗

S メゾン・デュ・カフタン
Maison du Kaftan

イスラム圏の伝統衣装であるカフタン、ジュラバ、ガンドゥーラなどを販売。伝統的な柄からややモダンにアレンジされたものまで幅広いデザインの商品を取り扱っている。カフタン1着500DH〜。

🏠65 Rue Sidi el Yamani
☎(0524)44-10-51
🕐9:30〜19:00
🈑なし CC MV

英国人デザイナーのカフタンショップ

S カフタン・クイーン
Kaftan Queen

ゆったりと着られるカフタン風ドレスは世界中で人気。欧米人が経営するブティックでモダンにアレンジされたものが手に入る。こちらはイギリス人デザイナーが手掛ける店。ほかにバブーシュなどもある。

🏠1F 186 Ave. El Fetouakai, Arset Lamaach, Entrance facing the Bab Mellah Mosque
☎(0524) 37-51-32
🕐10:00〜13:00、15:00〜19:00 🈑日 CC MV

マラケシュのスーパーマーケット

column

バラマキみやげ探しの定番といえばスーパーマーケット。マラケシュではゲリーズ（新市街）に数軒あるので紹介してみよう。まずはドゥカラ門から徒歩5分程度のところにある**アスワク・アッサラム**。商品が雑然と並べられ、ほかのスーパーマーケットよりもローカル感がある。それでも品揃えはほかとさほど変わらない。カレ・エデン・ショッピング・センターの地下にある**カルフール**は、フランス発で世界に展開するスーパーマーケット。フランスならではのおしゃれなパッケージの商品もあり、品揃えはかなり豊富。アルコールも扱っている。市内から車で約20分の郊外にある**マルジャン**は、マラケシュでも指折りの大型店舗。ちなみにアルコールは置いていない。オテル・ドゥ・フコール前のバス乗り場から12番のバスで行くことができる。

S アスワク・アッサラム MAP P.56-B1
Aswak Assalam
🏠 Angle Blvd. 11 Janivier & Blvd. Prince Moulay Abdellah, Bab Doukala
☎ (0535)43-10-04 URL www.aswakassalam.com
🕐8:00〜23:00 🈑なし CC MV

S カルフール MAP P.56-A1
Carrefour
🏠Carre Eden Shopping Center
☎ (0524)43-46-67
URL www.carrefourmaroc.ma
🕐9:00〜23:00 🈑なし CC MV

S マルジャン MAP P.56-A1 外
Marjane
🏠Ave. Abdelkrim Al Khattabi, Menara
☎ (0529)80-10-00 URL www.marjane.ma
🕐9:00〜23:00 🈑なし CC MV

アトラスを越える

モロッコをふたつに分ける大山脈

アトラス山脈は、モロッコを大きくふたつの顔に分けている。
北側のマラケシュ、フェズといった大都市を「城壁とメディナの世界」とすれば、
南側の地域は、サハラ砂漠へと続く「カスバとオアシスの世界」だ。
延々と広がる乾いた大地に点在する、緑豊かなオアシスの村々。
静寂、広大さ、解放感……。
このモロッコのふたつの顔を知らずして、モロッコは語れない。
アトラスを越えるとは、つまり北と南を分けるこの大きな壁を越えて
行き来をするということだ。
あまりの風景の変化、ダイナミックな地形、
道の険しさに、驚愕の数時間を過ごすことになる。
アトラス越えは、モロッコの旅のなかでもいちばんのハイライトといえる。

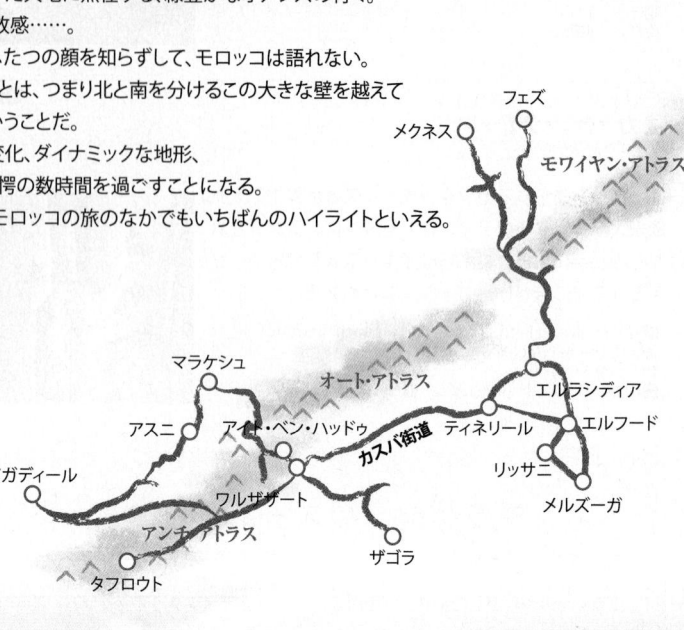

アトラスの山々をいかに越えるか

　アトラス越えのルートには、大きく分けて3つある。ひとつはマラケシュから南へ下るルート。マラケシュからオート・アトラスを越えてワルザザート（→ P.95）に入る方法。ふたつめはフェズやメクネスからモワイヤン・アトラスを越えて、西の砂漠の入口となるエルラシディア（→ P.118）へ。そして3つめが、アガディールやタフロウトからアンチ・アトラスを越えてワルザザートに入る方法だ。

　どのコースを取るにしても、一般的な交通手段はCTMバスやスープラトゥールなどの公共機関の利用だろう。グランタクシーでの移動も十分に可能だ。何人か集まれば、自分たちでグランタクシーをチャーターして移動するのも悪くない。その場合、4人がベスト。なぜなら、通常すごい山道を6～7人が1台に詰め込まれた状態で走るのだが、この人数で長時間のドライブはつらい。

　また、レンタカーを利用する方法もある。道路は舗装されていて運転しやすいが、山道なので、対向車に注意しながら走ろう。マラケシュからワルザザートまでは約200km。何回か休憩を取りながらセーフティドライブを。日本とは異なり左ハンドルなので、不安な人はドライバーを頼むことも可。チャーターにすると、グランタクシーよりも乗り心地がよく、バスよりも自由度が高い。途中でベルベル人の村を撮影したり、ベルベル人が営むおみやげ屋さんに寄ったりと楽しみ方の幅も広がる。

▲桜によく似たアーモンドの花

オート・アトラスの人気
アルガンオイル店

　ティシュカ峠の手前に、アルガンオイルの専門店「アルガン・ティシュカ」がある。エッサウィラに工場とショップがあり、高品質のオーガニック製品を作っている。コスメ用アルガンオイル（100DH～）、食用アルガンオイル（150DH～）、アルガン石鹸のほか、モロッコ産のオリーブオイルなども揃っている。レストランも併設。

S アルガン・ティシュカ
Argane Tichka
MAP P.50
住 100km entre Marrakech & Ouarzazate
☎ 0661-42-36-60
URL restaurant-argan-tichka.com
営 8:00 ～ 20:00
休 なし
CC 不可

▲アルガンの実からオイルを採るデモンストレーションが見られる

最もポピュラーなオート・アトラス越え

モワイヤン・アトラスを
越える

　モワイヤン・アトラス越
えは、山道そのもののスリ
ルよりも、風景のめくるめ
く変化が魅力だ。羊が草を
食むのどかな牧場風景があ
ったかと思ったら、いつし
か遠くの山並みがぐんぐん
と迫ってくる。気づくとそ
れは、グランドキャニオン
のような巨大な岩山に変わ
っている。フォトジェニッ
クなルートといえる。

オート・アトラスは
鉱物資源が豊富

　アトラス山脈の断層には
豊富な鉱物資源が眠ってい
る。近くに暮らすベルベル
人が山に入り、クオーツや
アメジストなどの原石を採
取し、観光客におみやげと
して販売している。休憩が
てらにのぞいてみよう。

　オート・アトラスは、一番高い山で4167mもある。その名のとお
り高く険しい山々（3000〜4000m級）が連なる山脈だ。アンチ・ア
トラス、モワイヤン・アトラス、それぞれに越えて行く魅力はあるが、
かぎられた日程のなかで最も険しく雄大な風景を体感でき、かつ比
較的手軽に旅程に組み込めるのが、このオート・アトラス越えだろう。
マラケシュを起点に考えると、ふたつのルートが考えられる。

　ひとつは、マラケシュからサハラへの入口となるワルザザート、
さらにその先のザゴラへ行くルート。このルートは一般的にもよく
知られているルートで、日本からのツアーでも組み込まれている。
またCTM、スープラトゥール、民営バスの本数も多い。もうひとつ
はマラケシュからアスニを通りアガディールへ抜けるルート。登山
基地にもなっているアスニからイジュウカク Ijoukak（MAP P.50）、ティ
ズ・ン・テスト Tizi-n-Test（MAP P.50）という2092mの最高地点を通
りタルーダント（→ P.240）にいたるまでがポイントだ。マラケシュ
からタルーダントまではCTMが1日1本運行、所要約5時間。人
とは違ったルートを楽しみたいならおもしろいルートかもしれない。

▲キャンピングカーで旅するヨーロピアン

▲ベルベル人のみやげ物店

人気はマラケシュからワルザザートのルート

　マラケシュからワルザザート方向へ車で走って、マラケシュから出たばかりの所は、まだ並木道があったり、塀の中に果樹が植わっていたりする光景が見られる。30kmほど進むと山道になり、谷間には川（ワジ）が流れ、日干しレンガの家並み、ベルベル人の村が、山肌に張りつくように現れる。タデルト Taddert のティシュカ峠（MAP P.50）の村を過ぎると、いよいよここからが本格的な山道になる。

　タデルトの村は、長距離バスや多くの4WDツアーの休憩地点になっている。この辺りまでくると、多くの車やバスが休憩のため停まっているのですぐにわかる。カフェやみやげ物屋、村から3kmほど進むとアルガンオイルで人気の S アルガン・ティシュカがある。最高地点はティシュカ峠のティズ・ン・ティシュカ Tizi-n-Tichka（標高2260 m）。すごいのは、こんな誰も住んでいないような所でもちゃんとみやげ物店があり、車を停めればどこからともなくきれいな石を片手に地元の人が寄ってくることだ。高山の雄大な景色はアグイ

▲徐々に民家もなくなり道路沿いにはサボテンが

ム Agouim（MAP P.50）の手前で終わる。牧歌的な雰囲気の漂う柔らかな景色にホッとする。そこからは土の色も黄土色に変わり、ワルザザートに近くなればなるほど、砂漠に近づいたことがはっきりわかる風景になる。

写真を撮るときはチップが必要

　写真を撮ろうとするとどこからともなく人が現れ、チップを要求される。風景はまだしも、相手が人や誰かの家畜だったりすると、チップを渡さざるをえなくなる。子供たちの写真も、2〜3人と思っているといきなり10人ぐらいに膨らむことも。どうしても子供を撮りたい人は、日本からキャンディなどを持っていってあげるといい。

乗り物酔いしやすい人は要注意

　道路も舗装され走りやすいとはいえ、つづら折りの峠道が長く続く。特に長距離バスは車体が高く、乗用車に比べ揺れ幅も大きいので気分が悪くなる人もいるだろう。不安なら事前に酔い止めを服用しておこう。

マラケシュ人の金曜日

Column

金曜はイスラム教における集団礼拝の日。マラケシュはモロッコいちの大都市だが、メディナにはまだまだ古い習慣を大切にし、昔ながらの金曜を過ごしている人が多い。

起床は意外に遅くだいたい9:30頃。まずは礼拝前のウドゥー（水で体を清めること）から1日が始まる。これは顔や鼻の穴にいたるまで体全体を決まった手順で洗うもの。全身きれいになったら、次は清潔な服装に着替える。13:30からは金曜のメインイベント、モスクでの集団礼拝。きれいな体でないとモスクに入ることはできないので、皆それぞれすっきりとした格好で集まる。14:00になると家に帰り、大家族が揃って大皿に盛りつけられたクスクスを手づかみでわいわい食べる。マラケシュでは金曜の昼といえばクスクスと決まっているのだ。そのほかさまざまなお祝いの際にもクスクスは食される。おなか

がいっぱいになるとシエスタ（午睡）だ。夕方17:00頃には起きて、お母さんの作ったマラケシュ名物のタンジーヤを持ってメナラ公園へ出かける。金曜はサダカ（喜捨）の日としても知られ、クスクスを炊いてモスクや恵まれない人々に持っていく人も多いそうだ。

礼拝を主とした敬虔なイスラム教徒の金曜。家族と過ごし、貧しい人々に思いをはせる。我々の失くしてしまったのんびりとした休日を、マラケシュの人々にはこれからもずっと続けていってほしいものだ。

▲野菜がたっぷり入ってボリューム満点のクスクス

アイト・ベン・ハッドゥから向いの町を望む

Ouarzazate et le Désert

ワルザザートと砂漠の町

ワルザザートと砂漠の町

アトラスを越えると、そこは別世界。この高い山脈の壁が地中海の温暖な空気を遮断し、はるか南にはサハラ砂漠が迫る。山と砂漠の狭間、この地域に存在するのは、北側とはまったく違う気候風土だ。広大な乾燥大地に数本の川が流れ、そのほとりに豊かなオアシスを形造っている。オアシスごとに点在する日干しれんが造りの村、そしてかつては要塞だったカスバの跡。

サハラ砂漠を目指して、モロッコを訪れる旅人は多い。そのサハラの入口の町となるのがワルザザートだ。砂漠へ向かうルートはふたつある。ひとつは、このワルザザートからドラア川の渓谷に沿って南下する「ドラア・オアシス・ルート」。もうひとつは、エルラシディアからエルフード、メルズーガに南下する「東の砂漠ルート」だ。

▲ラクダに乗ってサハラ砂漠を目指す

▲オアシスで出会ったベルベル人ガイド

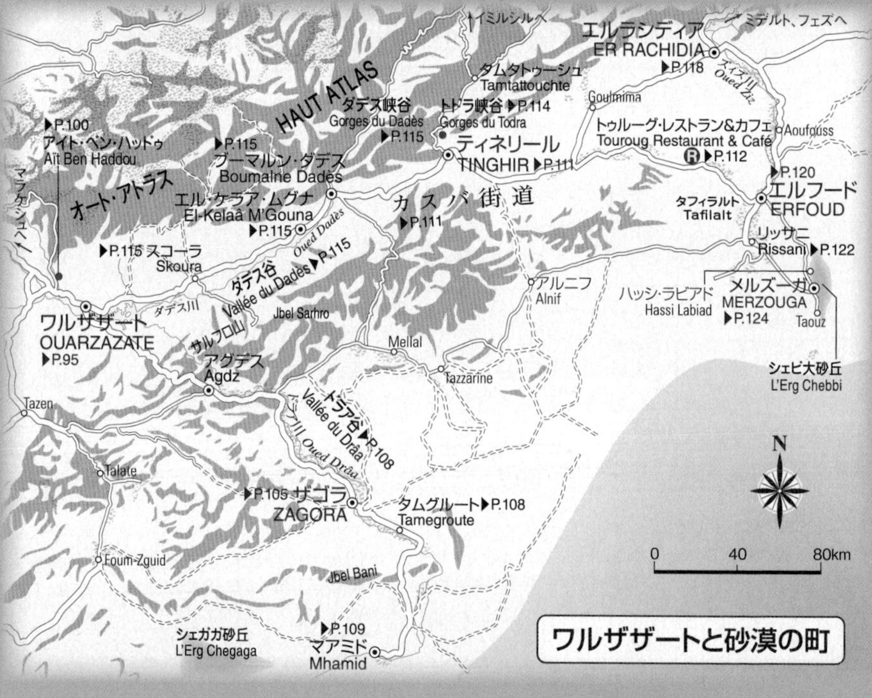

ミデルト、フェズへ

エルラシディア
ER RACHIDIA ▶P.118

イミルシルへ

タムタトゥーシュ
Tamtattouchte

HAUT ATLAS

ダデス峡谷
Gorges du Dadès ▶P.115

トドラ峡谷 ▶P.114
Gorges du Todra

Goulmima

スイズ川

ティネリール
TINGHIR ▶P.111

Aoufouss

トゥルーグ・レストラン&カフェ
Touroug Restaurant & Café
ⓡ ▶P.112

▶P.100
アイト・ベン・ハッドゥ
Aït Ben Haddou

オート・アトラス

ブーマルン・ダデス ▶P.115
Boumalne Dadès

エル・ケラア・ムグナ ▶P.115
El Kelaâ M'Gouna

カスバ街道

▶P.120
エルフード
ERFOUD

タフィラルト
Tafilalt

▶P.115 スコーラ ▶P.115
Skoura

ダデス谷
Vallée du Dadès

Oued Dadès

リッサニ
Rissani ▶P.122

マラケシュへ

ダデス川

Jbel Sarhro

アルニフ
Alnif

ハッシ・ラビアド
Hassi Labiad

メルズーガ
MERZOUGA
▶P.124

▶P.111

ワルザザート
OUARZAZATE
▶P.95

サルフロ山

アグデス
Agdz

Mellal

Taouz

Tazen

Jazzarine

シェビ大砂丘
L'Erg Chebbi

Talate

ドラア谷 ▶P.108
Vallée du Draa

Jbel Sarhro

Oued Draa

N

▶P.105 ザゴラ
ZAGORA

タムグルート ▶P.108
Tamegroute

Foum-Zguid

Jbel Bani

0   40   80km

シェガガ砂丘
L'Erg Chegaga

▶P.109
マアミド
Mhamid

ワルザザートと砂漠の町

▲ ワルザザートの町並み。背後にはアトラス山脈が見える

発展したオアシス都市

ワルザザート
Ouarzazate

　マラケシュからオート・アトラスを越えると、もうそこはサハラの入口だ。何もないだっ広い土漠のなかに、いきなり開ける明るい町並み。ワルザザートである。はるかアトラスの山並みが美しい。

　ワルザザートは、1920年代に、フランス軍によってサハラ砂漠の最前線基地として建設された。現在はモロッコ軍が駐屯しており、いまだにかなり広い範囲が軍用地になっている。フランス軍がこの町を建設する以前は、タウリルトのカスバがあるだけの小さな村だった。

　ここから、ダデス川 Oued Dadès 沿いに東へ「カスバ街道」が延び、ドラア川 Oued Drâa 沿いに、東南へ美しいドラア谷のオアシスが延びる。かつて、デビッド・リーン監督がこの近郊で映画『アラビアのロレンス』を撮って以来、この地域はいくつもの映画の舞台として使われ、砂漠への憧れを抱く人たちの観光熱を高めてきた。ツーリストたちはサハラへの入口として、まずこの町に足を踏み入れるのだ。ほかのオアシスとは違い、ホテルや商店など旅行に不自由することはないのもワルザザートの特徴といえる。

　ここから「オアシスとカスバの世界」へ入っていく人にとっては、ひと息入れて英気を養う場所であり、逆に砂漠からここへたどり着いた人にとっては、喧騒の世界に戻る前に余韻をかみしめる場所。静かで落ち着いたこの町は、すべての旅人にとって、かぎりなく優しく居心地のいい町なのである。

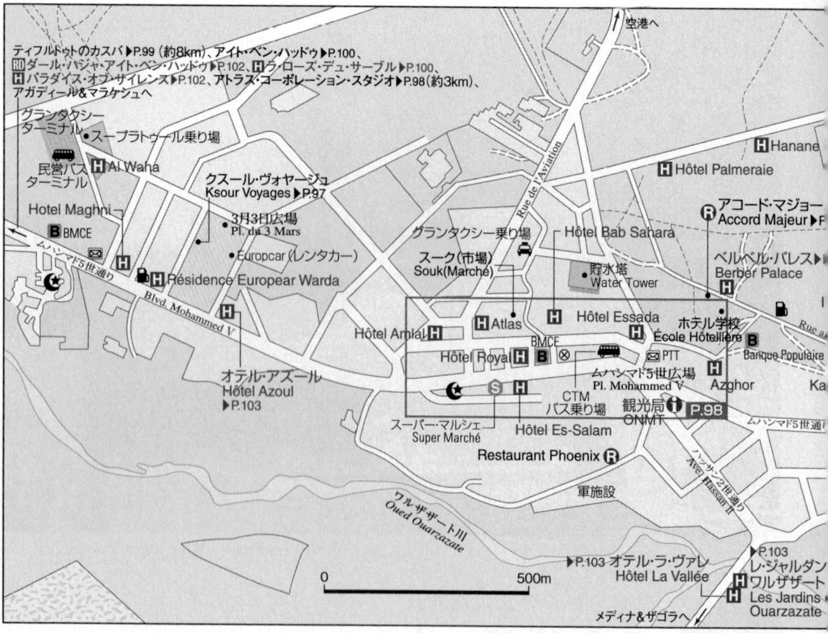

空港へ

ティフルトゥのカスバ▶P.99 (約8km)、アイト・ベン・ハッドゥ▶P.100、
🏛ダール・バシャ・アイト・ベン・ハッドゥ▶P.102、🏨ラ・ローズ・デュ・サーブル▶P.100、
🏨パラダイス・オブ・サイレンス▶P.102、アトラス・コーポレーション・スタジオ▶P.98(約3km)、
アガディール&マラケシュへ

グランタクシー
ターミナル　●スープラトゥール乗り場
民営バス　●Al Waha
ターミナル
Hotel Maghni
🅱 BMCE
　　　　　　3月3日広場
　　　　　　Pl. du 3 Mars
クスール・ヴォヤージュ
Ksour Voyages▶P.97

●Europcar (レンタカー)

ムハンマド5世通り Blvd. Mohammed V
🏨Résidence Europear Warda

オテル・アズール
Hôtel Azoul
▶P.103

Rue de Atlassine

🏨Hanane
🏨Hôtel Palmeraie

アコード・マジョー
Accord Majeur▶F

グランタクシー乗り場
● Hôtel Bab Sahara

スーク(市場)
Souk(Marché)

貯水塔
Water Tower

ベルベル・パレス▶
Berber Palace

🏨Hôtel Amlal
🏨Atlas
🏨Hôtel Essada
ホテル学校
École Hôtelière

Hôtel Royal 🏨 🅱 BMCE
🏨 ⊠ PTT

Azghor
Banque Populaire

ムハンマド5世広場
Pl. Mohammed V

Rue du...

スーパーマルシェ
Super Marché
Hôtel Es-Salam

CTM
バス乗り場
観光局 ℹ P.98
ONMT

Ka

ムハンマド5世通り

Restaurant Phoenix 🅡

ワルザザート川
Oued Ouarzazate

軍施設

0　　　　　500m

▶P.103 オテル・ラ・ヴァレ
Hôtel La Vallée

メディナ&ザゴラへ

▶P.103
レ・ジャルダン
ワルザザート
Les Jardins
Ouarzazate

<table>
<tr><td>

ワルザザートの局番
0524

</td></tr>
</table>

ACCESS

➤➤カサブランカから
　飛行機はモロッコ航空が週5便ほど運航。所要約1時間20分、402DH〜。
　バスはCTMが1日4本ほど運航。所要8〜9時間、155DH。

➤➤マラケシュから
　飛行機はモロッコ航空が週3便運航。所要約40分、304DH〜。
　CTMのバスが1日6本ほど運行。所要4〜5時間、90DH。スープラトゥールは1日4本運行。所要約5時間、80DH。

➤➤アガディールから
　CTMのバスが1日2本運行。所要約6〜7時間、140DH。

➤➤ティネリールから
　CTMのバスが1日1本運行。所要約3時間30分、55DH。スープラトゥールは1日2本運行。所要約3時間、55DH。

ワルザザートの歩き方

　ここへはレンタカーを利用するヨーロピアンもいるが、ツアーかバスで訪れるのが一般的。CTMバス乗り場は、ムハンマド5世広場 Place Mohammed V付近にある。この広場から西の**ムハンマド5世通り Blvd. Mohammed V**沿いが、町の主要部だといえるだろう。一方民営バスは、町の西の外れにターミナルがあるので、安ホテルのある中心部までは歩いて20分ほどかかる。

　CTMバス乗り場を出てメインストリートを西へ行くと、町の中心部に出る。町は東西に細長い感じで、ムハンマド5世通り沿いに銀行や郵便局、レストラン、カフェ、ホテル、レンタカーオフィス、ガソリンスタンドなど、必要なものはすべてここに集まっている。この通りを一本内側に入った所にはスークもある。

　ワルザザートは、町自体にそれほど見どころがあるわけではなく、ここを起点にして南部の町々へと旅立つための中継点の町

▲ワルザザートの町並み

として考えたい。空港もあり、砂漠の旅をするときは直接ここに来ることができる。CTMバス乗り場からほぼ斜め向かい側、ムハンマド5世広場に観光局ONMTがある。ここではホテルやガイドについてや、ザゴラ

96

➤➤ エルラシディアから
CTM のバスが 1 日 1 本運行。所要約 5 時間 30 分、95 DH。スープラトゥールは 1 日 1 本運行。所要約 6 時間、90DH。

➤➤ ザゴラから
CTM のバスが 1 日 2 本運行。所要約 3 時間、55DH ～。スープラトゥールは 1 日 2 本運行。所要約 3 時間、50DH。
※バスは CTM 以外に民営バスも運行しており、本数はそちらのほうが多い。ほかに各都市からグランタクシー（→ P.316）も出ている。

空港から市内へ
ワルザザートの空港は町の北 1km の所にある。バスは通っていない。タクシーは 1 台 50DH ほど。

日本人スタッフのいる旅行会社
地元の会社だけあり情報量も豊富。砂漠への旅、周辺観光、英語ドライバーなどを安心して手配することができる。マラケシュからの出発もカバーしているのもうれしい。

⊕クスール・ヴォヤージュ
Ksour Voyages
MAP P.96
☎ (0524) 88-28-40
URL www.ksour-voyages.com/jp
圏 8:30 ～ 12:00、
　 14:30 ～ 19:00

の情報から砂漠ツアーまで、この地域一帯の情報がたくさん揃っている。さらに CTM のスケジュールや料金なども教えてくれる。
　町の中の見どころは、スークの散策と、映画関係の施設、そして町の東の外れにあるタウリルトのカスバ Kasbah de Taourirt くらいのもの。魅力的な観光ポイントは、実は近郊に多く散らばっている。この町からタクシーやレンタカーを使って足を延ばしてみることをおすすめしたい。

カスバとクサルの違い

Column

　「カスバ」（P.98 タウリルトのカスバ参照）とは、「要塞」「砦」「城郭」のことで、形は地域によってさまざま。大きく分けると、タンジェやラバトのカスバのようにメディナの中の一画を指すものと、アトラスの南で見られる、館の形態を取るものとがある。南部のカスバのなかでも、四隅に四角い塔があるものはベルベル人の築いたカスバで、この塔は穀物倉と砦を兼ねている。

　この地域では「クサル」（P.100 アイト・ベン・ハッドゥ参照）というものとも出会う。これは、ひと言でいえば「要塞化された村」。城壁で囲まれいくつもの塔があり、カスバととても似ている建築物だ。両者の違いは、カスバはどんなに大きくても司令官などだけが住んだのに対し、クサルは複数の家族が住む村だということだ。現在でもアイト・ベン・ハッドゥにはベルベル人の 3 ～ 4 家族が暮らしている。

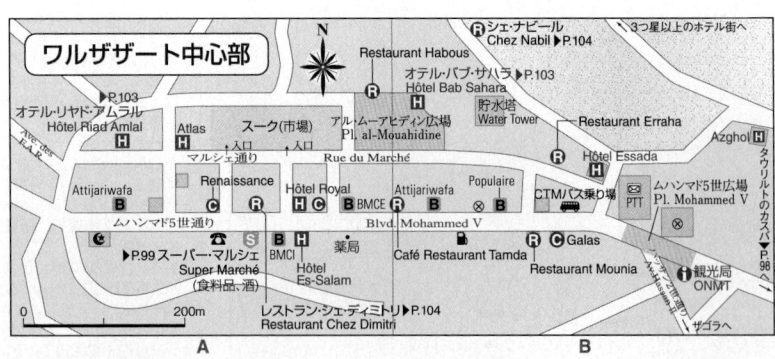

ワルザザート中心部

A　B

▲スタジオとホテルのエントランス

✿アトラス・コーポレーション・スタジオ
行き方：市内からマラケシュ方面（西）へ3km。
☎ (0524)88-22-23
URL www.studiosatlas.com
開8:30 ～ 19:30
休なし
料80DH

✿タウリルトのカスバ
行き方：CTMバス乗り場からムハンマド5世通りを東に、町なかからは約1.5km。
開8:00 ～ 18:00
休なし
料20DH

おすすめショップ

⑤クーペラティブ・ラ・カスバ
Cooperative la Kasbah
　コンプレックス・アルティザナル Complexe Artisanal 内にある、女性たちの収入手段を確保するために開業した絨毯店。品揃えが豊富で、しっかりと価格表示がなされているので安心。同建物内に石細工などの装飾品店も並ぶ。
MAP P.97
住 Ave. Mohammed V
☎0662-61-05-83
開9:00 ～ 18:00
休なし　CC AVM

おもな見どころ

名作はここで撮影された　★★★
アトラス・コーポレーション・スタジオ
Atlas Corporation Studios（映画スタジオ）　MAP P.96 外

　ワルザザートは世界中の映画関係者が、ロケ地として今も熱い視線を注いでいる場所だ。過去にも何本もの有名映画の撮影が行われたことで知られている。そうしたセットを利用して、見どころが登場した。ワルザザートの町からマラケシュ方面に向かって3kmほど行った右側に、土砂漠の中にひときわ目立つ大きな建物がある。アミューズメントパークのようなアトラクションなどはないが、時間があったら寄ってみるといい。ホテルを併設している。

町外れの巨大なカスバ　★★★
タウリルトのカスバ
Kasbah de Taourirt　MAP P.97

　ここは、かつてグラウイ Glaoui なる人物が住んでいたカスバで、1990 年製作の映画『シェルタリング・スカイ』の舞台になったことでも有名。グラウイは、20 世紀初頭のマラケシュの司令官だった。当時、フランス軍がこのモロッコ南部での勢力維持を図るために、各地で有力部族の首長の地位を保全したのだが、なかでもこのグラウイは重用された。

　入場すると、まず中庭に出る。この中庭でフォークロアが催され、グラウイはバルコニーから音楽や踊りを見物したという。内部はかなり複雑な造りになっていて、外から見た印象とはまるで違う。十数の部屋は狭い階段でつながっている。最上階の部屋は美しい装飾が施され、9つの窓から、遠くの美しいカスバが見える。祈祷部屋（モスク）は女性専用のもので、男性はカスバの外でお祈りしたという。

　道路を挟んだカスバの向かいには芸術村 Complexe Artisanal があり、絨毯、石細工、金属細工などの製造工程が見られる。またその左隣には映画博物館も隣接している。

▲ 町外れに忽然と現れるタウリルトのカスバ

近郊の見どころ

映画に使用された美しいカスバ

ティフルトゥトのカスバ
Kasbah de Tifoultoutte
★★
MAP P.96 外

　ワルザザートの西8kmほどの所にある美しいカスバ。かつては
ここもグラウイ家（→ P.98、タウリルトのカスバ）が所有してい
た住居で、映画『アラビアのロレンス』のロケにも使われ、映画
のなかにこの建物が登場している。ワルザザートからマラケシュ
方面に行って矢印の看板を左に折れると、すぐ右側にそれとわか
る建物が見えてくる。現在はレストランとして使われているが、
中の見学もできる。高台にあ
るため、屋上のテラスからの
眺めはまた格別。昼間遠くま
で見渡せる風景もすばらしい
が、夕暮れ時のワルザザート
の峡谷やサグロー山塊もまた
美しい。

▲小さくミナレットが見える

ガイドやツアーについて

　ワルザザートでバスを降りると、すでにガイドが待ち構えていたりするが、早々に決めず、まずは観光局を訪ねよう。ここでは正規料金の目安も教えてくれるし、ガイドが必要な場合はきちんとした人を紹介してくれる。また、安ホテルのフロントでレンタカーやツアーを紹介しようと誘われたときは要注意。安いと思ってもあとでトラブルに巻き込まれることが多く、結局高くつく。ツアーに関しても、公認のものを観光局で紹介してもらえる。行く場所にもよるが、半日ガイドで200～250DH、1日ガイドで350～400DH、近郊の見どころをガイドしてもらうので300DHくらいが目安。

❖ティフルトゥトのカスバ
行き方：民営バス（4DH）かグランタクシーで約15分。片道は60DHぐらい。往復チャーターは150DH。料20DH　※ホテル、レストランとしても営業している。

ビールが買えるスーパー

　スーパー・マルシェ Super Marché（MAP P.98-A）は、小さいが豊富な品揃えで旅行者に人気。値段は高いが、何でも揃うので便利。アルコール類は、右側の別の入口から。

ワルザザートと砂漠の町　❖　ワルザザート

砂漠への行き方

Column

　砂漠へは、各地から組まれているツアーで
道中の見学を行いながらたどり着くか、起点
となる砂漠の町までバスなどでたどり着いて
から、さらに公共交通やホテル側の用意する
送迎などを利用して向かう方法が一般的だ。

　ただし、マラケシュやフェズなどから砂漠
に向かうバスの中では、すでに客引き合戦が
スタートしている。ときにはホテルと結託し
たタクシーやバスの運転手に希望のホテルと
は違うところに連れて行かれそうになること

さえあり、下車時には驚くような人数の客引
きに囲まれて怖い思いをすることもある。砂
漠へと向かう場合は、こうしたトラブルを避
けるためにも、旅行会社でアレンジしている
パッケージに申し込むか、最低限、宿泊先の
ホテルはあらかじめ予約しておきたい。砂漠
へのツアーは、フェズ発のものは数が少ない
が、マラケシュからは、道中の見どころをう
まく取り込んだ2泊3日からのプログラム
（→ P.69）が多く出ている。

サイドバー

✿アイト・ベン・ハッドゥ

行き方：ワルザザート市内からグランタクシーで約30分。距離にして約30km。タクシー料金は1台チャーターで片道150DH程度。往復なら300DHプラス待ち時間の料金がかかる。グランタクシーならひとり35DH。

レンタカーで行くなら、ワルザザートからマラケシュ方面に走り、マレ川Oued Malehを渡ったらすぐ右折（一応看板あり）、川を右に見てしばらく行くと、道端にござを敷いてみやげ物を売っていたりする地点がある。ここが第一のビューポイントになる。

無料（アイト・ベン・ハッドゥから向かって右側のベルベル人の家から入ると10DH必要）

ビューポイント

観光バスなどが停まっているのですぐわかる。広場からみやげ物店が並ぶ小道を下りて行こう。テラス状に突き出た所は第2のビューポイント。村に入るには小川を渡らなければならない。

アイト・ベン・ハッドゥが見渡せる対岸のホテル

アトラス山脈とアイト・ベン・ハッドゥを望む最高のロケーション。客室はモロカンインテリアでまとめられている。プールとレストランを完備。レストランではモロッコ料理が味わえる。

Ｈラ・ローズ・デュ・サーブル
La Rose du sable
MAP P.96外
Ksar Ait Ben Haddou
☎(0524)89-00-22
URL www.larosedusable.com

350DH
500DH ランチ100DH
CC MV 客室数40
あり（客室）

本文

▲美し過ぎる世界遺産のカスバに感動

不毛の地に忽然と現れる世界遺産へ
アイト・ベン・ハッドゥ
Aït Ben Haddou

★★★ ◎世界遺産

MAP P.94

ワルザザートの西33km、アイト・ベン・ハッドゥ村は、いわゆる日干しれんが造りの古い「クサル（要塞化された村）」のひとつである。特別な歴史があるわけでもない。ただ、その現実離れした不思議な風貌は、迫力ある空間芸術といってもいいほどで、とにかく壮観だ。小川のほとりにある丘の斜面を利用して、立体的に造られているこの村には、来るものを拒むような巨大な門がどっしりと構え、高い城壁が巡らされている。銃眼が配置された塔が一定の間隔をおいて何本もそびえ、村内の道がまるで迷路のようにその間をぬっていて、まさに難攻不落の要塞を思わせる。

現在ここに住んでいるのはベルベル人の3～4家族だけ。土造りの家々はかなり傷みが進んでいて、かつての居住者たちは、ほとんどが小川の対岸に造られた新しい村のほうに移り住んでいる。旧村は廃墟に近い様相なのだが、それでも、カスバ街道周辺に点在するほかの同様の村々に比べて保存状態は格段にすばらしい。村に乱立する塔（ティグレムトまたはアガディールと呼ばれる穀物倉で、もちろん見張り台の役目も果たす）の壁面には、菱形模様がきれいに残っている。

『アラビアのロレンス』『ソドムとゴモラ』『ナイルの宝石』などといった映画のロケ地として使われたことでも有名。2001年公開の『ハムナプトラ2』や、2010年の『プリンス・オブ・ペルシャ／砂の時間』の撮影にも使用された。モロッコでいちばん美しいといわれるこの村は、1987年、ユネスコの世界遺産に登録されていて、現在も修復作業が進められている。

▲路地には色とりどりのおみやげが並ぶ

▲アイト・ベン・ハッドゥにある<u>RD</u>ダール・ハジャ・アイト・ベン・ハッドゥ

アイト・ベン・ハッドゥに泊まる

　2019年4月現在、アイト・ベン・ハッドゥに3軒の宿泊施設がある。伝統的な建築で復元されたクサルに泊まり、貴重な体験ができる。朝食は、見晴らしのいいテラス、ベルベルラウンジ、洞窟など好きな場所で。
<u>RD</u>ダール・ハジャ・アイト・ベン・ハッドゥ→ P.102

カスバとクサルの違い
→ P.97

隠れ家のようなオアシスへ　　　　★★

フィントのオアシス
Fint Oasis

<u>MAP</u> 地図外

　ワルザザートの南15kmほどの所、川のほとりにたたずむ静かなオアシスの村。ここでも映画『アラビアのロレンス』のロケが行われた。

　フィント Fint とはアラビア語で「隠す」とか「隠れた」という意味がある。まさにその名のとおり、大きな壁のような岩山に囲まれた谷間に4つの村が点在している。村へ入るには川を渡らなければならないが橋などはない。普段は水かさが少ないので歩けるが、大雨のあとは4、5日も水かさが高くて渡れないことも。

　最近ではこのフィントへと向かう道の入口に大規模な住宅開発がスタートしており、あたりのイメージも大分変わってきている。こんな住宅地の後ろに、訪問する価値のあるようなオアシスが本当にあるのだろうかといった様相だが、そのエリアを抜けると雰囲気は一変する。近代的な生活の波が押し寄せるなか、そのすぐ後ろには、今もまだ昔ながらの雰囲気を残したオアシスがそこにあるというところが、今まさに発展途上にあるモロッコらしい風景のひとつだろう。

✿フィントのオアシス
行き方：グランタクシーで40分ほど。ワルザザートから約15km。必ず往復チャーターにすること。相場は300DHぐらいから。ルートの大部分が未舗装道路なので、料金交渉で安くしてもらうのは期待薄。レンタカーの場合はティフルトゥートへの道をさらに走り、FINTの道標の所を右折してそのまま道なりに真っすぐ。岩漠に囲まれた道をひたすら行くと前方に台地のような岩山が見えてくる。その先下方に目指すオアシスの村がある。

フィントのホテル

<u>H</u>ラ・テラス・デ・デリス
La Terrasse Des Delices
📧Douar Fint Taharbile
☎(0524)51-56-40
<u>URL</u> terrassedesdelices.com
🛁 共同 🚿 冷暖
　Ⓢ300DH Ⓓ500DH
<u>CC</u>不可 <u>客室数</u>13
📶あり（客室）

▲フィントのオアシスへの道

▲緑豊かなフィントのオアシス

Hotel
ホテル

　アイト・ベン・ハッドゥ内や周辺での滞在も可。ワルザザートでは、安宿から高級ホテルまで揃っている。中級以上は丘の上に集まり、プールを併設したリゾートホテル。安宿はムハンマド5世通り沿いとスーク近くに多い。安宿ではツアーなどのトラブルに注意。

世界遺産のクサルに泊まる　　　　　アイト・ベン・ハッドゥ　MAP P.96 外

RD ダール・ハジャ・アイト・ベン・ハッドゥ
Dar Haja Ait Ben Haddou
中級

アイト・ベン・ハッドゥにある邸宅宿。9つの客室に加え、すばらしい景色が広がるテラス、伝統的なベルベルラウンジ、立地を生かした洞窟ラウンジなど、ここでしか体験できない本当のモロッコに触れられる。

🏠 Ait Ben Haddou
☎ (0524)88-72-22　URL www.elhaja-aitbenhaddou.com
料 🛁🅿♨🍴 ❺350DH　❻500DH　ファミリールーム 1000DH
🛏 100DH　CC MV　客室数 9　📶 あり (客室)

アイト・ベン・ハッドゥの対岸に位置する3つ星ホテル　　アイト・ベン・ハッドゥ　MAP P.96 外

H パラダイス・オブ・サイレンス
Paradise of Silence
中級

静かな場所に位置する広々としたホテル。レストランなど、ていねいなサービスとくつろぎの空間を生む設備が充実している。さまざまなアクティビティにも対応しており、人気の宿となっているため予約は必須。

🏠 Douar ait ben haddou' ait ben haddou
☎ (0524)92-69-60　URL paradise-of-silence.com
料 🛁🅿🅣📺🅿♨🍴 ❺400DH〜　❻490DH〜
CC ADJMV　客室数 6　📶 あり (客室)

南部モロッコ唯一の5つ星ホテル　　　　　丘の上　MAP P.96

H ベルベル・パレス
Berber Palace
高級

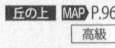

南部モロッコ唯一の5つ星ホテル。ワルザザートで映画撮影が行われると、俳優やスタッフの宿泊はたいていこのホテル。『バベル』撮影時にブラット・ピットもこのホテルのスイートルームに滞在したとか。

🏠 Quartier Mansour Dahbi
☎ (0524)88-31-05　URL www.hotel-berberepalace.com
料 🛁🅿🅣📺🅿♨ ❺❻1633DH〜　朝食214DH
CC AMV　客室数 240　📶 あり (客室)

居心地よく使いやすい

丘の上 MAP P.97 中級

H イビス・ワルザザート・センター
Ibis Ouarzazate Centre

スタンダードで使いやすく料金も手頃。
レストラン併設バーがある。CTMバス乗
り場からはタウリルトのカスバ方向へ。
外貨両替のほか、ビジネス用設備もある。

住Ave. Moulay Rachid
☎(0524)89-91-13
URL www.accorhotels.com
S D 555DH〜
CC AJMV
客室数104
📶あり（客室）

快適さに定評のある2つ星

市内 MAP P.96 中級

H レ・ジャルダン・ドゥ・ワルザザート
Les Jardins de Ouarzazate

ホテル名のとおり、中庭がすてきなホテ
ル。その中庭を見下ろすようにテラスが
あり、そこでゆったりと食事ができる。
敷地内に無料駐車場あり。

住Route de Zagora
☎(0524)85-42-00
URL hotel-les-jardins-de-ouarzazate.com
S 300DH D 400DH
S 350DH D 500DH CC不可
客室数38 📶あり（客室）

スプラトゥールターミナルから近く便利

市内 MAP P.96 中級

H オテル・アズール
Hôtel Azoul

デザインにこだわったセンスのよい客室
は、居心地がよくて清潔。料金もリーズ
ナブルで使いやすい。スパがあり、アル
ガンオイルマッサージは250DH。

住Ave. Mohammed V
☎(0524)88-30-15
S 340DH D 450DH
スイート650DH 朝食30DH
CC MV 客室数12
📶あり（客室）

色鮮やかな客室がかわいい

市内 MAP P.96 中級

H オテル・ラ・ヴァレ
Hôtel La Vallée

観光局ONMTの前の道をザゴラのほうへ
1kmほど進み、川に架かった橋を渡った
らすぐ左側にある。全体的に評判のいい
ホテルでレストランも併設。

住Km1 Route de Zagora
☎(0524)85-40-34
S 250DH D 300DH
S 350DH D 400DH CC MV
客室数41 📶あり（共用エリア）

CTMバスターミナルが近く

市内 MAP P.98-A 中級

H オテル・リヤド・アムラル
Hôtel Riad Amlal

ムハンマド5世通りに面したモスク（町
の中央部）の前を入るか、スークの前の
道を町の西方向に行った所にある。清潔
感もあり、レストランも完備。

住Rue du Marché Lotissement
du Centre
☎(0524)88-40-30
URL www.hotelriadamlal.com
S €25 D €30 T €40
CC不可 客室数28
📶あり（客室）

スークに近い広場の一角にある

市内 MAP P.98-B 安宿

H オテル・バブ・サハラ
Hôtel Bab Sahara

アル・ムーアヒディン広場に面している。
ワルザザートの人々の生活をじかに感じ
ることができるような場所だ。バック
パッカーや少人数旅行におすすめ。

住Place Al Mouahidine
☎(0524)88-47-22
共同 S €8 D €16
S €22 D €34
CC不可
客室数40
📶あり（共用エリア）

Restaurant
レストラン

　大きな町だけあって、ワルザザートにはアルコールも飲める評判のレストランが多い。店の種類もモロカンからヨーロッパ料理、大衆食堂までさまざまなので、食事に困ることはない。

屋上テラスのあるレストラン　　　　　　　　　　　　　　市内　MAP P.97　モロカン
R ドゥウィリヤ
Douyria

南部ならではの、ラクダとイチジクのタジンやウサギのタジンなど、珍しいモロッコ料理メニューを楽しめる。ハリラ20DH、タジン60DH〜。

住72 Ave Mohammed V
☎(0524)88-52-88
URLwww.restaurant-ouarzazate.net
開11:00〜15:00、19:00〜23:00
休なし　**CC**MV
令あり

フレンチからモロッコ料理まで　　　　　　　　　　　市内　MAP P.97 外　インターナショナル
R ラ・カスバ・デ・サーブル
La Kasbah des sables

ふたつのパティオと6つのラウンジがあり、それぞれ異なった装飾が施されている。モロッコ南部のアンティークが飾られた部屋でシェフ自慢の料理を。

住195 Hay Aït Kdif
☎(0524)88-54-28
開12:00〜13:45、19:00〜21:45
休火・7月
CCMV
令あり

洗練された料理が並ぶ　　　　　　　　　　　　　　　市内　MAP P.96　インターナショナル
R アコード・マジョール
Accord Majeur

料理はもちろん、サービス面、フレンドリーなスタッフなど全体的に高評価。鴨のコンフィやビーフステーキが人気。メイン 200DH〜、外テラスあり。

住Ave. Mansour Eddahbi
☎(0524)88-24-73
URLwww.restaurant-accord-majeur.com
開11:00〜22:00
休日　**CC**MV
令あり

地元でも評判の店　　　　　　　　　　　　　　　　市内　MAP P.98-B　モロカン
R シェ・ナビール
Chez Nabil

金曜日限定のクスクスは、地元モロッコ人もわざわざ食べに来るほどのおいしさ。タジン50DH〜、クスクス60DHなど値段もリーズナブル。ファストフードもあり。

住Ave. Moulay Rachid
☎(0524)88-45-45
開10:00〜22:00
休なし
CCV
令あり

1928年創業。ワルザザートでいちばん古い　　　　　市内　MAP P.98-A　インターナショナル
R レストラン・シェ・ディミトリ
Restaurant Chez Dimitri

歴史のあるレストランで、主人もそれが自慢。多数の映画関係者がここで食事をしている。ワインなどアルコールも置いている。サラダ65DH〜。

住22 Ave. Mohammed V
☎(0524)88-73-46
開12:00〜15:00、19:00〜22:00
休なし
CCMV
令あり

▲生い茂るヤシの木が印象的なドラア谷

黄金貿易の中心地として発展した

ザゴラとドラア谷
Zagora et Les Vallée du Drâa

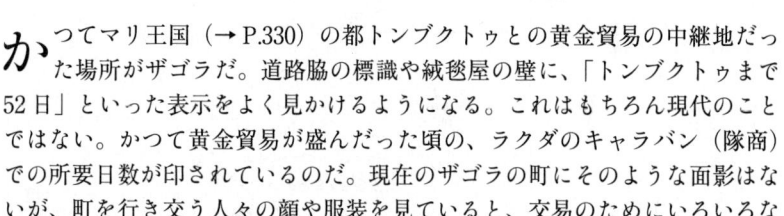

　かつてマリ王国（→ P.330）の都トンブクトゥとの黄金貿易の中継地だった場所がザゴラだ。道路脇の標識や絨毯屋の壁に、「トンブクトゥまで52日」といった表示をよく見かけるようになる。これはもちろん現代のことではない。かつて黄金貿易が盛んだった頃の、ラクダのキャラバン（隊商）での所要日数が印されているのだ。現在のザゴラの町にそのような面影はないが、町を行き交う人々の顔や服装を見ていると、交易のためにいろいろな土地から人が集まってきたということ、いろいろな民族の子孫であることがわかるだろう。

　ワルザザートからザゴラへ入る場合、ワルザザート～ザゴラ間約164kmの道中には想像を絶するスペクタクルな風景が展開する。ワルザザートを出たバスは、まずいきなり岩だらけの険しい山道に突入する。グランドキャニオンさながらの大景観に圧倒されているうちに、休憩地のアグデス Agdz という村へ着く（アグデスの手前、山裾に張りつくように広がるアイト・サウン Aït-Saoun の村も見逃さないように）。そこから先は風景が一変して、緑豊かなオアシスの連続だ。ここからがドラア谷と呼ばれる所で、左側にはキラキラと光るドラア川が流れる。荒涼とした風景のなかに現れては過ぎていく緑の村。そんな村をいくつも通り抜けてしばらくすると、殺風景な荒野に突然石造りのゲートが現れる。これがザゴラの町の入口だ。

▲ザゴラ市街

ザゴラの局番
0524

ACCESS
ザゴラへの行き方
▶▶カサブランカから
　モロッコ航空が週3便
運航。所要約1時間50分、
402DH〜。
▶▶マラケシュから
　飛行機はエアアラビア・
モロッコが週2〜3便運
航。所要約1時間、260DH
〜。
　スープラトゥールは1日
1本運行。所要約8時間、
135DH。
▶▶ワルザザートから
　CTMのバスが1日1〜3
本運行。所要約3時間、55
DH。スープラトゥールは
1日1本運行。所要約2時
間30分、50DH。
※バスはCTM以外に民営
バスも運行しており、本数
はそちらのほうが多い。

**草で編んだラクダや
ガゼルはタダじゃない**
　スークやオアシスの村で
道を歩いていると、子供た
ちが草で編んだ手作りのラ
クダやガゼルをくれること
があるが、これは決してプ
レゼントではない。好意だ
と思って受け取るとお金を
要求される。

▲ザゴラの町は、かつて隊商貿
易の中継地として栄えた

ザゴラの歩き方

　ザゴラはマアミド以南の砂漠を目指す人にとっては重要な起点
となる町。特に見どころはないが、砂漠の町がもつ独特の雰囲気
を醸し出している。

　長距離バスは、CTMも民営バスも町の唯一の大通り、**ムハン
マド5世通り Blvd. Mohammed V** に面したターミナルに着く。
そして、この通りの両側に銀行、商店、安ホテル、郵便局、食堂
などが並ぶ。ここをひととおり歩いてみれば、必要なものはすべ
てある。大通りから1本入った路地を探検してみると、人々の生
活の香りがしておもしろい。

　CTMバス乗り場から緑の行進広場を左に坂を下ってしばらく
行くと、**ドラア川**に架かる橋に出る。歩いて15〜20分。ここは
砂漠ツアーの出発点になっていて、夕方には多くのラクダたちが
疲れを癒やすかのように休憩している。その先、橋を渡ってさら
に行くと、**ナツメヤシのオアシス**に出る。このあたりにはザゴラ
らしさを味わえる中・高級ホテルが何軒かある。砂漠ツアーのエ
キスパート、キャラバン・デュ・スッド Caravane du Sud もこ
のあたり。その向こうには、ザゴラ山と呼ばれる小高い岩山が連
なっている。最も高い山の斜面には、**中世イスラム王朝の城塞の
廃墟**があり、ザゴラの歴史の古さをうかがわせる。

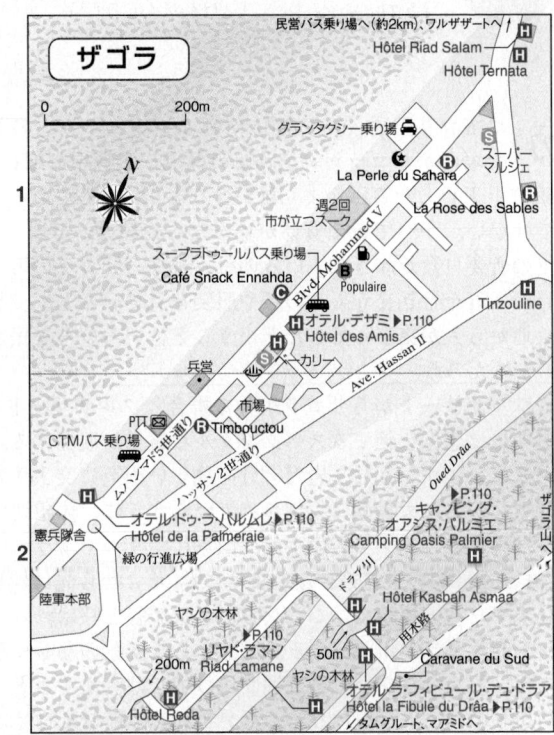

▲ザゴラの町はずれにある民営バスターミナル

❖ザゴラの市
　毎週水曜と日曜に開かれ、最もにぎわうのは 8:00 〜 14:00 頃。

中継地点アグデスの宿

Ｈオテル・キッサン
Hôtel Kissane
☎ (0524)84-30-44、
　0661-14-23-64
📖🏧📶
Ⓢ250DH　Ⓓ300DH
🆑不可
🛏客室数13
🚿あり（共用エリア）

✛ 近隣から多くの人が集まる週 2 回の市

　ザゴラでは毎週水曜と日曜に市が立つ。場所はムハンマド5世通りの真ん中あたりにある、学校の並びの広場。大勢の人が出入りしているからすぐわかる。朝早くにいろいろな生活物資を積んだトラックが何台も到着し、広場のあちこちでテントを張ったり布を広げたりと店の用意が始まる。商品は何でもある。特設食堂もある。とにかくこの週2回の市は、ザゴラを含めた近隣の村から来る人々で大にぎわいとなる。

アラブ人、ベルベル人、ノマド、トゥアレグ、いったいどう違う？

Column

　現国王をはじめとして国家権力を握っている人たちがほとんどアラブ人だからか、モロッコ人＝アラブ人と思われがちだが、実は国民の3割以上はベルベル系。彼らの祖先はマグレブ地域とサハラ砂漠の先住民族として長い歴史を営んできた。ベルベルという呼称は、実は彼らの民族名ではない。7世紀頃、アラビア半島から侵入してきたアラブ人が先住の彼らのことを指して呼んだ蔑称で、語源はギリシア語の「バルバロス」、わけのわからない言葉を話す野蛮な人という意味だ。今では軽蔑の意味はなく、彼ら自身が誇りをもって自称している。異民族と共存する国家のなかで、自然と育まれたアイデンティティなのだろう。

　つまりベルベル人というのは先住民族の総称で、いろんな民族がいる。例えば、西サハラのほうに多く住む「トゥアレグ族」。彼らは、砂漠を旅する遊牧民だ。藍で染めた衣装を身にまとい、濃い藍のターバンを頭に巻く。19

世紀以前には、隊商やオアシスの村を襲って略奪するなど、戦闘的で勇敢な民族として恐れられていたという。これに対して、「ノマド」と呼ばれる人々がいる。日本語で遊牧民と訳し、こちらは同じ遊牧民でも、季節によって砂漠と山を往復する民族だ。旅先で友達になった人から「僕はノマドなんだ」とか「じいさんはホンモノのトゥアレグだった」なんていう言葉を聞くこともあるだろう。

▲トドラ渓谷の絶景に囲まれたノマドのテント

ドラア谷のオアシス

谷間を流れる「ドラア川」は、「ワジ」と呼ばれ、乾季には水が涸れてしまう川。モロッコにある川は、ほとんどすべてが「ワジ」だ。ドラア川は、昔はモロッコいちの水量と長さを誇っていた。マアミドから大西洋まで約750kmもの長さがあり、ワニなどの動物も多く生息していたという。その頃はザゴラの南北200kmもの地域のオアシスに豊富な水を提供してきた川だが、今はその半分ぐらい。ザゴラから南のマアミドまでは完全な土漠の世界に変貌してしまった。

▲ドラア川に架かる橋

マアミドのホテル

Ｈラ・ブソル・デュ・サハラ
La Boussole du Sahara
住 M'Hamid par Zagora
☎ (0539)98-16-42
URL www.camping-boussole.com
料 キャンプ400DH／人
CC 不可
🛜 あり (客室)

ACCESS

タムグルートへの行き方

ザゴラからマアミド行きのバスで途中下車をするか、乗り合いのグランタクシーを利用する。しかし実際には、ザゴラからの1日砂漠ツアーで行くかタクシーを利用するほうが正解。ツアーにはタムグルートの図書館や陶器工房の見学、クサルの散策なども含まれている。バスでザゴラに戻るには夕方まで待たなければならない。歩くと4時間強。

図書館の場所は、メイン道路からマラブに向かって左側の道を入っていった右側。わからなかったら「ビブリオテック bibliothéque」と聞いてみよう。中に入ると年老いた管理人がちょっとした説明（英語）をしてくれる。10DHのチップが必要。

近郊の見どころ

緑豊かなオアシスルート
ドラア谷とオアシス ★★★
La Vallée du Drâa et Oasis
MAP P.94

ドラア谷はワルザザートからザゴラに向かう途中にある100km余りのルートをいう。このルートの全行程を便宜上「ドラア・オアシス・ルート」と表現することもある。このルートは約164kmあり、レンタカーでルートをたどるだけでも最低4時間はみておきたい。あちらこちら寄り道をするなら1日で回るコースと考えたほうがいい。

ここでは、マラケシュからワルザザートまでのオート・アトラス越えに匹敵するくらい、雄大で変化に富んだ景色が待っている。緑の山ではなく、荒々しい岩山が連なり、広大な印象を受ける。モロッコの自然には本当にいろいろな表情が隠されていると、改めて驚かされるだろう。そして、アグデスの村を境に風景は一変する。

左側に壁のように広がる岩山を見ながらしばらく行くと、珍しく水をたたえた川に出合う。ドラア川だ。川に沿ってオアシスが点在し、多くのクサルやカスバが見られる。ドラア谷の風景は、緑のオアシスと、川と、土と同じ色をした四角い家並みの村クサル（→ P.97）がほどよく調和している。色合いといい、典型的なオアシスの風景が楽しめる。11月はナツメヤシの収穫期に当たり、木に黄金の実がたわわになっている様子や、人々の収穫風景を見ることができる。

かつてドラア谷最大の神学校があった村
タムグルート ★★
Tamegroute
MAP P.94

ザゴラから南へ下って22km地点、マアミドへの途中にある村。ここにはシディ・ムハンマド・ベンナサイルという大きなマラブがある。マラブとはイスラム教の聖人の廟で、かつてはドラア谷で最大のイスラム教の神学校でもあった。今もこのマラブは機能していて、廟の周りには多くの病人が回復祈願をしている。マラブ内部の撮影は禁止されている。

シディ・ムハンマド・ベンナサイルとはここに祀られている聖人の名で、この一帯に奴隷を連れてきたことでも知られている。彼はアラビア半島のメッカに毎年巡礼に行き、そこから本を持って帰り、図書館を造った。現在この図書館には4000冊以上の蔵書がある。

村の周辺には陶器の工房が点在している。タメグレット焼きといって、オリジナルはフェズらしいが、緑と焦茶色の素朴な焼き物を作っている。ザゴラのホテルでは食事にこの器を使っているところが多い。

赤砂の世界が広がる

マアミド
Mhamid

★★

MAP P.94

村は砂漠ツアーの出発地点としてにぎわっている。砂漠のなか、最果ての村であるには違いないが、カフェやツアーを斡旋する店や、みやげ物屋などが驚くほど元気に軒を連ねて並ぶ。毎週月曜に開かれる市は、近隣の村々から人が集まりひときわ活況を呈している。市が開かれるのは村の入口脇にある広場だ。この村より先は本当に道ひとつない荒涼としたサハラの世界が広がっている。

ザゴラ発砂漠ツアー

Column

4WD車での日帰り砂漠ツアー

ひと口に「砂漠」といっても、実際は砂が広がる場所だけをいうわけではない。土や石ころ、岩など、つまり乾燥した不毛の地、それがザゴラの砂漠だ。憧れの砂丘は、そんな砂漠の中のほんの一部ということを知ることになるだろう。

運転手とガイド付きの4WD車でザゴラを早朝出発。ザゴラから60kmほど行った所で普通の道を外れ、ピステに入る。ピステとは未舗装道路のことだが、実際に「道」といえるものがあったりなかったりが実情。さらに2kmほど行った所から砂地になり、サハラ特有のローズサンド（赤い砂）の中を行く。ある地点で、木陰を選んでピクニックランチとなる。さっと絨毯を広げると居間のできあがり。ドライバーとガイドが手際よく昼食を作る。材料はすべて途中の村で調達したドラア谷産の野菜と果物（メインはスパイスの効いた羊肉のブロシェット）。なかなか贅沢なランチだ。再び出発してマアミドに出て、ザゴラまで一気に普通道路を駆け抜けて戻る。

ツアーと料金、安全性

メルズーガにある大砂丘レルグ・シェビ L'Erg Chebbi に対し、ザゴラ近郊にはレルグ・シェガガ L'Erg Chegaga がある。この砂丘には、ザゴラからは4WD車でも1泊ツアーに参加しないと行けない。ラクダだと10日前

後のツアーになる。時間がない場合は、シェガガまでは行けないが、4WD車やラクダでの日帰りツアーもある。シェガガのずっと手前の場所でも、十分に「モロッコの砂漠」は味わえる。

4WD車での砂漠1泊ツアー（ザゴラ近郊やレルグ・シェガガのテントで1泊して戻る。2食付き）の料金の目安は車1台800～1500DHくらい。それに、場所によって異なる価格の砂漠キャンプ代350～500DH／人を加えた料金が必要。

さてどこでこうしたツアーを申し込むのか。安ホテルや都市部での客引きはいるが、ザゴラ近郊のレルグ・シェガガへの旅は絶対に信頼できる旅行会社に頼むこと。なぜなら、携帯の電波が通じないエリアが多いほか、砂嵐も頻繁に発生するためだ。レルグ・シェガガは、旅行会社の人でも毎回不安に思うほどだという。レルグ・シェガガは絶対に危険というわけではないが、メルズーガ近郊のレルグ・シェビに比べたらかなり冒険心あふれるツアーになるのは間違いない。

▲砂漠の真ん中での食事はとっても美味

Hotel
ホテル

　ザゴラのホテルは町なかと、ドラア川沿いに点在している。ドラア川沿いのホテルはオアシスの中にあり、キャンプのできるところもある。ランクでいえばピンからキリまで幅広く揃っている。バックパッカー向けの安宿も多い。

まさに砂漠の中のオアシス

H リヤド・ラマン
Riad Lamane

川のそば　MAP P.106-2　中級

H ラ・フィビュール（→下記）の左にある道を200mほど行った、うっそうと茂ったヤシ林の中にある。ホテルは南部モロカンスタイルの造り。

🏠 Amezrou Zagora
☎ (0524)84-83-88
E-mail www.riadlamane.com
料 🅿 🚿 🏊 📺 朝食 夕食
　　S 900DH　D 1200DH
CC MV
客室数 28
📶 あり

ザゴラで最初のホテル

H オテル・ラ・フィビュール・デュ・ドラア
Hôtel la Fibule du Drâa

川のそば　MAP P.106-2　中級

創業20年を超えるザゴラの老舗。モロッコの伝統的な建築様式で、とてもいい雰囲気だ。各部屋にランプがある。レストランもモロカンスタイルで評判はいい。シェガガのキャンプは450DH／人、車両は1200DH／日。

🏠 Km2 Route Mhamid
☎ (0524)84-73-18
URL www.casbah-fibule.ma
料 🅿 🚿 🏊 📺 朝食 夕食
　　S 680DH　D 900DH
CC MV
客室数 31
📶 あり

プール、レストランもある

H オテル・ドゥ・ラ・パルムレ
Hôtel de la Palmeraie

市内　MAP P.106-2　安宿

CTMバス乗り場を出たらすぐ右、ムハンマド5世通りの外れにある。部屋は落ち着いた雰囲気。プールやレストランもついてこの料金は安く、立地が便利な点も見逃せない。満室で部屋が取れないときは、テラスのテントでも寝られる。

🏠 Blvd. Mohammed V
☎ (0524)84-70-08
料 共同 🚿 🏊 🅿 　S 75DH　D 150DH
　 🚿 🏊 🅿 TV　S 120DH　D 210DH
CC MV
客室数 51
📶 あり（客室）

安いのが売りの

H オテル・デザミ
Hôtel des Amis

市内　MAP P.106-1　安宿

客室はかなりさっぱりしている。1階のレストランで食事ができるので便利。夏はルーフトップのテラスだとひとり30DHで宿泊できるのはうれしい。隣にスープラトゥールのオフィスがある。

🏠 Blvd. Mohammed V
☎ 0668-51-50-99
料 共同 🚿 🏊 🅿　S 50DH　D 100DH
　　S 75DH　D 120DH
CC 不可
客室数 18
📶 あり（客室）

最も安く泊まれる

H キャンピング・オアシス・パルミエ
Camping Oasis Palmier

川のそば　MAP P.106-2　安宿

ザゴラ山に向かって左の道を進んだ所にある。奥さんは日本人女性というモロッコ人の経営する、ヤシ林の中のキャンプ場。シャワーは10DHで利用できる。歩いて2時間ほどの所にある砂漠でのキャンプ（300DH）も利用可能。

🏠 Route Montagne Zagora
　　Amezrou
☎ 0613-98-52-31
E-mail pixameharee@hotmail.com
料 テント1泊ひとり30DH
※朝食40DH、ランチ60DH～、夕食100DH
CC 不可　📶 あり（共用エリア）

大自然が造り出す感動の風景が広がる

カスバ街道
Route Des Kasbahs

ワルザザートと砂漠の町 ❖ ザゴラとドラア谷／カスバ街道

イントロダクション

　ワルザザートからティネリール Tinghir を経てエルラシディア Er Rachidia を結ぶ東西のルートを、カスバ街道と呼ぶ。カスバとは、城壁で囲まれた要塞のこと。この街道沿いには、土れんがで造られた大小のカスバが多く残っている。また、ダデス川、トドラ川などが美しいオアシスと渓谷を造っていて、訪れる旅人に安らぎを与えてくれる。町に降り立てば、カスバを中心とした土色のほこりっぽい町並みと、周囲を取り巻くオアシスの緑が対照的だ。

　昔は、サハラの向こう側のブラックアフリカとアトラス山脈の北側とを結ぶ重要な通商路だったという。今では、サハラのメインストリートを走るのは大型の観光バスとサハラ砂漠を目指す4WD 車だが、当時はラクダのキャラバンだった。この壮大な風景を見ながら、何日間もかけて旅をしたことだろう。そんな往時をしのびたいなら、小さなカスバに紛れ込んでみるのもいいだろう。北側の背後にはアトラス山脈が控えていて、麓の村々はトレッキングルートの入口にもなっている。

ティネリールの歩き方

　ティネリールの町は、ワルザザートとエルラシディアのほぼ中間、**トドラ川 Oued Todra** を横切る所にある。人口約 3 万 6000 人。もとはワルザザートと同様、フランス軍のサハラ前線基地として造られた。現在は、いまだ伝統色が色濃く残るこのエリアに住むベルベル人たちの中心的存在としてにぎわう町となっている。

　町のメインストリート、**ムハンマド 5 世通り Ave. Mohammed V** はカスバ街道の一部となっている。通り沿いに公園があり、公園を挟んで**ハッサン 2 世通り Ave. Hassan Ⅱ** が並行して走る。銀行や郵便局、安ホテル、レストランなど、町の機能のほとんどはこの 2 本の通りに集中し、バスも、通りの間にある公園のワルザザート側の広場に着く。エルラシディア側にはグランタクシー乗り場がある。

　バスターミナルの正面、道路を挟んで反対側の坂道を上ると、**グラウイのカスバ Kasbah de Glaoui** と H オテル・サグロ Hôtel Saghro がある。ここからは、町全体とトドラ川沿いの美しいオアシスを一望することができる。

（ティネリールの局番
0524 ）

ACCESS
ティネリールへの行き方
▶▶ワルザザートから
　CTM のバスが 1 日 1 本運行。所要約 3 時間 30 分、55DH。そのほか民営バスが 1 日数本運行。スープラトゥールは 1 日 2 本運行。所要 3 時間、55DH。
▶▶エルラシディアから
　CTM のバスが 1 日 1 本運行。所要約 2 時間、55DH。スープラトゥールが 1 日 1 本運行。所要 2 時間 30 分、50DH。そのほか民営バスが 1 日数本運行。
▶▶エルフードから
　スープラトゥールが 1 日 1 本運行。所要約 3 時間 30 分、70DH。

▲路上で名産品のバラを売る子供たち

▲ティネリールの町並み

今度は、丘を背にして、町の奥へ入って行くと**メディナ（民家群）**になる。迷いそうだが、それほど広くはないので大丈夫。日干しれんがで造られた趣のある建物が続いていて、渡り廊下にあるのぞき窓、明かり取りの吹き抜けなど、モロッコ南部の民家の様子がうかがえる。家々を抜けると、あたりは畑に変わって急に視界が開ける。ここが**オアシス（耕作地）**だ。麦や野菜の畑のあぜ道を、ワラを背負ったロバを引っ張って人が歩いていく。水路は迷路のようにあちこちの畑につながっており、果樹園（イチジクやザクロ）やオリーブの木、ナツメヤシなど、さまざまな種類の植物が植えられている。

▲「カスバ街道」の名のとおり、街道沿いには城塞跡が続く

ドライブの途中で休憩

ティネリールからエルフードへ向かう幹線道路にあるカフェレストラン。いつも多くの観光客がランチを食べながら休憩している。エルフード中心部から車で約50分。前菜、メイン、デザートが付いたセットメニューは90DH。スパゲティ（60DH）などもある。

Ⓡ**トゥルーグ・レストラン&カフェ**
Touroug Restaurant & Cafe
MAP ▶P.94
🏠 Ksar Touroug Touroug
☎067305-00-44
🕐6:00～19:00 休なし
CC 不可 🚗あり

▲熱々のベルベルオムレツ

▲トイレ休憩にもおすすめ

ティネリール

0　　　100m

Ⓗ オテル・サグロ ▶P.116 へ
トドラ峡谷へ
Oued Todra

グラウィのカスバ
Kasbah de Glaoui ▶P.113

Hotel Restaurant la Kasbah

両替所 Ⓑ
Ave. Mohammed V

トドラ川沿いのオアシス ▶P.113

Restaurant l'Avenir Ⓡ
PTT ✉
🏥病院

グランタクシー乗り場

L'Oasis Ⓗ
ムハンマド5世通り
公園
Ⓗ Hôtel Todra
Central

Ⓑ
CTMバス乗り場
ハッサン2世通り
Rue Hassan

Ⓗ El Fath

民営バスターミナル&グランタクシー乗り場（タクシーで約5分）、ワルザザートへ
Ⓒ
スープラトゥール乗り場
Hotel El Fouda Ⓗ
Ⓑ WAFA
スーク
Ⓗ Hôtel de l'Avenir

Ⓗ オテル・トンブクトゥ ▶P.116（500m）、バス乗り場へ
にぎやかなメディナをぬけてオアシスへ

カスバ街道でも最大級の大きさ ★
グラウイのカスバ
Kasbah de Glaoui

MAP P.112

街道沿いの数多いカスバのなかでも、最も大きなもののひとつ。これもまたマラケシュの司令官だったグラウイ（→ P.98）の住居だった。ムハンマド5世通りからガソリンスタンドの脇の坂を上った丘の上にある。かなり荒廃してはいるが、壁に刻まれた装飾模様などを見るとやはりすごい。塔の一部は中に入って見ることもできる。管理人がいれば鍵を開けてもらって部屋の内部を見られる。

カスバとは
城壁で囲まれた要塞のこと。詳しくは P.97、P.325 を参照のこと。

▲威容を誇るグラウイのカスバ

不毛の地に映える豊かな緑 ★★★
トドラ川沿いのオアシス
L'Oasis de Todra

MAP P.112

街道きっての美しいオアシスとして知られている。ティネリールの町を散策するより、トドラ峡谷へ行く途中の道の右側、トドラ川沿いに広がるオアシスを散歩するほうがよい。早朝か、15:00頃から出かけよう。オアシスが、南部に生きる人々にとっていかに大切な食糧庫であるかがよくわかるだろう。水の使い方にしても、一見簡単に水路が掘られているようだが、あらゆる場所に水が行き渡るように計算し尽くされている。一滴の水も無駄にすることはない。オアシスに生きる人々の日常生活を垣間見るいいチャンスだ。

オアシス内の道はとても複雑怪奇。必ずといっていいほど迷うだろう。軽い散歩のつもりが、2時間くらいぐるぐる歩き回る羽目になるため、できればガイドを雇ったほうがよい。ガイドはホテルでも頼めるが、トドラ峡谷へ行く途中の坂を上った所にビューポイントがあり、そこにラクダを連れて客待ちをしている人たちがいる。1時間100DHが目安。ただし女性の場合、オアシス散策は十分に気をつけてほしい（→欄外）。

オアシスルートの散策は要注意
美しいトドラのオアシスはとても魅力的だが、女性のひとり旅または女性グループでの旅は、厳重な注意が必要。日本人女性ふたりがオアシスルートを散策中に、4人のモロッコ人男性から卑猥な言葉と絵を持ってしつこく追い回されたという話もある。車道に逃れてもなお追いかけてきて、通りかかった車に乗せてもらいやっと振り切ったとのこと。

▲ラクダと一緒に記念撮影もできる

▲ベルベル人の古い町並みとナツメヤシの並木が広がる

⊕トドラ峡谷

行き方：定期的なバスの便はないので、ティネリールからグランタクシーを使うのがいちばん。料金の目安はひとり7〜10DH。約25分程。グランタクシー乗り場は町の公園脇の広場。また徒歩、あるいは自転車という手もあるが、これらは体力に自信のある人向き。

トドラ峡谷でトレッキング

トドラ峡谷そばのホテルでは、トレッキングツアーを催行。宿泊客以外でも予約ができる。3時間ほどのツアーで、遊牧民のノマドが暮らすテントまで散策しながら歩く。お茶をごちそうになりそこからゆっくり下山する。ツアー代金はひとり150DHが目安。

▲何かごちそうになったり、写真撮影した場合は10DH程度のチップを

ロッククライミングの聖地
→ P.117

近郊の見どころ

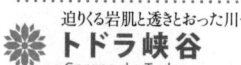

迫りくる岩肌と透きとおった川へ　　　　★★★
トドラ峡谷
Gorges du Todra
MAP P.114

　ティネリールの町から、トドラ川のほうに道を下って、「峡谷Gorges」の看板のある道を左に入って約15km。そこには切り立った岩壁が立ちはだかる峡谷がある。これがカスバ街道きってのスペクタクルな景勝地、トドラ峡谷だ。ヨーロッパのロッククライマーたちは、わざわざこの岩壁で練習をするために集まってくる。

　峡谷がひとつのポイントだが、ここにいたるまでの道もなかなかの景観。ティネリールから山を登り始めるとすぐ、道沿いに多くのカスバや小さな村を見ることができる。車でさっと通り過ぎるのは少しもったいない。とはいっても歩くと4時間は十分かかるので、行きはグランタクシーなど車を利用し、帰りにブラブラと歩いて下りてくるのがいいかもしれない。

　または、峡谷沿いに宿があるので、1泊するのもいい。高級ホテルはないが、どこも客室の窓から壮大な峡谷とトドラ川が見渡せる絶景ホテル。基本、朝・夕食付きなので食事の心配もいらない。この辺りに泊まればトドラ峡谷まで歩いていける。

　峡谷の入口には**H**エトワール・デ・ゴルジュとみやげ物屋がある。その先の道を上がっていくと、急に目の前に岩壁が現れ、澄んだ川と岩壁の間をどんどん進んで行くと、右側に廃ホテルが2軒ある。20km先には、小さなベルベルの村**タムタトゥーシュ Tamtattouchte**（**MAP** P.94）があり、イミルシルまでつながっている。

▲道の両側を岩壁が囲む

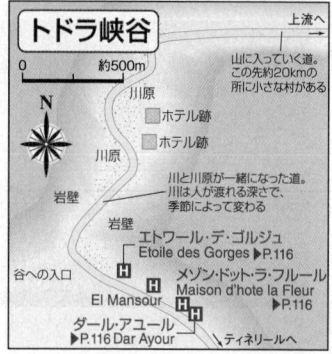

トドラ峡谷

0　　約500m

N

上流へ

川原

■ ホテル跡

■ ホテル跡

川原

山に入っていく道。この先約20kmの所に小さな村がある

岩壁

川と川原が一緒になった道。川は人が渡れる深さで、季節によって変わる

岩壁

エトワール・デ・ゴルジュ
Etoile des Gorges ▶P.116

谷への入口

メゾン・ドット・ラ・フルール
Maison d'hote la Fleur
▶P.116

H El Mansour **H H**

ダール・アユール
▶P.116 Dar Ayour

ティネリールへ

▲高い岩山に圧倒される

114

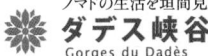

ノマドの生活を垣間見る ★★
ダデス峡谷
Gorges du Dadès

MAP P.94

ティネリールから53km、ワルザザート方向へ行った所に**ブーマルン・ダデス Boumalne Dadès** という村がある。この村のあたりからイミルシルの方向へ内陸に入っていくとダデス峡谷がある。峡谷まではさらに60km以上の距離があって、独特の景観美を誇っている。日本ではあまり知られていないが、ヨーロッパの人たちはみんなレンタカーでこの峡谷のドライブを楽しんでいる。道も割とよいほうだが、峡谷のさらに奥に進む場合は、やはり4WDのほうがいいだろう。峡谷の近くには道路沿いに数軒のホテルがある。夏は峡谷という場所柄もあり涼しく、春先でも夜は雪が降るほどだ。

道路沿いのすばらしい景観を眺めるだけでも楽しめるが、峡谷には人が歩けるくらいの道があって、トレッキング愛好家もここをポイントに挙げている。峡谷にはところどころに岩穴が開いているのが見えるが、奥へ行くと、岩穴を住みかにしているノマド Nomad たちがいる。機会があったら彼らの生活を見せてもらうといい。ただし迷う可能性があるので、ツアーに参加することをおすすめする。

▲峡谷沿いを走る道

美しいバラが咲き誇る ★★★
ダデス谷の村々
Les Villages de la Vallée de Dadès

MAP P.94

ブーマルン・ダデスからさらに西へ24km行くと、**エル・ケラア・ムグナ El-Kelaâ M'Gouna** の村がある。ここはバラ栽培で有名で、近くにはバラ水（ローズウオーター）を蒸留する工場があり、それを売るみやげ物店も多い。毎年5月の第1週目の週末にはバラ祭り Fête de Roses が開催される。また、この先の**スコーラ Skoura** の村もバラ栽培で名高いオアシス。

エル・ケラア・ムグナからこの一帯をダデス谷という。オアシスの中を通る道の両脇には、生け垣としてバラが植えられていて、春、バラの花の時期には香り豊かで鮮やかな「花見街道」となる。ぜひ春先に訪れたいデスティネーションだ。

▲時期が合えば、美しいバラの生け垣を見られる

ワルザザートと砂漠の町 ❖ カスバ街道

✿ダデス峡谷

行き方：レンタカーでも行けるが、ワルザザート（エル・ケラア・ムグナ、ブーマルン・ダデス経由）やティネリールからグランタクシーが出ている。峡谷のホテルに泊まるなら、ブーマルン・ダデスまで迎えに来てもらえるはずだ。ワルザザートからの日帰りツアーも可。

ダデス峡谷のホテル

H オテル・カスバ・ドゥ・ラ・ヴァレ
Hôtel Kasba de la Vallée

4WDで峡谷やベルベル人の村を巡るツアーや、トレッキングツアーなども行っている。レストランも併設しており、アルコールを取り扱う。ダデス峡谷にはほかに10軒ほどホテルがある。

🏠Kilomètre27,de Boumalne, Dadès
☎(0524)83-17-17
S280DH **D**560DH
CC不可 **客室数**50

ダデス谷への道

ワルザザートからダデス谷行きの道は、荒涼とした景観が広がる大地を通る。日によっては横風と砂嵐がひどく、視界が悪いので、レンタカーで行く場合は気をつけよう。

✿ダデス谷の村々

行き方：エルラシディアやエルフードと、ワルザザートとを結ぶ幹線バスやグランタクシーで、途中で寄ることもできるが、バラの開花時期であればワルザザートからツアーなども出ている。

▲みやげ物店にはローズコスメが揃う

115

Hotel
ホテル

　ティネリール周辺では、ティネリール、トドラ峡谷ともにさまざまな宿が営業している。ティネリールに宿を取り、ミニバスなどでトドラ峡谷に行くのもいいし、トドラ峡谷の宿に泊まるのもいい。最近はキャンプタイプの宿も人気。

ティネリールを一望できる
H オテル・サグロ
Hôtel Saghro

客室は落ち着いた色で統一され、何といっても眺望がとにかく最高。窓からはグラウイのカスバを眺めることができる。レストラン、プールを完備。

ティネリール MAP P.112外 中級

🏠 Ave. des F.A.R.
☎ (0524)83-41-79
URL hotelsaghro.ma
料 🈳🍴🏊🚗📺
　S €50〜　D €60〜
CC AMV
客室数 69
📶 あり（客室）

カスバの魅力を生かした宿
H オテル・トンブクトゥ
Hôtel Tomboctou

場所はムハンマド5世通りに面したBMCE銀行の前の道を300mほど入った左側。古いカスバをセンスよく改装したプール付きのホテルだ。レストランも評判がよい。

ティネリール MAP P.112外 中級

🏠 Ave. Bin Anzaranne, 126
☎ (0524)83-51-91
URL www.hoteltomboctou.com
料 🈳🍴🏊🚗📺🛗
　S 470DH　D 550DH
　T 730DH
CC JMV　客室数 16
📶 あり（客室）

満天の星と川のせせらぎに包まれる
H ダール・アユール
Dar Ayour

客室や屋上のテラスからの眺めが最高と評判のホテル。レストランとプール、テラスが備わっている。トレッキングツアーやクライミングの手配可。

トドラ峡谷 MAP P.114 中級

🏠 Les Gorges De Todra, Douar Tizgui
☎ (0524)89-52-71
URL www.darayour.com
料 🈳🍴🏊🛗
　S 350DH　D 600DH
　T 700DH　CC MV
客室数 10　📶 あり（客室）

峡谷の入口にある1つ星
H エトワール・デ・ゴルジュ
Etoile des Gorges

トドラ峡谷の入口に立っている。客室は8室と少ないが、レストランが併設されている。トレッキング、ロッククライミングなど、各種ツアーの手配が可能。

トドラ峡谷 MAP P.114 安宿

🏠 Gorge du Todra
☎ (0524)89-50-45
料 🈳🍴🚗🛗
　S 150DH
　D 300DH
　T 450DH
CC 不可　客室数 8
📶 あり（客室）

壮観な景色に囲まれたテラスで朝食が取れる
H メゾン・ドット・ラ・フルール
Maison d'hote la Fleur

クライミングインストラクターのユセフさんが営む宿。部屋からの眺めがよい。モロッコ在住20年の典子さんの和食が出ることも。ティネリールからの送迎あり。

トドラ峡谷 MAP P.114 安宿

🏠 Todra Gorge
☎ (0524)89-56-91、
　0642-14-87-32
URL maison-lafleur.com
料 🈳🍴🛗
　S 200DH　D 360DH
　T 150DH　CC 不可
客室数 7　📶 あり（客室）

トドラ峡谷は
ロッククライミングの聖地

Column

絶壁がそびえるトドラ峡谷は、眺めるだけでも圧巻だが、クライマーにとっては最高の絶壁で、欧州のクライマーがトレーニングに訪れる知る人ぞ知る峡谷でもある。日本人のクライマーも多く、思いおもいに絶壁との格闘を楽しんでいる。難易度が低いビギナーコースからプロフェッショナルコースまで多彩なコースが用意されているため、未経験者でもガイドがていねいに指導してくれるので安心。

トドラ峡谷の宿で、ロッククライミングツアーの手配が可能だ。ビギナーコースは、ガイドと道具一式が付いて、料金の目安はひとり 280DH 前後。約 30m の断崖絶壁からの景色はトライした者にしかわからない。最高にスリリングでトドラ峡谷でしか味わえない貴重な体験ができる。

▲トドラ峡谷ではロープクライミングが主流

イミルシル

Column

▲まさに秘境といった雰囲気

アトラスの山の中、標高 2600m にある秘境。このベルベル人の村には、親に反対された男女が湖に身を投げたという伝説がある。そのせいかどうか、毎年 9 月に「縁結びのムッセム」という祭りが開かれ、若い男女に自由恋愛のチャンスが与えられる。オート・アトラスで最も盛大なこの祭りの 3 日間には、数万人もの人が訪れ、大テント村ができる。

娘たちは民族衣装を着て独特の化粧をし、結婚相手を探す。妻を求める男たちは、羊やラクダ、金銀の財産を持参して相手を探す。ということにはなっているが、実際は親同士が結婚を決めてしまうことが普通だとか。

日程は直前までわからないので観光局で確認を。ティネリールから車で約 3 時間(140km)。

●イミルシル Imilcil への行き方
ティネリールから
グランタクシーかトラックで（140km）。
東側から
ミデルトとエルラシディアの中間にあるリッシュ Rich からトラックで約 5 時間。
※ムッセムの開催の時期は、モロッコ国内でも直前になるまで情報が入りにくい。時期が近づいたら、モロッコ各地の観光局で聞いてみよう。

かつては砂漠の旅への出発点であったオアシス

エルラシディア
Er Rachidia

（エルラシディアの局番）
0535

ACCESS
エルラシディアへの行き方
▶▶カサブランカから
　モロッコ航空が週5便運航。所要1時間10分、402DH〜。
▶▶フェズから
　エアアラビア・モロッコが週2〜3便運航。所要約1時間、260DH〜。
　CTMの夜行バスが1日1本運行。所要約7時間30分、130DH。スープラトゥールが1日1本深夜便を運行。所要約7時間30分、110DH。
▶▶メクネスから
　CTMのバスが2本の夜行を含め1日3本運行。所要約6時間30分、120DH。スープラトゥールが1日1本深夜便を運行。所要約6時間、100DH。
▶▶ティネリールから
　CTMのバスが1日1本運行。所要約2時間30分、55DH。スープラトゥールが1日1本運行。所要約2時間30分、50DH。
※バスは上記以外に民営バスも運行しており、本数はそちらのほうが多い。ほかに各都市からグランタクシー（→P.316）も出ている。

✪観光案内所
MAP P.119
☎(0535)56-68-21
圃8:30〜16:30
休土・日、ラマダン

✪青空市
　平日も開いているが、日曜の市が最も盛ん。とりわけ午前中がにぎやかだ。

▲ムーレイ・アリ・シェリフ空港

イントロダクション

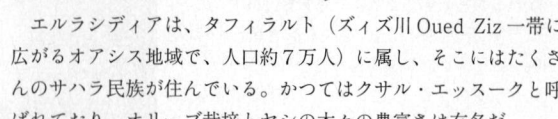

　エルラシディアは、タフィラルト（ズィズ川 Oued Ziz 一帯に広がるオアシス地域で、人口約7万人）に属し、そこにはたくさんのサハラ民族が住んでいる。かつてはクサル・エッスークと呼ばれており、オリーブ栽培とヤシの木々の豊富さは有名だ。

　旅行者にとって、以前は砂漠行きのバスにはこの町で乗り継がなくてはいけないことが多かったが、各地からのバスの数も増えた最近では、砂漠への中継地点という意味合いも大分薄くなった。しかし季節により、カサブランカ空港から、エルラシディアの空港まで週に1〜2便ほど国内線が飛んでいるため、この町を砂漠行きの起点にする人もいるだろう。到着が深夜の場合はホテルに送迎をリクエストしておこう。

エルラシディアの歩き方

　エルラシディアのバス乗り場は町の中心部にあり、そのすぐ前を走る大通りが**ムーレイ・アリ・シャリフ通り Ave. Moulay Ali Cherif** だ。この町はカスバやオアシスを見て楽しむというよりも、交通の要衝として知られる。

　町には、警察署、銀行、郵便局、映画館などひととおりのものは揃っているが、特に見どころというほどのものは何もない。暇つぶしに、**青空市 Marché** をのぞいてみるのもいいだろう。青空市はバスターミナル横のグランタクシー乗り場のある通りを、中心部とは逆方向に200mほど歩いた所にあり、香辛料や野菜、果物のほか、衣類や陶器なども売っている。

　レストランはプチタクシー乗り場やバスターミナル周辺にある。郊外のホテルに泊まっても市内まで車で5〜10分の所が多いので問題ない。5分ほどであれば、プチタクシーで30DHほど。

▲町を抜けると景色は一変する

Hotel
ホテル

エルラシディアの安宿は、長距離バス乗り場近くかムーレイ・ハッサン広場に集まっている。一方、中級から高級のホテルは市内から少し離れた静かな場所に多い。距離があるので、タクシーかホテルの送迎サービスを利用しよう。

快適に過ごしたかったら

市内　MAP P.119 / 中級

H オテル・ケンジ・リッサニ
Hôtel Kenzi Rissani

モロッコの高級ホテルチェーン。町なかのバスターミナルから歩くと15分（400mほど）はかかる。プール、レストラン、バーを完備。

🏠Ave. Moulay Ali Cherif
☎(0535)57-25-84
URLwww.kenzi-hotels.com
🔆❄️🅿️📶🚿📺
💰€45〜　💰€52〜
CCAMV
客室数61
📞あり（客室）

空港へは無料のシャトルバスで

市内　MAP P.119 / 中級

H オテル・ヴァレ・ジズ
Hôtel Vallée Ziz

CTMバスターミナルから近く、周りには食堂、銀行、商店があるのでロケーション的に便利。全室エアコン、トイレ、シャワーを完備。

🏠3 Rue El Houria
☎(0535)57-30-76
🔆❄️🅿️📶🚿
💰€50　💰€70
CCMV
客室数21
📞あり（客室）

静かな場所にたたずむプチホテル

郊外　MAP P.119 外 / 中級

H オーベルジュ・ティニット
Auberge Tinit

市内から車で約5分、ムーレイ・アリ・シャリフ通り沿いにある。併設されたモロッコ料理のレストランでは、地元産の素材を使った料理が味わえる。

🏠Zone Touristique Route de Goulmima
☎(0535)79-17-59
URLauberge-tinit.info
🔆❄️🅿️📶🚿💰300DH
💰500DH　💰650DH
CCMV　客室数17
📞あり（客室）

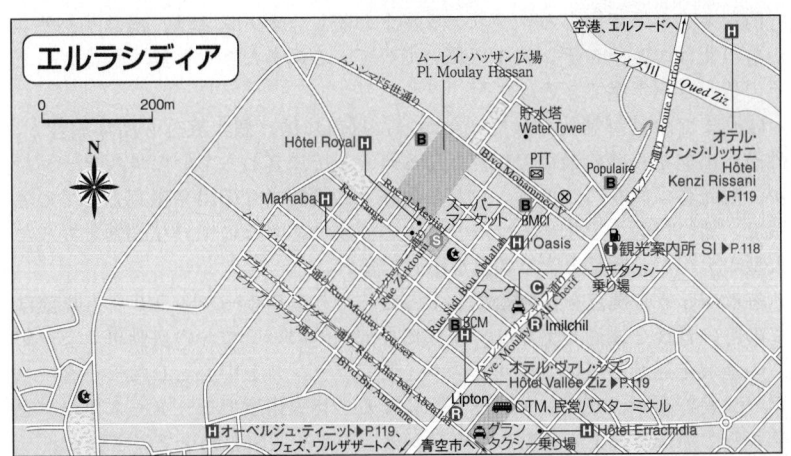

エルラシディア

0　200m

N

Hôtel Royal H

Marhaba H

空港、エルフードへ

ムーレイ・ハッサン広場
Pl. Moulay Hassan

貯水塔
Water Tower

B

PTT

Populaire

Bd. Mohammed V

スーパーマーケット

BMCI

H l'Oasis

H観光案内所 SI ▶P.118

プチタクシー乗り場

スーク　C

BCM

H Imilchil

オテル・ヴァレ・ジズ
Hôtel Vallée Ziz ▶P.119

Lipton

CTM、民営バスターミナル

H オーベルジュ・ティニット▶P.119、
フェズ、ワルザザートへ

グラン
タクシー乗り場

青空市へ

H Hôtel Errachidia

オテル・
ケンジ・リッサニ
Hôtel
Kenzi Rissani
▶P.119

Oued Ziz

▲ここから先は厳しい自然が待っている

かつては砂漠への拠点として栄えた

エルフードと東の砂漠
Erfoud et Les Dunes de Merzouga

　エルフードの町の道路は、碁盤の目のように真っすぐに通っている。な
ぜなら、この町は1917年にフランス軍の駐屯地として造られたからだ。
町なかの建物もどことなく四角で画一的な印象があり、ややおもしろみには
欠けるかもしれないが、ここはサハラ砂漠への入口であると同時に、タフィ
ラルト Tafilalt（ズィズ川 Oued Ziz 一帯に広がるオアシス地域の名称）の中
心的なオアシスでもある。タフィラルトの美しいオアシスは、南はリッサニ
から、北はエルラシディアまで続いていて、このあたりを移動すればきっと
その豊かさを実感できるはずだ。

　砂漠までの道が舗装されていなかった以前には、個人旅行も団体旅行も、
砂漠へ出発する前の最後の起点となる町としてにぎわっていたエルフードだ
が、観光客は減りつつある。ただし現在も砂漠観光への出発拠点としての名
残で、旅に快適さを求めるツーリストの要求に応えるに十分な設備をもった
大型ホテルが、新築を含め郊外を中心に多い。

　南米へとその拠点を移動してしまった「パリ・ダカール」ラリーも以前は
この町の背後を通過しており、現在でも国内外のいくつかの自動車ラリーが
この地域を通過しているほか、スペイン、フランスを中心としたモータース
ポーツ愛好家が、バカンスシーズンになると自家用車でモータースポーツを
楽しみにやってくるため、町なかはいつでも四輪駆動車でにぎわう。

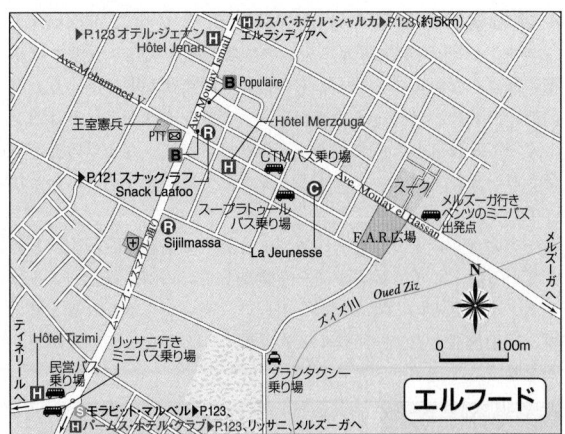

エルフード

Map labels:
- ▶P.123 オテル・ジェナン Hôtel Jenan
- H カスバ・ホテル・シャルカ▶P.123 (約5km)、エルラシディアへ
- Ave. Mohammed V
- B Populaire
- 王室憲兵
- PTT
- Hôtel Merzouga
- CTMバス乗り場
- ▶P.121 スナック・ラフ Snack Laafoo
- スーク
- C
- メルズーガ行きミニバス出発点
- スープラトゥールバス乗り場
- F.A.R.広場
- R Sijilmassa
- La Jeunesse
- Ave. Moulay el Hassan
- N
- 0 100m
- Hôtel Tizimi
- リッサニ行きミニバス乗り場
- 民営バス乗り場
- グランタクシー乗り場
- ティネリールへ
- S モラビット・マルベル▶P.123、
- H パームス・ホテル・クラブ▶P.123、リッサニ、メルズーガへ
- ズィズ川 Oued Ziz
- メルズーガへ

エルフードの歩き方

エルフードは約2万4400人もの人口を擁する大きな町だ。とはいえ旅行者に必要な町の機能は、スークから幹線道路**ムーレイ・イスマイル通り Ave. Moulay Ismail** の間に固まっている。CTMバスやスープラトゥールの乗り場、少し離れているがメルズーガ行きのミニバス乗り場もこのあたりになる。

到着したらムーレイ・イスマイル通りのほうに出てもいし、町の奥に入るようにスークのほうに向かっても、それぞれ何軒かホテルがある。銀行や郵便局、電話局、ガソリンスタンドはムーレイ・イスマイル通りにある。グランタクシー乗り場は、F.A.R.広場から徒歩5分ほどのところにある。プチタクシー乗り場は、ムーレイ・イスマイル通りを北へ渡った王室憲兵の並び。

町自体に特別な見どころはないが、町のいちばん奥にある小さなスークはそれなりにおもしろい。町なかのホテルは、どちらかといえば安宿～中級で、高級ホテルは町の中心から離れた静かなところに立っている。

▲のどかさの残るエルフードの町なか

エルフードの局番
0535

ACCESS

エルフードへの行き方

▶▶メクネスから
　CTMのバスが1日1本（夜行）運行。所要約8時間、140DH。

▶▶エルラシディアから
　CTMのバスが1日1本運行。所要約1時間30分、30DH。

▶▶リッサニから
　CTMのバスが1日1本運行。所要約30分、20DH。スープラトゥールは1日2本運行。所要30分～1時間、20DH。

**利用価値大の
グランタクシー**

　近郊の町に行く場合はグランタクシーが便利。エルラシディア～エルフード間が片道27DH、所要時間約1時間。リッサニ～エルフード間は片道8DHで、所要20～30分。リッサニ～メルズーガ間は15DH。

**エルフードの
プチタクシー**

　メーターはないので交渉制。町の端から端まで6DH程度。

エルフードのレストラン

R **スナック・ラフ
Snack Laafoo**
　地元で人気の小さな食堂。グリルチキン（ビーフ）、フライドポテト、サラダ、パンが付いて17DH。
MAP P.121
☎0668-47-92-64
🕙11:00～22:00 🚫なし

▲グリルしたお肉は絶品！

ACCESS

リッサニへの行き方
▶▶エルフードから

CTMのバスが1日1本運行。所要約30分、20DH。スープラトゥールは1日2本運行。所要30分〜1時間、20DH。

リッサニのレストラン

🆁パノラマ
Panorama

店名のとおり店内からリッサニの町がパノラマで見渡せる。タジン50DH〜、ベルベルオムレツ50DH、クスクス60DHなど。
🏠グランタクシー乗り場前
☎0667-85-97-93
🕐7:00〜24:00
休なし　CC不可

✛ 南の果て、最後のオアシスの町リッサニ Rissani

　エルフードの南約20kmにリッサニはある。現在リッサニは塁壁に囲まれた町の中心部と、その外側に新市街が開けている。町の門の外側にバスターミナルがあり、グランタクシーなどは門をくぐって左に入った所で停まる。現在はメルズーガまでの道が整備され、旅行者はエルフードやリッサニではあまり泊まらなくなっている。

　一方のメルズーガはオーベルジュと称する宿泊施設が次々とできている。どこでも砂漠ツアーを斡旋しているが、安いところはリスクもつきものと考えたほうがいい。高いからボラれると考えず、宿泊施設もツアーも高いぶん「質」がともなっているかどうかを吟味して選ぶべきだろう。

▲町の入口にある門　　▲🆁パノラマから見た町並み

モロッコでホームステイ

Column

　モロッコに来てみて、「ホテルに泊まるだけじゃ物足りない」「もっとモロッコの人たちの生活に触れてみたい」と思っている人も多いだろう。

　エルフードには、そういう旅行者のためにホームステイを受け入れている日本人の方がいる。森分伸好さんは、モロッコに1983年から暮らしている建築家兼絵描き。年に数回ラバトなどで個展も行っている。現在は、モロッコ人の婚約者と王宮の側のクサール・ウルド・アリに住んでいる。森分さんは「日本の人たちに、モロッコの文化や庶民の生活をもっと知ってもらいたい」と、モロッコの家庭に泊まってみたいという旅行者を受け入れている。きっと忘れられない思い出になるだろう。

●ホームステイ（森分伸好 Mr. Moriwake Nobuyoshi）
🏠Erfoud：Ksar Ouled Ali
☎0668-85-32-61（携帯）
URLmoriwake.web.fc2.com
※ 2019年6月現在、ホームステイは中止している。2020年4月に、宿泊費（食事付き）を無料にして再開予定。

▲森分さんが建てた
自宅でホームステイ

▲アーティストでもある森分さん

Hotel
ホテル

　安宿から高級ホテルまで揃うエルフードだが、この町の安宿は何かとトラブルが絶えない。それはこの町に宿泊する人の大半が砂漠ツアーへの参加を目的とするためだ。安宿のツアーに参加する際は、十分気をつけよう。

中心部の中級ホテル

市内　MAP P.121
安宿

H オテル・ジェナン
Hôtel Jenan

町の大通りであるムーレイ・イスマイル通り沿いにあるリーズナブルなホテル。1階はカフェ、レストランになっている。客室は簡素なものだ。

Ave. Mouley Ismail
☎(0535)57-87-17
⑤150DH ⑩250DH
CC MV
客室数 16
📶あり（共用エリア）

町でいちばんのホテル

郊外　MAP P.121 外
中級

H カスバ・ホテル・シャルカ
Kasbah Hotel Xaluca

伝統的なカスバで現代的な洗練されたサービスが受けられる。客室はベルベルの織物で装飾され、色鮮やかでかわいらしい。120㎡のバンガローも人気。

Arfoud Road
☎(0535)57-84-50/51
URL www.xaluca.com
⑤€68～　⑩€83～
バンガロー€735
CC MV　客室数 144
📶あり（客室）

施設が充実した4つ星ホテル

郊外　MAP P.121 外
中級

H パームス・ホテル・クラブ
Palm's Hotel Club

大きなプール、220席を有するメインレストラン、ライブ演奏があるバー、ハマムが備わったスパなど充実したリゾートホテル。サービス面も申しぶんない。

Km 2 Route De Rissani
☎(0535)57-61-44
⑤⑩€69～
CC MV
客室数 136
📶あり（客室）

エルフードの化石工房へ

Column

　エルフードはかつて海だったため、海の生物の化石が多く採れる化石発掘の地としても有名で、多くのショップや工房が営業している。工房とショップが隣接している店が多いので、作業風景を見学することもできる。アンモナイト、三葉虫、モロッコ産のパワーストーンなど手頃な価格のものも取り揃えられている。

S モラビット・マルベル　Morabit Marbre
MAP P.121 外

Route de Rissani,2km　☎(0535)57-70-30
URL www.morabitfossils.com
開6:00～21:00
（金～日 ～20:00）
休なし　CC AMV

▲大きな壺が目印

▲いろいろな表情を見せてくれるサハラ砂漠へ

砂に埋もれる大砂丘へ
メルズーガ
Merzouga

メルズーガは、エルフードから50km、リッサニから35kmほど離れた砂
の中に埋もれるようにある小さな村の名だ。しかし、一般にデューン・
メルズーガ Les Dunes de Merzouga といった場合、必ずしもこの村を指す
わけではなく、メルズーガ周辺一帯の砂丘をいう。大砂丘の名は**レルグ・シ
ェビ L'Erg Chebbi**。エルグ erg はアラビ
ア語が語源のフランス語で、サハラ砂漠
の大砂丘のこと。

　このシェビ大砂丘は、ベルベル人の住
んでいる所からいちばん近くにあって、
旅人が比較的容易に「サハラ」に足を踏
み入れられる所だ。以前は4WD車でな
ければ行けなかったが、メルズーガの村
までの道路が整備されて以来普通車でも
行けるようになった。メルズーガで宿泊
する旅行者も増え、急速に変化している。
2019年4月現在、政府により砂漠キャン
プの営業規制が行われている（→ P.126）。

▲砂漠の中にたたずむキャンプテント

メルズーガへの行き方

出発地によって異なるが、いくつかの方法がある。まず、バスでメルズーガへダイレクトに行くには、スープラトゥールがある。マラケシュとフェズ便は、1日1便で一年を

▲ハッシ・ラビアドにあるスープラトゥールのオフィス

通して人気路線なので、早めに予約をすると安心。CTMのバスは、メルズーガまでは運行していないが、エルフードとリッサニまで運行しているので、ミニバスやグランタクシーを乗り継いでメルズーガを目指す。エルフードからのミニバスは20DH。

スープラトゥールは、メルズーガの町のバスターミナル発着のため、事前にメルズーガの宿泊先に連絡してピックアップをお願いしよう。ほとんどの宿が無料で送迎してくれる。ミニバスやグランタクシーは宿泊先を告げるとそこまで行ってくれる。注意したいのは、宿を決めずにメルズーガに来てしまうと厄介だということ。ミニバスやグランタクシーのドライバーは、高い紹介料がもらえる宿へ無理やり連れていき、別途送迎料を請求することも。くれぐれもトラブルに巻き込まれないようにしよう。

また現地ツアー会社が、マラケシュ（→ P.69）やカサブランカ、ワルザザート、フェズ発の砂漠ツアーを催行している。マラケシュからは2泊3日ツアーが人気で、アトラス山脈を越え、アイト・ベン・ハッドウを見学し、ワルザザートで1泊。翌日、カスバ街道を進みトドラ峡谷へ。モロッコをいろいろ見て回りたい人にはおすすめのツアー。ただし、ライセンスをもっていない違法なツアーも多く、ツアー選びは慎重に。ツアー代金だけで選ばず内容や口コミも吟味してツアー会社を選びたい。

エルフード〜リッサニ〜メルズーガ

（地図）
エルフード Erfoud
リッサニ Rissani
Kasbah Derkaoua
Derkaoua
P.128 オーベルジュ・ロアジス
P.128 オーベルジュ・デューン・ドール
P.127 リヤド・マムーシュ
ハッシ・ラビアド Hassi Labiad
P.128 ディーポ・ノマド Depot Nomade
P.128 ラ・デューン・ドレ La Dune Dorée
P.128 オーベルジュ・サハラ
P.127 カスバ・オテル・トンブクトゥ
P.127 カスバ・モハユット
メルズーガ Merzouga
0　20km

メルズーガの局番
0535

ACCESS

メルズーガへの行き方
＞＞ マラケシュから
スープラトゥールが1日1本運行。所要約12時間30分、220DH。
＞＞ フェズから
スープラトゥールが1日1本運行。所要約10時間、180DH。
＞＞ エルフードから
グランタクシー利用の場合、チャーターで200DH。スープラトゥールが1日2本運行。所要約1時間、40DH。
＞＞ リッサニから
グランタクシー利用の場合、チャーターで100DH。スープラトゥールが1日2本運行。所要約40分、25DH。

スープラトゥールのスケジュール
●マラケシュ→メルズーガ
8:00 発　20:30 着
●メルズーガ→マラケシュ
7:30 発　20:00 着
●フェズ→メルズーガ
21:30 発　翌 7:15 着
●メルズーガ→フェズ
20:30 発　翌 5:45 着

マラケシュからのツアー
→ P.69

砂漠を駆けるサハラマラソン
モロッコでは、毎年「サハラマラソン」が開催されている。時期はラマダンが明けたあとの1週間。イスラム暦なので毎年異なるが、この時期の日中は30〜40℃となり、夜は10℃くらいまで下がる。そのような厳しい条件のなか、全230kmを7日間で走りきらなければならない。まだ見ぬサハラの大地を自分の足で駆け抜ける……事前にそれなりの準備は必要となるが、きっとほかでは味わえない感動が待っているはずだ。

✪ **国境なきランナーズ**
（株）フリーマン
URL www.runners-wb.org

✤ 砂漠で楽しむエクスカーション

●キャメルトレッキング＆サンセット（サンライズ）
Camel Trekking

手軽にサハラ砂漠を体感できるエクスカーション。夕方ホテルを出発。1時間ほどラクダに乗り、夕日が沈むのを砂漠で待つ。または、日の出前にホテルを出発し、朝日が昇るのを砂漠で見る。砂漠に泊まるのが不安な人向け。

▲移りゆく砂漠の色が神秘的

●砂漠キャンプ　Desert Camp（→ P.22）

砂漠で一夜を過ごすデザートキャンプ。夕方ホテルを出発し、1時間ほどラクダに揺られて砂漠を進むとキャンプ場に到着。砂漠に沈む美しいサンセットを堪能したら、ミントティーでティータイム。そのあとは、大きなテントに集まって、ベルベル人手作りのタジンやスープでディナーを。食事が終わる頃には、満天の星がキャンプ場を包みこむ。星をのんびり眺めていると、ベルベル人スタッフの軽快な太鼓の音とともにベルベルミュージックのライブが始まる。翌朝、朝日を堪能したら、ラクダに乗ってホテルへ戻る。

▲思いおもいにサンセットタイムを過ごす

●砂漠1周4WDツアー　4WD Desert Tours

シェビ大砂丘を存分に体感するには、このツアーがおすすめ。4WDに乗って砂漠の見どころを3〜4時間ほどで周遊する。ツアーによって内容は若干異なるが、砂漠のキツネに合いに行ったり、鉱山採掘所跡を見学したり、ノマドの家におじゃましてお茶をご馳走になったり。かつてのパリ・ダカールコースも走ってくれる。かつて海だった場所で化石探しも。メルズーガへ来たら、ぜひ体験してほしいエクスカーションのひとつ。

▲4WDで豪快にドライブ

●クワッドツアー　Quad Tour

サンドバギーに乗って大砂丘を気の向くままに走り、スピード全開で砂丘の頂上を目指そう。ガイドが同行するので、初めてでも短時間で乗りこなせて砂漠ドライブを満喫できる。アクティブ派におすすめの砂漠エクスカーション。

◎ キャメルトレッキング
料 ひとり150DH前後
所要 約3時間
含まれるもの：ガイド

▲ミネラルウオーターを忘れずに

◎ 砂漠キャンプ
料 ひとり50〜400DH
所要 16:00頃ホテル出発
翌8:00頃ホテル着
（季節により変動）
含まれるもの：ガイド、夕食（テント）、朝食（ホテル）、ホテルでのシャワー
※夕食時のドリンクは基本的に各自持参。

◎ 砂漠1周4WDツアー
料 1台1000〜1300DH
（最大6名）
所要 3〜4時間
含まれるもの：ガイド

事前に確認を！
2019年6月現在、政府による砂漠キャンプの規制が行われている。レルグ・シェビ内にある比較的設備の整っていないキャンプは次々に閉鎖されているが、基準をクリアしているキャンプは通常どおり営業している（P127〜128に掲載のホテルは、2019年6月現在、砂丘内にテントをもち、砂漠キャンプを催行している）。事前に最新情報を確認のこと。

◎ クワッドツアー
料 ひとり1台400DH
所要 約1時間
含まれるもの：ガイド

▲好みに合わせてプランを選べる

Hotel
ホテル

ホテルの多くはメルズーガ手前の
ハッシ・ラビアドという村に点在し
ている。メルズーガの宿と合わせると
50軒を優に超える。宿の種類は、安
宿からエアコンやプール、ハマムを完
備した高級ホテルまでと幅広い。各宿
が砂漠ツアーを斡旋しているが、2019
年4月現在、モロッコ政府により砂漠
キャンプが規制されているので、事前
に確認のこと。詳細は→ P.126欄外。

日本語が堪能なモハさんがいるので安心

ハッシ・ラビアド　MAP P.125
中級

H リヤド・マムーシュ
Riad Mamouche

砂漠キャンプや砂漠1周4WDツアーが人気の
宿。部屋ごとにスタイルが異なり、プール、砂
漠ビューのテラス、レストラン併設。プライ
ベートチャーターなどモロッコ国内の各種ツ
アーアレンジが可能。

🏠 Village Hassi Labiad
☎(0535)57-60-77、0678-33-57-21（日本語）
URL riadmamouche.com
料 ⊞⊞⊞⊞⊞⊞ S400DH D600DH
エコノミー（シャワー・トイレ共用）1人200DH
砂漠キャンプ350DH／人
CC MV 客室数15 📶あり（客室）
※メルズーガのバス停まで無料送迎あり。

▲居心地のいい
ホテルでのんびり

◀いつも笑顔で滞在をサポートしてくれるスタッフ

大砂丘がテラスから見渡せる

ハッシ・ラビアド　MAP P.125
中級

H カスバ・モハユット
Kasbah Mohayut

シェビ大砂丘の手前に位置し、広い敷地
にプールやテラスなどくつろげる設備も
整っている。また砂丘の目の前に、一棟
貸切りできる宿泊棟がある（要予約）。

🏠 8 Merzouga
☎(0535)03-91-85
URL www.hotelmohayut.com
料 ⊞⊞⊞⊞TV⊞⊞⊞⊞
S450DH D600DH
砂漠キャンプ600DH／人
CC AMV 客室数20 📶あり（客室）

砂漠とは思えない快適なホテル

ハッシ・ラビアド　MAP P.125
中級

H カスバ・オテル・トンブクトゥ
Kasbah Hôtel Tombouctou

ハマムやマッサージ、レストランやプー
ルなど、砂漠エリアで充実したサービス
が受けられる中級ホテル。客室は3タイ
プ。砂漠キャンプは500DH／人。

🏠 Hassi Labiad
☎(0535)57-78-96
URL www.xaluca.com
料 ⊞⊞⊞⊞⊞ S510DH
D710DH 朝食50DH
CC MV 客室数79
📶あり（客室）

砂漠のほとりにたたずむ
H オーベルジュ・デューン・ドール
Auberge Dunes d'Or

ハッシ・ラビアド MAP P.125
中級

映画『星の王子さま』の撮影で使われた
飛行機の模型が目印のホテル。カスバを
改装して建てられており、客室ごとに内
装が異なる。送迎は無料。

住Merzouga centre
☎0661-35-06-65
料
⑤⑩450DH～
砂漠キャンプ350DH／人
CC不可
客室数46
📶あり（共用エリア）

さまざまな砂漠アクティビティがある
H オーベルジュ・サハラ
Auberge SAHARA

ハッシ・ラビアド MAP P.125
安宿

リーズナブルに快適な滞在ができると評
判の宿。レストランもおいしい。ハッ
シ・ラビアドからメルズーガまでタク
シーで50DH。送迎サービスあり。

住Hassi Labiad
☎(0535)57-70-39
URLwww.aubergesahara.com
料
⑤300DH ⑩500DH
砂漠キャンプ400DH／人
CC不可 客室数17
📶あり（共用エリア）

安心、安全な安宿
H オーベルジュ・ロアジス
Auberge l'Oasis

ハッシ・ラビアド MAP P.125
安宿

スタッフが親切で居心地がよく、料金も
リーズナブルなのでバックパッカーに人
気。送迎は無料で行っている。宿泊する
には予約が必要。

住Hassi Labiad
☎0673-85-84-11
URLaubergeoasismerzouga.com
料 150DH／人
200DH／人
砂漠キャンプ350DH／人
CCV 客室数20
📶あり（客室）

ベルベルの女性たちが協力して営む小さな店

Column

S ラ・デューン・ドレ　La Dune Dorée

近隣のベルベル人女性が働ける場として
オープン。高品質なアルガンオイルやサボテ
ンオイルのみを取り揃え、それらを使った美
容製品も販売している。商品価格も表示して
あるので安心。
MAP P.125 ☎0662-05-99-89
E-mail ladune.doree@gmail.com
営8:00 ～ 21:00 休なし CCAJMV

▲店内は落ち着いた雰囲気

S ディーポ・ノマド　Depot Nomade

遊牧民（ノマド）の女性が手作りで制作し
たアンティークや布製品が豊富に揃うため、
観光客のみならず、モロッコ各地から人々が
訪れる。手作りのためひとつとして同じもの
はなく、それぞれの個性を楽しみながら見る
のもおもしろい。MAP P.125
☎0661-25-96-87 E-mail depot6@yahoo.fr
営8:00 ～ 21:00 休なし CCAJMV

▲親切なスタッフが説明してくれる

緑の屋根がカラウィン地区の中心であるカラウィン・モスク

Fèz et Meknès

フェズとメクネス

フェズとメクネス

　モロッコの北部を走るリフ山脈と、その南に横たわるモワイヤン・アトラス（中ぐらいのアトラス）に挟まれた地域には、日本の京都と奈良に相当する古都、フェズとメクネスがある。現在、政治、経済の中心は西側のラバトやカサブランカに移ってしまっているが、1000年以上も前に建設された町並みは今も残っていて、それらの建物が人々の生活の場として生き続けているのだ。色あせたモスクの塔からアザーンの声が響くなか、職人たちはCDラジカセから流れる西洋の音楽に小躍りする。確かに現代はこの煤けた町の中に息づいているのだ。

▲フェズのアッタリーン・マドラサ

▲"緑の町"としても知られる聖都
ムーレイ・イドリス

▲メディナの中はまるで迷路のように入り組んでいる（フェズ）

▲ヴォルビリスのローマ遺跡も
必見

フェズ、メクネスとその周辺

▲タンネリ・ショワラでは、昔ながらの方法で皮をなめしている風景を見ることができる

1000年以上続く世界最大の迷宮都市

フェズ
Fèz

世界一複雑な迷路の町、フェズ・エル・バリ。フェズは、モロッコ最初のイスラム王朝の都であった。イスラム教の祖であるムハンマドの婿、アリーの子孫にあたるムーレイ・イドリス1世は、8世紀末にバグダッドのイスラム王朝アッバース朝に反乱を企てるが、激しい迫害に遭い中央モロッコに亡命する。才能に恵まれ勇敢だったイドリス1世は、古くから住むベルベル人の絶大な信頼を得て、この地にイスラム王朝を興す。そして、808年、その息子であるムーレイ・イドリス2世は、フェズ川の西岸に新しい都を建設。このとき、チュニジアのカイルアンやスペインのコルドバからの移住者をも受け入れた。城壁で囲んだ町の中心に壮大なモスクを造り、イスラム神学校（マドラサ）が次々と建てられた。川の右岸アンダルース地区には、先住民ベルベル人とイベリア半島からの移住者が、左岸のカラウィン地区にはカイルアンからやってきたアラブ人がそれぞれに住み着いた。やがて、ここを拠点に国の隅々までイスラム教が広まっていくことになる。フェズはその後いくつかのイスラム王朝のもとで発展し続け、信仰、芸術、商業の面でもモロッコの中心として栄華を極める。最盛期の13世紀のマリーン朝（→ P.330）時代には新しい町が建設されるが、これがフェズ・エル・ジェディドである。これに対し、最初に造られた古い町はフェズ・エル・バリと呼ばれている。ここは今も変わらず多くの人々が活気あふれる生活を営んでいる土地だ。

オリエンテーション

▲新市街の町並み

　フェズの町は3つの地区に分かれている。**旧市街（メディナ）
のフェズ・エル・バリ Fèz el Bali**と、**フェズ・エル・ジェディド
Fèz el Jédid**、そして**新市街 Nouvelle Ville** だ。

　何といってもおもしろいのはフェズ・エル・バリ。9世紀にで
きたモロッコいちの古都で、モスクやマドラサなど見どころが多
い。フェズ・エル・バリが808年に建設されると、チュニジアの
カイルアン出身者たちはフェズ川西岸にカラウィン・モスクを造
り、イベリア半島出身者は東側にアンダルース・モスクを造って
それぞれに住み着いた。

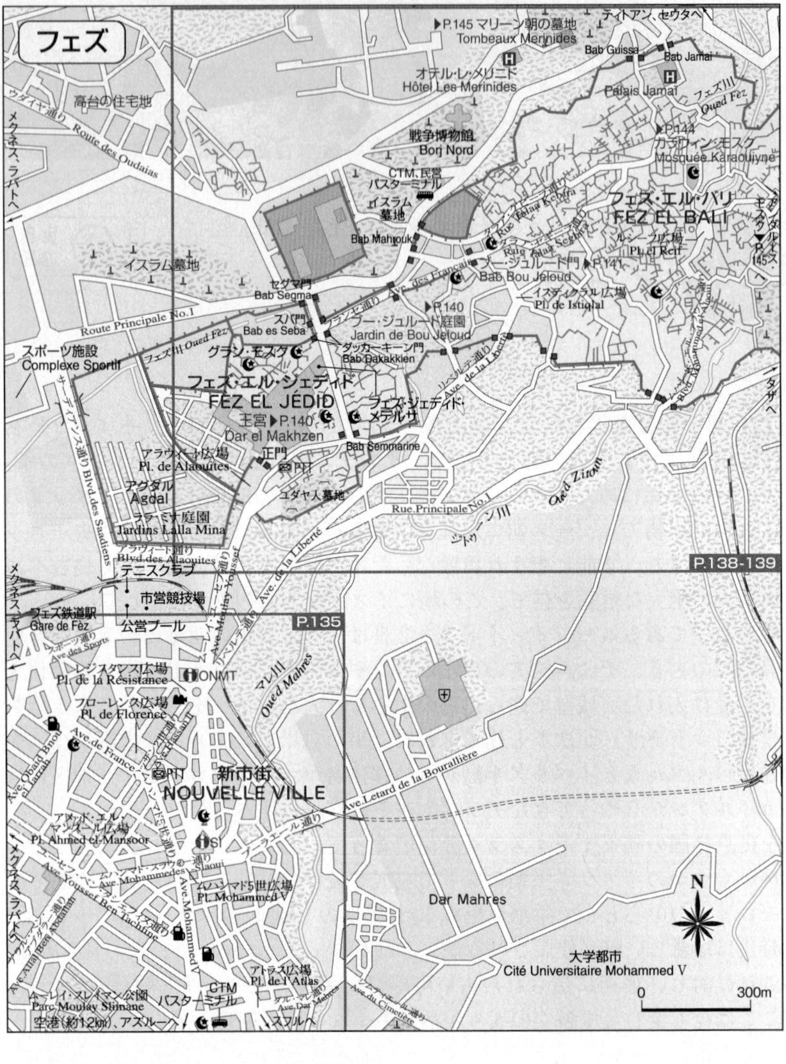

フェズ

高台の住宅地
ウダイア通り
Route des Oudaias

メクネス、ラバトへ

▶P.145 マリーン朝の墓地
Tombeaux Merinides

テイトアン、セウタへ▶

Bab Guissa

Bab Jamaï

オテル・レ・メリニデ
Hôtel Lee Merinides

Palais Jamaï

フェズ川▶
Oued Fez

▶P.144
カラウィン・モスク
Mosquée Karaouiyne

戦争博物館
Borj Nord

CTM、民営
バスターミナル

イスラム
墓地

Rue Talaa Kebira

Rue Talaa Seghira

フェズ・エル・バリ
FEZ EL BALI

セファリン広場
Pl. el Refi

モスク▶P.145

Route Principale No.1

イスラム墓地

Bab Mahrouk

セグマ門
Bab Segma

Av. des Français

ブー・ジェルード門▶P.141
Bab Bou Jeloud

イスティクラル広場
Pl. de Istiqlal

スバ門
Bab es Seba

ブー・ジェルード庭園
Jardin de Bou Jeloud

フェズ川 Oued Fez

グラン・モスク

ダッカーキーン門
Bab Dakakkien

Complexe Sportif

スポーツ施設

フェズ・エル・ジェディド
FEZ EL JÉDID

フェズ・ジェディド・
メデルサ

Ave. de la Liberté

タザへ▶

Oued Zitoun

王宮▶P.140
Dar el Makhzen

正門

市庁

Bab Semmarine

アラウィート広場
Pl. de Alaouites

アグダル
Agdal

ラテ・ミナ庭園
Jardins Lalla Mina

ユダヤ人墓地

Rue Principale No.1

ジトゥン川
Oued Zitoun

P.138-139

Blvd. des Saadiens

アラウィート通り
Blvd. des Alaouites

テニスクラブ

Ave. de la Liberté

フェズ鉄道駅
Gare de Fèz

市営競技場

P.135

公営プール

メレジ川
Oued Mahres

レジスタンス広場
Pl. de la Résistance

ONMT

フローレンス広場
Pl. de Florence

Ave. de France

正門

新市街
NOUVELLE VILLE

Ave. Letard de la Bouraillière

アメッド・エル・
マンスール広場
Pl. Ahmed el Mansoor

Ave. Mohammed

Ave. Youssef Ben Tachfine

モハメッド5世広場
Pl. Mohammed V

N

Dar Mahres

メクネス、ラバトへ

CTM
バスターミナル

アトラス広場
Pl. de l'Atlas

大学都市
Cité Universitaire Mohammed V

ムーレイ・スリマーン公園
Parc Moulay Slimane

空港（約12km）、アズルーへ

0　　　　　300m

フェズ・エル・バリの南西側に接しているのがフェズ・エル・ジェディド（アラビア語で新フェズという意味）、13世紀になって造られた地区だ。王宮はここにあり、知事の公邸などもこのエリアにある。**メッラハ Mellah**（ユダヤ人街）も、同じ時期に造られた。

新市街はフランスの保護領時代にできた町で、鉄道駅、CTMバスターミナル、ホテルなどがある。名所旧跡などはないが、1000年以上の歴史をもつ古い町フェズ・エル・バリと、近代的な新市街との極端な違いを肌で感じることができるはずだ。

空港、鉄道駅、バスターミナルから市街へ

✤ 空港から

フェズの**サイズ空港 Saiz Aéroport**は、新市街の南約12kmの所にある。空港から市内へは、タクシーかバスを使う。新市街までは所要約30分、メディナまでは所要約40分。タクシー料金の目安は150DH。バスは、16番の市営バス（4DH）で鉄道駅まで行くことができる。

✤ 鉄道駅から

駅は新市街の北の端に位置する。駅から新市街の中心部フローレンス広場までは600〜700mの距離。プチタクシーで5〜10DH。駅からメディナのブー・ジュルード門までは、プチタクシーで10〜20DHが目安。

▲フェズの鉄道駅。中にはカフェやレストランもあるので便利

✤ バスターミナルから

新市街のCTMバスターミナルは、市街の南端、アトラス広場近くにある。ムハンマド5世通りの中心街までは歩いて15分ほど。プチタクシーで10DH程度。

メディナのCTMバスターミナルは民営のバスターミナルと隣接するかたちで、フェズ・エル・バリの西側、フェズ・エル・バリの北の通り沿いマルーク門の北側にある。同じCTMバスでも、新市街とメディナでは発車時刻が違うので注意すること。このバスターミナルから新市街へ行くには、ヌアール・カスバ横の道を進んで、ダール・バトハ博物館前のイスティクラル広場横にある市バス乗り場まで行く。そこから9番のバスに乗れば、約10分で新市街のフローレンス広場前に着く。

▲メディナのCTM、民営バスターミナル

ACCESS

フェズへの行き方

▶▶カサブランカから

飛行機はモロッコ航空が1日に1便運航。所要約1時間、787DH〜。

列車はONCFがカサ・ヴォヤジャー駅から1日に13本運行。所要約4時間、49DH〜。ケニトラまでLGV（高速鉄道）を使うと3時間30分程度。

バスはCTMが1日に4本運行。所要約5時間、85DH〜。

▶▶タンジェから

列車はONCFがLGV（高速鉄道）を利用した便を1日7本程度運行。所要約3時間、142DH〜。在来線だと4時間程度。

バスはCTMが1日5本運行。所要約6時間、115DH〜。

▶▶メクネスから

列車はONCFが1日16本運行。所要約30分、24DH〜。

バスはCTMが1日10本運行。所要約1時間、25DH〜。

▶▶マラケシュから

飛行機はエアアラビア・モロッコが週3〜4便運航。所要約1時間20分、291DH〜。

列車はONCFが1日7本運行。所要約6時間30分、172DH〜。

バスはCTMが1日5本運行。所要約8時間、170DH〜。

▶▶エルラシディアから

エアアラビア・モロッコが週2〜3便運航。所要約50分、260DH〜。

▶▶アガディールから

エアアラビア・モロッコが週2〜4便運航。所要約1時間20分、260DH〜。

※バスはCTM以外に民営バスも運行しており、本数はそちらのほうが多い。ほかに各都市からグランタクシー（→P.316）も出ている。

列車の乗り換えに注意

フェズからタンジェ方面やカサブランカ〜マラケシュ方面へ行く場合、列車によって直通のものと、途中のシディ・スレイマン Sidi Slimane かシディ・カセム Sidi Kacem で乗り換えなければならないものとがある。

フェズとメクネス ✤ フェズ

133

フェズ発のグランタクシー料金

カラブランカ	300DH
シャウエン	200DH

フェズの陶器地区

　陶器や染糸で使われるフェズ独特の濃い群青色のことをフェズ・ブルーという。これはコバルトブルーの光を放つ鮮やかな美しい色。陶器職人地区はかつてアンダルース地区にあったが、現在はフェズの郊外に移動している。いくつかの工房と店舗があって、陶器の製作工程が見学でき、買い物ならメディナより安いし種類も多い。タクシーで往復60DH以下。

旅で最高のハマム！

　スーパー「Acima」の近くにあるナウシカは、体の隅々までていねいにマッサージしてもらえ、スタッフの印象もよくとてもおすすめです。一度に10人はマッサージしてもらえる規模。
（兵庫県　廣瀬嘉苗 '10）
['19]

⊕ ナウシカ
Nausikaa
MAP P.135-A2外
住 Ave. Bahnini, Route Ain-Smen
☎ (0535)61-00-06
URL www.nausikaaspa.com
営 10:00 ～ 23:00
休 なし
料 アカスリ 100 DH
ナウシカコース（アカスリ、シャンプー） 180 DH
マッサージ
30分 250DH
45分 350 DH
※マッサージは予約したほうがよい。

▲新市街の郊外にあるナウシカ

市内交通

✛ 市営バス

　フェズで市民の足といえば、市営バス。行き先の番号とバス停の場所さえ覚えれば、本数も多いし料金も一律で4DHと安いので便利だ。新市街からメディナまでは、ムハンマド5世通りの観光案内所 SI の横から9番のバスで、ダール・バトハ博物館前のイスティクラル広場まで行ける。また、鉄道駅からは19番のバスでルシーフ広場まで行ける。逆にメディナからはイスティクラル、ルシーフ広場などで新市街行きのバスをつかまえよう。

✛ プチタクシー

　市内を走る近距離用が赤い車体のプチタクシー。昼間はメーターを使うが、21:00 ～翌7:00 は夜間料金となり割増しになる。新市街のムハンマド5世広場から、フェズ・エル・バリまでは15DH、フェズ・エル・ジェディドまでは10DH程度が目安。基本的に現地の人々はプチタクシーを乗り合いで利用しており、その場合は言い値となる。

フェズの歩き方

✛ 新市街を歩く

　新市街のメインストリートは、中央にヤシの並木が続く**ハッサン2世通り Ave. Hassan Ⅱ**と、そこから南に延びる**ムハンマド5世通り Blvd. Mohammed V**だ。町の中心となるのが、このふたつの通りの交差点角にある**フローレンス広場 Pl. de Florence**。ここをヘソにして、町を散策しよう。

　広場の周辺には、大手銀行やカフェなどが集中しているので、両替はここで済ませるといい。ハッサン2世通りを挟んで、広場の向かいには、郵便局の建物が威風堂々とたたずむ。この郵便局の右側を斜めに入ると、新市街の一番にぎやかな通りムハンマド5世通りに出る。ハッサン2世通りに比べると半分くらいの道幅だが、ずっと人通りが多く活気にあふれている。左右にカフェ、レストラン、ブティック、ホテルが並び、ジュラバを着た老人やファッショナブルな若者たちが行き交う。このムハンマド5世通りを5分くらい歩くと、**ムハンマド5世広場 Pl. Mohammed V**に出る。この広場の左側に**観光案内所 SI**があり、ここで公認ガイドを紹介してくれる。

　今度は、フローレンス広場からハッサン2世通りをメディナ方向へ歩こう。突き当たりが噴水のある大交差点**レジスタンス広場 Pl. de la Résistance**。この角に**観光局 ONMT**がある。ここから北東に延びる**ムーレイ・ユーセフ通り Ave. Moulay Youssef**の先には、王宮エリアを含むフェズ・エル・ジェディドがある。

✣ 新市街からメディナまで

新市街からフェズ・エル・バリの入口までは約3kmあるが、フェズ・エル・ジェディド地区を通ってメディナを目指せば、そう遠くはない。レジスタンス広場からムーレイ・ユーセフ通りを真っすぐ行くと、城壁の中に入る。右側に**メッラハ Mellah**（ユダヤ人街）があり、**王宮 Dar el Makhzen** にたどり着く。中には入れないが、きらびやかな門の装飾は一見の価値あり。王宮の先はメラッハの一部だ。少し行くと、左側に**スマリン門 Bab Semmarine** が現れるので、入っていこう。ここは、ジェディド地区のいちばんの繁華街。活気のある店が並び、だんだんメディナらしくなってくる。

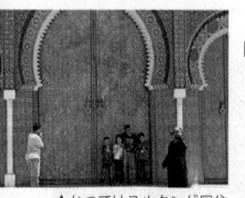

▲かつてはスルタンが居住していた王宮

16世紀の門、**ダッカーキーン門 Bab Dakakkien** がスーク街の終点だ。これをくぐって右に曲がる。竹林のある美しいブー・ジュルード庭園を右側に、緩やかな坂を上ると、広々とした広場に出る。一番奥にあるのが**ブー・ジュルード門 Bab Bou Jeloud**。ここからがほんとうのメディナだ。

高台からメディナを一望

フェズのメディナを高台から見られる絶好の場所がある。メディナの北端ギッサ門 Bab Guissa を出て、左側に見える丘、マリーン朝の墓地（→P.145）だ。ここからなだらかな緑の丘に囲まれたフェズの全景が楽しめる。建物が入り組んでいるが、真ん中の緑色の屋根がカラウィン・モスクだということはわかる。ただし、日が暮れたあとには極端にひと気がなくなるので、その前に帰るようにしよう。マリーン朝の墓地の西側にある Ⓗオテル・レ・メリニド Hôtel Les Merinides（MAP P.139-C1）のテラスからも、同じくすばらしい眺望が楽しめる。

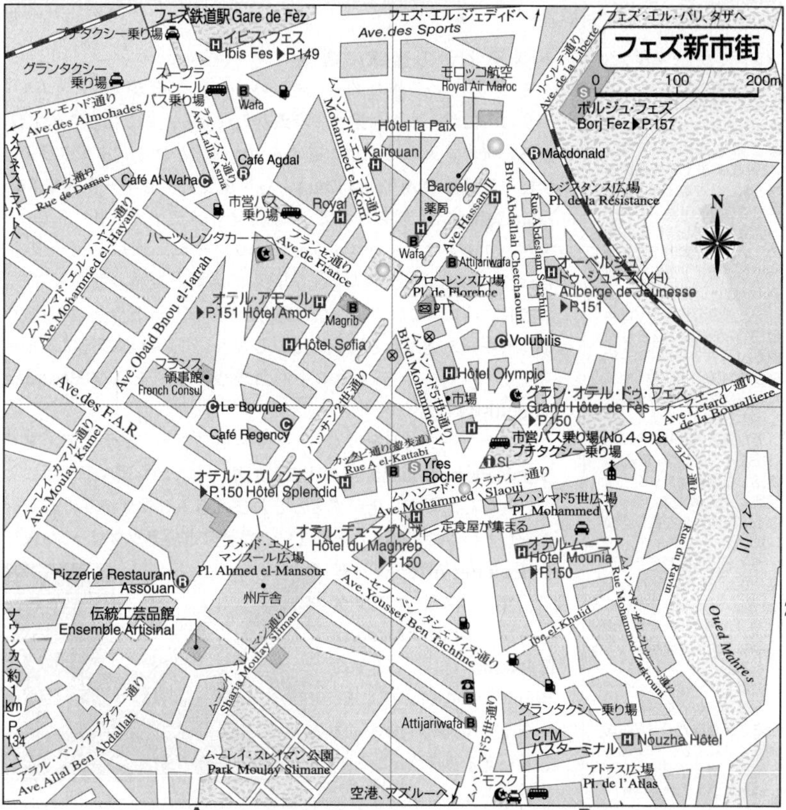

フェズ新市街
フェズ鉄道駅 Gare de Fèz
プチタクシー乗り場
イビス・フェス Ibis Fes ▶P.149
グランタクシー乗り場
スープラトゥール バス乗り場
Wafa
アルモハド通り Ave.des Almohades
メクネス、ラバトへ
ダマス通り Rue de Damas
Café Al Waha
Café Agdal
ララ・アスマ通り Ave.Lalla Asma
市営バス乗り場
Royal
ハーツ・レンタカー
フランセ通り Ave.de France
ムハンマド・エル・ハヤニ通り Ave.Mohammed el-Hayani
Ave.Obaid Bnou el-Jarrah
オテル・アモール ▶P.151 Hôtel Amor
Magrib
Hôtel Sofia
フランス領事館 French Consul
Ave.des F.A.R.
Le Bouquet
Café Regency
ムーレイ・カメル通り Ave.Moulay Kamel
オテル・スプレンディッド ▶P.150 Hôtel Splendid
アメッド・エル・マンスール広場 Pl. Ahmed el-Mansour
州庁舎
Pizzerie Restaurant Assouan
伝統工芸品館 Ensemble Artisinal
ナウシカ（約1km）P.134へ
ムーレイ・スレイマン通り Sharia Moulay Sliman
アラル・ベン・アブダラー通り Ave.Allal Ben Abdallah
ムーレイ・スレイマン公園 Park Moulay Slimane
空港、アズルーへ
フェズ・エル・ジェディドへ
Ave.des Sports
モロッコ航空 Royal Air Maroc
ムハンマド・エル・コリ通り Mohammed el Korri
Hôtel la Paix
Kairouan
Barcelo
薬局
Wafa
Ave.Hassan II
Attijariwafa
フローレンス広場 Pl. de Florence
PTT
ムハンマド5世通り Blvd.Mohammed V
Hôtel Olympic
市場
ハッサン2世通り
カッタビ通り（遊歩道） Rue A el-Kattabi
Yres Rocher
ムハンマド・スラウィー通り Ave.Mohammed Slaoui
オテル・デュ・マグレブ Hôtel du Maghreb ▶P.150
定食屋が集まる
ユーセフ・ベン・タシェフィヌ通り Ave. Youssef Ben Tachfine
Attijariwafa
ムハンマド5世通り
モスク
フェズ・エル・バリ、タザへ
リベルテ通り Ave. de la Liberté
0 100 200m
ボルジュ・フェズ Borj Fez ▶P.157
Macdonald
レジスタンス広場 Pl. de la Résistance
Blvd.Abdallah Chefchaouni
Rue Abdeslam Serghini
オーベルジュ・ドゥ・ジュネス（YH） Auberge de Jeunesse ▶P.151
Volubilis
グラン・オテル・ドゥ・フェス Grand Hôtel de Fès ▶P.150
市営バス乗り場（No.4、9）& プチタクシー乗り場
SI
ルタール通り Ave.Letard de la Bouralliere
ムハンマド5世広場 Pl. Mohammed V
オテル・ムーニア Hôtel Mounia ▶P.150
Ibn el-Khalid
ムハンマド・ザルクトゥーニ通り Rue Mohammed Zarktouni
ラビン通り Rue du Ravin
マレ川 Oued Mahres
グランタクシー乗り場
CTMバスターミナル
Nouzha Hôtel
アトラス広場 Pl. de l'Atlas
N
1
2
A
B

▲伝統的な建物が数多く残る　　　　▲ブー・ジュルード門がフェズ・エル・バリへの入口

▲伝統的な柄の入った美しい刺繍も有名　　▲メディナからマリーン朝の墓地を望む　　▲メディナではロバが活躍

フェズでガイドを雇う

　5つ星のホテルでガイドを頼めば間違いないが、そのほかの場合は、新市街にある観光案内所SI（MAP P.135-B2）まで足を運び頼むとよい。ここは国の観光局ではなく、フェズのガイド協会が運営している。そのため、観光案内所でありつつも、ガイドの斡旋も本来の仕事といえる。

　フェズの公認ガイドは半日（午前か午後の2〜3時間くらい）で250DH、1日（約6時間）400DH程度が相場だ。料金は必ず事前交渉をし、あと払いにしよう。それでも最後の段階で割り増しを告げてくるのが普通だ。満足した場合はチップと思えばよいが、単に言いなりになって追加料金を払う必要はない。

　ガイドは各宿でも手配可能。なかでも🅷オーベルジュ・ドゥ・ジュネス（→P.151）はSIよりもリーズナブルな価格でガイドを手配してくれる。

　公認ガイドは、自分のガイド番号と免許証を持っているが、自称ガイドとの区別がつきにくい。ニセの身分証明を見せ、ガイドだという者もいるので要注意。

✤ メディナの迷路に挑戦

　美しいタイル装飾のブー・ジュルード門、これがフェズ・エル・バリの入口だ。ここに足を一歩踏み入れると、そこはまさに1200年前の世界。入ってすぐに道はふたつに分かれる。左が**タラア・ケビーラ通り Rue Talaa Kbira**、右が**タラア・セギーラ通り Rue Talaa Sghira**だ。網の目のように道があるメディナの中で、この2本がとりあえずメインロードといえるだろう。とはいえ、その狭さはほかの路地と大差ないし、途中で名前が変わったりもする。混乱しないように、以下、左の通りを「ケビーラ通り」、右の通りを「セギーラ通り」と書くことにしよう。この2本の道は、どちらを行っても、メディナの中心**カラウィン・モスク Mosquée Karaouiyne**に着く。

　左のケビーラ通りを行くと、まず右側に**ブー・イナニア・マドラサ Medersa Bouanania**の入口がある。ここから道は下り坂になる。狭いながらも、店がずらっと並び、あふれんばかりの人が行き来しているので迷うことはない。香料の市場**アッタリーン・スーク Souk des Attarine**を経て、突き当たりが**アッタリーン・マドラサ Medersa El Attarine**だ。ここまで約1km。これを右に行くと、メディナのランドマークともいえるカラウィン・モスクがある。

▲歴史を感じるフェズ・エル・バリの町並み

▲フェズに初めて都を定めたムーレイ・イドリス2世を祭る霊廟

▲スパイスやハーブを売る店 はとてもフォトジェニック

▲モロッコのヨーグルトはおいしいので試してみよう（メディナの食堂で見かける）

一方、ブー・ジュルード門から右のセギーラ通りを行くと、同じような下り坂を経て、800mくらいで**ネジャーリン広場 Pl. Nejjarine** に出る。ここにはモザイク装飾の美しい泉がある。その右側奥がフンドゥーク（昔の宿屋）で、入口の漆喰や木の細かい彫刻が目を引く。このあたりには家具のスークが多い。この広場を過ぎて奥へ行くと、フェズの町の創設者の墓である**ザウィア・ムーレイ・イドリス廟 Zaouia Moulay Idriss** があり、さらにもう少し進むと、木の実のスーク街、そしてカラウィン・モスクへと続く。

✧ カラウィン・モスクの周りはちょっと複雑

カラウィン・モスクまで来たら、モスクを1周してみよう。アッタリーン・マドラサから時計回りに歩くと、暗いトンネルを経て道は右へ曲がる。人がふたり並べばいっぱいという狭い通りだ。少し行った左側にレストラン Palais des Fèz の看板（残念ながら店は火事で焼失）がある。この先で道は左右に分かれ、右へ行くと**サファリーン広場 Pl. Seffarine** に出る。ここを右に回ると、衣料品のスークを経て、アッタリーン・マドラサに戻れる。途中、戸口からカラウィン・モスクの中をのぞいてみよう。

✧ 川のほうに下りてみる

サファリーン広場に出たらすぐ左の道を行ってみよう。真鍮細工のスークを通って、なめし革職人地区**タンネリ・ショワラ Tanneries Chouara** に出る。近づくにつれて独特の臭いが漂ってくるのですぐわかる。入口から坂を下りていくと、生皮をいっぱい積んだロバが道を阻み、歩くのも大変になる。一方、真鍮細工のスークの手前で右に折れて坂を下っていくと、フェズ川を渡る。川に架かる橋を後ろにして、曲がりくねった道を歩き続けると**アンダルース・モスク Mosquée des Andalous** に出る。また、サファリーン広場からフェズ川のほうへ下っていくと、川沿いに染色職人のスークがある。

メディナの南を散策

サファリーン広場から、市営バスやプチタクシーが発着するルシーフ広場 Pl. el Rcif までは比較的わかりやすい。広場の脇には、チーズ屋やカフェなどがある。

 ブー・ジュルード門からすぐのハマム発見！
フェズのブー・ジュルード門を入って右側のタラア・セギーラ通りのレストラン街を抜けて10〜20m歩けばすぐ右側にハマムがあります。しかしここは本当にローカルで混雑は戦場のよう。マラケシュ、メクネスのハマムに行きましたが、ここが一番混んでいてローカルな雰囲気気。場所を確保するためにも、マット（日用品スークで10〜13DH）を持参したほうがいい。大バケツはいくらでも借りられるが、小バケツはどこかのスークで買っていったほうがいいでしょう！
（埼玉県 あみぶ '09）
['10]

✧ハマム・シディ・アジズ Hammam Sidi Azouz
MAP P.138-B2
開 男性 6:00〜13:00、
　　　21:00〜翌1:00
　　女性 13:00〜21:00
休 金
料 20DH

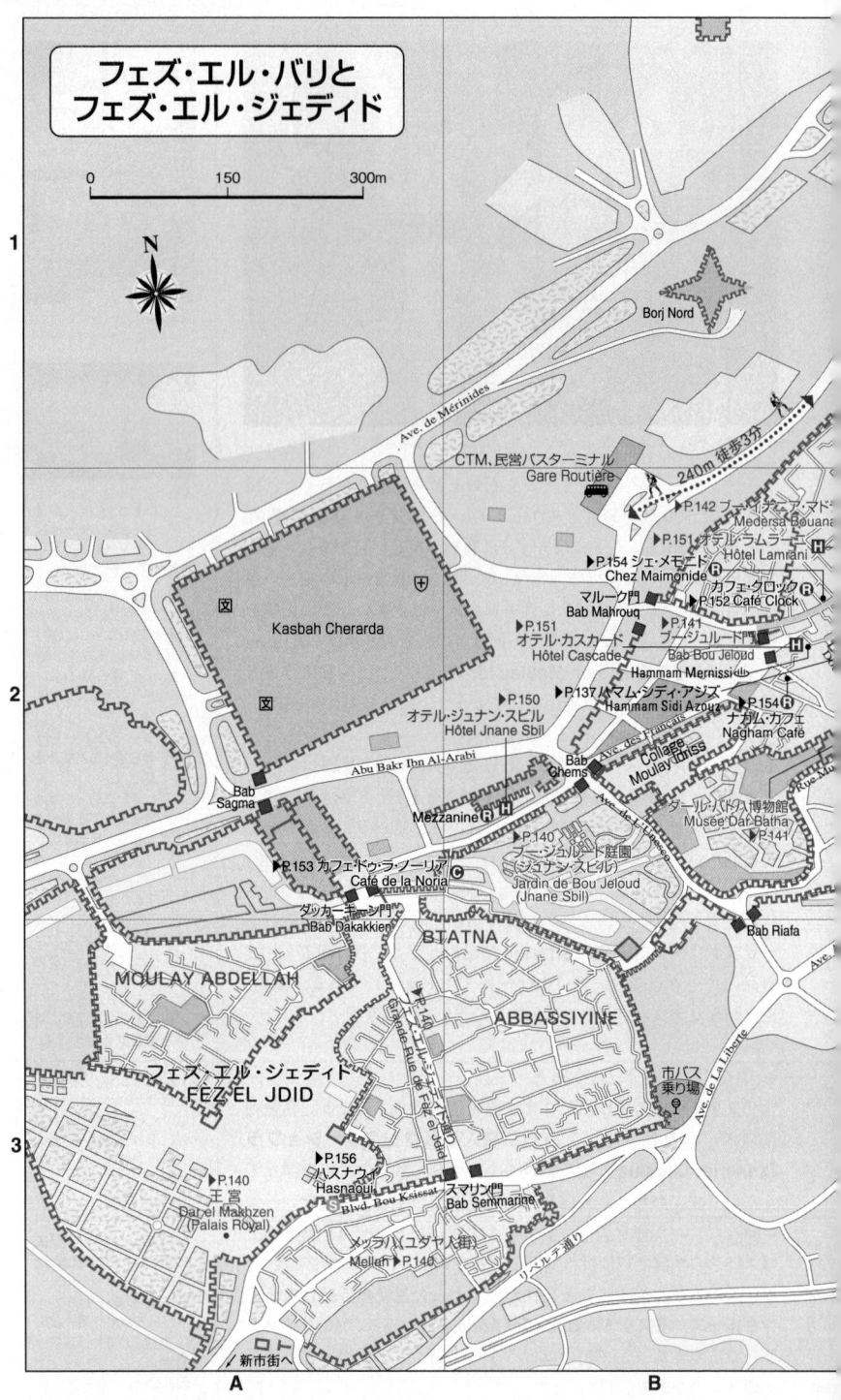

フェズ・エル・バリと
フェズ・エル・ジェディド

0   150   300m

1

N

Borj Nord

Ave. de Mérinides

CTM、民営バスターミナル
Gare Routière

240m 徒歩3分

▶P.142 ブー・イナニア・マドゥ
Medersa Bouana

Kasbah Cherarda

▶P.151 オテル・ラムラーニ
Hôtel Lamrani H

▶P.154 シェ・メモニード
Chez Maimonide R

カフェ・クロック R
P.152 Café Clock

マルーク門
Bab Mahrouq

▶P.141
ブー・ジュルード門 H
Bab Bou Jeloud

▶P.151
オテル・カスカード
Hôtel Cascade

Hammam Mernissi山

2

▶P.150
オテル・ジュナン・スビル
Hôtel Jnane Sbil

▶P.137 ハマム・シティ・アジズ
Hammam Sidi Azouz

▶P.154 R
ナガム・カフェ
Nagham Café

Abu Bakr Ibn Al-Arabi

Bab
Ghems

Ave. des Français

Collège
Moulay Idriss

Bab
Sagma

ダール・バトハ博物館
Musée Dar-Batha
P.141

Mezzanine R H

▶P.153 カフェ・ドゥ・ラ・ノーリア
Café de la Noria C

▶P.140
ブー・ジュルード庭園
（ジュナン・スビル）
Jardin de Bou Jeloud
(Jhane Sbil)

ダッカーキーン門
Bab Dakakkien

Bab Riafa

BTATNA

MOULAY ABDELLAH

ABBASSIYINE

市バス
乗り場

フェズ・エル・ジェディド
FEZ EL JDID

Grande Rue de Fez el Jdid

Ave. de la Liberté

3

▶P.156
ハスナウィ
Hasnaoui

▶P.140
王宮
Dar el Makhzen
(Palais Royal)

スマリン門
Bab Semmarine

Blvd. Bou Ksissat

メッラハ（ユダヤ人街）
Mellah ▶P.140

リベルテ通り

新市街へ

A   **B**

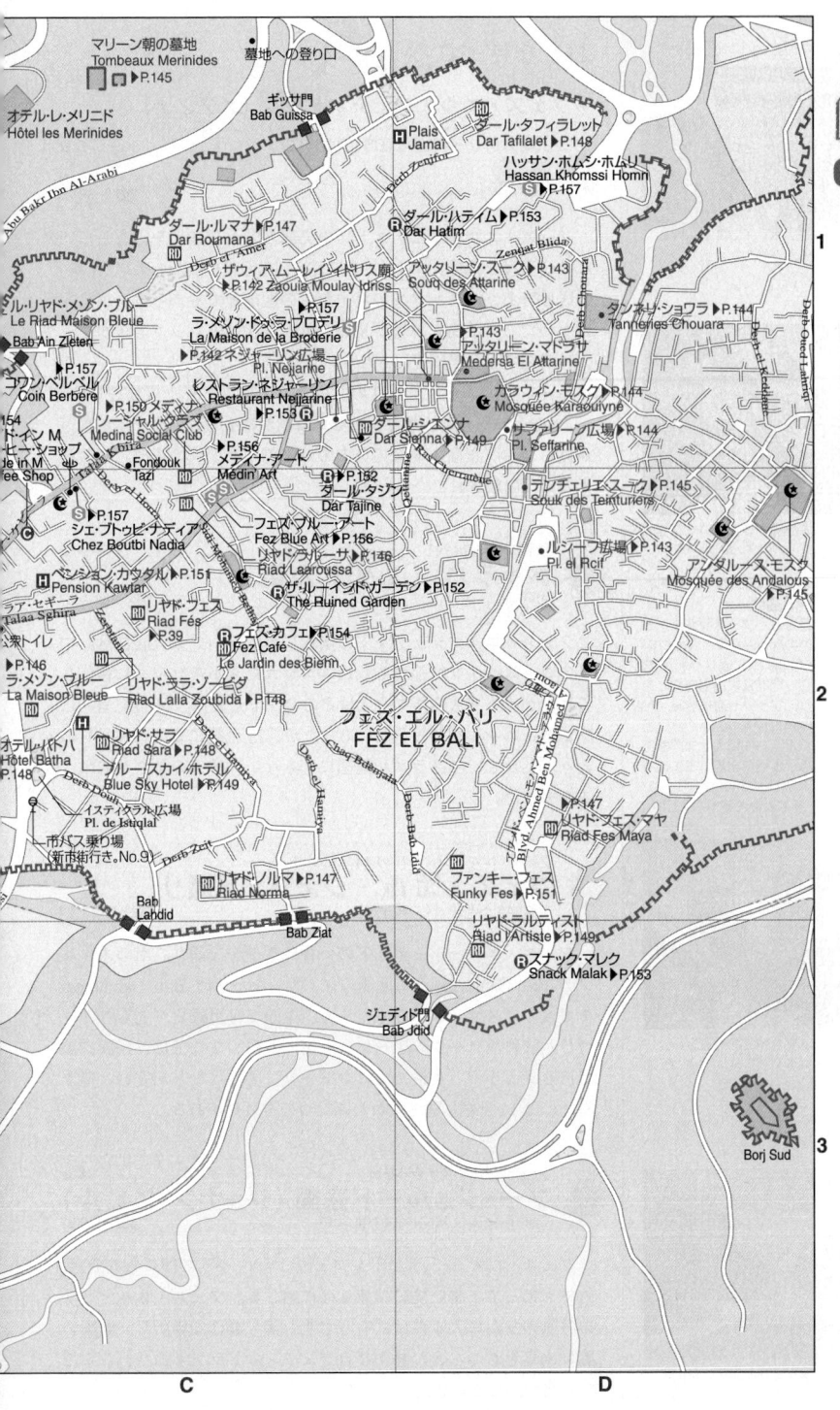

マリーン朝の墓地
Tombeaux Merinides ▶P.145
墓地への登り口

オテル・レ・メリニド
Hôtel les Merinides

ギッサ門
Bab Guissa

ダール・タフィラレット
Dar Tafilalet ▶P.148

Plais Jamai

ハッサン・ホムシ・ホムリ
Hassan Khomssi Homri ▶P.157

ダール・ルマナ
Dar Roumana ▶P.147

ダール・ハテイム ▶P.153
Dar Hatim

アッタリーン・スーク ▶P.143
Souq des Attarine

ル・リヤド・メゾン・ブルー
Le Riad Maison Bleue

ザウィア・ムーレイ・イドリス廟
▶P.142 Zaouia Moulay Idriss

▶P.157

ダンネリ・ショワラ ▶P.144
Tanneries Chouara

Bab Ain Zleten

ラ・メゾン・ドゥ・ラ・ブロデリ
La Maison de la Broderie
▶P.142 ネジャーリン広場
Pl. Nejjarine

▶P.143
アッタリーン・マドラサ
Medersa El Attarine

コワン・ベルベル
Coin Berbere ▶P.157

154
ド・イシ M
ビー・ショップ
le in M
ee Shop

▶P.150 メディナ
ソーシャル・クラブ
Medina Social Club

レストラン・ネジャーリン
Restaurant Nejjarine
▶P.153

Fondouk Tazi

メディナ・アート
Médin'Art

カラウィン・モスク ▶P.144
Mosquée Karaouiyne

ダール・シエンナ ▶P.149
Dar Sienna

サファリーン広場 ▶P.144
Pl. Seffarine

▶P.156

▶P.152
ダール・タジン
Dar Tajine

テンチェリエ・スーク ▶P.145
Souk des Teinturiers

シェ・ブゥビ・ナディア
Chez Boutbi Nadia ▶P.157

フェズ・ブルー・アート
Fez Blue Art ▶P.156

リヤド・ラルーサ ▶P.146
Riad Laaroussa

ルシーフ広場 ▶P.143
Pl. el Rcif

アンダルース・モスク
Mosquée des Andalous
▶P.145

ペンション・カウタル ▶P.151
Pension Kawtar

ザ・ルーインド・ガーデン ▶P.152
The Ruined Garden

リヤド・フェズ
Riad Fés ▶P.39

フェズ・カフェ ▶P.154
Fez Café
Le Jardin des Biehn

ラ・メゾン・ブルー
La Maison Bleue

リヤド・ララ・ゾービダ
Riad Lalla Zoubida ▶P.148

フェズ・エル・バリ
FEZ EL BALI

▶P.146

オテル・バトハ
Hôtel Batha
P.148

リヤド・サラ
Riad Sara ▶P.148

ブルー・スカイ・ホテル
Blue Sky Hotel ▶P.149

▶P.147
リヤド・フェズ・マヤ
Riad Fes Maya

イスティクラル広場
Pl. de Istiqlal

市バス乗り場
(新市街行き・No.9)

リヤドノルマ ▶P.147
Riad Norma

ファンキー・フェズ
Funky Fes ▶P.151

リヤドラルティスト
Riad l'Artiste ▶P.149

Bab Lahdid

Bab Ziat

スナック・マレク
Snack Malak ▶P.153

ジェディド門
Bab Jdid

Borj Sud

C

D

▲存在感のある正門

▲歴史あるシナゴーグもいくつか見られるメッラハ

✿フェズ・エル・ジェディド通り
行き方：ブー・ジュルード門のほうからフェズ・エル・ジェディド通りへ行くなら、門を背に広場を突っきり、フランセ通り Ave. des Français を 10 分くらい行くと、右側に大きな門がある小広場に出る。左にあるアーチがダッカーキーン門、すなわち通りの入口だ。

▲生活雑貨を売る店がひしめく

▲歴史ある市民の憩いの公園

おもな見どころ

◆フェズ・エル・ジェディド地区（メディナ）

入場はできないが見事な正門を見よう　　　★★
王宮
Dar el Makhzen (Palais Royal)　　　MAP P.138-A3

フェズ・エル・ジェディドの中央部の広大な敷地を占有しているのが王宮である。マリーン朝（13 〜 15 世紀）のスルタン（王様）の居城であり、スルタンの兵士たちの駐屯地でもあった。何世紀にもわたって改築と増築が重ねられ、現在はモロッコ国王がフェズに滞在するときに使用される。

ムーレイ・ユーセフ通りの北の端、アラウィート広場 Pl. des Alaouites が王宮前広場だ。美しい草花が植えられ、数十本の街灯が立ち並ぶ。正面に構えているのが、美しき王宮の正門。一般観光客には開放されていない。

独特な家が今も残る　　　★★
メッラハ（ユダヤ人街）
Mellah　　　MAP P.138-A~B3

フェズ・エル・ジェディドの南側にある旧ユダヤ人居住区。中世の頃、スペインで迫害されたユダヤ人たちがモロッコに移住してきたが、フェズのユダヤ人はそのなかでも最古（14 世紀当初はフェズ・エル・バリの北側にあったが、15 世紀にここへ移動）の人々。しかし、イスラエル建国にともない、多くのユダヤ人はここを去った。

フェズ・エル・ジェディドのメインストリート　　　★
フェズ・エル・ジェディド通り
Grande Rue de Fèz el Jdid　　　MAP P.138-A~B3

フェズ・エル・ジェディドの一番にぎやかな通り。南のスマリン門 Bab Semarine から北側のダッカーキーン門 Bab Dakakkien まで続く。スマリン門をくぐると、道端で日用雑貨が売られ、いつしか衣料品スークのアーケード街に入る。ここでは、民族衣装であるジュラバ（女性）やガンドーラ（男性）などが安い。通り沿いには 14 世紀に建てられたふたつのモスクがある。

ひと息つくのにおすすめの場所　　　★★
ブー・ジュルード庭園（ジュナン・スビル）
Jardin de Bou Jeloud (Jnane Sbil)　　　MAP P.138-B2

フェズ・エル・ジェディドとフェズ・エル・バリの間にある公園。竹林もあって、暑い夏には涼しげに感じる。フェズ・エル・バリの喧騒のなかに入る前に、ゆっくりと落ち着ける場所だ。庭園の脇に水車をしつらえた静かなカフェやレストランもあり、ここでひと息ついてもいい。

◆フェズ・エル・バリ地区（メディナ）

ダール・バトハ博物館
ムーア様式の庭園が美しい
Musée Dar Batha

★★ 世界遺産

MAP P.138-B2

　19世紀末、ムーレイ・ハッサンによって建設された宮殿で、現在は博物館になっている。館内には、古いコーランの装飾写本や楽器、絨毯、古陶器、ベルベル人の装飾品、カラウィン・モスクにおける最古のクー

▲広々とした中庭

フィーヤ書体の見本などが展示されている。噴水があり草木が生い茂るムーア様式の庭園は、ジェンナ（楽園）とはこういうものだろうと想像して造ったものだといわれている。

ブー・ジュルード門
メディナ散策のスタート地点
Bab Bou Jeloud

★★★ 世界遺産

MAP P.138-B2

　メディナの入口にあるフェズ最大の門。1913年に建造されたもので、外面は幾何学模様に彫刻を施し、青色や緑色のタイルで彩られている。門の前のカフェで眺めていると、人が次々に門に吸い込まれてはまた吐き出されていく。片手に本を持った学生、ジュラバに身を包んだ老人、染め革を背負ったロバ、そして外国人観光客……。門のアーチの間からはふたつのミナレットが見えるだろう。ひとつはシディ・ルッザース・モスク Mosquée Sidi Lezzaz。もうひとつがブー・イナニア・マドラサ Medersa Bou Inania だ。

▲表（外側）から見たブー・ジュルード門

▲裏は緑色の美しい模様が印象的

✿ダール・バトハ博物館

行き方：ブー・ジュルード門を入り、右の道を進むと映画館があるのでそこを右折、タクシー乗り場とバス停があるイスティクラル広場 Pl. de Istiqlal に出る。オテル・バトハの横の坂道を60mくらい進んだ右側に、博物館の入口がある。
☎ (0535)63-89-56
開 9:00 ～ 17:00
休 火
料 10DH
※ 2019年5月現在、改装のため閉鎖中。

▲ 19世紀初頭の陶器

メディナ歩きの注意点
●メディナの店が開き始めるのは9:00頃から。あまり早く行っても、店も見どころも開いていないので楽しめない。
●夜のメディナ歩きは控えよう。メイン通りはいいが、暗くなった路地は危険がいっぱい。
●迷っていると勝手に道案内を申し出てくる現地人がいるが、ほとんどの場合チップを請求される（親切心だけの人もまれにいる）。特に子供が小遣い稼ぎでやることが多い。
●女性ひとりだと男性にしつこくからまれることも。ヒジャブ（スカーフ）を被ると、ナンパ除けにも効果がある。
●「大阪（東京、北海道）に兄弟が住んでいる」と声をかけられることが多いが、これはほとんどが自称ガイドかたかかりなので気をつけよう。

左サイドバー

❖ブー・イナニア・マドラサ
行き方：ブー・ジュルード門を入って左の道、ケフタを焼く店の間を通り、ケビーラ通りを100mくらい行った右側。
🕐5:00〜17:00
※毎日礼拝の時間帯（13:30〜、17:15〜）は30分程度閉める。また、金曜は11:30〜14:00と長めに閉めるので注意。
🈺なし
💰20DH

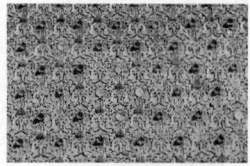
▲極めて緻密な文様に驚かされる

❖ネジャーリン広場
行き方：ブー・ジュルード門から、右側のセギーラ通りを真っすぐ800mほど行った所。左のケビーラ通りを行くなら、下り坂はだんだん急になり、最も急で最も狭い道になる。これが終わると、今度は緩やかな上り坂になるのだが、この地点にあるT字路を右折した所にある。

❖ネジャーリン木工芸博物館
☎(0535)74-05-80
🕐10:00〜17:00
🈺なし
💰20DH
※室内の撮影は不可

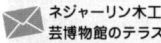
ネジャーリン木工芸博物館のテラス
屋上にはテラスがあり、そこからの眺めはよい。カフェもありメディナの散策に疲れたときにおすすめ。博物館内は清潔できれいでした。
（大阪府　松永佳子 '10）
['19]

❖ザウィア・ムーレイ・イドリス廟
行き方：ネジャーリン広場に門がある。セギーラ通りを来る場合は正面、ケビーラ通りから入ってきた場合は左側に当たる。ここをくぐって上り坂を約20m進んだ左側。
🕐9:00〜21:00
🈺なし
※異教徒は入場不可

メイン本文

風格を備えた14世紀の神学校
ブー・イナニア・マドラサ
Medersa Bouanania
★★★　世界遺産
MAP P.138-B2

14世紀に、ブー・イナニア王によって建てられた、マリーン朝最大の神学校。巨大な木の扉から中に入ると、大理石を敷き詰めた中庭に出る。中央にある水盤は、学生が授業やサラート（お祈り）の前に身を清めるために使用した。壁面に彫刻された繊細な幾何学模様やタイルのモザイクがすばらしく、とても人間業とは思えない。2階には、学生たちの宿舎として使われていた小部屋がある。礼拝の時間帯は入場できないので注意しよう。

▲幾何学模様がすばらしい

大工職人たちの広場
ネジャーリン広場
Pl. Nejjarine
★★　世界遺産
MAP P.139-C1

メディナでいちばんの繁華街。ネジャーリンとは、アラビア語で「大工たち」を意味するが、この広場には大工の仕事場があり、椅子や机などを機械を使わずに手で製作している。広場には、美しいモザイクがあしらわれた泉があり、泉の隣に**ネジャーリン・フンドゥーク Funduq Nejjarine** がある。フンドゥークとは、アラビア語で「宿」を意味し、1階が厩舎、2階が

▲広場のカフェで休憩しよう

宿泊部屋になっていた。造られた18世紀の頃には、高級ホテルのひとつだったという。建物は1990年から1998年にかけて修復され、現在は**ネジャーリン木工芸博物館 Musée Nejjarine des Arts et Métiers du Bois** となっている。展示物は木彫りの工芸品、楽器など。

フェズの聖域である修道院
ザウィア・ムーレイ・イドリス廟
Zaouia Moulay Idriss
★★　世界遺産
MAP P.139-C1

ザウィアとは修道院のこと。ここには、9世紀初めにフェズのメディナを建造したムーレイ・イドリス2世の墓がある。フェズの守護聖人として、今でも民衆のあつい信仰の対象だ。かつては、ここに逃げ込んできたムスリムは犯罪者でも保護されたという、いわゆる駆け込み寺。おそらくは、いまだにフェズのメディナの中で最も聖域とされている所で、異教徒は入場できないが、入口からムーレイ・イドリス2世の墓を参拝する様子を見ることができる。

▲ムスリムの信仰あつい修道院

地元の人々の憩いの場
ルシーフ広場
Pl. el Rcif

★ 世界遺産

MAP P.139-D2

カラウィン・モスク方面からフェズ川を渡って右に進むとルシーフ広場に出る。ここでは観光客よりも地元の人々の姿が多く見られる。涼しい夜になると市もたち、大勢の人でたいへんなにぎわいとなる。ルシーフ門をくぐり、アフメド・ベン・モハンマド・アラウィ通りを進むと、ローカルカフェや小さな食堂が並び、市井の人々の暮らしにぐっと近づくことができる。そのまま進めばジェディド門からメディナの外に出ることができる。

▲夜は街灯がつくのでけっこう明るい

❀ルシーフ広場
行き方：メディナからよりも、車などでジェディド門からアクセスするほうが早い。

みやげ物選びに最適なスーク
アッタリーン・スーク
Souk des Attarine

★ 世界遺産

MAP P.139-D1

アッタリーンとは「香料」を意味する。ここは香料、香辛料、香水などを売る店が集まったスークだ。スパイス類の店ばかりではなく、ヘナの粉やアイシャドウ（クホル）の粉、泥のような練り石鹸（ガスール）などを売っている店もあり、日本では見かけ

▲生活感のあるスーク

ない商品が多い。脇に入ると、**キサリア**と呼ばれる織物、絹製品のスークがある。糸、ジルバーブ、ガンドーラなどが売られている。キサリアは同業組合形式で、売り上げを共有するシステムらしい。

❀アッタリーン・スーク
行き方：ケビーラ通りが下り坂から上り坂に変わったあたりから始まり、突き当たりのアッタリーン・マドラサの手前まで。

マリーン朝時代の美しい神学校
アッタリーン・マドラサ
Medersa El Attarine

★★ 世界遺産

MAP P.139-D1

14世紀に建てられた神学校で、ブー・イナニア・マドラサより小規模。中庭には大理石の噴水があり、壁面や2階の小部屋の彫刻は極めて繊細。14世紀の建築芸術における傑作のひとつである。

▲繊細な装飾に思わず見とれる

❀アッタリーン・マドラサ
行き方：アッタリーン・スークを通り抜け、50mくらい行った突き当たり。
🕐 9:00 〜 17:00
※礼拝の時間帯は入場不可。
🈳なし
💰20DH

▲アラビア語の装飾が施されている

143

サイドバー（左列）

✿カラウィン・モスク

行き方：ザウィア・ムーレイ・イドリス廟からセギーラ通りをさらに行った突き当たり。ケビーラ通りなら、突き当たりにあるアッタリーン・マドラサを右折し、左へ。
※異教徒は入場不可

▲カラウィン・モスクの内部

✿サファリーン広場

行き方：カラウィン・モスクの周りを時計回りに回ってみよう。モスクの裏側あたりに来ると、Rパレ・ド・フェズ Palais de Fèz の看板がある。ここを通り過ぎて道を下ると、突き当たりの右角に、昔ながらの方法でパンを焼く作業場がある。これを右折した所が広場だ。アッタリーン・マドラサから反時計回りでも出ることができる。

✿タンネリ・ショワラ

行き方：カラウィン・モスクからサファリーン広場に出て、すぐ左の道を入り、30m くらい先の突き当たりを左に進む。右にカーブする暗い道を行くと、またT字路に出るので、これを左折。100m くらい行った右側にある。

作業場の入口付近では、客引きがいて「この上で写真が撮れるよ、ノーマネー」と話しかけてくる。この手の建物は、作業場と革製品のショップを兼ねており、写真を撮らせる代わりに何か買うように言われる。特に何も買わない場合はチップ10～50DHを要求される。

▲染料の入った穴の中で作業する男性

メインコンテンツ（右列）

現代も続く学問の地
カラウィン・モスク
Mosquée Karaouiyne

★★ 世界遺産
MAP P.139-D1

9世紀にチュニジアのカイルアンから移住した裕福な商人の娘、ファーティマ・フェヘリーヤによって建てられた。祈りの場所から、学問の場所「マドラサ Medersa」になり、イスラム神学だけでなく自然科学、医学、数学、化学、天文学、歴史、地理、言語なども学ぶ大学として発展し、各時代の多くの学者やスルタン、政治家たちが関わった。また、12～13世紀は西洋のキリスト文明の学者との文化交流の場としての役割を果たした。

建物はペルシャやトルコのものに比べるといたってシンプルで、質実剛健な感がある。1000年の年月の間、改装と拡大を重ね、現在収容可能人数は2000人。全体的にはスペインのコルドバ風、アンダルシア様式の装飾がされている。956年時の改装時に四角形の塔のミナレットが付けられたが、それが北アフリカ諸国のモスクのミナレットのお手本となっているという。現在「大学」としても登録されている。異教徒は入館できない。

メディナ散策の目印となる広場
サファリーン広場
Pl. Seffarine

★ 世界遺産
MAP P.139-D1

見どころというよりは、主要な観光ポイントを目指すのに目印となる広場だ。フェズ最古の神学校サファリーン・マドラサがある（現在は使われていない）。真鍮などの金属を加工したみやげ物も販売しており、買い物も楽しめる。カラウィン・モスクを背に、左へ行けばフェズ川方面、染色スークやタンネリ、アンダルース地区へ。正面右方向へ行けば、バスが入ってくるルシーフ広場へ出られる。

▲銅製品が並ぶサファリーン広場

革製品ができるまでの工程を見学
タンネリ・ショワラ
Tanneries Chouara

★★★ 世界遺産
MAP P.139-D1

フェズ川のほとりにあるなめし革染色職人街。タンネリとはフランス語でなめし革工場を意味する。円い染色桶が並ぶ作業場では、中世そのままに手仕事で革を染めつけている様子を見ることができる。染め上がった革は周りの壁に張りつけられ、茶色の壁と、赤や黄色の鮮烈な染色された革のコントラストが何ともいえない。作業場の屋上からは、フェズ川の東のアンダルース地区とアンダルース・モスクが見える。

テンチュリエ・スーク
Souk des Teinturiers
鮮やかな一画

★ 🌐 世界遺産

MAP P.139-D2

染色スークのこと。職人たちがいろいろな色の染色液に羊毛の束をジャブジャブつけている。色とりどりに染められた糸の束がつるされている光景は壮観。

アンダルース・モスク
Mosquée des Andalous
アンダルシア人のためのモスク

★★ 🌐 世界遺産

MAP P.139-D2

フェズ川の東側アンダルース地区にあるモスク。カラウィン・モスクと同様に古い。861 年にカラウィン・モスクを建てたファーティマ・フェヘリーヤの妹メリアムが、スペインのコルドバから来たアンダルシア人たちのた

▲夕日に映えるアンダルース・モスク

めに建造した。不朽の門は木の彫刻が美しく、堂々としている。非ムスリムは入ることができない。

マリーン朝の墓地
Tombeaux Merinides
フェズを一望できる丘

★★★

MAP P.139-C1

メディナの北、城壁の外の小高い丘に、マリーン朝のスルタンたちが埋葬されている墓地がある。かつては大理石の見事な墓碑が並んでいたという。今は壁の一部が残るだけの遺跡である。墓地自体は遠くからでも眺められるが、時間があればここまで登ってみてほしい。ここはフェズで一番高い場所、ここからは町の全景が見下ろせるのだ。町の中にある 800 近くものモスクがずらりと眼下に並ぶ。この風景を見ると、「箱庭」のようなメディナの中をゆったりとうごめくモロッコ人たちの姿が目に浮かんできて、不思議な感慨が湧いてくるだろう。

▲墓地周辺からメディナを望む

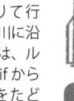

❀テンチュリエ・スーク
行き方：サファリーン広場からフェズ川へ下りて行き、橋を渡らずに、川に沿って右側へ。あるいは、ルシーフ広場 Pl. el Rcif から川のほうへ行く道をたどる。

❀アンダルース・モスク
行き方：サファリーン広場からフェズ川に出て、橋を渡ったら右に折れる。少し行くと、正面にジェディド門の立つ交差路に出る。装飾のまったくない、のっぺりした白い門がそれで、向こうは広い舗装道路になっている所だ。ここで左折し、人波に身を任せてくねくねと坂道を上って行くと、10分ほどでモスクが現れる。
※異教徒は入場不可

❀マリーン朝の墓地
行き方：フェズ・エル・バリの一番北側の門ジャメイ門 Bab Jamaï かギッサ門 Bab Guissa あたりから、左正面に見える🏨オテル・レ・メリニドを目標にして坂道を上る。

モロッコのお菓子を食べてみよう！

フェズ・エル・バリを歩いていると、いたるところにモロッコの甘いお菓子を売る店が見られる。甘い香りがぷーんと漂い、それに引き寄せられミツバチも寄ってくる。ピスタチオなどのナッツ類や濃厚なハチミツがとてもおいしいので、ぜひ一度は試してみたい。ひとつからでも購入可能で、店によっては試食をさせてくれるところもある。わかりやすい所では、ブー・ジュルード門を入ってすぐ、ケビーラ通りへ続く道にある。また、カラウィン・モスク周辺にはモロッコ菓子店の集まる一画がある。

▲ばら売りなので買いやすい

Hotel
ホテル

　フェズにはたくさんのホテルがあり、飛び込みも可能だが、シーズン中は人気の安宿とリヤドは満室になってしまうので予約をしていったほうがいい。メディナの中の安宿は、ブー・ジュルード門を入ってすぐのあたりの所かスマリン通り周辺に集まっている。グループツアーに

も利用されるような中～高級ホテルは新市街に集中している。フェズを代表するような高級ホテルやリヤドはメディナ内の迷路の中にあることが多いので、個人旅行の場合は迎えに来てもらおう。**厳選極上リヤドは→ P.38。**

古い館を改装した高級リヤド　　　　　　　　　　　　　　メディナ　MAP P.139-C2　高級
RD ラ・メゾン・ブルー
La Maison Bleue

フェズで有名な法律家の古い邸宅を改装したリヤド。オリジナルの内装を生かした造りになっている。ここのレストランは、夜は宿泊者以外も予約することができる。メディナの駐車場近くに別館 RD ル・リヤド・メゾン・ブルーがある。

▲センスのよさがうかがえる

住2 Pl. de Istiqlal,Batha
☎(0535)74-18-43
URLwww.maisonbleue.com
料
　⑤⑤1700DH～
CCADJMV　客室数6　📶あり(室内)

◀客室は落ち着いた雰囲気

特別な滞在が期待できる　　　　　　　　　　　　　　　メディナ　MAP P.139-C2　高級
RD リヤド・ラルーサ
Riad Laaroussa

17 世紀の建物を 2 年間かけて修復したリヤド。客室はそれぞれテーマごとに色で分けられており、部屋を選ぶのも楽しそうだ。全8室のうち4室がスイート、3室がスタンダード、1室が少し狭い「リトル・ブラウン」といった構成。

▲テラスからの景色は壮観！

住3 Derb Bechara, Talâa Sghira
☎0674-18-76-39
URLwww.riad-laaroussa.com
料
　⑤⑤€110～310
CCADJMV　客室数8　📶あり(室内)

◀サービスのよさでも定評がある

モロッコ伝統建築の粋を味わう
RD リヤド・フェス・マヤ
Riad Fes Maya

ハマムを含むゴージャスなスパ、こだわりのモロッコ料理レストランを擁する、リゾート感あふれるリヤド。ゼリージュ（モザイク）、緻密な細工を施した漆喰など、贅を尽くした内装に圧倒される。フェズ・エル・バリ内だが、車でアクセスのしやすい場所にあり便利。

住 Ave. Ben Mohamed El Alaoui, N° 12 Derb Debbagh Bourjouaa
☎(0535)76-23-17
URL riadfesmaya.com
料 ⑤①€130〜
CC MV 客室数9 あり(室内)

▲ゴージャスな休日を過ごすことができる

◀中庭の調度品も豪華

メディナの外れの静かな宿
RD ダール・ルマナ
Dar Roumana

メディナ MAP P.139-C1 中級

"ザクロの家"というかわいらしい名を冠した小さなリヤド。高台のメディナの外れに位置しているので落ち着いた雰囲気が漂う。5つの客室は広さで料金が異なり、いずれもシンプルかつセンスのよい内装で居心地がいい。食事も評判なので、宿泊する場合はぜひ。

住 30 Derb El Amer, Zkak Roumane
☎(0535)74-16-37
URL www.darroumana.com
料 ⑤①€85〜145
CC MV 客室数5
あり(室内)

▲高級感のある中庭で食事を

◀最もリーズナブルなアルガナスイート

サービスが行き届いている
RD リヤド・ノルマ
Riad Norma

メディナ MAP P.139-C2 中級

オレンジやレモンの木、そしてバラが咲き誇る美しいガーデンをもつ。アラブ・アンダルシア様式を取り入れたリヤド内は、客室、中庭ともにフォトジェニックな空間が広がる。スタッフも親切で、料金もリーズナブルなので、口コミサイトでも好評価。予約は必須だ。

住 16 Derb Sornas, Ziat
☎(0535)63-47-81, 0661-10-94-01
URL www.riadnorma.com
料 ⑤①€90〜140
CC MV 客室数7
あり(室内)

▲調度品もセンスのよいものばかり

◀自慢のガーデンでほっと一息

フェズとメクネス ❖ フェズ

147

メディナの外れの静かな宿
RD ダール・タフィラレット
Dar Tafilalet

メディナの外れにあるが、高台にあるのでとても景色（特に夜景）がよく、繁華街までもそれほどかからずにアクセスできる。スタッフの洗練された対応も◎。ギッサ門までタクシーで行けば歩いて10分程度で着く。

🏠17 Derb El Mitter Zenjfor
☎(0535)63-51-62 URLwww.riadtafilalet.com
料🛁🚿❄🔥📺🅿🌐 S600DH〜 D730DH〜
CCJMV 客室数6 あり（客室）

メディナ内ですすめられる中級ホテル
H オテル・バトハ
Hôtel Batha

メディナ内に泊まろうと思っても、超高級か安宿かの選択に迫られるが、ここだけは例外の中級。客室は料金に見合ったクオリティで、ゆっくり泊まることができる。

🏠Pl. Batha ☎(0535)74-10-77／63-48-60
E-mailhotelbatha@menara.ma
料🛁🚿❄TV📺🌐 S350〜511DH D450〜610DH
CCJDMV 客室数62 あり（共用エリア）

サービスのよさで評判
RD リヤド・サラ
Riad Sara

17世紀のユダヤ人の邸宅を改装した人気リヤド。客室はおしゃれで、サービスもよい4つ星宿なのだが、比較的リーズナブルなので好評。7つの客室はそれぞれフェズ・エル・バリの地名がつけられている。

🏠17 Derb El Gabasse, Douh, Batha
☎(0535)63-68-20 URLwww.riadsarafes.com
料🛁🚿❄🔥📺🌐 S D€60〜
CCMV 客室数7 あり（客室）

欧米人に人気のプチホテル
RD リヤド・ララ・ゾービダ
Riad Lalla Zoubida

オーナーが子供の頃過ごした家を改築し、全5部屋のゲストハウスをオープン。それぞれの部屋をオーナーが思い出のままに飾りつけていて、趣が異なる。居心地のよさで、欧米人を中心に人気。

🏠23 Derb Salaj, Batha
☎(0535) 63-50-63
料🛁🚿❄🔥🌐 S€40〜60 D€60〜80
CCDJMV 客室数5 あり（客室）

2016年にオープン

H ブルー・スカイ・ホテル
Blue Sky Hotel

メディナ MAP P.139-C2　中級

バトハ地区、イスティクラル広場そばにオープンしたリヤド風の中級ホテル。モロッカンテイストのインテリアと快適な設備を併せもち、評判も上々。メディナには中級ホテルが少ないので重宝する。

🏠8 Sid El Khayat, Batha
☎(0535)63-83-54
料🈁🈂🈂TV🈁 **S**500DH **D**600DH
CCMV　客室数14　🛜あり(客室)

格安でおしゃれリヤドに宿泊

RD リヤド・ラルティスト
Riad l'Artiste

メディナ MAP P.139-D3　中級

アート好きのオーナーが経営。広くておしゃれな客室、ゆったりとくつろげる中庭など、料金に比してクオリティが高く、満足のいく滞在ができるはず。スタッフが何かと世話を焼いてくれるのもありがたい。

🏠108 Bouajjara, Bab Jdid R'cif, Arssat Lamdalssi
☎(0535)63-33-33
料🈁🈂🈂🈁🈁 **SD**350DH〜
CC不可　客室数5　🛜あり(客室)

プライバシーを確保したおすすめリヤド

RD ダール・シエンナ
Dar Sienna

メディナ MAP P.139-C1　中級

イギリス人オーナーが経営。低予算でリヤドに泊まってみたいという人におすすめ。各階に1部屋しかなく、部屋ごとに個別シャワー&トイレあり。入り組んだ場所にあるので迎えを頼もう。

🏠6 Derb Eloued
☎0639-82-25-09 URLwww.darsienna.com
料🈁🈂🈂 **SD**€25〜55
CC不可　客室数3　🛜あり(客室)

駅のすぐそばで間違えようのない

H イビス・フェス
Ibis Fes

新市街 MAP P.135-A1　中級

フランスが本社のチェーンホテル。フェズの駅を出るとすぐに目につく、斜め左側の大きな白い建物だ。その反対側にはプチタクシー乗り場がある。便利な立地にあるのがうれしい。

🏠Ave. des Almohades, Pl. de la Gare
☎(0535)65-19-02 URLwww.accorhotels.com
料🈁🈂🈂TV🈁 **SD**700DH〜
CCAMV　客室数123　🛜あり(客室)

ブー・ジュルード門から徒歩わずか3分

H オテル・ジュナン・スビル
Hôtel Jnane Sbil

メディナ MAP P.138-B2
中級

部屋は日当りがよく、シンプルかつ清潔なので快適。同じくらいの料金のほかのホテルに比べ、それなりの満足感が得られる。

住 22 Kasbat Shems, Boujloud
☎ (0535)63-86-35
料 [icons]
S 220DH D 330DH
CC 不可 客室数 16
あり(客室)

手頃で使いやすい

H オテル・スプレンディッド
Hôtel Splendid

新市街 MAP P.135-A2
中級

玄関を入るとすぐ目の前にプールがある。1階（日本式だと2階）の客室のみ、共同使用のバルコニーが付いている。バスタブは全室にある。

住 9 Rue Abdelkrim El Khattabi
☎ (0535)62-21-48
E-mail gmsplendidf@menara.ma
料 [icons]
S 353DH D 432DH
CC MV 客室数 70
あり(客室)

改装され3つ星になった

H オテル・ムーニア
Hôtel Mounia

新市街 MAP P.135-B2
中級

全体にモロッコ風のインテリアで、階によって色の基調を変えている。スタンダードのほか、サロン付きのミニスイートなどもある。

住 60 Blvd. Zerktouny
☎ (0535)62-48-38
URL www.hotelmouniafes.ma
料 [icons]
S 400DH～ D 500DH～
CC MV 客室数 93
あり(客室)

古いが風格もある

H グラン・オテル・ドゥ・フェス
Grand Hôtel de Fès

新市街 MAP P.135-B2
中級

大通りに面していて、風格たっぷりといったところ。客室は広さがまちまちでシンプルだが、清潔に保たれており、建物自体の歴史を感じさせられる。

住 Blvd. Chefchaouni
☎ (0535)62-32-45
E-mail grand2008hotel@yahoo.fr
料 [icons]
S 340DH～ D 430DH～
CC DJMV 客室数 84
あり(客室)

アールデコの建物

H オテル・デュ・マグレブ
Hôtel du Maghreb

新市街 MAP P.135-B2
安宿

大通りに面していて便利な立地にある。とてもシンプルな安宿だが、建物の老朽化は否めない。客室の料金は若干変動する。スタッフの対応はよい。

住 25 Ave. Essellaoui
☎ (0535)62-15-67
料 共同
S 100～120DH D 150DH～
CC 不可
客室数 10
あり(客室)

広々、快適なおしゃれゲストハウス

RD メディナ・ソーシャル・クラブ
Medina Social Club

メディナ MAP P.139-C2
安宿

大きなリヤドを改装してオープン。1階はレストラン、ルーフトップはカフェになっていて、開放的で居心地がよい。親日家のアブドさんがオーナー。

住 Derb El Media, Talaa Kebira
☎ (0535)63-78-39
料 [icons]
D 150DH S D T 500DH
CC MV
客室数 14
あり(客室)

にぎやかな場所にある
H オテル・ラムラーニ
Hôtel Lamrani

便利なロケーションで、部屋や共同スペースは簡素だが清潔感はある。通りに面していない部屋がおすすめ。スタッフはきちんとした応対をする。

🏠 au debut de la Rue Talaâ Sghira a Gauche
☎ (0535)63-44-11
🛁 共同🚿(温シャワー10DH)
💰 ❼70DH～ 🄓120DH～
❺90DH 🄓150DH
💳不可 客室数14
📶 あり(客室)

バックパッカーにおすすめ！
RD ファンキー・フェス
Funky Fes

フェズでは最も現代的なホステル。バックパッカー向けにさまざまなツアーが企画されている。古い邸宅を利用しているので雰囲気も抜群によい。

🏠 60 Arset Lamdelssi, Bab Jdid
☎ (0535)63-31-96
🌐 www.funkyfes.com
💰共同
❼75～95DH ❺🄓350DH
💳MV 客室数6
📶 あり(客室)

バックパッカーが集う
H ペンション・カウタル
Pension Kawtar

メディナの真ん中、ブー・イナニア・マドラサのすぐ近くにある。「リヤド」のように昔ながらの建物で、タイル張りが施され重厚感がある。

🏠 25 Talaa Sghira, Taryana
📧 pension_kaw@yahoo.fr
💰
❺100DH 🄓200DH
💳不可
客室数9
📶 あり(共用エリア)

3階にはカフェレストラン
H オテル・カスカード
Hôtel Cascade

入口は狭いが、中はとても広い。客室は狭いが、きれいにされており、ブー・ジュルード門を見下ろせるバルコニー付きの部屋もある。

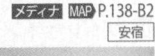
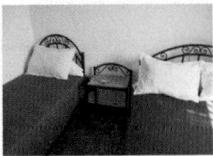
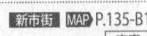

🏠 26 Serrajine, Bab-Boujloud
☎ (0535)63-84-42
💰共同
❺60～80DH 🄓160DH
テラス 40～50DH
❺🄓220DH
💳不可 客室数19
📶 あり(客室)

バックパッカーの味方
H オーベルジュ・ドゥ・ジュネス
Auberge de Jeunesse(Youth Hostel)

門を入ると小さな庭があり、ふたり部屋と4人部屋、ドミトリーなどがある。マネージャーのアブドゥッラーさん(写真)は親切で、格安ガイドも紹介してくれる。

🏠 18 Rue Abdesslam Serghini
☎ (0535)62-40-85
🌐 www.hihostels.com
💰共同
❼90DH
❺🄓200DH
💳不可 客室数10
📶 あり(共用エリア)

素朴な安宿
H オテル・アモール
Hôtel Amor

一見古ぼけたホテルという印象だが、スタッフは親切で、木造の建物がどことなくあたたかみを感じさせる。Wi-Fiは1階でのみ利用可。

🏠 31 Rue Arabie Saoudite
☎ (0535)62-27-24/33-04
📧 hotelamorfes@hotmail.fr
💰
❺165DH 🄓216DH
💳不可
客室数35
📶 あり(客室)

Restaurant
レストラン

　メディナの中はブー・ジュルード門そばに安食堂、屋台が集まっているほか、ギッサ門近くに揚げ物中心のローカル屋台が多い。メディナの中に入っていくと、セットメニューで 100 ～ 200DH の観光客向けの中～高級レストランが点在する。このようなレストランは昔の邸宅を改装したところが多く、豪華な演出でモロッコらしさを味わえる。また、近年になってようやくメディナにも、古い邸宅をリノベーションしたおしゃれなカフェやレストランがオープンしており、休憩や食事におすすめだ。

元宮廷料理人が作る絶品モロッコ料理　　　　　　　　　　　　メディナ MAP P.139-C2 モロカン

R ダール・タジン
Dar Tajine

オーナー、サラディンさんの母はかつて王宮で料理人として腕を振るった敏腕シェフ。おすすめのモロカンサラダは、13 品もの小皿が出てきて圧巻。どれも優しい味だ。肉料理もおいしい。コースは 140DH。

住71 Derb El Ghorba
☎(0535)63-58-34
開11:00～23:00
休なし　CCMV　🛜あり

美しいガーデンでおいしい料理を　　　　　　　　　　　　　メディナ MAP P.139-C2 モロカン

R ザ・ルーインド・ガーデン
The Ruined Garden

フェズ・エル・バリきってのおしゃれなカフェレストラン。メディナ散策時の休憩、食事におすすめだ。自慢は 7 時間じっくりと火を通したラムのマシュウィ（グリル）。スープとタジンで 100DH 程度。

住13/15 Derb Idrissy, Sidi Ahmed Chaoui, Siaj
☎(0535)63-30-66、0649-19-14-10
開13:00～21:30
休なし　CCMV　🛜あり

料理教室も開催　　　　　　　　　　　　　　　　　　　メディナ MAP P.138-B2 インターナショナル

R カフェ・クロック
Café Clock

ブー・ジュルード門からタラア・ケビーラ通りを入って少し歩くと「Café Clock」の看板が見える。インテリアはとてもおしゃれ、カジュアルで外国人がくつろぎやすい。モロッコ料理に飽きた人におすすめ。

住7 Derb el-Magana, Talaa Kbira
☎(0535)63-78-55
開9:00～22:30
休なし　CCDJMV　🛜あり

味のよい人気食堂

R スナック・マレク
Snack Malak

メディナ MAP P.139-D3　モロカン

地元のモロッコ人も通うにぎやかな食堂。店員がとても親切で、供される料理もおいしい。特にチキンのスープが付いてくるクスクス（80DH）が好評。ボリュームがすごいのでふたりでシェアするといい。

住3/14 Ave. Mohamme Ibn Abdelleh Trik Jdid
☎0661-57-99-38
開11:00〜24:00
休なし　**CC**不可　**📶**あり

観光客向けの邸宅レストラン

R レストラン・ネジャーリン
Restaurant Nejjarine

メディナ MAP P.139-C1　モロカン

ツアーなどでもよく利用される大人数対応可能なレストラン。大型の古い邸宅（リヤド）を利用しており、高級感のある店内は一見の価値あり。スタッフのサービスも洗練されている。セットメニュー 120 〜 220DH。

住9 Rue Dermami Nejjarine
☎(0535)63-53-89、0672-76-56-32
開12:00〜16:30
休なし　**CC**MV　**📶**あり

アットホームな邸宅レストラン

R ダール・ハティム
Dar Hatim

メディナ MAP P.139-C〜D1　モロカン

ケフタやチキンのタジン、クスクスから選ぶランチセットは150DH、パスティラやラムのタジンから選ぶディナーセットは220DH。どのコースの前菜もいろいろな野菜料理が小皿で出てくる。

住19 Derb Ezzouia Fandak Lihoudi
☎0666-525-323、0663-266-109
開13:00〜22:00
休なし　**CC**MV　**📶**あり

ブー・ジュルード庭園そばのカフェ

C カフェ・ドゥ・ラ・ノーリア
Café de la Noria

メディナ MAP P.138-B2　カフェ

旅行会社を経営するモロッコ人男性と日本人の奥さんが手掛けるカフェ。テラス席は広々と気持ちがよく、パステルカラーの椅子もかわいらしい。フェズ・エル・ジェディド散策の際の休憩に便利。

住43 Batha, Fès Jdid
☎(0535)65-42-55
開8:00〜22:00
休なし　**CC**不可　**📶**あり

ブー・ジュルード門を上から眺める

R ナガム・カフェ
Nagham Café

ブー・ジュルード門のすぐそばにあるビルの最上階と
その階下がレストランになっている。景色を楽しみな
がらおいしいモロッコ料理を楽しめると人気。スタッ
フもフレンドリーだ。メイン 50DH ～。

住 49 Pl. Lscesco Kasbat, Boujloud
☎ 0663-33-38-86
開 12:00～24:00
休 なし　**CC** 不可　**☎** あり

メディナ発のコンセプトカフェ

C メイド・イン M コーヒー・ショップ
Made in M Coffe Shop

センスのよいモロッコ人女性がオーナーのカフェ＆ブ
ティック。オーガニックなケーキやお茶を楽しむこと
ができる。店内に置かれた、モダンにアレンジされた
伝統工芸品もおしゃれなものばかり。タジン 60DH ～。

住 246 Talaa Kbira
☎ (0535)63-41-16
開 11:00～22:00（月・火・日 ～20:00）
休 なし　**CC** 不可　**☎** あり

重要建造物でほっとする中国料理を

R シェ・メモニド
Chez Maimonide

スペインやモロッコでは有名な偉人モーシェ・マイモ
ニデスが住んでいた建物を改装。吉林出身の中国人が
おいしい中国料理を食べさせてくれる。写真のクンパ
オチキンは 70DH、キャベツ炒めは 40DH。

住 4 Derb El Magana, Talaa Kbira
☎ (0535)63-61-58
開 11:00～22:00（金 17:00～）
休 なし　**CC** MV　**☎** あり

リヤドに併設するレストラン

R フェズ・カフェ
Fez Café

高級リヤド **RD** ル・ジャルダン・デ・ビーンのレストラ
ンは、おしゃれで食事もおいしいと評判。シェフのヒ
シャムさんがモロッコや地中海の料理をアレンジした
メニューを楽しめる。メイン 100DH ～。食事は要予約。

住 13 Akbat Sbaa, Douh
☎ (0535)63-50-31
開 8:00～24:00（ランチ12:30～、ディナー19:30～）
休 なし　**CC** AJMV　**☎** あり

神のお告げで生まれた古都

Column

1000年以上の歴史をもつモロッコの古い王都フェズ。はるか昔からモロッコの思想、宗教、芸術の中心として、首都がマラケシュやメクネス、そしてラバトに移っても、常に特別な地位を占め続けてきた。そしてフェースィーと呼ばれるフェズ出身のモロッコ人は今なお、モロッコの政治、経済、文化の実権を握っている。

9世紀ヨーロッパでシャルルマーニュ大帝が勢力を広げていた頃、アッバース朝の迫害を受けたイドリスは中央モロッコに亡命した。イドリスが美しいフェズ川周辺に首都建造の計画を練っていると、ひとりの威厳ある老人が現れた。そして彼はイドリスにこう言った。「私がイスラム前に死去した隠者から聞いた話を教えよう。この地にはかつてフェズという美しい都があったが、まもなく滅んでしまった。やがてイドリスを名乗る男がやってきて、この町を再建するだろう」と。

これを聞いたイドリスは「この町を再建するのは神から与えられた私の使命だ。アッラーの名において、この町をフェズと名づけよう」と決心した。

フェズの町はベルベルの古い習慣に従い、いくつかの区に分けられ、フェズ川をちょうど挟むようにふたつの地区がおかれた。イド

▲人々は昔ながらの生活を今なお続けている

リスは東岸に都を建設。西岸には大臣や軍人が住み、東岸にはベルベル族が住み着いた。

イドリスの息子、イドリス2世の治世にフェズは正式な首都となった。モロッコで最初のイスラム王の都の誕生だ。だが、やがて多くの移民の流入でベルベル人は町から追放されてしまった。その後カイルアンからの移住者のためにカラウィーン地区が築かれた。彼らの中には職人や都市文明に染まった教養人が多かった。こうした人々を中心として、フェズは伝統工芸、学問、芸術の大輪の花を開かせていった。

13世紀にはフェズ・エル・バリに対立するように、その隣にフェズ・エル・ジェディドと呼ばれる新しい町がつくられた。

そして20世紀保護領時代、フランスの整然とした都市計画に基づいた新市街がつくられた。このようにフェズは、異なる歴史と性格をもった3つの町が拮抗するようにして成り立ち、モロッコの中心として、今なお輝きを放っている。しかし最大の見どころは、ひとつの大きな"考古学博物館"ともいわれているフェズ・エル・バリだ。そこへ行けば、モロッコ最初のイスラム王朝イドリスの時代までタイムトリップしてしまったかのような錯覚にとらわれる。ちなみにフェズ・エル・バリとは"ぼろぼろに古くなったフェズ"という意味だ。

▲フェズの周囲には高低差のある、のどかな土地が広がっている

Shop
ショップ

　フェズは職人の町だけあって、革製品や絨毯、陶器など工芸品が充実している。また、歴史のある町なので、アンティークショップも豊富に揃っている。逆にマラケシュで見られるようなおしゃれなブティックはまだまだ数が少ないのが現状。洗練されたデザイナーズ雑貨よりも、昔ながらの工芸品を探すのがおすすめだ。特に陶器はフェズブルーといわれる青色の焼き物が有名。伝統的ながらもデザインのバリエーション豊かに揃っている。

フェズでは珍しいモダンなショップ

メディナ MAP P.139-C2 ｜雑貨

Ⓢ メディナ・アート
Médin' Art

モロッコ人やフランス人のデザイナーがデザインした、おしゃれな衣類、生活雑貨を扱うコンセプトストア。アクセサリーなどが多く、特に女性におすすめ。デザイナーズ雑貨なので値段は高めで、日本とほとんど変わらない。

> 🏠19 Bis Zkak Ihjar, Talaa Sghira
> ☎0617-57-50-79
> 🕐10:30〜19:00
> 休なし　CCMV

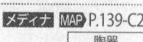

圧巻のバリエーション！

メディナ MAP P.139-C2 ｜陶器

Ⓢ フェズ・ブルー・アート
Fez Blue Art

3代目のモハメッドさんが営む老舗。バリエーションがすばらしく豊かで、2階建ての建物にフェズブルーの陶器をはじめ、モロッコ各地から集めた陶器がずらりと並んでいる。マグカップや小皿が40DH〜。

> 🏠5 Talaa Seghira
> ☎0664-90-54-28
> 🕐9:30〜21:00
> 休金　CCDJMV

コセマのストックがある

メディナ MAP P.138-A3 ｜陶器

Ⓢ ハスナウィ
Hasnaoui

工場が閉鎖したフェズの人気窯元コセマの皿を扱う数少ない店。耐久性に優れた美しいコセマの皿は、高級レストランでもよく利用される。コセマの陶器はアンティークショップなどで買うとかなり高い。

> 🏠9 et 7 Blvd. Moulay Ismaïl
> ☎(0535)62-29-16
> 🕐10:00〜21:00
> 休金　CC不可

知る人ぞ知る、陶器を取り扱う名店
S シェ・ブトゥビ・ナディア
Chez Boutbi Nadia

メディナ MAP P.139-C2 | 陶器

若いモロッコ人女性のオーナーが、土の色や釉薬についてなどわかりやすく説明してくれるので、焼き物好きの人には特におすすめ。

住 14 Tallaa Kbira
☎ 0670-85-37-85
開 9:00〜21:00
休 なし
CC 不可

伝統的な刺繍を見学
S ラ・メゾン・ドゥ・ラ・ブロデリ
La Maison de la Broderie

メディナ MAP P.139-C1 | 刺繍製品

フェズに伝わる伝統的な柄の刺繍が施された布製品が美しい。店内では女性が実際に刺繍をしている様子を見学できることも。ランチョンマットが 100DH 〜。

住 14 Bis Sidi Moussa, Gerniz
☎ (0535)63-52-16
開 9:00〜18:00
休 なし
CC MV

有名な老舗アンティーク店
S コワン・ベルベル
Coin Berbere

メディナ MAP P.139-C1 | アンティーク

海外メディアにも取り上げられる有名なアンティークショップ。創業約 60 年の老舗で、2 代目のイドリスさんが店主。絨毯の品揃えが充実している。

住 N° 67 Talaa Kebira, Haddadine Quarter
☎ (0535)63-69-46
URL www.coinberber.com
開 8:00〜22:00 (日 10:00〜)
休 なし
CC MV

ローカルプライスでうれしい
S ハッサン・ホムシ・ホムリ
Hassan Khomssi Homri

メディナ MAP P.139-D1 | 絨毯

ホムシさんがひとりで営む小さな絨毯店。ツーリストエリアから外れているので、ホムシさん手作りの絨毯をローカル価格で手に入れることができる。

住 Bab Oud Zhoun No.6
☎ 0664-22-53-36
開 8:30〜21:00
休 なし
CC 不可

意外に使えるショッピングセンター

Column

ショッピングスポットがあまり充実していないフェズだが、ここで重宝するのがショッピングセンターのボルジュ・フェズ。定番のスーパーマーケット、**カルフール Carrefour** ではバラマキみやげに最適な品物が手に入る。また、U.A.E 発の高級ティーショップ、**チャ**

▲パッケージもおしゃれなチャバ

バ **Tchaba** も入っている。モロッコでは高級ホテルなどのアメニティとして使われており、モロッコならではのお茶も販売。おみやげにもぴったりだ。

S ボルジュ・フェズ　Borj Fez　MAP P.135-B1
住 Ave. Allal Al Fassi　**☎** (0535)62-04-92
開 カルフール 9:00 〜 23:00、フードコート 10:00 〜翌 1:00、ブティック 10:00 〜 22:00 (冬季は 1 時間早く閉店)　**休** なし　**CC** MV

▲メディナ歩きの拠点ともなる巨大なマンスール門

落ち着いた雰囲気で旅人を魅了する
メクネス
Meknès

世界
遺産
古都メクネス

　メクネスは、またの名をメクネッサ・ザイトゥーンという。「オリーブの
メクネッサ」という意味である。10世紀頃、ベルベル系メクネッサ族が、
メクネッサ・ターザ（現在のタザ）に次いでこの都市をつくり、周辺にオリ
ーブやブドウなどの農業地帯をつくったことに由来している。標高522m、
果樹園やオリーブ畑の広大な農業地帯が周囲に広がるメクネスは、気候のよ
さと水のおいしさで有名だ。この地の人々は「メクネスで飲むアッツァイ（茶）
はモロッコで一番うまいぞ。最高の水を使っているからね」と言う。おいし
い水にブドウ……そう、ここはメクネス・ワインの名産地でもある。

　メクネスの最盛期は17世紀、アラウィー朝のムーレイ・イスマイルの時
代である。彼は、古い建物を片っ端から壊し、数多くの城壁や門、モスクな
どを建設し、豪華な王国をつくろうとした。これは、同じ時代にヨーロッパ
で太陽王として君臨していたルイ14世が造ったヴェルサイユ宮殿に対抗し
たのだと語り継がれている。もっとも、首都としてのメクネスは約半世紀続
いただけで、歴史の舞台がマラケシュやフェズに移っていくとともに、この
町は衰退していく。「現在のメクネスは眠りこけているように見える」とも
いわれるが、重要な文化遺産があるメディナにはぜひとも訪れたい。また、
メクネスは東西南北を結ぶ中継地点としても重要だ。この地はヴォルビリス
遺跡や聖都ムーレイ・イドリスを訪ねる拠点となる。

オリエンテーション

メクネスはふたつの丘、つまり**メディナの丘**と**新市街の丘**から成り立っていて、そのふたつの丘の間には、**ブーフェクラン渓谷 Oued Boufekrane**がある。新市街は渓谷の東側に位置し、CTMバスターミナル、

▲城壁に囲まれた王宮

鉄道駅、観光局、ホテルなどがあるだけで、これといった見どころはない。渓谷の西側に位置するメディナに名所旧跡が集中していて、安ホテル、安レストラン、そして民営バス乗り場もある。

CTMで到着した場合は、新市街の中心から1kmほど東のフェズ通り沿いに着く。ここから7番のバスに乗れば、メディナのマンスール門まで行くことができる。新市街までは歩いて15分ほど。荷物があるなら、プチタクシーを使おう。

鉄道駅はふたつある。ひとつは**中央駅 Gare Principale**で、新市街の中心まで歩いて30分以上かかる。バスなら5番、10番を利用しよう。もうひとつは**アミール・アブデルカデル駅 Gare el Amir Abdelkader**。メディナに近い町の中心、ムハンマド5世通りから道を入った所にある。列車がアミール・アブデルカデル駅で停まることを確認して、こちらの駅を利用したほうが便利だ。

民営バスの場合は、メディナの西端、**クミス門 Bab el Khemis**の西側200mの地点に到着する。クミス門から城壁の中に入り、しばらく城壁沿いに坂道を上っていく。丘の頂点に近づくにつれて人通りが多くなり、上りつめると**マンスール門 Bab el Mansour**が居座っている。初めてこの門を見た者は、その巨大さと美しさに圧倒されるはずだ。

メクネスの歩き方

▲メディナには昔ながらのスークが広がる

メクネスは、フェズと比べるとメディナも整然としていて、とても歩きやすい。まずは、マンスール門の前にある、大道芸人や屋台でにぎわう**エディム広場 Place el Hedim**を目指そう。ここの北側にはスークを含むいわゆる**メディナ**が広がり、南側、つまりマンスール門の裏側一帯にはムーレイ・イスマイルが造ろうとした壮大な**王都の跡**がある。

メクネスの局番
0535

ACCESS

メクネスへの行き方

▶▶カサブランカから
列車はONCFがカサ・ヴォヤジャー駅から1日に18本運行。所要約3時間30分、49DH～。
バスはCTMが1日に9本運行。所要約4時間、85～90DH。

▶▶タンジェから
列車はONCFがLGV（高速鉄道）を利用した便を1日5本運行。所要約3時間40分～、165DH～。在来線のみだと1時間ほど余計にかかる。
バスはCTMが夜行を含め1日4～5本運行。所要約5時間、95～100DH。

▶▶フェズから
列車はONCFが1日16本運行。所要約30分、20DH～。
バスはCTMが1日10本運行。所要約1時間、20～30DH。

▶▶マラケシュから
CTMのバスが1日2～3本運行。所要約6時間、160DH。
※バスはCTM以外に民営バスも運行しており、本数はそちらのほうが多い。ほかに各都市からグランタクシー（→P.316）も出ている。

新市街からメディナへ
ハッサン2世通りのバス乗り場（**MAP** P.160-A2）から3、7、21番の市営バスに乗ると、メディナのエディム広場前に到着する。料金は2.50DH。プチタクシーだと8～15DH。メディナから新市街へは、マンスール門前のバス停（**MAP** P.164-B2）から1、2、3、7、10、12番に乗る。民営バス乗り場（**MAP** P.164-A2）からも同じ。

グランタクシー乗り場
クミス門を出た所にある民営バスターミナルの手前に広大なグランタクシー乗り場がある。また新市街では、PTT（郵便局）の横やハッサン2世通り周辺の通り沿いにいる。

159

王都エリアの見どころを馬車で巡る

エディム広場では、馬車が並んで待機している。これは、王都の見どころを回るための馬車。王都内の各見どころはかなり離れているので、夏の炎天下などは馬車を使うのも効率的だ。1人100DHが目安。

✦観光局
Délégation Régionale du Tourisme

MAP P.160-A2
㈱ Pl. Administrative
☎ (0535)52-44-26
圏 8:30 ～ 16:30
㈭ 土・日

▲アミール・アブデルカデル駅

メディナから新市街へは、2番や3番のバスなどで行けるが、歩いていくことをすすめる。マンスール門の前の道を東に向かって行こう。道路の両側に安レストランや安ホテルを見ながら、道に沿って坂道を下りていくとT字路に突き当たる。左側に小さな郵便局があるのが目印だ。そこを右折し、200 mほど進んだ所で道は左に折れる。ここが城壁の端。門はないが、目の前に新市街の丘が広がっている。このまま**ムーレイ・イスマイル通り Ave. Moulay Ismail** を直進しよう。このあたりが**ブーフェクラン渓谷 Oued Boufekrane** だ。左側には、のんびり散策するには絶好のアブール公園 El-Haboul Jardins がある。道は上り坂になり、しばらく進みフォアール広場 Pl. de la Foire に出ると**ハッサン2世通り Ave. Hassan II** へとつながり、さらに直進するとムハンマド5世通りにぶつかる。このふたつの通りが新市街のメインストリートで、ここを中心にホテル、レストラン、カフェ、ブティック、映画館などが集まっている。**観光局 Délégation Régionale du Tourisme** は新市街の中央、裁判所の近く、市庁舎や郵便局の隣にある。

▲メディナから新市街方面を

メクネス新市街 地図

P.166 オテル・アクアス
Hôtel Akouas
Excelsior
アミール・アブデルカデル鉄道駅
Gare el Amir Abdelkader
Hôtel Bab Mansour
アミール・アブデルカデル通り Rue Amir Abdelkader
BMCE
P.167 マジェスティック・オテル
Majestic Hôtel
両替所
Pizzeria
Le Four
オテル・トゥブカル
Hôtel Toubkal
P.167
Attijariwafa
レストラン・マルハバ
Restaurant Marhaba
P.168
Opéra
ムハンマド5世通り Ave. Mohammed V
Continental
CTMバス乗り場・約700 m）へ
Colombo
音楽芸術学校
プチタクシー乗り場
Maghrib
Ave. Allal Ben Abdallah
・薬局
イフリキア広場
Pl. Ifriqiana
アラル・ベン・アブダラー通り
Ouislane
書店
Baccus
Touring
Prestige Palace
Rue de Paris
Mauritania
Nice
Rue Accra
Rue Antserabé
市庁舎
Hôtel de Ville
La Coupole
Mohamed El Meknassi
BMCE
オテル・パラス P.167
Hôtel Palace
PTT
市場
雑貨店
(酒あり)
バス乗り場
(メディナへ)
パレ・ハリー P.168
Palais Hassani
オテル・リフ
Hôtel Rif
P.166
観光局
P.160
公園
パレ・ドゥ・グラス
Palais de Glace
P.168
裁判所
Palais de Justice
Ave. des F.A.R
イドリス2世通り Ave. Idriss II
フォアール広場
Pl. de la Foir
Rue Benghazi
ムーレイ・イドリスへ
Ave. Hassan II
0   100m

メクネス新市街

A   B

160

おもな見どころ

王都へのメインゲート
マンスール門
Bab el Mansour

★★★ 世界遺産

MAP P.164-B2

　この門はムーレイ・イスマイルが手がけた最後の建築物で、彼の死後、息子のシディ・ムハンマド・イブン・アブダラーによって1732年に完成した。マンスール・エルアルージュ門ともいわれ、これは「改宗者の勝利の門」という意味。由来は、イスラム教に改宗したキリスト教徒マンスールが設計したためといわれている。

▲マンスール門の内側

❀クベット・エル・キャティン&キリスト教徒の地下牢
圏9:00 〜 18:00
囧なし
圍70DH

要人を迎え入れた接見の間
クベット・エル・キャティン
Koubbet el Khiyatin

★ 世界遺産

MAP P.164-B2

　マンスール門を入って右へ道なりに100 mほど行くと、右側に建物がある。これがクベット・エル・キャティン。かつてムーレイ・イスマイルが外国大使たちと接見したり、種々の儀式の観覧席として使われていた。

▲内部はとても簡素な造り（クベット・エル・キャティン）

メクネスの歴史を語る地下牢
キリスト教徒の地下牢
Prison des Khiyatin

★★ 世界遺産

MAP P.164-B2

▲地下なのでひんやりとしている

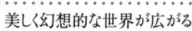

　クベット・エル・キャティンの北隅にある。ムーレイ・イスマイルの時代に、異教徒すなわちキリスト教徒弾圧のために造られた広大な地下牢で、4万人もの囚人が鎖につながれて捕らえられていたという。穀物倉庫としても使われた。中に入るとひんやりと冷たい空気が身を包む。今は光が少し入るが、昔は真っ暗闇だった。

❀ムーレイ・イスマイル廟
行き方：クベット・エル・キャティンの敷地から見て、真正面にある6つのアーチのある門（アブ・カーリー門）をくぐって左。
圏9:00 〜 18:00
囧金の午前
圍無料
※ 2019年6月現在、改修工事のためクローズしている。

美しく幻想的な世界が広がる
ムーレイ・イスマイル廟
Tombeaux de Moulay Ismail

★★★ 世界遺産

MAP P.164-B2

　壮大な王都建設を夢見て、その完成を待たぬままこの世を去った王ムーレイ・イスマイルの遺体が安置されている。マンスール門とともに、メクネスで最も重要な見どころで、非ムスリムも入場できる唯一の廟だ。狭い入口から入り、いくつかの部屋や中庭を通り、最後に、中央に大理石の水盤があるパティオに出る。ここからは靴を脱いで正面の部屋に入ろう。ここでは、ムスリムたちがお祈りをしているところを見ることができ、隣のムーレイ・イスマイルが眠る部屋をのぞくことができる。非ムスリムはこの部屋に足を踏み入れることはできないが、壁から天井にかけてのモザイクや、漆喰彫刻のすばらしさに目を見張るだろう。

▲世界遺産「古都メクネス」の象徴

フェズとメクネス ❖ メクネス

▲真っすぐな風の道

メクネスはワインの名産地

メクネスはワインの名産地なので、たいていのレストランではワインを置いている。大衆食堂にはないことが多いので、入る前に聞いてみよう。有名な銘柄は、ゲルワンGuerrouane、クサールKsar、トゥラルToulal、スペシャル・コキャージュSpécial Coquillage、イマジレンImaziren、アマズィールAmazirなど。単に赤ワインというと、たいていはレ・ヴュー・パープ Les Vieux Papesというボトルが出てくる。ハーフボトルが40DH前後。

✿ヘリ・スアニ
行き方：風の道が終わったら道なりに右折。そのまま真っすぐ行った突き当たり。
🕐 9:00 ～ 12:00、
15:00 ～ 18:30
※季節により変動あり
🚫なし
💰70DH

▲巨大な穀物倉跡

▲メディナ散策の目印となるエディム広場

通り抜ける風が心地よい
風の道
Rue Rif
★★ 🌐 世界遺産
🗺 P.164-B2

ムーレイ・イスマイル廟から出て左（東）に100mくらい歩くと、質素な大きな門がある。これが**リフ門 Bab el Rif**、「風の門」という意味。この門を抜けた、両側をどっしりした高い壁で囲まれた直線の道が、通称「風の道」。その名のとおり、壁に挟まれた間を本当に強い風が吹き抜けて行く。この道の右側（南側）に**王宮 Dar el Makhzen**があるが、中には入れない。

遠大な地下通路へ潜入
ヘリ・スアニ
Heri Souani
★★ 🌐 世界遺産
🗺 P.164-B3

ダール・エル・マ（水の館）と呼ばれる古い貯水槽と**穀物倉庫**からなる。水の館の水は40mもの地下から汲み上げられていて、今でも、その深い貯水槽や、馬が鎖で水を汲み上げていた跡などが残っている。またここには、キリスト教徒の牢を経て、モワイヤン・アトラスの山中にまで通じる遠大な地下水路の入口がある。館に向かって右側のドアから、屋上庭園に上がると、ひと休みするのにいいカフェがある。

穀物倉庫はムーレイ・イスマイルが建設した巨大な倉庫の路地で、人間の食料はもちろん、スルタンが所有する1万2000頭もの馬の餌も蓄えられていた。現在は廃墟だが、当時は厚い壁と地下に流れる水路によって、中の温度が一定に保たれる仕組みになっていたといわれている。

▲水の館と呼ばれるダール・エル・マ

地元の人の散歩コース
アグダルの貯水池
Bassin de l'Aguedal
★ 🌐 世界遺産
🗺 P.164-B3

ダール・エル・マの隣の大きな貯水池。池の周りの道は散歩道になっていて、若者たちや家族連れなどでにぎわっている。しかし、中の水自体はきれいとはいいがたい。

地元の人の活気を感じる
エディム広場
Place el Hedim
★★ 🌐 世界遺産
🗺 P.164-B2

メディナのヘソにあたる広場。中央に大きな噴水が3つあり、その周りには、雑貨屋、ピーナッツ売り、果物屋などがあり、水売りのおじさんがせわしなく動いている。メクネスはオリーブの産地なので、これもぜひ試してみよう。

メクネスで最も目を引く大きなモスク
グラン・モスク
Grande Mosquée

★★ 🌐 世界遺産

MAP P.164-B2

スークの真ん中にあるメクネス最大のモスク。内部には12の扉、143のアーチがある。タイルの屋根は遠くからでも目立つので目印になる。非イスラム教徒は入れない。

充実した展示品の数々
ジャメイ博物館
Musée Jamaï

★★ 🌐 世界遺産

MAP P.164-A2

19世紀末に、スルタン、ムーレイ・ハッサン1世の側近ジャメイによって建造された王宮で、現在は博物館になっている。古いモロッコの建築様式や生活が、ひとめでわかる充実した博物館なので、ぜひ見ておこう。

1階にはベルベル人の生活に関する展示品が多い。ドアの蝶番や、陶器類、キリム絨毯、家具、古いコーランの写本、武器など。2階に上がると、モロッコの伝統的な様式の部屋をそのまま再現していて、居間、寝室、食卓などに調度品や衣装箱、ステンドグラスが並べられている。

内部まで入れる貴重なマドラサ
ブー・イナニア・マドラサ
Medersa Bou Inania

★★ 🌐 世界遺産

MAP P.164-B2

マリーン朝時代、14世紀に建てられた学校。授業やサラート（お祈り）の前、学生たちが体を清めたという大理石の水盤が中庭にある。ここは非イスラム教徒でも入ることができるので、ぜひ訪れてほしい。モザイクタイルの床や柱、壁のこまやかな彫刻が、控えめな美しさを見せている。

ザルフォーン山の景色を一望
ベルダン門
Bab el Berdain

★ 🌐 世界遺産

MAP P.164-A1

ムーレイ・イスマイルによって造られたメディナの北の入口となる門。ベルダンとは「荷鞍の門」を意味するが、それはかつて、この近辺で荷鞍の製造が行われていたからだとか。門に施された彫刻もすばらしいが、ここからはザルフォーン山の美しい魅惑的な景色などが遠くまで見渡せる。

緑の装飾が美しい
クミス門
Bab el Khemis

★ 🌐 世界遺産

MAP P.164-A2

ベルダン門と同じく、ムーレイ・イスマイルの建造物。美しいモザイク模様、彫刻、アラビア文字が刻まれていて、特に表面の緑の装飾には目を奪われる。

🌸 **グラン・モスク**
行き方：エディム広場の北端に、スークに入る門がある。この道をたどって行こう。目の前に現れる。

▲メディナでひときわ目を引くミナレット

🌸 **ジャメイ博物館**
行き方：エディム広場の北側、スークの入口のすぐ右側にある。
☎ (0535)54-08-63
🕐 10:00 ～ 18:00
休 なし 料 10DH
※ 2019年6月現在、改装工事により閉鎖中。

🌸 **ブー・イナニア・マドラサ**
行き方：グラン・モスクの前のセバト通りRue Se-batに面している。セバトとは靴屋のこと、このあたりは靴のスークだ。
🕐 9:00 ～ 18:00
休 なし
料 70DH

▲圧倒的な存在感のブー・イナニア・マドラサ

▲ベルダン門を出ると美しい景色が広がる

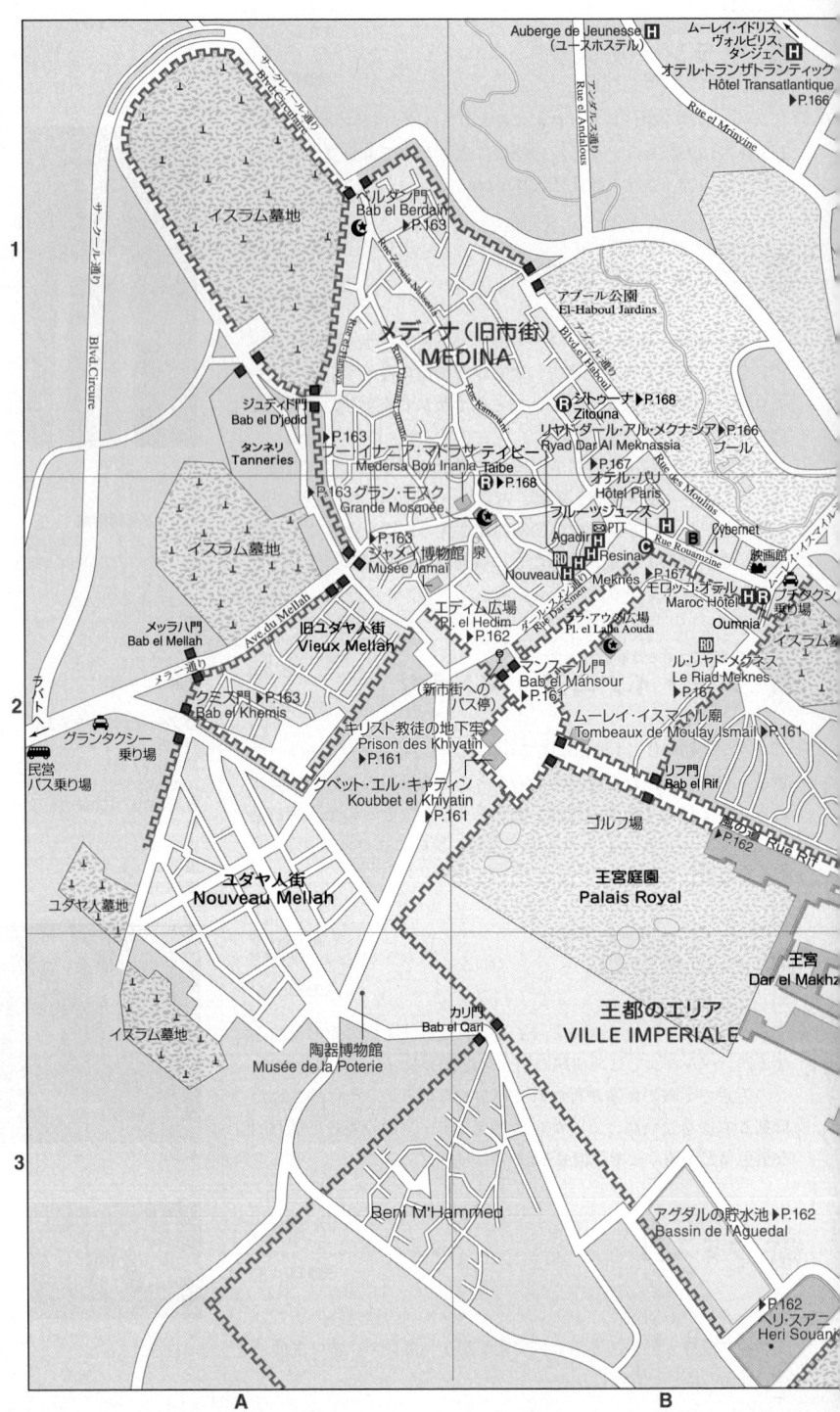

Auberge de Jeunesse H
（ユースホステル）

ムーレイ・イドリス、
ヴォルビリス、
タンジェへ H
オテル・トランザトランティック
Hôtel Transatlantique
▶P.166
Rue el Mrayine

ベルダン門
Bab el Berdain ▶P.163

アブール公園
El-Haboul Jardins

イスラム墓地

メディナ（旧市街）
MEDINA

ジュディド門
Bab el D'Jedid ▶P.163

R ジトゥーナ ▶P.168
Zitouna

リヤド・ダール・アル・メクナシア ▶P.166
Ryad Dar Al Meknassia

ブール

タンネリ
Tanneries

ブーイナニア・マドラサ テイビー
Medersa Bou Inania Taibe
▶P.163 グラン・モスク
Grande Mosquée

R ▶P.168

オテル・パリ
Hôtel Paris ▶P.167

フルーツジュース
PTT H B Cybernet

イスラム墓地

▶P.163
ジャメイ博物館 泉
Musée Jamaï

Agadir H H Resina
Nouveau H R Meknes

映画館

メッラハ門
Bab el Mellah

旧ユダヤ人街
Vieux Mellah

エディム広場
Pl. el Hedim ▶P.162

モロッコ・オテル
Maroc Hôtel H R プチタクシー
乗り場

メラー通り

Oumnia

イスラム墓

クミス門 ▶P.163
Bab el Khemis

ラアウダ広場
Pl. el Lalla Aouda

RD

グランタクシー
乗り場

ユダヤ人街
Nouveau Mellah

マンスール門
Bab el Mansour
▶P.161

ル・リヤド・メクネス
Le Riad Meknes
▶P.167

民営
バス乗り場

（新市街への
バス停）

ムーレイ・イスマイル廟
Tombeaux de Moulay Ismail ▶P.161

リフ門
Bab el Rif

ラバトへ

キリスト教徒の地下牢
Prison des Khiyatin
▶P.161

クベット・エル・キャティン
Koubbet el Khiyatin
▶P.161

ゴルフ場

Rue RH ▶P.162

ユダヤ人墓地

王宮庭園
Palais Royal

王宮
Dar el Makhz

イスラム墓地

カリ門
Bab el Qari

陶器博物館
Musée de la Poterie

王都のエリア
VILLE IMPERIALE

Beni M'Hammed

アグダルの貯水池 ▶P.162
Bassin de l'Aguedal

▶P.162
ヘリ・スアニ
Heri Souani

1

2

3

A   B

164

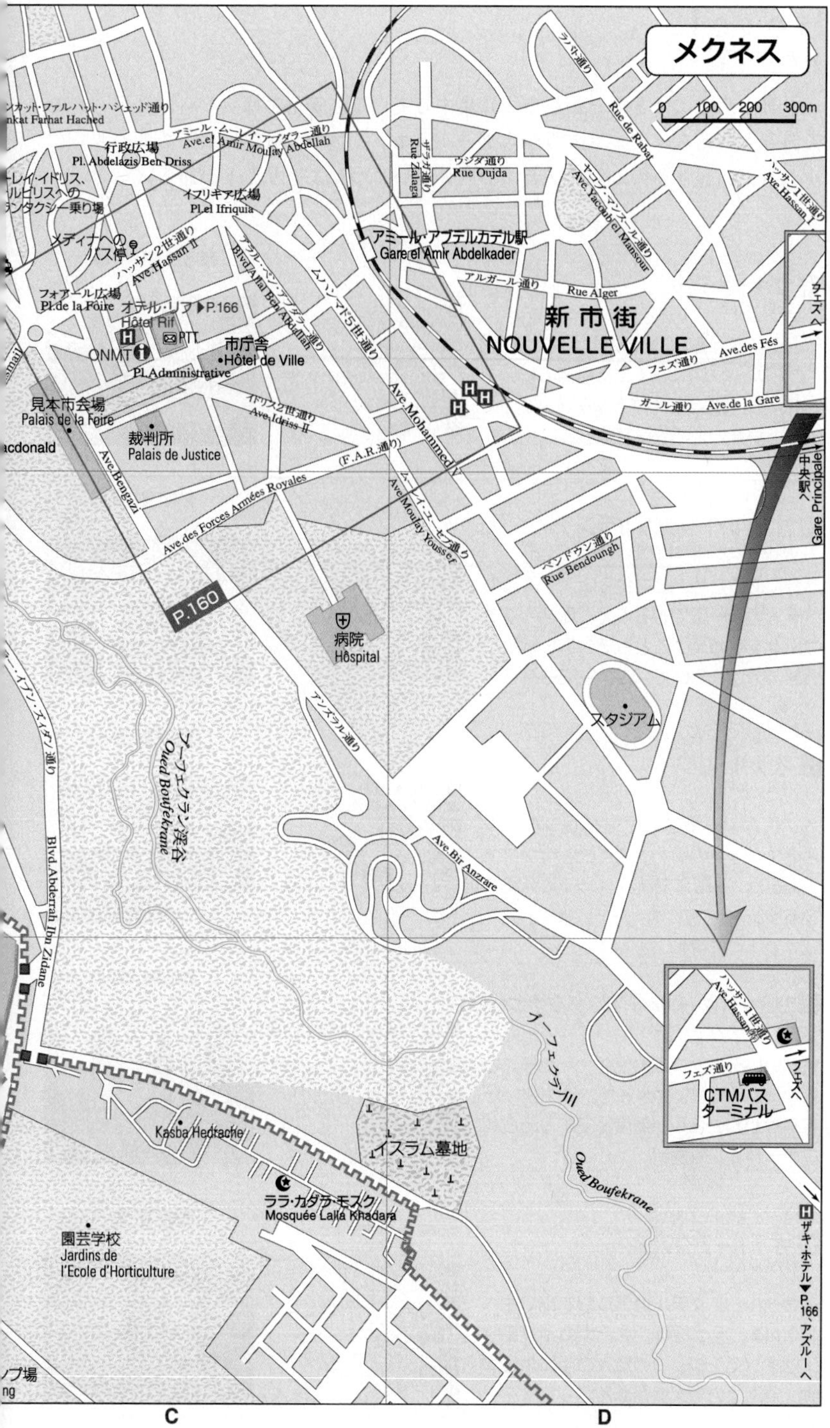

メクネス

スカット・ファルハット・ハジェッド通り
Rue ket Farhat Hached

ラバ通り
Rue de Rabat

行政広場
Pl. Abdelaziz Ben Driss

アミール・ムーレイ・アブダラ通り
Ave. el Amir Moulay Abdellah

サブダ通り
Rue Zaauga

ウジダ通り
Rue Oujda

ヤクード・アルマンスール通り
Ave. Yacoub el Mansour

ハッサン1世通り
Ave. Hassan II

メディナへの
バス停

マレイ・イドリス、
ルビリスへの
ランタクシー乗り場

イフリキア広場
Pl. el Ifriquia

ハッサン2世通り
Ave. Hassan II

アミール・アブデルカデル駅
Gare el Amir Abdelkader

アルガール通り
Rue Alger

ウェズへ

フォアール広場
Pl. de la Foire

オテル・リフ ▶P.166
Hôtel Rif

アブデル・マリク・ベン・アブダラ通り
Blvd. Abd el Malik Ben Abdallah

ムレイ・ユセフ通り
Blvd. 1945年5世通り

新市街
NOUVELLE VILLE

フェズ通り

ガール通り

ONMT ℹ

PTT

市庁舎
• Hôtel de Ville

行政広場
Pl. Administrative

H H
H

ハッサン2世通り

フェズ通り
Ave. des Fés

ガール通り
Ave. de la Gare

中央駅へ

Gare Principale

見本市会場
Palais de la Feire

イドリス2世通り
Ave. Idriss II

裁判所
Palais de Justice

Ave. Nejjaou

王立軍通り
Ave. des Forces Armées Royales

(F.A.R.通り)

ムーレイ・ユセフ通り
Ave. Moulay Youssef

Ave. Mohammed V

ベンドゥウン通り
Rue Bendoungh

P.160

病院
Hôspital

ブーフェクラン渓谷
Oued Bouéfekrane

アンスラル通り

アイン・スルタン通り

スタジアム

Blvd. Abderrah Iba Zidane

Ave. Bir Anzrare

ブーフェクラン川

ハッサン1世通り
Ave. Hassan II

Macdonald

フェズ通り

フェズへ

CTMバス
ターミナル

Kasba Hedtache

イスラム墓地

Oued Boufekrane

園芸学校
Jardins de
l'Ecole d'Horticulture

ララ・カダラ・モスク
Mosquée Lajla Khadara

H ザキ・ホテル
▶P.166 アズルーへ

ンプ場
ng

C

D

Hotel
ホテル

　中級ホテルはほとんどが新市街に集中している。安宿を探すなら、メディナの入口ともいえるエディム広場からダール・スメン通りを郵便局に下る間、さらにルアムジン通りを行こう。メディナ内にもいくつかよいリヤドがある。

ゆっくり滞在型にぴったりの

郊外 MAP P.165-D3 外 高級

H ザキ・ホテル
Zaki Hôtel

町の中心部からは3kmほど離れているが、ここもゆっくりくつろぐには最適のリゾートホテル。Hトランザトランティック（→下記）よりは、もっと気軽な感じ。

住 Blvd. Al Massira
☎(0535)51-41-47〜49
URL www.zakihotel.com
料 ⬛⬛⬛⬛⬛⬛TV ⬛
　S 1058DH〜　D 1155DH〜
CC AMV
客室数 168
☎ あり（客室）

メディナ一帯を見晴らせる

新市街 MAP P.164-B1 中級

H オテル・トランザトランティック
Hôtel Transatlantique

高台にあるため、ここからはメクネスのメディナを一望できるうえ、周りのリフの山々を眺め渡すこともできる。新館と旧館に分かれていて、広い中庭もある。

住 Rue Oqba Ibn Nafea
☎(0535)52-50-50
URL hoteltransatlantique.ma
料 ⬛⬛⬛⬛⬛⬛TV ⬛⬛
　S €40〜　D €50〜
CC MV
客室数 120
☎ あり（客室）

新市街中心部の老舗ホテル

新市街 MAP P.160-A2 中級

H オテル・リフ
Hôtel Rif

メクネスで一番古い歴史をもつホテル。スタンダードのほか、スイートロワイヤル3室と、各階にプチスイートが4室ずつある。

住 Rue d'Accra
☎(0535)52-25-91
料 ⬛⬛⬛⬛⬛TV
　S 718〜918DH　D 936〜1236DH
　朝食 50DH　夕食 170DH
CC MV　客室数 120
☎ あり（客室）

アットホームで手頃なリヤド

メディナ MAP P.164-B2 中級

RD リヤド・ダール・アル・メクナシア
Ryad Dar Al Meknassia

気のいいモロッコ人男性がオーナー。わずか5室の小さなリヤドだ。やや狭いが、客室はかわいらしい調度品でまとめられ、ロケーションも便利。

住 14 Derb Zemouri-Dar Smen
☎0671-74-12-01
料 ⬛⬛⬛⬛
　S D €37〜
CC ADJMV
客室数 5
☎ あり（客室）

4〜9月は予約が必須

新市街 MAP P.160-B1 中級

H オテル・アクアス
Hôtel Akouas

アミール・アブデルカデル駅を出て左へ150mほど行った所。ホテルのインテリアはすべてモロッコの職人の手による本物。清潔なので人気がある。

住 27 Rue Amir Abdelkader
☎(0535)51-59-68
URL www.hotelakouas.com
料 ⬛⬛
　S D 400DH〜
CC MV
客室数 50
☎ あり（客室）

フェズとメクネス ❖ メクネス

メクネスで最初のリヤド

RD ル・リヤド・メクネス
Le Riad Meknes

メディナ MAP P.164-B2 / 中級

ムーレイ・イスマイルによって建てられた歴史的建造物。メディナの迷路の中にあり、看板はあちこちに出ているが、宿泊客は迎えに来てもらったほうがいい。

79 Ksar Chaacha-Dar-Lakira
☎(0535)53-05-42
S€40〜 **D**€50〜
CC不可
客室数6
📶あり（共用エリア）

郵便局の裏にあるビジネスホテル

H オテル・パラス
Hôtel Palace

新市街 MAP P.160-A2 / 中級

2018年に新装オープン。メクネス新市街のほぼ中心、郵便局の裏に面している。5階建てほどのビル型の建物で、フロントは地上階（カフェがある）にある。

11 Rue Mohamed El Meknassi
☎(0535)40-04-68
S350DH **D**400DH
CC不可
客室数40
📶あり（客室）

新市街の老舗ホテルのひとつ

H マジェスティック・オテル
Majestic Hôtel

新市街 MAP P.160-B1 / 安宿

客室は簡素、アメニティも普通だがパティオでくつろげるのは魅力。最上階にはテラスがあり、日中はここで日光浴することも可能。渋い雰囲気でおすすめ。

19 Ave. Mohammed V
☎(0535)52-20-35／03-07
共同
S258DH **D**356DH
S288DH **D**376DH
CC不可
客室数47
📶あり（客室）

男性のひとり旅におすすめの安宿

H オテル・トゥブカル
Hôtel Toubkal

新市街 MAP P.160-B1 / 安宿

トイレ（アラブ式）、シャワーはすべて共同だが、各室に洗面台が付いている。そのため客室内はベッドだけのシンプルな設備で、典型的な安宿といった雰囲気。

49 Ave. Mohammed V
☎(0535)52-22-18
共同
S140DH **D**220DH
CC不可
客室数24
📶なし

安いのでよく満室になる

H オテル・パリ
Hôtel Paris

メディナ MAP P.164-B2 / 安宿

道に面した側はカフェになっている。ホテルの入口はその脇を入った所にある。シャワーがないが、ホテルのすぐ裏側にハマムとシャワー屋がある。

58 Rue Rouamzine
☎0663-60-57-27
共同 **S**70DH **D**100DH
CC不可
客室数16
📶なし

世界中のバックパッカーに人気

H モロッコ・オテル
Maroc Hôtel

メディナ MAP P.164-B2

ルアムジン通りに郵便局のほうから入って、右側に少し入る。中庭に面して窓があり、オレンジの木が茂っていて涼しげ。シャワー、トイレは共同だが清潔。

7 Rue Rouamzine
☎(0535)53-00-75
共同
S100DH **D**200DH
CC不可
客室数29
📶あり（共用エリア）

安宿

Restaurant
レストラン

　レストランの多くは新市街にある。ワインの名産地であるメクネスは、モロッコ人には「酒と歓楽の町」として名高く、町なかのレストランの多くはワインやビールを置いている。夜にはライブ演奏をするところも多い。

豪華な装飾に囲まれてスルタン気分　　　　　　　　　　　　メディナ MAP P.164-B1

R ジトゥーナ
Zitouna
モロカン

サラダ、タジン（もしくはクスクス）、デザート、パティスリーのセット（110DH）がおすすめ。精巧な装飾と金色で造られた見事な店内も必見の美しさ。

🏠44 Jamma Zitouna
☎(0535)53-02-81
🕐12:00～15:00
休なし
CC不可
予なし

年中にぎわうアイスクリームカフェ　　　　　　　　　　　　新市街 MAP P.160-A2

C パレ・ドゥ・グラス
Palais de Glace
カフェ

イフリキア広場周辺には、オペラ、コロンボ、レックスなど、アイスクリームを出すカフェがあるが、夏しか作らない。でも、この店なら冬でも楽しめる。

🏠Pl. Administrative
☎(0535)52-12-91
🕐7:00～24:00
休なし
CC不可
予あり

コックの立て看板が目印の庶民派食堂　　　　　　　　　　　新市街 MAP P.160-B1

R レストラン・マルハバ
Restaurant Marhaba
モロカン

昼時は地元の人々で大繁盛している。タジン30DH前後、サラダ10～30DH、オムレツ12DHなど。地元の人に圧倒的に人気があるのがハリラ。

🏠Ave. Mohammed V
☎(0535)52-16-32
🕐12:00～22:00
休なし
CC不可
予なし

地元の価格の鶏料理屋　　　　　　　　　　　　　　　　　　新市街 MAP P.160-A2

R パレ・ハサニ
Palais Hassani
モロカン

鶏の丸焼き「ダジャージ（Rotti）」が有名な店。1/4で25DH、半分で50DH（サラダやポテト付き）と庶民価格で楽しめる。ダジャージとはアラビア語で鶏。

🏠Rue Tetouan no4 Meknes
☎0663-23-33-34
🕐11:00～翌1:00
休なし
CC不可
予なし

豆の煮込みがおいしい　　　　　　　　　　　　　　　　　　メディナ MAP P.164-B2

R テイビー
Taibe
モロカン

ブー・イナニア・マドラサの近く、Y字路の角で営業している。豆の煮込みはニンニクが効いていて美味。揚げたてのナスもおいしい。

🏠Medersa Bou Inania
☎なし
🕐10:30～21:00
休金
CC不可
予なし

▲山肌に造られた静かな町

敬虔なイスラム教徒が集う聖者の町
ムーレイ・イドリス
Moulay Idoriss

　メクネスから北へ約22km、なだらかな丘陵地を登っていくと、ザルフォーン山 Jbel Zerhoun にへばりつくように白い家並みが山頂まで広がっている。これが「聖者の町」といわれる古都ムーレイ・イドリスだ。

　ここには、第4代カリフ、アリと預言者ムハンマドの娘ファティマの子供のハッサンの子孫「イドリス・イブン・アブドゥッラー、（イドリス1世）」が埋葬されている。

　彼はアッバース朝（→ P.329）での勢力争いに負けてモロッコに亡命し、ローマ都市跡ヴォルビリス（→ P.172）近くのベルベル族に受け入れられた。彼は渾身の力でキリスト教、ユダヤ教や土着の信仰をもったベルベル人たちをイスラム教に改宗させることに成功し、この地域の信仰と軍事のリーダーとなっていった。その頃北アフリカにおけるカリフ（→ P.325）の権威は弱体化していたので、イドリス1世はベルベル人の助けを借り、モロッコで初めてのイスラム王朝イドリス朝を打ち立てた。彼は現在でもモロッコであがめられている聖者（ムーレイ）のひとりだ。モロッコ全土から巡礼者が集まる彼の霊廟がある聖域は町の中心にあって、ホルム Horm と呼ばれ、非イスラム教徒は入ることができない。敬虔なイスラム教徒のみによって造られ、その心が継承されてきたこの町には、なんともいえず、神秘的なムードが漂う。

169

ムーレイ・イドリスの歩き方

ムーレイ・イドリスの局番
0535

キベール Khiber と **タスガ Tasga** のふたつの丘にまたがってびっしりと家がへばりつくこの町は、急な坂と狭い階段の小道ばかりの町並みが続く。バスもグランタクシーも、町の入口の広場までしか入れない。広場には市場、職人の工房が集まっているが、メディナの中に入るとほとんど民家のみ。ハマム、商店、小さな宿が町に点在している。

丘の上までゆっくり散歩しよう。各路地の光景はどこかノスタルジックで心が和む。大荷物を背負ったロバとおじさん、礼拝におもむく人、パンを持って歩く人……ゆっくりすれ違う。入口から近い所に円筒系の緑色のモザイク装飾が施されたミナレットが目を引くマドラサがある。モロッコでこのスタイルのものはここが唯一で、コーランの章が記されている。どんどん登り西側の丘の上に出ると、眼下に町の全景と緑の広野、そしてローマ古代都市跡ヴォルビリスの柱まで見渡せる。

おもな見どころ

✳ ムーレイ・イドリス廟
Zaouia Moulay Idriss

もともとの墓、聖人イドリスのクッバ Koubba は 18 世紀にムーレイ・イスマイルに破壊されたが、19 世紀にシディ・アブド・エル・ラハマーン Sidi er Rahaman が現在の大きな建物に改修。スペインのアンダルシアの緑瓦で遠くからもよくわかる。霊廟は聖域ホルム

▲敬虔なイスラム教徒が集まり礼拝を捧げる

Horm の中、非イスラム教徒は入ることができない。入口からのぞくことができるが、霊廟内は神聖な雰囲気が漂っている。

ACCESS

ムーレイ・イドリスへの行き方
　メクネスの新市街、ザンカット・ファルハット・ハシェッド Zankat Farhat Hached 通りからグランタクシー（**MAP** P.165-C1）が出ている。所要 45 分、10DH。グランタクシーをチャーターする場合は往復約 300DH。メクネスの民営バスターミナルからバスも出ていて所要約 50 分、8DH。ヴォルビリスと合わせてグランタクシーを半日チャーターするのもおすすめ。

ムーレイ・イドリスの祭り
　毎年 8 〜 9 月にはムッセム Moussem の祭りが行われ、この時期には何千人もの巡礼客が訪れる。ザルフォーン山の中腹はたくさんのテントで埋め尽くされ、ダンサー、大道芸人、音楽隊などさまざまなパフォーマーたちの行進が続く。

✉ **フェズの人混みに疲れたら**
　ムーレイ・イドリスは観光客が少なくのんびりと探索できるので、フェズの人混みに疲れた人にはおすすめ。町の入口の広場で声をかけてきた現地のガイドのおじさんについて行ったところ、見どころを効率よく回れて、絶景の写真スポットも紹介してもらい、そのうえ声をかけてくる物乞いを追い払ってくれて助かった。ガイド料は 140DH 程度。
（香港　クラブ極東　'19）

▲14 世紀に建てられたマドラサ

▲展望スポットからの景色。緑色の屋根瓦の大きな建物がムーレイ・イドリス廟

Hotel
ホテル

これといって見どころのない町だが、緑色で塗られたかわいらしい町並みや、昔ながらの人々の生活が見られるとひそかな人気を誇る。宿泊してゆっくり滞在するのがおすすめだ。ここを拠点にメクネスやヴォルビリスを観光するのもいいかもしれない。ホテルは数軒が営業しているが、おすすめは RD ダール・ザルフォーン。おしゃれな客室と充実のサービスが旅行者に人気だ。

さまざまなアクティビティが楽しい

市内　MAP 地図外　中級

RD ダール・ザルフォーン
Dar Zerhoune

ニュージーランド人の女性がオーナー。かわいらしいインテリアと充実のアクティビティで旅行者に人気だ。ここで自転車を借りてヴォルビリスへ行くのは最高のピクニックとなる。ロバを使ったトレッキングツアーもあり。ルーフトップテラスは景色がよく最高に気持ちがいい。

▲山間にあるので冬は結構冷える

42 Derb Zaouk, Tazga
☎0642-24-77-93
URL www.darzerhoune.com
⑤425DH ⑩650DH
CC MV 客室数6
📶あり（客室）

◀テラスからはヴォルビリス遺跡が見える

とても熱心なご主人

市内　MAP 地図外　中級

RD ラ・コロンブ・ブランシュ
La Colombe Blanche

昔ながらの中庭付きの家を改造したもの。全体的にタイル張りで客室の装飾もかわいらしい。テラスからは町のパノラマが望める。

21 Derb Zouak-Tazghaa
☎(0535)54-45-96,
　0660-04-02-83
URL maisondhote-zerhoune.ma
⑤€25〜 ⑩€30〜
CC DJMV 客室数12
📶あり（客室）

モロッコ人経営の小さな宿

市内　MAP 地図外　中級

H ダール・アル・アンダルース
Dar Al Andalous

部屋は清潔でどこかあたたかみのある雰囲気。モロッコ人男性が経営するわずか6室の宿で、モロッコ風のタイルが美しいサロンもある。

Moulay Idriss
☎0661-25-34-62
⑩650DH
CC不可
客室数6
📶あり（客室）

昔ながらの建物を改装

市内　MAP 地図外　中級

H ダール・イネ
Dar Ines

7室の客室は部屋によって広さも内装もばらばら。いくつか見せてもらって部屋を決めたほうがよい。食事の用意もしてくれる。

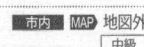

Hay Tazga, Derb Amjout
☎0667-15-67-95
⑤350DH ⑩500DH
CC不可
客室数7
📶あり（客室）

▲モロッコにあるローマ都市遺構では唯一の世界遺産

ローマ時代が鮮やかによみがえる
ヴォルビリス遺跡
Volubilis

メクネスから北に約30km、ザルフォーン山 Jebel Zerhoun を取り囲む平原には肥沃な大地が広がる。オリーブ、果樹、ブドウ畑、常緑樹……、緑の絨毯の中にぽっかりと蜃気楼のように現れるのがヴォルビリスのローマ古代遺跡だ。ムーレイ・イドリスの丘の麓からは北西に3.5km。ここは、40ha以上の広大な敷地にすばらしい保存状態を誇る遺跡のひとつとして、ユネスコの世界遺産に登録されている。

この場所に町が建設されたのは、ローマ人が入る前の紀元前1世紀。マウレタニアの王、ユバ2世が王国の首都をおいた（マウレタニアとは古代の北アフリカの地中海沿岸にあったベルベル人のマウリ部族の王国。その勢力範囲は西アルジェリア、北モロッコ、ジブラルタルを含む）。町の名前、ヴォルビリスとは、あたり一面咲く花、キョウチクトウの花にちなむ。ベルベル語では当時から「Walili」「Oualili」「Walila」と呼ばれた。

ローマ時代、ここは帝国の勢力範囲の西限に位置する重要な都市として、ローマ属州の州都となる。「マウレタニア・ティンギタナ Mauretania Tingitana」と呼ばれ、全盛期には2万人もの人々が住んでいた。

都市の遺跡群は、1755年のリスボン大地震の際に大きく被害を受けた。1874年よりフランスの考古学者グループにより発掘が始められ、現在まで細々と続いている。出土品の多くはラバトの考古学博物館に保管されている。

ヴォルビリス遺跡の歩き方

　チケット売り場から右へ小道を上っていき、**ヴィーナスの家 Maison de Vénus** から歩いてみよう。この家のモザイクはヴォルビリスに残る邸宅のなかでも最も鮮やかで美しい。この家から一度出て、町の幹線通り**デクマヌス・マクシムス Decumanus Maximus**（南北はカルド Cardo）を歩きながら右側の家々を順番に訪れる。大通りだけあって、大きくて豊かな家々が並んでいる。床のモザイク画を楽しみながら、**ギリシア青年の家 Maison à l'Ephèbe** まで歩いていこう。それぞれの家に隠れているモザイク画を見つけるのは、時間がかかることもあるが、発見の喜びはひとしお。ヴォルビリスにある「家」は基本的にすべて同じ間取りなので、ひとつずつ見ていくと慣れてくる。真ん中には大型のモザイク画がよくある中庭、その周りに小さな部屋とエントランスがある。デクマヌス・マクシムスの西側端には**カラカラ帝の凱旋門 L'arc de Triomphe** がそびえ立つ。

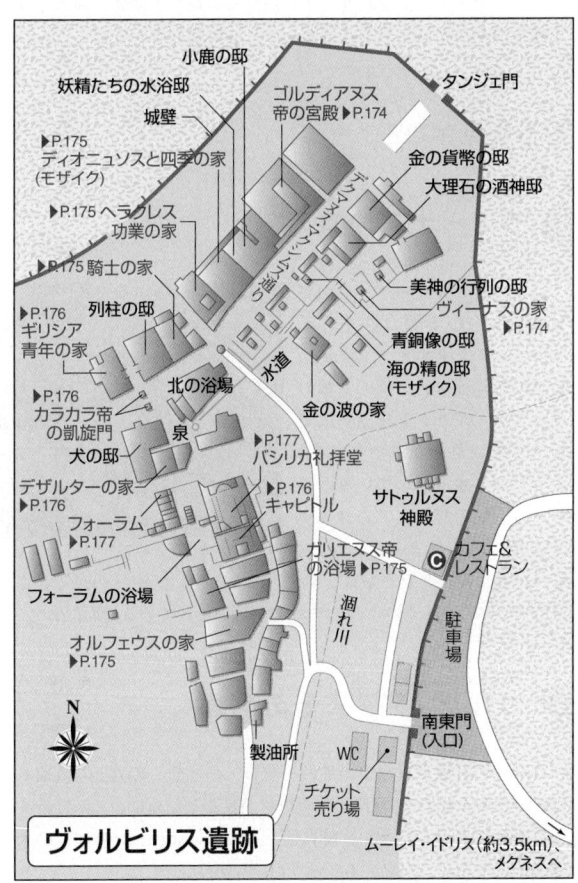

ヴォルビリス遺跡

（地図内ラベル）
- 小鹿の邸
- 妖精たちの水浴邸
- 城壁
- ▶P.175 ディオニュソスと四季の家（モザイク）
- ▶P.175 ヘラクレス功業の家
- ▶P.175 騎士の家
- 列柱の邸
- ▶P.176 ギリシア青年の家
- ▶P.176 カラカラ帝の凱旋門
- 犬の邸
- 泉
- デザルターの家 ▶P.176
- フォーラム ▶P.177
- フォーラムの浴場
- オルフェウスの家 ▶P.175
- ゴルディアヌス帝の宮殿 ▶P.174
- タンジェ門
- 金の貨幣の邸
- 大理石の酒神邸
- 美神の行列の邸
- ヴィーナスの家 ▶P.174
- 青銅像の邸
- 海の精の邸（モザイク）
- 北の浴場
- 水道
- 金の波の家
- ▶P.177 バシリカ礼拝堂
- キャピトル
- サトゥルヌス神殿
- ガリエヌス帝の浴場 ▶P.175
- カフェ＆レストラン
- 涸れ川
- 駐車場
- 南東門（入口）
- 製油所
- WC
- チケット売り場
- N
- ムーレイ・イドリス（約3.5km）、メクネスへ

ACCESS
ヴォルビリスへの行き方
　残念ながらヴォルビリス遺跡までの公共交通機関はなく、個人で訪れるにはメクネスからグランタクシーをチャーターするのが一般的。メクネスのグランタクシー乗り場（MAP P.165-C1）は新市街のファルハット・ハシェド通り沿いで、交渉して1台300DH程度。約3.5km行った所にあるムーレイ・イドリスとあわせてチャーターして1台350DH程度、乗る前に「ムーレイ・イドリスに2時間（ランチの時間も含める）」「ヴォルビリスに2時間」と希望滞在時間を伝えるといい。グランタクシー乗り場には、午前中なら観光客がチャーターできるタクシーを探していることが多いので、誘い合ってシェアしてもいいだろう。
　数は少ないが、運がよければムーレイ・イドリスからヴォルビリスまでグランタクシーをチャーターすることもできる。
　夏季は非常に暑く、日差しもきついので、早朝の出発がおすすめ。飲料水や帽子も欠かせない。

❀ヴォルビリス遺跡
圏8:30〜日暮れ
※クローズ時間は季節により16:45〜19:30の間で変動。
困なし　料70DH

▲遺跡の周りはのどかな草原地帯

　ヴォルビリスのチケット
売り場周辺にはローカルガ
イドが集まっている。1 ～
2 時間 120 ～ 140DH。少
し高く感じるが、見つけに
くい「家のモザイク」の場
所などを的確に教えてもら
えるし、個人差はあるが各
モニュメントの意味を解説
してくれる。

▲ヴォルビリス遺跡のモザ
イク画は鮮やかで美しい

▲各家やモニュメントに印
がつけられている

　引き続きモザイク画の残る家々に
入ってから、**フォーラム Forum**、ロー
マ都市の中心地、その隣にはもちろ
ん、バシリカとキャピトルがある。
キャピトル Capitole はローマ神ゼウ
スを祀るもので、ゼウス神殿ともい
う。人々が集まるフォーラムの周り
には、神殿だけでなく市場があった

▲オリーブ圧搾工房、製油所。ほか
にも遺跡にごろごろとオリーブを
ひく臼が見られる

はずだ。引き続き南下していくと、**ガリウヌス帝の浴場 Les
Thermes de Gallien** が続く。最後に**オルフェウスの邸 Maison d'
Orphée** で、この周辺では最も保存状態のいいモザイク画のオル
フェウスとその動物たちの絵を鑑賞する。南端には、圧搾の様子
がわかりやすいオリーブ製油所が見られるが、遺跡全体では 35
の製油所が確認されている。あちこちで見られるモザイク画やオ
リーブ圧搾機材を見ると、肥沃な大地に多様な動物が生息し、オ
リーブ交易で栄えたことがうかがえる。
　ここまでポイントを絞りながら足早に歩いて 1 時間、ゆっくり
写真を撮りながら念入りに回ると 2 ～ 3 時間はかかるだろう。

おもな見どころ

🌸 鮮やかなモザイク画
ヴィーナスの家
Maison de Vénus

★★ 🌐世界遺産

MAP P.173

　ふたつの大きなモザイク画が
見られる。ひとつはダイアナ
Diane とアクタエオン Actaéon
の話の一場面で、狩猟の女神の
ダイアナ（ギリシア神話ではア
ルテミスで月の女神でもある）
がニンフと水浴をしていると
ころを、人間の狩人、アクタエオ
ンに見られてしまったところ。

▲ダイアナとアクタエオン

もうひとつは、ヘラクレスとニンフ、メリティ Melite の息子とさ
れるヒラス Hylas がニンフたちから訓練を受けている場面だ。

🌸 行政長官の屋敷跡
ゴルディアヌス帝の宮殿
Palais de Gordien

★ 🌐世界遺産

MAP P.173

　ローマの行政長官（この地域の総督）の屋敷。4700㎡の敷地で
だだっぴろく見える。当時の建築資材が豪華なためにどこかに持っ
ていかれたからだろうか、特に何も残っていない。いちばんの大
通りデクマヌス・マクシムス通り沿いにある。

▲デクマヌス・マクシムス
通りの下には下水道も
通っていた

ローマ本国のモザイク画を見る
ディオニュソスと四季の家
Maison de Bacchuset des Quatre Saisons

★★　世界遺産

MAP P.173

　北アフリカのモザイクや彫像のモチーフには、ワインの神様であるバッカス（ギリシア神話）、ディオニュソス（ローマ神話）が多い。この部屋の上から3番目がディオニュソス、周りにニンフ、そして丸い枠の中の顔が大きいものは四季の擬人像だ。「秋」の擬人像が頭に付けているのは、ワインのグレープとその葉っぱ。

▲この地域ではワインも製造された（ディオニュソスと四季の家）

神話の世界を語るモザイク画
ヘラクレス功業の家
Maison aux Travaux d'Hercule

★★★　世界遺産

MAP P.173

　ヘラクレスはギリシア神話上、12の功業を果たすことになる。その苦行の様子をメダイヨン（楕円の枠）でそれぞれ描写したモザイク。12枚のうち10枚の保存状態がよい。このモザイク画の花柄の装飾や何気ない細かな飾りもすばらしい。

▲ヘラクレス自身の大きなポートレイトもある（ヘラクレスの功業の家）

ギリシア神話の愛を語る一場面
騎士の家
Maison au Cavalier

★★　世界遺産

MAP P.173

　この家のダイニングルームを装飾するのは、六角形の縁内にバッカスと恋人アリアドネ Aiadne を描いた鮮やかなモザイク。バッカスがナクソス Naxos 島の海岸でアリアドネが眠っているのを見つけたギリシア神話の一幕を描いている。ひとつ西側は列柱の家で、お祭り用に使われた大きな建物は1700㎡もある。

▲ギリシア神話の一場面がよく描かれている（騎士の家）

状態のよいまま発掘された
ガリエヌス帝の浴場
Les Thermes de Gallien

★　世界遺産

MAP P.173

　中温浴室テピダリウム、高温浴室カリダリウム、冷浴室フリジダリウム、そして熱気浴室スダトリウムの、いわゆるサウナが配置されている。ローマ時代の入浴はまず運動場で運動してから、テピダリウム→カリダリウム→スダトリウム→テピダリウムと戻り、肌の乾燥を防ぐオリーブオイルをぬる、といったもの。脱衣場、公衆トイレも完備されていた。

▲床下は空洞になっている（ガリエヌス帝の浴場）

悲劇を伝えるモザイク画
オルフェウスの家
La Maison d'Orphée

★★　世界遺産

MAP P.173

　家の入口近く、客間に描かれたオルフェウスのモザイクは必見。神話のなかでは悲劇だらけのオルフェウスの竪琴の技は非常に巧みで、彼が竪琴を弾くと、森の動物たちが集まって耳を傾けたといわれた。動物たちが集まって聞き惚れている様子がとても繊細に描かれている。

▲この周辺では最も保存状態のいいモザイク画がある（オルフェウスの家）

フェズとメクネス ❖ ヴォルビリス遺跡

175

▲ローマ時代の碑文

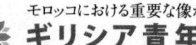

ギリシア青年の家
モロッコにおける重要な像が発掘された場所
Maison a l'Ephèbe
★★ 🌐世界遺産
MAP P.173

　美しい青年のブロンズの彫像が出土されたため、この名前がつけられた。ツタを巻いた冠をしていて、現在はラバトの考古学博物館に置かれている。広々とした大きな家のダイニングルームには、バッカスのモチーフのモザイクが色鮮やかに描かれている。

▲海のモチーフが多く、魚や海馬に乗るニンフの絵もある

カラカラ帝の凱旋門
ヴォルビリス遺跡を代表する
L'arc de Trimphe
★★ 🌐世界遺産
MAP P.173

　212年、当時の皇帝カラカラは「アントニヌス勅令 Constitutio Antoniniana」を発布し、全属州の自由民にローマ市民権を付与した。そしてすべての属州民に課せられていた「属州民税」（収入の10分の1）がなくなったため、属州のヴォルビリスは財政の面で楽になり、属州民として市民権取得のためにローマ軍に入る必要がなくなった。この凱旋門は紀元277年にはアントニヌス勅令を発してくれたカラカラ帝への感謝をささげ、建造された。逆に、ローマ本国は税収の減少にいたり、国家財政が苦しくなった。

▲町の西ゲートを示唆する（カラカラ帝の凱旋門）

デザルターの家
庶民の生活を伝える
Maison au Désultor
★ 🌐世界遺産
MAP P.173

　デザルターとは、ギリシア語で馬から馬へ飛び移りながら2頭以上の馬を一緒に走らせる運動技術をもった男のことをいう。古代ローマのサーカスでの人気種目だった。このデザルターの様子を描いたモザイクのように、ローマ時代の生活の様子を描いたものもある。

▲デザルターの家

キャピトル
ゼウスを祀る神殿
Capitole
★★ 🌐世界遺産
MAP P.173

　フォーラムの隣はやはり神殿である「キャピトル」。ここにはジュピター（ゼウス）が祀られている。階段を上った所の柱はほとんど修復されたもの。

▲修復の跡が見られる

フォーラムとバシリカ礼拝堂

巨大さに圧倒される
フォーラムとバシリカ礼拝堂
Forum et Basilique

★★★ ◎世界遺産

MAP P.173

　フォーラムはローマ都市では常に中心におかれ、市民の集会所となった所。多くは町の南北と東西の幹線道路の交わる所におかれた。すぐそばに、バシリカ礼拝堂、浴場、市場、ジュピターなど主要な神々を祀る神殿がおかれるのも通例だ。バシリカはローマ時代、裁判や公的な会議、集会や、ときには市場としても使われた。ローマが衰退してキリスト教が入ると、教会施設となる。

▲遺跡のなかでは最も大きなモニュメントであるバシリカ礼拝堂

✉ **ムーレイ・イドリス
から歩いて**

　ムーレイ・イドリスまで行けば、ヴォルビリス行きのグランタクシーが出ています。それに乗ると安上がり。チャーターしなくても行けます。しかし、帰りはヴォルビリスからうまくタクシーがひろえるかは運です。私はヴォルビリスからムーレイ・イドリスまで歩きました。3.5kmなので可能です。放牧などが見られて、景色もすばらしく、気持ちよかったです。
（三重県　Jamila '10）
['19]

フェズとメクネス ❖ ヴォルビリス遺跡

ローマ帝国とモロッコ

Column

　紀元前12世紀以来、フェニキア人が現在のセウタ、タンジェ、ララシェ、ラバトあたりに拠点を設け、地中海交易を行っていた頃、モロッコの内陸部では先住民のベルベル人が暮らしていた。前146年、ポエニ戦争でカルタゴがローマ帝国に敗れるが、この前後から北アフリカにベルベル系の連合政権が形成され始める。現在のチュニジアからアルジェリア東部にかけてはヌミディア王国が、アルジェリア西部からモロッコにかけてはマウレタニア王国が成立し、両国はそれぞれローマの有力者と同盟関係を結び、覇を争った。間もなくヌミディア王国はローマ帝国に組み込まれるが、マウレタニア王国はローマと縁のあるユバ2世が王となり、ローマ帝国の成立に関わっていった。ユバ2世は捕虜としてローマで育ち、クレオパトラとアントニウスの娘クレオパトラ・セレネを妻とした、ローマと深いつながりをもつ王であった。その後、

息子のプトレマイオスが王位を継ぐが、内乱となってマウレタニア・ティンギタナとマウレタニア・カエサリエンシスに分割され、ローマの属州になってしまう。

　こうしてモロッコ地域はローマ帝国の支配下におかれ、セウタ、タンジェ、リクソスなどの地中海沿い、ヴォルビリスなどの内陸部にローマ風の都市が建設された。モロッコからは、小麦やオリーブなどの農産物がイベリア半島に輸出され、地中海世界と経済的に結びつくにつれ、徐々にローマの文化がモロッコに浸透していった。しかし、4世紀初頭にはローマの属州支配も揺らぎ始め、マウレタニア・ティンギタナの首都であったヴォルビリスからローマ人が撤退し、ローマ帝国の支配は終焉を迎える。

[参考文献]
●私市正年、佐藤健太郎（編著）
『モロッコを知るための65章』明石書店

ヨーロッパの田舎のような趣

イフレン
Ifrane

イフレンの局番
0535

ACCESS
イフレンへの行き方
▶▶フェズから
　CTMのバスが1日1本運行。所要約1時間、25DH。
※上記のほか、それぞれ民営バスも1日数本運行。

✿観光局ONMT
　町の中心、プランス・ムーレイ・アブダラー通りにある。近くには郵便局もある。
☎(0535)56-68-21
圖9:00〜16:30
休土・日

イントロダクション

　モワイヤン・アトラス山脈の中腹に、およそモロッコとは思えない町がある。ナツメヤシでもオリーブでもない、杉の林にうっそうと囲まれ、小川が流れ、池に木漏れ日がきらめく。切り妻屋根のかわいらしい家々には庭がある。モロッコ風の中庭でなくて、ちゃんと外にあるのだ。しかも、町は驚くほど静かで美しく、ヨーロッパ風のたたずまいを見せている。欧風アルペンリゾートといった趣だ。

　イフレンの町は標高1650m。冬場は雪に覆われるほどの高地のため、真夏でもひんやりと涼しい。このあたりは、昔は火山の噴火口だったという。夏の暑さが厳しいモロッコにおいては、格好の避暑地である。モロッコがまだフランスの植民地だった1929年、保養地として建設され、独立後は国王をはじめ政府要人や富豪たちの別荘地となった。現在は、冬のスポーツリゾートとしても開発中だ。そのため、ヨーロッパ風なのも清潔なのも当然かもしれない。生活感は感じられないが、逆にモロッコの喧騒に疲れた身には、とっておきの避「騒」地となるだろう。

イフレンの歩き方

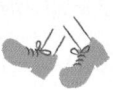

　町の中心から20kmほど南には、モロッコの代表的スキー場、**ミシュリフェン Mischuliffen** がある。スキーシーズンは、1月から3月上旬まで。夏はトレッキング客などでにぎわうが、交通手段がないのでレンタカーが必要になるだろう。

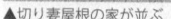
▲切り妻屋根の家が並ぶ

▲湖畔でのんびり過ごすのもいい

夏には避暑客でにぎわう

アズルー
Azrou

イントロダクション

　この町はもともとは先住民ベルベル人の居住区で、町の名はベルベル語で「岩」を意味する。これは町の中央にあるグラン・モスク近くにそびえる大きな岩山に由来している。

アズルーの歩き方

　CTMと民営バスターミナルは町の北にある。ターミナルを出たら、ムーレイ・アブデルカデル通り Blvd. Moulay Abdelkader を真っすぐ南へ進もう。すると市庁舎やモスクのある**ハッサン2世広場 Place Hassan Ⅱ** に出る。町の中心は、このハッサン2世広場からさらに東に進んだ左側にある**ムハンマド5世広場 Place Mohammed V**。ここにはカフェやレストラン、銀行、商店などが並んでいる。向かい側にも広場があり、安レストランが軒を連ね、1日中カバブを焼く煙が絶えることはない。

　毎週火曜には、岩山の東にスークが立ち、たくさんのベルベル人たちが集まってくる。また、安レストランの並ぶ広場を岩山のほうに下った所に、**伝統工芸品館 Ensemble Artisanal** がある。

(**アズルーの局番**
0535)

ACCESS

アズルーへの行き方
▶▶フェズから
　CTMのバスが1日1～3本運行。所要約1時間15分、35～50DH。
▶▶メクネスから
　CTMのバスが1日1本運行。所要約1時間30分、35DH。
※上記のほか、それぞれ民営バスも1日数本運行。

▲アズルーの岩山

✿伝統工芸品館
　シーダーの木で作った工芸品や、ベルベル絨毯などが展示されている。
☎ (0535)56-24-30
🕐 8:30～12:00、14:30～18:00
🚫なし

▲目印になるグラン・モスク

Hotel
ホテル

　安ホテルは、ムハンマド5世広場の東にあるスーク内広場周辺に集まっている。いずれも清潔だが、ホテルによってだいぶ雰囲気が違う。夏とそれ以外のシーズンで価格変動するホテルが多いので注意。

郊外にあるすてきなペンション

H ル・パレ・デ・セリシエール
Le Palais des Cerisiers

郊外　MAP P.179 外　中級

テラスのついたスタンダードルームに、暖炉付きのスイート。高原のペンションといった暖かみのある雰囲気と、高級感のある内装で旅行者に人気がある。スパにプール、テニス、ハイキングとアクティビティも豊富に揃っている。

Route du Cèdre Gorou,
Commune Ben Smim
☎(0535)56-38-30
URL www.lepalaisdescerisiers.com
S941DH　1092DH
CC MV　客室数22
あり (客室)

山小屋風で快適な

H オテル・パノラマ
Hôtel Panorama

郊外　MAP P.179 外　中級

家族経営のアットホームなホテル。レストランもしゃれていて、冬場には暖炉に火が赤々と燃えている。全室バルコニー付きで居心地がよい。シャワー、トイレ付きの客室は、シーズン中はすぐに予約でいっぱいになってしまう。

Rue El Hansali
☎(0535)56-20-10
S283DH　348DH
CC MV
客室数40
あり (共用エリア)

屋上からの眺めがすばらしい

H オテル・サラム
Hôtel Salam

市内　MAP P.179　安宿

部屋は清潔。屋上からは町中が見渡せるし、洗濯物も干すことができる。典型的な安宿といった雰囲気だが、スタッフがフレンドリーでくつろげる。別途料金を徴収されるが、お湯シャワーが出るのがうれしい。

Pl. My. Hachem Ben
Salah
☎0669-22-64-02
共同
S80〜100DH　150DH
CC不可
客室数12
なし

料金相応のホテル

H オテル・デ・セードル
Hôtel des Cèdres

市内　MAP P.179　安宿

1925年オープンだが、客室はけっこう清潔で外観も趣がある。洗面台は各部屋に付いている。町の中心部に位置しているので、観光するのに便利。ホテルには水シャワーのみなので、我慢できない人は近くのハマムかシャワー屋へ行こう。

Pl. Mohammed V
☎(0535)56-23-26
S150DH　250DH
300DH
CC不可
客室数18
あり (客室)

バジェット派におすすめ

H オテル・ボー・セジュール
Hôtel Beau-Sejour

市内　MAP P.179　安宿

トイレ、シャワー共同のシンプルな客室のみだが、きれいにされているので快適。景色のよいテラスもある。町の中心にあるのでロケーション的にもとても便利だ。バルコニー付きの部屋もあるので一度見てから決めるのもいいだろう。

45 Pl. Moulay Hachem Ben
Salah
☎(0535)56-06-92
共同
S70DH
120DH
CC不可　客室数19
あり (客室)

雪山を背にしたのどかな町
ミデルト
Midelt

イントロダクション

　バスに揺られていると、突然目の前に切り立った雪の山脈アヤシ山 Jbel Ayachi が現れる。その山脈を背後に従えた町ミデルトは、その名の示すとおり（ミデルトとはベルベル語で「中心」の意）、メクネスやフェズなどの都市部とエルラシディアやエルフードのある砂漠地帯のちょうど中間に位置している。空気の透明度はますます高まり、平野部に比べると気温もかなり低い。小さく地味な町だが、自動車で訪れる外国人旅行者も少なくないようだ。

ミデルトの歩き方

　ミデルトの町は、マーケット左側（東側）にある比較的細い坂道と、ターミナルの前にある広い幹線道路、**ムハンマド 5 世通り Blvd. Mohammed V**（ハッサン 2 世通り Blvd. Hassan II につながる）との間に、町中のすべての物と人が集まっている。細い坂道のほうを上りきると、雪山をバックに数々のレストランやカフェ、商店が軒を連ねている。ホテルもこのあたりに集中している。ホテルに荷物を置いたら、まずスークを歩いてみよう。メインストリートであるムハンマド 5 世通りの入口から始まって、その奥の通り一帯まで広がっている。

ミデルトの局番
0535

ACCESS
ミデルトへの行き方
▶▶カサブランカから
　CTM のバスが 1 日 1 ～ 3 本運行。所要約 8 時間 30 分、160DH。
▶▶フェズから
　CTM のバスが 1 日 1 本運行。所要約 5 時間、85DH。
▶▶メクネスから
　CTM のバスが 1 日 1 ～ 3 本運行。所要約 4 時間、75DH。
▶▶エルラシディアから
　CTM のバスが 1 日 3 本運行。所要約 2 時間、50DH。
※上記のほか、それぞれ民営バスも 1 日数本運行。

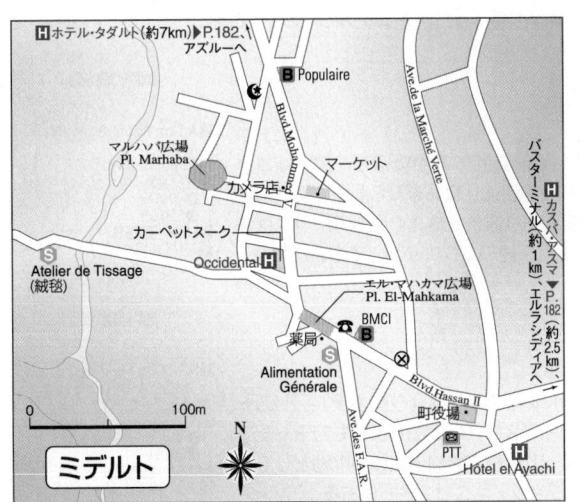

ミデルト

▲町全体がのどかな雰囲気

▲ミデルトのメイン
ストリート

なかでもカーペットのスークは種類も豊富で、値段も都市部に比べて安いようだ（それも交渉次第だが）。もし、持ち歩くことが苦にならないのなら、ここでひとつ買い求めるのもいいだろう。客引きもたくさんいるが、概してそれはどしつこくはなく友好的だ。

町の中心から2kmほど離れた所には、**フランシスコ会の尼僧院**があり、伝統的なカーペットや毛布などを展示即売している。メインストリートにある H オテル・オクシデンタルの角の看板に "Soers Franciscaines-Kasbah Myriem" と表示されており、それに従って真っすぐ歩く。途中、厩や壮大な雪山の姿を見ながら、小さなカスバを通り抜けさらに進む。後半、道がわかりにくくなるので、誰かに尋ねたほうがいい。門番の女性に頼むと、奥の修道院に取り次いでくれて、そこの修道女（フランスやスペインなど各国から来ている）が中を案内してくれる。平日にはカーペットを織る少女たちに会うこともできる。ここで売られている製品は品質もデザインもいいが、値段もいい。ただ、修道女の話を聞くだけでもおもしろいし、少なくともここではだまされることはないだろう。

日曜には市が開かれ、周辺の村々から大勢の人々がやって来る。普段は静かなこの町も、この日ばかりは活気づく。

Hotel
ホテル

ミデルトはフェズとメルズーガをつなぐ道の中間地点に当たるため、訪れる観光客は意外に多い。幹線道路沿いに中級ホテルが揃っている。

町から遠いが豪華な
H カスバ・アスマ
Kasbah Asmaa

郊外　MAP P.181 外
中級

カスバを模したモロッコらしい雰囲気の中級宿で、館内はゴージャスかつ異国情緒あふれる雰囲気。趣向を凝らした客室は清潔に保たれ過ごしやすい。伝統的な装飾を施されたレストランは味もなかなかの評判。特にアトラス鱒のムニエルがとてもおいしい。

🏠 A 3km Route Errachidia, Midelt
☎ (0535)58-04-05
🏨
⑤400DH
⑩550DH
CC MV　客室数34
📶 あり (共用エリア)

趣向を凝らしたきれいな宿
H ホテル・タダルト
Hotel Taddart

郊外　MAP P.181 外
中級

中心部からやや離れた場所にあるカスバタイプのホテル。レストランの評判もよい。カスバ・アスマ（→上記）よりも若干くたびれた印象。フェズとメルズーガを結ぶ幹線道路の中継地として利用するのも便利。ハマムやフィットネスセンターもある。

🏠 Route de Meknes, Taddamoute
☎ (0535)58-02-28
🏨
⑤450DH
⑩600DH
CC MV　客室数75
📶 あり (客室)

ラバトきっての見どころ、ウダイヤのカスバ

Rabat et Casablanca

ラバトとカサブランカ

ラバトとカサブランカ

　モロッコ中西部の大西洋岸に並ぶように位置する
ラバトとカサブランカは、国を代表する近代都市だ。
現国王ムハンマド6世の王宮や諸王朝の遺物があっ
て、落ち着いたたたずまいを見せる首都ラバト。活
気に満ちた町の様子が心地よい商業都市カサブラン
カ。さらにその西には、ポルトガル時代の面影を残
す静かなリゾート地アル・ジャディーダがある。本
書では紹介していないが、カサブランカから北東へ
車で1時間の所にあるモハメディア Mohammedia
も、欧米人や土地の人々
に人気のビーチリゾート。
このエリアでは、モロッコ
の都市としての魅力、そ
して大西洋の海の魅力を
おおいに楽しんでほしい。

▲シェラの遺跡はラバトで必見の見どころ

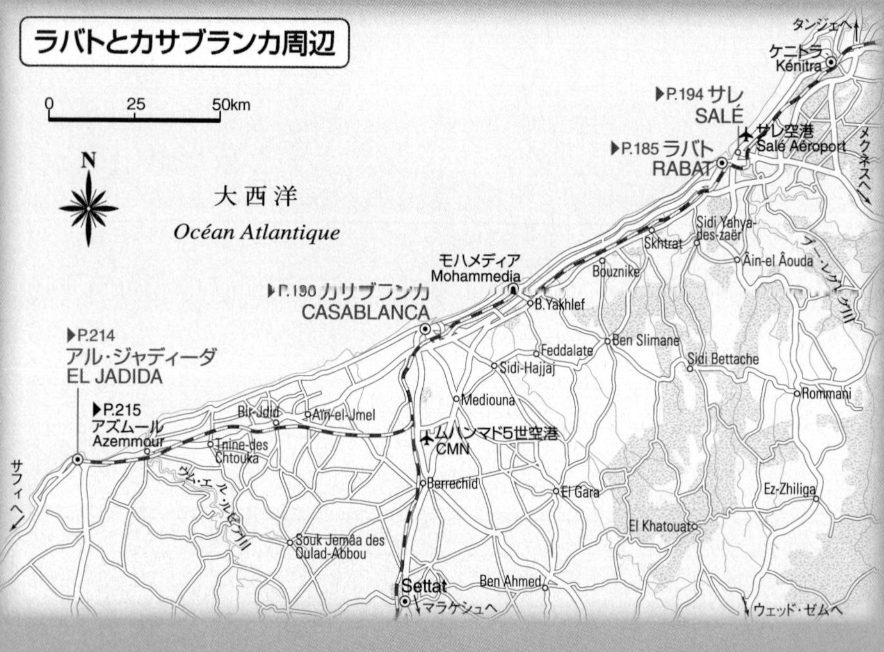

▲パッケージツアーにも組み込まれる
ハッサン2世モスク

ラバトとカサブランカ周辺

0　　25　　50km

N

大西洋
Océan Atlantique

タンジェへ

ケニトラ
Kénitra

▶P.194 サレ
SALÉ

サレ空港
Salé Aéroport

▶P.185 ラバト
RABAT

メクネスへ

Skhirat

Sidi Yahya-
des-zaër

Âin-el Âouda

Bouznike

モハメディア
Mohammedia

▶P.190 カサブランカ
CASABLANCA

B.Yakhlef

Ben Slimane

Sidi Bettache

Feddalate

Sidi-Hajjaj

Rommani

▶P.214
アル・ジャディーダ
EL JADIDA

Mediouna

▶P.215
アズムール
Azemmour

Bir-Jdid

Aïn-el Jmel

ムハンマド5世空港
CMN

Tnine-des-
Chtouka

サフィへ

Berrechid

El Gara

Ez-Zhiliga

El Khatouate

Souk Jemâa des
Oulad-Abbou

Settat
マラケシュへ

Ben Ahmed

ウェッド・ゼムへ

▲ハッサンの塔は 1195 年に建設が開始されたが、未完のまま

新旧が混在するモロッコの首都
ラバト
Rabat ★

世界
遺産

ラバト：近代都市と歴史
的都市が共存する首都

モロッコの首都ラバト。カサブランカが商業の中心ならば、ラバトはれっきとしたモロッコの行政上の首都である。カサブランカよりずっと小さいが、静かで落ち着いた雰囲気をもつ町だ。「庭園都市」という別名にふさわしく、ヤシの並木が続く通りや、緑豊かな公園が広がっている。

　この町の歴史は古く、波瀾に富んだ歴史を背負っている。ラバトの名の起源は、10 世紀にベルベル人のゼナータ族がブーレグレグ川の東岸にサレの町（→ P.194）を、西岸には要塞を造り、そこを「リバーター」と名づけたことによる。そして 12 世紀に、ベルベル最大の王朝ムワッヒド朝がこの地に塁壁に囲まれたカスバを建設し、リバート・エル・ファトフ（勝利の陣営）と名づけた。その後 15 世紀になると、レコンキスタ運動により、スペインのアンダルシア地方から多くの難民がこの地に逃げ込んできた。

　ラバトは商業と貿易の中心地として発展し、フランスの保護国となった 1912 年には、フェズに替わってモロッコの首都となり今日にいたっている。新市街には各国の大使館、各官庁の近代的なビルや、フランス風のレストラン、カフェが並び、「エレガント」という言葉がピッタリだ。

　しかし、そんな新市街からメディナに一歩足を踏み入れると、その新旧のコントラストに圧倒され、きっと半世紀も時代を遡ったような錯覚に陥るだろう。

ACCESS
ラバトへの行き方
▶▶カサブランカから
　列車はONCFがカサ・ポール駅から約30分に1本運行。所要時間1時間、40DH〜。カサ・ヴォヤジャー駅からはLGV（高速鉄道）の便もあるが、所要時間の差は20分程度。
　バスはCTMが約30分に1本運行。所要時間1時間30分、35DH〜。
▶▶タンジェから
　列車はラバト・アグダル駅までLGV（高速鉄道）が1日10本運行。所要約1時間20分、138DH〜。そこからタクシーで市街地まで約10分程度。市街地にあるラバト・ヴィル駅まで行くのは在来線のみ。
　バスはCTMが1日約3本運行。所要約4時間、75DH〜。
▶▶フェズから
　列車はONCFが1日約12本運行。所要約3時間、82DH〜。
　バスはCTMが1日約14本運行。所要約3時間、70DH〜。
※バスはCTM以外に民営バスも運行しており、本数はそちらのほうが多い。ほかに各都市からグランタクシー（→P.316）も出ている。

ラバトへは鉄道で
　2等でも十分清潔で心地よい旅ができる。予約の必要はないが、カサブランカからの通勤者が多いため朝と夕方はたいへん混み合う。

◎日本大使館
MAP P.188-B2外
39 Ave. Ahmed Balafrej, Souissi, 10170
☎ (0537)63-17-82 〜 84
FAX (0537)75-00-78
8:15〜12:15, 13:30〜17:15（金〜16:00）
休 土・日・祝

◎観光案内所
Délégation du Tourisme MAP P.188-B2
22 Ave. d'Alger Hassan
0661-81-23-78
9:00 〜 16:00　休 土・日

オリエンテーション

　ラバトへは、カサブランカやフェズ、タンジェから鉄道で行くのが一般的。ラバトには、カサブランカから近い順に**ラバト・アグダル駅 Rabat Agdal**、**ラバト・ヴィル駅 Rabat Ville**、**ラバト・サレ駅 Rabat Sale** と3つの駅があるが、中央駅に相当するのはラバト・ヴィル駅。ラバト・アグダル駅近くには日本大使館があり、最後のラバト・サレ駅は隣町のサレになる。

　ラバト市街の北東約12kmにはサレ空港 Sale Aéroport があり、国際線も週に数便飛んでいて、ヨーロッパの主要都市からラバトに入ることもできる。空港からラバト市内まではグランタクシーで所要約20分。料金は200DH前後。

ラバトの歩き方

❖ 新市街

　ラバト・ヴィル駅 Rabat Ville は、ラバトの目抜き通り**ムハンマド5世通り Blvd. Mohammed V**にある。この通りと、これに並行する**アラル・ベン・アブダラー通り Ave. Allal Ben Abdallah** が新市街で最もにぎやかな所で、フランス風のレストラン、カフェ、銀行、中央郵便局（PTT）、映画館などが集中している。

　駅を出てムハンマド5世通りを北（左）に向かって2、3分歩くと、大時計と一緒になったPTTがあり、その向かいにはモロッコ銀行がある。そこから通りは狭くなる。さらに真っすぐ進んで行くと**ハッサン2世通り Blvd. Hassan II**にぶつかる。この通りの先、アンダルシアの塁壁の向こう側がメディナだ。グランタクシーやローカルバスの乗り場もハッサン2世通りにある。長距離バスターミナルは、メディナから西に3km以上離れた丘の上にある。歩くと1時間近くかかるので、バスを利用しよう。

❖ メディナ（旧市街）

　メディナは、12世紀に建てられたムワッヒド朝の塁壁と、17世紀に建造されたアンダルシアの塁壁に囲まれた地区。マラケシュやフェズに比べると規模は小さく整然としている。

　このなかで一番にぎやかな通りが**スイカ通り Rue Suika**。メディナに入ってムハンマド5世通りをすぐ右へ曲がり、ずっと歩いていくとモスクが見え始める。そのあたりがスイカ通りだ。最初は食品や日用品の店が両側に並ぶ。ここからさらに奥へ向かって進もう。右側には14世紀に建造されたマリーン朝の建築様式のグランド・モスク Grande Mosquée があり、その一帯ではさまざまな伝統工芸品や、革のバッグ、靴、銀や銅の食器などが売られている。なかでもアーケードのようなスーク・エッセバート Souk es Sebat はアクセサリーがメインのスーク。見るだけで

も楽しめる。そこを抜けると指輪やネックレスなどの貴金属を売る店々が続き、やがて道は**コンスル通り Rue des Consuls** と交差する。ここを左へ曲がると、そこは絨毯や革製品のスーク。

このままコンスル通りを真っすぐ進むと、ウダイヤのカスバへ出る。また、スイカ通りからコンスル通りを右に50〜60m行って左へ曲がるとバーゲン・スーク Bargain Souk。食器、家具、日用雑貨のスークが並んでいる。

おもな見どころ

◆ メディナ

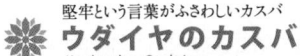

堅牢という言葉がふさわしいカスバ
★★★ 🌐 世界遺産

ウダイヤのカスバ
Kasba des Oudaias

MAP P.188-A1

メディナから抜け出て、タリク・アル・マルサ通りを渡った先の広い空間にくっきりと浮かび上がる、赤茶色いカスバ。ムワッヒド朝時代に築かれた城壁を利用して、17世紀にムーレイ・ラシッドによって建造された城塞だ。18世紀に気性の荒いウダイヤ・アフブ族の軍隊をここに駐屯させたことから、この名がついた。

カスバを囲む城壁のかつての門、ウダイヤ門 Bab Oudaia は、1195年にムワッヒド朝のヤクーブ・マンスールによって建造された。クーフィーヤという絵のようなアラビア文字でコーランの字句が刻まれている。

▲巨大なウダイヤのカスバ

数は少ないが貴重な展示品がある
★★ 🌐 世界遺産

ウダイヤ博物館
Musée de Oudaias

MAP P.188-A1

博物館の建物は、17世紀末アラウィー朝時代のムーレイ・イスマイルの居城だったもの。その後博物館になるまではマドラサ（イスラム学校）として使用されていた。現在は伝統的なモロッコの室内を再現した部屋、さまざまな楽器、ベルベル人の民族衣装や宝飾品などが3ヵ所に分けて展示されている。

ラバトのトラム

ラバトには公共交通機関のトラムがあるので、ラバト市内はもちろん、サレへの移動が楽に行える。2019年現在、2ラインが運行しており、停車駅はあわせて31。料金は1回8DH（往復12DH）。1時間以内で同方向に乗り継ぐ場合、1枚のチケットでOK。乗り方は、駅の券売機でチケットを購入して乗るだけとシンプル。運行時間は5:30〜24:00。頻度は8〜20分に1本。チケットは事前購入もOK。

🚏**トラムウェイ・ラバト**
Tramway Rabat
☎ (0537)86-32-32
URL www.tram-way.ma

▲ラインは随時拡張中

🚏**ウダイヤのカスバ**
行き方：メディナ内のコンスル通りを北へ向かって5分くらい進むとガゼル広場 Souk el Ghazel に出るが、その目の前にある。中に入るにはウダイヤ門の右隣にある門、あるいはそのまま真っすぐ進んでウダイヤ博物館の裏側からも入ることができる。勝手に近寄ってきてガイドしてくるおじさんに注意。

▲迷路のような路地が続く

🚏**ウダイヤ博物館**
☎ (0537)73-15-37
開 9:00〜16:30
料 10DH
※ 2019年5月現在、修復中のため閉鎖中。

◆ウダイヤ庭園

園 8:30 ～ 18:00
休 なし
料 無料

▲庭園の東側にあるカフェ
は景色が最高！

気持ちよいアンダルシア庭園

ウダイヤ庭園
Jardin Oudaias

★★ ◎世界遺産

MAP P.188-B1

スペインのグラナダにあるアルハンブラ宮殿に似た造りで、アンダルシア庭園の傑作のひとつともいわれている。噴水や池、草花の間に歩道があり、耳をすますと小鳥のさえずりが聞こえてきたりして、ゆっくりと散歩が楽しめる。ムーア風のカフェが庭園の東側にあり、ツタの下にテーブルと椅子が置かれている。

▲ゆったりとした時が流れるウダイヤ庭園

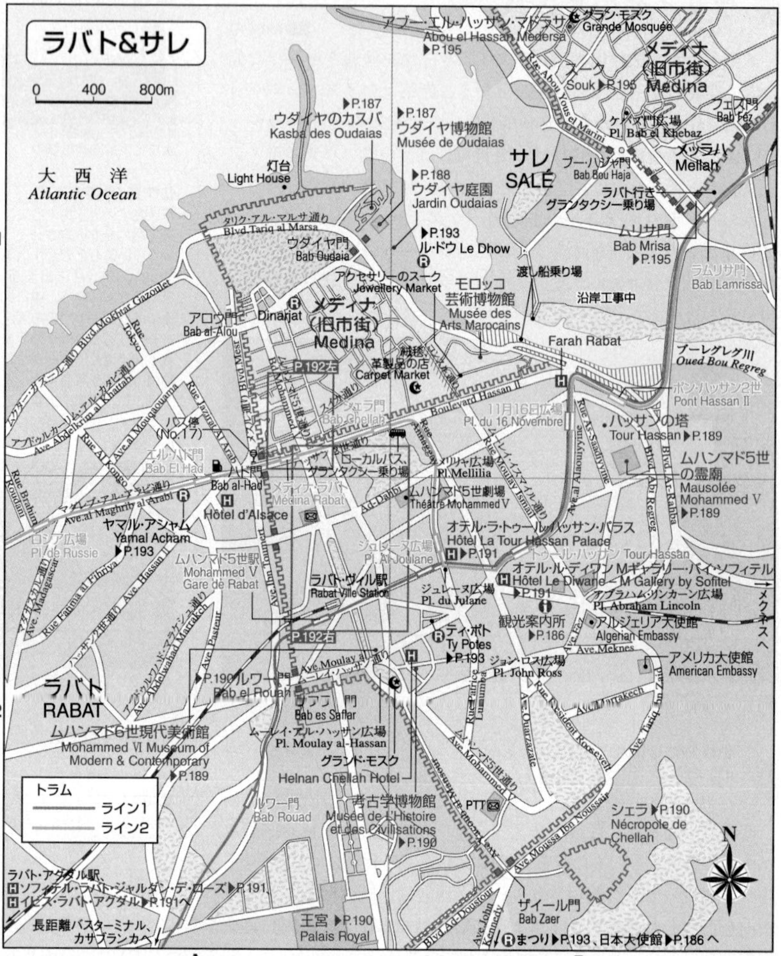

ラバト&サレ

0　400　800m

大西洋
Atlantic Ocean

アブー・エル・ハッサン・マドラサ
Abou el Hassan Medersa
▶P.195

グラン・モスク
Grande Mosquée

スーク
Souk ▶P.195

メディナ
（旧市街）
Medina

▶P.187
ウダイヤのカスバ
Kasba des Oudaias

▶P.187
ウダイヤ博物館
Musée de Oudaias

ケバズ門広場
Pl. Bab el Khebaz

フェズ門
Bab Fez

灯台
Light House

▶P.188
ウダイヤ庭園
Jardin Oudaias

ブー・ハジャ門
Bab Bou Haja

サレ
SALE

メッラハ
Mellah

タリク・アル・マルサ通り
Blvd Tariq al Marsa

▶P.193
ル・ドウ Le Dhow

ラバト行き
グランタクシー乗り場

ムリサ門
Bab Mrisa
▶P.195

ウダイヤ門
Bab Oudaïa

アクセサリーのスーク
Jewellery Market

モロッコ
芸術博物館
Musée des
Arts Marocains

渡し船乗り場

ラムリサ門
Bab Lamrissa

メディナ
（旧市街）
Medina

Dinajat

沿岸工事中

ブーレグレグ川
Oued Bou Regreg

アロウ門
Bab al-Alou

革製品の店
Carpet Market

▶P.192

シェラ門
Bab Chellah

11月16日広場
Pl. du 16. Novembre

Farah Rabat

ポン・ハッサン2世
Pont Hassan II

バスターミナル
(No.17)

ローカルバス、
グランタクシー乗り場

オリリア広場
Pl. Melilia

ハッサンの塔
Tour Hassan ▶P.189

エル・ハド門
Bab El Had

Bab al-Had

メディナ・ラバト
Medina Rabat

ムハンマド5世劇場
Théâtre Mohammed V

ムハンマド5世の
霊廟
Mausolée
Mohammed V
▶P.189

ヤマル・アシャム
Yamal Acham
▶P.193

Hôtel d'Alsace

ロシア広場
Pl. de Russie

オテル・ラ・トゥール・ハッサン・パラス
Hôtel La Tour Hassan Palade
▶P.191

トゥール・ハッサン
Tour Hassan

ジョアンヌ広場
Pl. Al Joalane

オテル・ル・ディヴァン Mギャラリー・バイ・ソフィテル
Hôtel Le Diwane = M Gallery by Sofitel

ムハンマド5世駅
Mohammed V
Gare de Rabat

ラバ・ヴィル駅
Rabat Ville Station

ジュレーズ広場
Pl. du Julaire

アブラハム・リンカーン広場
Pl. Abraham Lincoln

▶P.192

観光案内所
▶P.186

アルジェリア大使館
Algerian Embassy

ティ・ポト
Ty Potes ▶P.193

ジョン・ロス広場
Pl. John Ross

メクネス門

ラバト
RABAT

ルワール門
Bab el Rouah
▶P.190

アメリカ大使館
American Embassy

アゼブ門
Bab es Saffar

ムーレイ・アル・ハッサン広場
Pl. Moulay al-Hassan

グランド・モスク
Helnan Chellah Hotel

ムハンマド6世現代美術館
Mohammed VI Museum of
Modern & Contemporary
▶P.189

ルワール門
Bab Rouad

考古学博物館
Musée de l'Histoire
et des Civilisations
▶P.190

PTT

シェラ ▶P.190
Nécropole de
Chellah

トラム

―― ライン1
―― ライン2

ザイール門
Bab Zaer

N

ラバト・アグダル駅
ソフィテル・ラバト・ジャルダン・デ・ローズ ▶P.191,
イビス・ラバト・アグダル ▶P.191へ

長距離バスターミナル、
カサブランカへ

王宮 ▶P.190
Palais Royal

まつり ▶P.193、日本大使館 ▶P.186 へ

A　　　　　　　　　　B

▲細かなデザインにも注目（ムハンマド5世の霊廟）

◈ 新市街

荘厳なたたずまい
ムハンマド5世の霊廟
Mausolée Mohammed V
★★★ 世界遺産
MAP P.188-B1

　フランスからモロッコの独立を勝ち取った元国王ムハンマド5世の霊廟。1961年に没後、1973年に完成した。モロッコの伝統的な建築技術と彫刻が美しく調和した傑作だ。

　霊廟の4つの入口と廟内の四隅には、真紅の衣装をまとった衛兵が立っている。廟内はとてもきらびやか。特に天井のステンドグラスのような金色のランプと白い石の棺が美しい。中央の石棺がムハンマド5世のもので、その両側に前国王ハッサン2世と、彼の弟ムーレイ・アブドゥラー王子の石棺が安置されている。外国人も廟内に入ることができるが、あまりラフすぎる格好は避けよう。霊廟内も写真撮影可能。

ムーア様式の傑作
ハッサンの塔
Tour Hassan
★★★ 世界遺産
MAP P.188-B1

　ムハンマド5世の霊廟と同じ敷地内にある未完のミナレット（尖塔）。ムーア様式の代表的な建築物だ。1195年にムワッヒド朝のヤークブ・マンスール（→P.330）がモスク建設に着手したが、その4年後彼が死亡し、工事は中断。実際は高さ88mになるはずだったが、未完でも44mあるこの塔は、スペインはセビリアのヒラルダの塔、マラケシュのクトゥビアに並んで、世界最大級の高さを誇っている。現在は上ることができない。

▲ラバトへ来たらぜひ見ておきたい

◉ムハンマド5世の霊廟
&ハッサンの塔
[時]9:00〜18:00
[休]なし
[料]無料

▲モロッコカラーを身につけた守衛

そのほかの見どころ

◉ムハンマド6世
現代美術館
Mohammed VI Museum of Modern & Contemporary Art
　モロッコを含むアラブ、アフリカの現代アートを集めた美術館。西洋の美術を集めた企画展なども随時行っている。
[MAP]P.188-A2
[住]2 Ave. Moulay Hassan
[電](0537)76-90-47
[URL]www.museemohammed6.ma
[時]10:00〜18:00
[休]火
[料]40DH

◉アッティガ・モスク
Jamaa el Attiga
[MAP]P.192-右
　オテル・ロワイヤルの向かい、新市街でも静かな場所にある、ラバトで一番古いモスク。建造はムワッヒド朝時代の1150年だが、現在の塔は17世紀に再建されたもの。

▲新市街の歴史あるモスク

左カラム

✿ルワー門

行き方：ラバト・ヴィル駅に対し斜めに走るムーレイ・ユーセフ通り Ave. Moulay Youssef を南へ。ムーレイ・ハッサン通りと交差した所。

✿王宮

行き方：ムハンマド5世通りとムーレイ・ハッサン通りが交差する地点に、グランド・モスク Grande Mosquée がある。ここからムーレイ・ハッサン通りを西に50mくらい進む。サフラ門 Bab es Saflar をくぐり、整備された公園を左右に見ながら広い道を行くと、左側にアルファ・モスク Mosquée al Fas がある。その右前方に見える緑色の屋根とクリーム色の建物が王宮。

✿ 考古学博物館

行き方：グランド・モスクの東脇にある Rue Moulay Abdalaziz に入る。50mくらい進んで左にオテル・シェラ Hôtel Chellah が見えたら、ここの交差点を Rue Al Brihi へ右折。20mくらい行った右側が入口。
⏰10:00〜18:00
休火
料20DH

✿シェラ

行き方：王宮正面のムーレイ・ハッサン通りを東へ。ヤクーブ・マンスール通り Ave. Yacoub al Mansour に出たら南（右）へ進む。ザイール門 Bab Zaer をくぐり、左に見えるのがシェラの城壁。
⏰7:30 〜 18:30
　（冬季 〜 17:30）
休なし
料70DH

▲ 13世紀に建てられたアブー・ユーセフ・ヤーコブ・モスク跡

右カラム

さわやかな風がとおり抜ける

ルワー門
Bab el Rouah

★ 世界遺産

MAP P.188-A2

ムワッヒド朝の塁壁のなかでも、ほとんど昔のままの姿を残している門で、ルワーとは「風」という意味。門の内部では、絵画、古書などが展示され、モロッコ人芸術家の作品が観られる。

▲昔の姿を残すルワー門

目を見張る鮮やかさ

王宮
Palais Royal

★★

MAP P.188-A2

1864年に建てられた。白い壁に緑の屋根がひときわ鮮やかな建物。入口まで見学可能。金曜は、王宮の向かい側にあるアルファ・モスク Mosquée al Fas で国王が礼拝する。

モロッコの国宝が展示されている

考古学博物館
Musée de L'Histoire et des Civilisations

★★ 世界遺産

MAP P.188-B2

1943年に建てられた、モロッコの古代を扱った博物館。新旧石器時代、ローマ帝国時代、イスラム時代の出土品が展示されている。ブロンズや大理石の像、コインや、新石器時代の人骨、ヴォルビリス遺跡から出土した太陽時計などもある。

ラバトの歴史を肌で感じる

シェラ
Nécropole de Chellah

★★★ 世界遺産

MAP P.188-B2

新市街の南にあるローマ時代の遺跡。ローマ時代にはサラ Sala の町として栄えたが、その後衰退。14世紀にマリーン朝によって共同墓地とされた。ちなみに隣町サレ（→ P.194）の名前は、このローマ時代の地名に由来している。オリーブやバナナ、オレンジなどの木々やハイビスカスなどの花々が咲き誇るなかにある階段を下りていくと、途中にテラスがあり、ここから左側にはローマ遺跡（サラ遺跡）、ザーウィアのミナレットがある。

▲ピクニックにも最適なローマ遺跡

Hotel
ホテル

　ラバトの安〜中級ホテルには、あまりモロッコらしさを期待しないほうがいい。ただし高級ホテルは、モロッコの首都だけあって豊富。シンプルさを追求したホテルやこれぞモロッコの贅沢といったホテルまで選択肢がある。

町の中心にある5つ星ホテル 　　　　　　　　　　　　　新市街 MAP P.188-B2 高級
H ホテル・ラ・トゥール・ハッサン・パラス
Hôtel La Tour Hassan Palace

ラバトの町の中心。アフリカ連盟広場近くにあり、1914年創業という歴史をもつ。スペイン・ムーア様式の建物と内装も豪華。

住26 Rue Chellah
☎(0537)23 -90-00
URLwww.latourhassan.com
料 ❄ ⊞ 📶 TV 🅿 🍴 ⛱
💲🔞 €150〜
CCAMV　客室数142
📶あり (客室)

スタイリッシュな5つ星ホテル 　　　　　　　　　　新市街 MAP P.188-A2 外 高級
H ソフィテル・ラバト・ジャルダン・デ・ローズ
Sofitel Rabat Jardin des Roses

ラバトの中心から車で約15分。内装は洗練されたモロカンスタイル。客室からはアンダルシア庭園と大西洋が見渡せるという、それだけでも贅沢な造り。

住Souissi Quartier Aviation
☎(0537)67-56-56
URLwww.accohotels.com
料 ❄ ⊞ 📶 TV 🅿 🍴 ⛱
💲🔞 €181〜
CCAMV
客室数229
📶あり (客室)

町の中心で便利 　　　　　　　　　　　　　　新市街 MAP P.188-B2 中級
H オテル・ル・ディワン-Mギャラリー・バイ・ソフィテル
Hôtel Le Diwan - MGallery by Sofitel

ラバトのほぼ中心の目立つ場所にある。4つ星ながら、雰囲気は5つ星並み。モロッコらしい豪華ホテルというよりも、質の高いビジネスホテルといった印象。

住Pl. l'Unité Africaine
☎(0537)26-27-27
URLwww.accorhotels.com
料 ❄ ⊞ 📶 TV 🅿 🍴 ⛱
💲🔞 €96 〜
CCAMV　客室数94
📶あり (客室)

ラバト・ヴィル駅から徒歩約7分 　　　　　　　新市街 MAP P.192 右 中級
H オノモ・ホテル・ラバト・メディナ
Onomo Hotel Rabat Medina

観光やビジネスなどシチュエーションを選ばずに利用できる。リーズナブルながら、客室の設備やファシリティは思いのほか充実している。

住2 Rue Ghandi / Quartier Hassan
☎(0537)70-30-74
URLwww.onomohotel.com
料 ❄ ⊞ 📶 🅿
💲🔞900〜1200DH
CCAMV　客室数68
📶あり (客室)

2017年1月、ラバト・アグダル駅そばにオープン 　新市街 MAP P.188-A2 外 中級
H イビス・ラバト・アグダル
Ibis Rabat Agdal

駅前にあるのでどこへ行くにも便利な立地。170室ある客室には、エアコン、シャワー、ドライヤーを完備。朝食ビュッフェもあり。

住Ave. Haj Ahmed Charkaoui Pl. De La Gare
☎(0537)13-17-07
URLwww.accorhotels.com
料 ❄ ⊞ 📶 🅿
💲🔞 €45〜
CCAMV　客室数170
📶あり (客室)

H オテル・マジェスティック
Hôtel Majestic

新市街 MAP P.192 右　中級

ハッサン2世通りにある。ホテルの人も
フレンドリーで感じがいい。メディナに
近いのがうれしい。スタッフは英語も通
じる。

- 🏠121 Ave. Hassan Ⅱ
- ☎(0537)72-29-97／70-33-33
- 🛁🚿📺
- Ⓢ284DH　Ⓓ348DH
- CC不可
- 客室数40
- 🛜あり（客室）

H オテル・スプレンディッド
Hôtel Splendid

新市街 MAP P.192 右　安宿

食事や買い物にはとても便利。涼しげで
静かな中庭で朝食を取ることができる。
まさに安宿といった印象の客室だが、清
潔に保たれていておすすめ。

- 🏠8 Rue Ghazza
- ☎(0537)72-32-83
- 共同🚿🚻（温シャワー10DH）
- Ⓢ130DH　Ⓓ180DH
- 🚿Ⓢ220DH　Ⓓ250DH
- CC不可
- 客室数38
- 🛜あり（共用エリア）

▲メディナの町並み

▲町歩きに便利なトラム

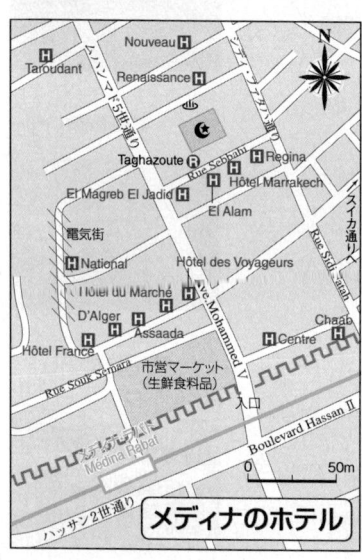

メディナのホテル

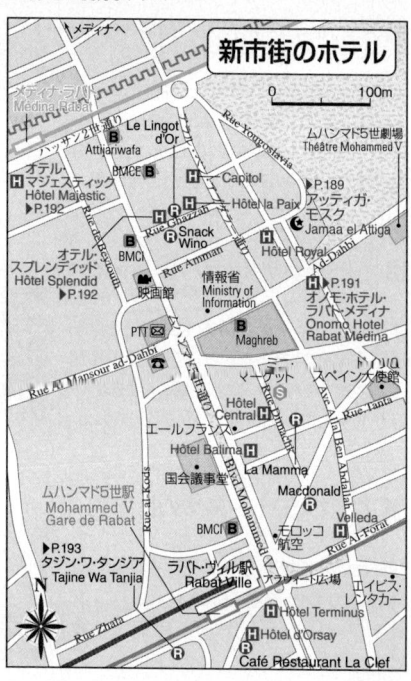

新市街のホテル

Restaurant
レストラン

　ラバトは首都だけあってさまざまな各国料理が楽しめる。近海で取れたシーフードもおすすめ。また、高級ホテルには、ゆったりとくつろげるバーラウンジなどがあるのでナイトライフも充実している。

地元の人も利用する人気店

R タジン・ワ・タンジア
Tajine Wa Tanjia

新市街 MAP P.192 右
モロカン

ラバト・ヴィル駅のトラムの線路沿いにある。黒い鉄の扉を入るとモロカンスタイルの店内が広がっている。タジンのメニューは豊富で80DH前後。

🏠 9 Rue Baghdad
☎ (0537)72-97-97
🕐 10:30〜15:30、
　18:00〜翌1:00
休 日
CC MV
🛜 なし

ダウ船型のレストラン＆ラウンジ

R ル・ドウ
Le Dhow

新市街 MAP P.188-B1
インターナショナル

港に停泊しているダウ船を改装したおしゃれなレストラン。外のデッキのソファでゆっくりお茶を飲みながら休憩することも。アルコールの提供もあり。

🏠 Quai de Bouregreg - Ave.
　Al Marsa
☎ (0537)70-23- 02
URL www.ledhow.com
🕐 12:00〜翌2:00 (土・日 11:00〜)
休 なし　CC MV
🛜 あり

ランチで利用したいフレンチビストロ

R ティ・ポト
Ty Potes

新市街 MAP P.188-B2
フランス

緑豊かなガーデンで味わう気軽なビストロ。クレープやガレット、サラダ、タルティーニなどどれも絶品。そのほか、サンデーブランチ（120DH）が人気。

🏠 11 Rue Ghafsa Quartier
　Hassan
☎ (0537)70-79-65
URL typotes.com
🕐 12:00〜15:00、19:00〜23:00
休 月、火、水、日の夜　CC MV
🛜 あり

モロッコ料理に飽きたら

R まつり
Matsuri

新市街 MAP P.188-B2 外
日本

モロッコでは珍しい回転寿司の店。新鮮なサーモンやマグロ、エビなどがおすすめ。カリフォルニアロールなどの創作寿司も人気。にぎりは二貫30DH〜。

🏠 155 Ave. Mohamed VI,
　Souissi
☎ (0537)75-75-72
URL matsuri-rabat.me
🕐 12:00〜24:00
休 なし　CC MV
🛜 あり

絶品シリア料理！

R ヤマル・アシャム
Yamal Acham

新市街 MAP P.188-A2
シリア

ラバトで30年。シリア人が営む正統派のシリア料理店。アラブを感じるエキゾチックな店内で、安くて絶品のシリア料理を楽しもう。シュワルマ45DH〜。

🏠 Ave. Al Maghrib Al Arabi -
　Résidence "ATTLAT" N°.5 Bis
☎ (0537)72-02-76、
　0679-01-01-02
URL www.yamalacham.ma
🕐 11:00〜24:00
休 なし　CC 不可　🛜 なし

海賊の拠点となった小さな町

サレ
Salé

(サレの局番)
0537

ACCESS
ラバトからサレへの行き方
▶▶トラム
　ラバトからサレへの交通手段で最も楽なのがトラム。どこから乗っても8DH。
▶▶グランタクシー
　サレまで5～10DH。帰りはムリサ門の近くに乗り場がある。
※ラバト市内のプチタクシーは町の外には出られないので、サレの町へは行けない。
▶▶渡し船
　メディナのウダイヤ門から南東へ、ラムペ・シディ・マクルーフ通りをブーレグレグ川の岸まで下ると乗り場にたどり着く。

イントロダクション

　ブーレグレグ川を境にラバトの対岸にある町。ウダイヤのカスバから眺めると、白いメディナからいくつものミナレットがそびえている。11世紀に築かれた町だが、メディナ内の建築物の多くは13～16世紀に造られたものだ。城壁は13世紀に、スペインの海賊から町を守るために造られた。その後、サレは貿易の町として発展し、ヴェネツィアをはじめ、遠くはイギリスとも交易を行っていたという。しかし16～17世紀には海賊の拠点となり、ジハード（聖戦）と称して地中海から遠く北海まで荒らし回ったために、ヨーロッパ中から海賊の町として恐れられた。

　19世紀にラバトがフランス保護下のモロッコ首都として発展していくと、サレはその重要度を失っていった。従来は現在のサレを「サレの旧市街」、ラバトのメディナを「サレの新市街」といっていたが、現在ではラバトのベッドタウンのようになり、メディナの中には家々がひしめき合うように建っている。

　またサレは手工業が盛んで、フェズやサフィと並ぶ陶器の町、モロッコいちのゴザの産地としても知られている。

サレの歩き方

　ラバトの人々がサレに渡る一般的な方法は、トラムと渡し船。船で岸に着いたら、あとは道なりに真っすぐ進めばサレのメディナの西側にある門、ブー・ハジャ門 Bab Bou Haja にたどり着く。ここからメディナに入ろう。門の真正面にメディナの奥（北）に向かって延びる**ケバズ門通り Rue Bab el Khebaz**。この通りを真っすぐ行くと、スークやキサリア（商店街）でにぎわうケバズ門広場 Place Bab el Khebaz に出る。その右側はユダヤ人居住地**メッラハ Mellah**、左側へ**グラン・モスク通り Rue de la Grande Mosquée** を進めば、アブー・エル・ハッサン・マドラサ、グラン・モスクなどのある通りへ出る。ここまでの道は決して真っすぐではなく細い道がくねくねとしているが、必ずグラン・モスク通りか、それと並行する**ケシャウィン通り Rue Keshaohin** のいずれかに出る。どちらの通りもサレの人々の生活用品を売る店が多く、モロッコの素顔を垣間見られて楽しい。※2019年6月現在、サレとラバトの両方で大規模な沿岸工事中。完成後はカフェやショッピングモールなども建設される予定となっている。

▲ラバトから見るサレ

▲地味なブー・ハジャ門

おもな見どころ

ムリサ門
Bab Mrisa

コーランが刻まれたサレの顔 ★★

`MAP P.188-B1`

ベルベルの王朝「マリーン朝」のアブー・ユーセフ・ヤーコブによって1260年に造された、サレの「顔」ともいうべき門。サレに到着すると最初に目に入る美しい門で、その上部にはコーランの一節が刻まれている。また、かつてはブーレグレグ川からこの門まで運河が引かれていたという。

スーク
Souk

庶民的な雰囲気を楽しもう ★★★

`MAP P.188-B1`

サレのスークは観光客向けの品物はほとんどなく、サレの住民の日常生活がのぞけるような日用雑貨を中心に売られている。スークにはムリサ門、ブー・ハジャ門、フェズ門 Bab Fèz のどこからでも行ける。

ムリサ門から入る場合、門から続く道を直進して行く。右側にはユダヤ人居住区メッラハ Mellah がある。300mほど歩くと、ケバズ門広場に出る。ブー・ハジャ門から入ると、ケバズ門通りが左斜め前方に走っていて、広場につながっている。フェズ門からは、門を入り、**ハアム・ハッジ・タイビ通り Rue Hammam Hadj Taibi** を進むと広場に出る。ケバズ門広場には、カフェ、レストラン、屋台、日用品店、ガラクタ市などがところ狭しと並んでいる。このあたりの屋台で食べられる魚は安くてとてもおいしい。海沿いの町ならではの楽しみだ。

ケバズ門広場の西側にはスーク・エル・ガゼル Souk el Gazelle がある。ここは羊毛のスークで、何世紀も昔から変わらない羊毛の取引の様子を見ることができる。

スーク・エル・ガゼルから100mほど進むと T 字路になっていて、そこがスーク・エル・メルズーク Souk el Merzouk だ。手作りの織物や籠、アクセサリーなどを扱っている。

アブー・エル・ハッサン・マドラサ
Abou el Hassan Medersa

時間があればここまで行こう ★

`MAP P.188-B1`

ベルベル王朝「マリーン朝」のアブー・エル・ハッサンによって、1341年に造された建物で、細かい彫刻が施された門がたとえようもなく美しい。当時は神学校として使われており、階段を上がると、以前は学生が使っていた小部屋が並んでいる。屋上からは、メディナと大西洋を見渡すことができる。

並びにあるグラン・モスクは12世紀のムワッヒド朝時代に建設されたものだが、現在イスラム教徒以外は入ることができないので注意しよう。

☼ムリサ門
行き方：ラバトからハッサン2世橋を渡り、道なりに真っすぐ進むと左側にある。メディナはその中。

▲サレの顔、ムリサ門

☼フェズ門
行き方：ラバトから見てムリサ門の奥にある門で、塁壁に沿った緩やかな坂道を上がって行った、グランタクシー乗り場の奥にある。

▲庶民的なスーク

☼アブー・エル・ハッサン・マドラサ
行き方：ブーレグレグ川と並行するグラン・モスク通りを海の方向（西）へ進むと右側にある。その右奥にあるのがグラン・モスク。
🕐8:30～17:00
休なし
料60DH
※勝手にガイドをし始め、あとで30DH請求するおじさんがいるので注意。

▲イスラム教徒以外は入れない

ラバトとカサブランカ ❖ サレ

▲カサブランカ随一の見どころ、ハッサン2世モスク

発展を続けるモロッコの経済都市

カサブランカ
Casablanca

　人口400万人を超える町。ラバトが政治の中心ならば、カサブランカ（カサの愛称で呼ばれる）は、モロッコはもとより、北アフリカのマグレブ諸国でも最大の経済都市だ。国の経済を支えるリン鉱石（世界の75％を埋蔵する）や、農産物の輸出港としても大切な役割を果たしている。古くはアンファ（丘）と呼ばれていたこの町は、12世紀のムワッヒド朝時代には、アラブ人の海賊の拠点でもあり、すでに貿易港として発展していたという。14世紀になると北アフリカを支配したベルベル王朝マリーン朝によるイスラム化が始まる。15～16世紀にはポルトガルによって占領されて一度破壊されるが、18世紀になるとアラウィー朝のスルタン、シディ・ムハンマド・イブン・アブダラーにより再建される。その後19世紀中頃は羊毛の取引を中心に発展し、1907年のフランス占領後はヨーロッパの影響を受け、急速に近代化の道を進んでいくことになる。

　そして現在、この町に足を踏み入れると、高層ビルに車の渋滞、クラクション、さっそうと歩くビジネスマン……どこの国のビジネス街とも変わらない風景が広がる。しかし、近代都市と古いモロッコ文化がミックスするアンバランスさがこの町の楽しさ。ハッブース街にある新メディナのスークなどへ行くと、都市に暮らす普通のモロッコ人の暮らしに触れることができる。さまざまな楽しみがあるモザイクのような都市、それがカサブランカだ。

オリエンテーション

　カサブランカは広い。位置関係をつかむために、町を旅行者にとって中心となる5つのエリアに分けてみよう。

　まず町の中心となるのは、老舗5つ星ホテルのハイアット・リージェンシー前に広がる国連広場 Place des Nations Unies。半円形の白いドームが目印だ。トラム駅が目の前にあるのでここを拠点に観光するといい。この国連広場を中心に、フォルス・アルメ・ロワイヤル通り Ave. des Forces Armées Royales（F.A.R.）よりも南側には、銀行や航空会社、ホテル、ショップなどが集中している。ムハンマド5世通りよりも南側には、安宿から中級のホテルが多く立っている。そして、時計台より北側に広がる**メディナ Medina（旧市街）**、町の南東に広がる**ハッブース街 Quartier Habbous（新メディナ）**、モロッコの主要な都市への鉄道駅、**カサ・ポール駅 Gara de Casa port**、そしてハッサン2世モスクから西側の海辺に広がるリゾート地、**アイン・ディアブ Aïn Diab** の5つだ。特に国連広場を基準に行動すれば、すんなりと地理がつかめるだろう。

空港、鉄道駅から市街へ

　空港からは列車かタクシーで市街へ行ける。列車は空港の到着ロビーを出て「駅 Gare」の表示に従って階段を下り、地下1階に行けばモロッコの国鉄 ONCF のムハンマド5世空港 Aeroport Mohammed V駅がある。レンタカーオフィスも並んでいる。券売機があるが、有人の窓口で乗車券を購入することができる。クレジットカードの利用も可。空港→ロアジス→カサ・ヴォヤジャー→カサ・ポール駅の順に停車する。約1時間に1本、所要約45分、1等で64DH、2等で43DH。早朝4:55に始発があり、最終は22:55。大きな荷物は5～10DH。空港からカサブランカ市内までタクシーを利用すると、所要約40分、料金は250～300DHが目安。

　カサ・ポール駅、カサ・ヴォヤジャー駅到着後、タクシーを利用する場合、駅前で客待ちしているプチタクシーは、メーターは使用せず、高値をふっかけられることがほとんど。安くあげたいなら、駅から少し歩いて流しているプチタクシーを停めるか、客が乗っているタクシーを停めるといい。カサ・ヴォヤジャー駅なら、目の前にトラムの駅があるので、トラムを利用しよう。

▲近代的なカサ・ポール駅。中心街からは徒歩圏内

（カサブランカの局番
0522
）

ACCESS
カサブランカへの行き方

▶▶タンジェから
　飛行機はモロッコ航空が1日1～2便運航。所要約1時間、1034DH～。
　列車は ONCF が LGV（高速列車）を1日10本程度運行。所要約2時間、149DH～。在来線だと5時間かかる。
　バスは CTM が1日3本運行。所要約5時間30分、100DH～。

▶▶ラバトから
　列車は ONCF がカサ・ポール駅へ約30分に1便運行。所要約1時間、40DH～。
　バスは CTM が1日20本以上運行。所要約1時間15分、35DH～。

▶▶マラケシュから
　飛行機はモロッコ航空が1日4～5便運航。所要約50分、924DH～。
　列車は ONCF がカサ・ヴォヤジャー駅へ1日8便運行。所要約2時間40分、49DH～。
　バスは CTM が1日14本程度運行。所要約3時間45分、90DH～。

▶▶フェズから
　飛行機はモロッコ航空が週6便運航。所要約1時間、774DH～。
　列車は ONCF がカサ・ヴォヤジャー駅へ1日約13便運行。所要約3時間30分～、49DH～。
　バスは CTM が1日12本運行。所要約4～5時間、90DH～。
※バスは CTM 以外に民営バスも運行しており、本数はそちらのほうが多い。ほかに各都市からグランタクシー（→ P.316）も出ている。

▲ムハンマド5世空港駅にある ONCF の切符売場

◎カサ・トラムウエイ
Casa Tramway
☎ (0522)99-83-83
URL www.casatramway.ma

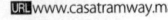

▲旅行者に便利な紙の
チケット

▲各駅に設置されている
券売機

▲カサブランカ市民の
足として活躍中(トラム)

プチタクシーの料金目安
中心部の移動　10〜15DH
市内〜アイン・ディアブ
　　　　　　　40〜50DH

▲半球体が印象的な
国連広場

市内交通

✤ トラム

　観光客が利用しやすいのがトラム（T1&T2）。カサブランカ市街地を網羅するように2ラインが交差しながら走っている。中心部の路線については P200-201 を参照。2030年までには、T3〜T4線に加え、メトロなども開通する予定。市街地の移動に使えたり、カサ・ヴォヤジャー駅から市街地へのアクセスが楽になったりと、トラムは旅行者にとっても便利な交通機関だ。乗り方は、駅の券売機でチケットを購入し、無人改札で機械にタッチしてホームで待っていればいい。運行時間は5:30〜22:30。頻度は約15分に1本。短期滞在者用の紙チケットはどこまで行っても8DH(紙代2DH、2回分チケット14DH) そのほか、居住者向けのプラスチックのチケットや定期券などもある。

▲安くて便利なトラム

✤ ローカルバス

　市民の足であるバスは、旅行者にはやや使い勝手が悪いが、ハッサン2世モスク方面へ行くには便利。乗り場はマハザン広場周辺（MAP P.200-A2）、ララ・ヤクート通り（MAP P.199-A2）など。料金は 4DH〜。ただし、現地の人で混むので盗難には注意しよう。

✤ プチタクシー

　赤い車体のプチタクシーは大通りならどこでもひろえる。基本的に乗合いで、先客が乗っていても乗せてくれる。通常メーター制で、初乗りは2DH。20:00以降は50%増しとなる。メーターを使用しないタクシーもいるので、乗る前にしっかり交渉しよう。

カサブランカの歩き方

　町のランドマークはふたつ、メディナ（旧市街）の南、国連広場 Place des Nations Unies と南西部にあるツイン・センター Twin Center（トゥール・ジュメル Tours Jumelles）。
　国連広場から、市の東西に延びる F.A.R. 通りには、4つ星クラスの高級ホテルや商社、航空会社、旅行会社などが軒を連ねる。国連広場から F.A.R. 通りとほぼ並行して延びるのが**ムハンマド5世通り Blvd. Mohammed V**。この通りの両側には、1930年代にフランスの影響を受けて建てられたという、アールデコ＆モロッコ建築様式の建物が見られる。ここにはカサブランカでも最先端のブティックやショップが目立つ。この2本の大通りの間を

198

走る**アラル・ベン・アブダラー通り Ave. Allal Ben Abdallah** 一帯に入ると、安ホテルやカフェバーなどが軒を並べており、さらに右側には市民の台所である中央市場 Marché が現れる。

国連広場から南に走るのが、カサブランカの目抜き通り**ハッサン 2 世通り Ave. Hassan Ⅱ**。ここを真っすぐ南へ歩くと、右側に郵便局 PTT、そして左側に噴水のある**ムハンマド 5 世広場 Pl. Mohammed Ⅴ** がある。この通りより東側の地区が、いわゆる繁華街。数多くのホテルやレストランをはじめ、ブティックや靴屋、携帯電話屋など店が集まっている**プランス・ムーレイ・アブダラー通り Rue Prince Moulay Abdallah** もこの地区。

さらに北西へ進んだ大西洋沿岸には、今やカサブランカのシンボルでもあるハッサン 2 世モスク Mosquée Hassan Ⅱ がそそり立っている。

一方、ツイン・センターとその周辺はカサブランカの新しいビジネスセンターだ。ハッサン 2 世モスクから西側、海岸沿いの**コルニッシュ通り Blvd. de la Corniche** は、市街の喧騒とはうって変わって、カサブランカきっての優雅なリゾート地帯。シーフードレストランやリゾートホテル、若者の集まるナイトクラブなどが並ぶ**アイン・ディアブ Aïn Diab** へと続く。アンファプレイスにはショッピング・センターや高級レジデンスが整備され、人気スポットとなっている。

観光案内所SI
Syndicat d'initiative
MAP P.199-B1
住 98 Blvd. Mohammed V
☎ (0522)20-21-93
営 8:30 ～ 16:00
休 土・日・祝

現地旅行社
ASKモロッコ・トラベル
ASK Morocco Travel
住 122 B Lot EL FATH 2 - Sidi Maarouf
☎(0522)78-65-66／78-69-90
FAX(0522)58-34-37／58-34-38
URL www.askmotra.com/jp

日通ペリカン
トラベルネットの
モロッコ店
Mirai tours sarl
住 12 Rue Mohamed ElQuori
☎(0522)27-07-70
FAX(0522)27-03-70
URL miraitours-morocco. com

ラバトとカサブランカ ❖ カサブランカ

カサブランカ中心街

ハッサン2世モスク▶P.202
Mosquée Hassan II

マルジャン▶P.212
Marjane

Marina Shopping

▶P.204
カサブランカ港
Port Casablanca

▶P.2
ソフィテル・カサブラン
トゥール・ブランシ
Sofitel Casablanca Tour Blanc

▶P.209
リックス・カフェ
Rick's Café

▶P.210 オストレア
Ostrea

▶P.210
ラ・スカラ
La Sqala

▶P.210 ポール・ドゥ・ペッシュ
Port de Pêche

メディナ(旧市街)
Medina ▶P.203

オテル・セントラル
Hôtel Central ▶P.207

シュラー・モスク
Chleuh Mosquée

Novotel

▶P.208 オーベルジュ
ドゥ・ジュネス(YH)
Auberge de Jeunesse

Le Dauphin

グラン・モスク
Grande Mosquée

警察

ジェディド門
Bab Djedid

時計台
Clock Tower・

国連広場
Pl. des Nations Unies

パシェ
(レンタカ

Excelsior

Rue Vic

ムハンマド・ベン・
アブダッラー通り
Blvd Sidi Mohammed
Ben-Abdallar

スール・ジェディド通り
Blvd Souf Djedid

コルニッシュ通り/アインディアブ(約3km先)

Rue Jules Mauran

トゥーレーヌ通り

Rue de Goulmina

ボルドー通り
Blvd de Bordeaux

Blvd Ziraoui

Rue des Anglais

アイン・ディアブ行き

Ave.des Forces Armées Royales (F.A.R.)

▶P.206 ハイアット・
リージェンシーカサブランカ
Hyatt Regency Casablanca

Blvd Ziraoui

マハザン広場
Pl. oued el Makhazine

(アルガンオイル)
Cooperative Apia

R.F.et M.Guedj

Basma

Blvd de Paris

Blvd Moulay Youssef

Idou Anfa Hotel

Starbucks

Blvd d'Anfa

Maghob

郵便局
PTT

国連広場
Pl. Nation-unies ▶P.199

観光案内所
ダクヌール広場 SI
Pl. D'aknoul

Ave.Houman El Fer

アンファ通り

Rue Jean Jaures

イタリア
領事館

ベルギー領事館

市立劇場
Théâtre Municipal

Marché Zer

Ave Hassan Souktani

アメリカ
領事館

▶P.203
ハッサン2世広場
Pl. Mohammed V

裁判所
Palais de Justice

Majestic

Art Palace Suite & Spa

Ave Hassan Souktani

Ave.Moussa Ben Noussair

サクレ・クゥール聖堂
Cathédrale du Sacré Coeur

Al Mounia

Hôtel du Palais

スペイン領事館

市庁舎
Prefecture

フランス
領事館

▶P.212
イヴ・ロシェ
Yves Rocler

ブレンド・グルメ・バーガー
Blend Gourmet Burger ▶P.210

ハッサン2世広場
Pl. Mohammed

Balmoral

書店

Washington

Rue Allal al Fassi

Rue Rahal el Meskini

▶P.206
ケンジタワーホテル
Kenzi Tower Hotel

▶P.204
アラブ連盟公園
Parc de la Ligue Arabe

Blvd Brahim Rondo ni

Rue Omar Slaou

Acima Liberte

ツイン・センター
(トゥール・ジュメル)
Twin Center
(Tours Jumelles)
▶P.204

Blvd Mohammed Zerktouni

ハッサン2世通り
Ave.Hassan II

メール・
スルタン広場
Pl. Mer Sultan

Ave.Mers Sultan

ハマム・ジアーニ
Hammam Ziani ▶P.202

Crowne Plaza

Institut Français

ムハンマド5世空港へ

Rue Mostapha El Maan

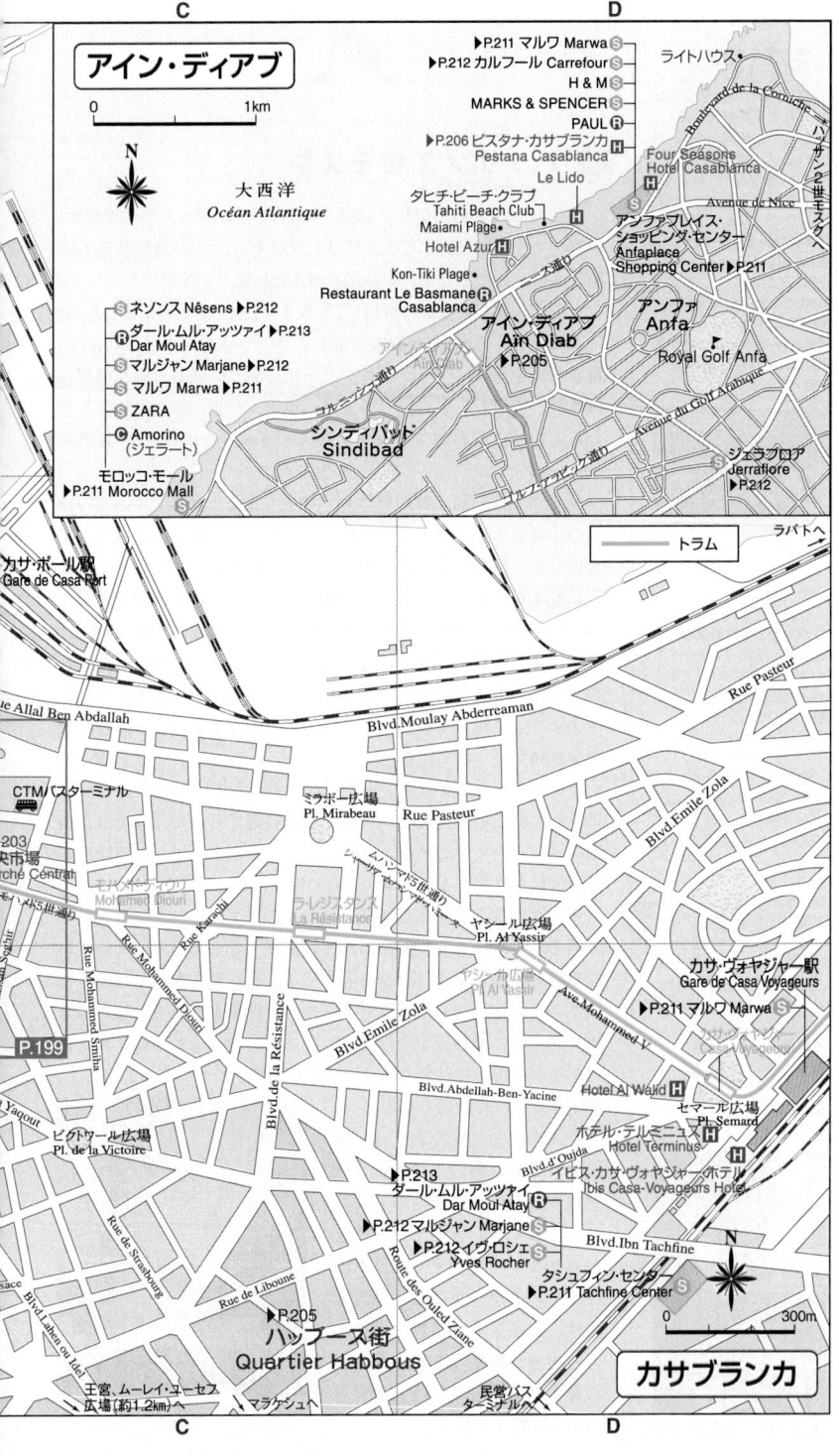

アイン・ディアブ

0　　　　　1km

N

大西洋
Océan Atlantique

▶P.211 マルワ Marwa Ⓢ
▶P.212 カルフール Carrefour Ⓢ
H & M Ⓢ
MARKS & SPENCER Ⓢ
PAUL Ⓡ
▶P.206 ピスタナ・カサブランカ Ⓗ
Pestana Casablanca

ライトハウス・

Four Seasons
Hotel Casablanca Ⓗ

Avenue de Nice

Le Lido

タヒチ・ビーチ・クラブ
Tahiti Beach Club
Maiami Plage・
Hotel Azur Ⓗ

Ⓗ

アンファプレイス・
ショッピング・センター
Anfaplace
Shopping Center ▶P.211

Kon-Tiki Plage・
Restaurant Le Basmane Ⓡ
Casablanca

アイン・ディアブ
Ain Diab
▶P.205

アンファ
Anfa

Royal Golf Anfa

Ⓢ ネソンス Nêsens ▶P.212
Ⓡ ダール・ムル・アッツァイ ▶P.213
　 Dar Moul Atay
Ⓢ マルジャン Marjane ▶P.212
Ⓢ マルワ Marwa ▶P.211
Ⓢ ZARA
Ⓒ Amorino
　（ジェラート）

シンディバッド
Sindibad

ジェラフロア
Jerraflore
▶P.212

モロッコ・モール
▶P.211 Morocco Mall Ⓢ

───── トラム

ラバトへ

カサ・ポール駅
Gare de Casa Port

ラバトへ

Rue Allal Ben Abdallah

Blvd. Moulay Abderreaman

Rue Pasteur

CTM バスターミナル

ミラボー広場
Pl. Mirabeau

Rue Pasteur

Blvd. Emile Zola

P.203
中央市場
Marché Central

モハメド・ディウリ
Mohamed Diouri

ラ・レジスタンス
La Résistance

ムハンマド5世通り

ヤシール広場
Pl. Al Yassir

カサ・ヴォヤジャー駅
Gare de Casa Voyageurs

Rue Karachi

Rue Mohammed Diouri

ヤシール広場
Pl Al Yassir

Ave. Mohammed V.

▶P.211 マルワ Marwa Ⓢ

カサ・ヴォヤジャー
Casa-Voyageur

P.199

Rue Mohammed Smiha

Blvd. Emile Zola

Hotel Al Walid Ⓗ

セマール広場
Pl. Semard

Yaqout

Blvd. de la Résistance

ビクトワール広場
Pl. de la Victoire

ホテル・テルミニュス
Hotel Terminus Ⓗ

Ⓗ

Blvd. Abdellah-Ben-Yacine

Blvd. d'Oujda

イビス・カサ・ヴォヤジャー・ホテル
Ibis Casa-Voyageurs Hotel

Rue de Strasbourg

Alsace

Blvd Laken ou Hal

▶P.213
ダール・ムル・アッツァイ
Dar Moul Atay Ⓡ

▶P.212 マルジャン Marjane Ⓢ

▶P.212 イヴ・ロシェ Ⓢ
Yves Rocher

Blvd. Ibn Tachfine

タシュフィン・センター
▶P.211 Tachfine Center Ⓢ

Rue de Liboune

Route des Ouled Ziane

N

▶P.205
ハッブース街
Quartier Habbous

王宮、ムーレイ・ユーセフ
広場（約1.2km）へ

マラケシュへ

民営バス
ターミナルへ

0　　　　300m

カサブランカ

人気の町なかハマム

地元の人が利用するハマムでシンプルながら清潔なハマムで英語が通じるし、観光客にも親切に対応してくれる。入場料は60DH、垢すりは30DH、垢すり、マッサージなどがセットになったコースは120DH。

☺ハマム・ジアーニ
Hammam Ziani

MAP P.200-B3
🏠Abdou Rakrak St. benjdia
☎(0522) 31-96-95
URL www.hammamziani.ma
🕐7:00 ～ 22:00 休なし
CC 不可

▲利用時には必ず予約を

☺ハッサン2世モスク

行き方：市内バスターミナルから、55番のバスで約5分。料金5DH。
🕐（ガイドツアー）
冬季 9:00、10:00、11:00、
　　 12:00、15:00
（金曜 9:00、10:00、15:00）
夏季 9:00、10:00、11:00、
　　 12:00、15:00、16:00
（金曜 9:00、10:00、15:00、
16:00）
休日
料130DH（学生は65DH）
※学生は国際学生証必携のこと。ガイドが英語、仏語、独語などグループツアー形式で説明する。所要1時間。モスクに入るときは入口で靴を脱ぐ。

博物館
🕐 9:00 ～ 13:30、
　　14:30 ～ 17:00
休月
料30DH

▲きらびやかなモスク内部

おもな見どころ

モロッコ最大のモスク　　　　　　　★★★
ハッサン2世モスク
Mosquée Hassan Ⅱ
MAP P.200-A1

1986年から8年がかりで1993年8月に完成した、アフリカ最大、世界でもトップ10に入るほどの大きなモスク。20世紀最高の芸術作品のひとつとして、ぜひ見ておきたい見どころだ。

大西洋に面した9haの敷地に、モスクが2ha。全敷地には8万人、内部には2万5000人が収容可能。ミナレットの高さは200mで、世界最高を誇る。ベージュにグリーンの美しい緻密な彫り模様が施され、ミナレットの3つの玉は、現世、来世、神の世を表しているという。設計はフランス人のミッシェル・パンソー Michel Pinseau。

コーランの一節「神の座は大水の上にある」より、ハッサン2世の「海の上にモスクを造りたい」という願いから、大西洋に突き出た形、海側から見ると本当に海の上にモスクが立っているように見える。モロッコ全土から職人と芸術家約1000人を動員して造られ基礎材料のほとんども国内から集められた。大理石、御影石、石膏、瓦、木材、タイル。マラケシュやサフィからは化粧漆喰、杉天井はモワイヤン・アトラスから、その木材彫刻職人はフェズやティトゥアンより集められて、気の遠くなる美しくて緻密な幾何学模様が彫られている。

イタリアからはヴェネツィア「ムラノ」より55ものシャンデリア、白大理石の支柱など。さすが現代に建てられただけあり、自動ドア、スライドの屋根、ソーラーシステムを利用した床暖房が備え付けられている（冬は大理石の床は冷える！）。

モスクの地下1階には参拝客のためのアブルーション（手や体を清める泉）があり、回廊の地下は浴室となっている。入浴後に飲み物を飲めるようにカフェもあって、遠い地方からやってきた人々のためにいたれり尽くせりといった印象を受ける。ほか神学校や図書館、博物館が併設されているが、信仰のためにこれだけの施設が国民の寄付金と税金で建てられているということ自体に、感嘆せずにいられなくなる。

モスク内部を見たあとは、海岸を見渡せる塀の上で潮風に吹かれるのもいい。市内のどこからもこのミナレットを見ることができるが、夜ライトアップされたモスクが一番美しく見えるのは、アイン・ディアブ方面から市街地へ向かうとき。大西洋に浮かび上がって、巨大な宝石のように煌々と輝く。

▲ラマダン中には約10万5000足の靴が集まるという

メディナ

毎日地元の人でにぎわう ★★

メディナ
Medina

MAP P.200-B2

国連広場の北側に位置し、古い城壁で囲まれている。カサブランカのメディナは、大地震のあった1755年にポルトガルがこの地を手放したあとから19世紀の終わりにかけて、商業地として徐々に発達

▲メディナの奥はひっそりとしている

してきた。メディナの北部は住宅地になっていて、南半分にスークが集まっている。

　どちらかといえば地元の人向けのスークといった趣で、特に夕方は買い物客で活気づく。ジェディド門 Bab Djédid から南側は食品のスーク、時計台に近づくにつれて衣類、電器や鍋などの店が多くなる。金曜に集団礼拝が行われるシュラー・モスク Chleuh Mosquée は、国連広場から入って時計台を左に曲がって道なりに行くとある。メディナはここ数年できれいに整備されたので、比較的迷わずにひとり歩きできるだろう。

庶民の台所をのぞいてみよう ★★★

中央市場
Marché Central

MAP P.199-B1

　カサブランカ市民の台所、中央市場。魚介類を筆頭に、野菜、肉、果物、みやげ物、雑貨、アンティークなどさまざまなものが手に

入る。ここではやはりシーフードを楽しみたい。食堂の集まる場所があるので、一番混んでいる店を選んで入ろう。パエリアやイカのフライ、生ガキなどを味わえる。のんびりと営業しているみやげ物屋では、マルシェバッグ、化石、籐製品などを扱っている。

▲近海で取れた海産物が並ぶ

散策の目印となる広場 ★

ムハンマド5世広場
Place Mohammed V

MAP P.199-A2

噴水のある大きな広場。広場の隣には市庁舎、裁判所、そして

▲トラムから見える

広場を囲むように中央郵便局 PTT や劇場など町の中枢機関が集中している。フランス領事館の中庭には、近代モロッコの経済発展に貢献した指導者リヨテ将軍の記念像が立っている。

▲メディナの城門

❂メディナ
入口は🅷ハイアット・リージェンシー・カサブランカ（→P.206）裏側の電気製品の店が集まる通りを入っていくか、時計台下のムハンマド・エル・ハンサリ通り寄りの入口からか、アラウィ通り Blvd. Tahar el Alaoui のジェディド門Bab Djédidから。

メディナでのスリに注意
多くの人で混雑するメディナでは、特にスリや置き引きに注意が必要。肩にかけていたバッグを引きちぎられたなどの事案もある。高額の現金は持ち歩かず、必要なぶんだけ持っていくように。また夜の単独行動も控えるようにしたい。

❂中央市場
⏰8:15～15:30
🈳なし

中央市場内のおすすめレストラン
🆁シェ・ミシェル・エ・ファフィーダ
→P.210

▲生ガキをむいてくれるおばちゃん

▲市場内食堂のシーフード料理。金曜はすいている

ラバトとカサブランカ ❖ カサブランカ

203

そのほかの見どころ

✿カサブランカ港
Port Casablanca
MAP P.200-B1

カサ・ポール駅を出て北方向（右）へ進むと北アフリカ最大の貿易港カサブランカ港へ出る。魚市場などがあり、アフリカ最大の貿易港を思わせる活気がある。人気のシーフードレストランもある。

▲人気のℝオストレア

✿アラブ連盟公園
Parc de la Ligue Arabe
MAP P.200-A3

ハッサン2世通りの西側に広がる、カサブランカで最も大きな公園。豊かな緑と色鮮やかな花々が公園を包んでいて、天気のいい日には地元の人々が散歩を楽しんでいる。公園の北側には、1930年に建てられたサクレ・クール聖堂Cathédrale du Sacré Coeurがある。

若者向けの店が並ぶ
✸プランス・ムーレイ・アブダラー通り ★
Rue Prince Moulay Abdallah
MAP P.199-A2

ブティックや靴屋、食器店、雑貨店、ホテルやカフェ＆レストランなどが軒を連ねる、歩行者天国。この周辺に安宿〜中級宿が多い。休日ともなれば若者でごった返す。フランス発のオーガニックコスメを扱う店など女性向けのショップも多い。

▲店が開くのは10:00頃から

高層階からの眺めがすばらしい
✸ツイン・センター（トゥール・ジュメル）★
Twin Center (Tours Jumelles)
MAP P.200-A3

地上28階建てで、高さは115mある。カサブランカのマアリフMaarif地区、ムハンマド・ゼルクトゥニ通りBlvd. Mohammed Zerktouni沿いにある町のもうひとつのランドマークだ。国内外のビジネスオフィス、5つ星ホテルが入り、カサブランカ市内では有数の複合施設。

▲28階にある「スカイ28」からの眺め

観光客の強い味方

Column

カサブランカをメインにさまざまな送迎サービスを行っているのが「ヴァンドーム・トランスポート・ツーリスティック」。空港送迎、砂漠ツアーや、マラケシュ観光などカサブランカ1日市内観光ツアーはもちろん、モロッコ国内を周るプライベートツアーまで何でも対応可。モロッコを知りつくしたベテランドライバーが旅をサポート。時間を無駄にすることなく効率的に見どころやエリアを回れるのでおすすめ。問い合わせは

▲ベンツのワゴンでゆったり快適

英語で。ホテル・ギネマー（→ P.207）でも申し込みができる。

●ヴァンドーム・トランスポート・ツーリスティック
Vandome Transport Touristique
☎ (0522) 27-76-19
E-mail vtt13@yahoo.com

カサブランカ市内ツアー（3時間）
450DH（2名まで）
ムハンマド5世空港〜カサブランカ市内ホテル
300DH（1名）
モロッコ国内周遊（1日）
1400DH（4名まで）

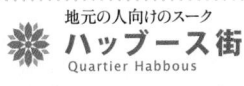
地元の人向けのスーク

ハッブース街
Quartier Habbous ★★

MAP P.201-C3

1923年にフランス人によってつくられた地区。王宮の近くに位置し、ビクトル・ユーゴー通り Blvd. Victor Hugo から南に広がっている。当時、地方から移住してきた人々を住まわせるためにつくられた町で、ハッブース街、または新メディナと呼ばれている。モロッコの古い建築様式とフランス式近代建築の調和が取れた町並みは、南部モロッコにある芸術の町エッサウィラを思わせる。

ショッピングなら**ムーレイ・ユーセフ広場 Pl. Moulay Youssef** から続く石畳のアーケードを歩こう。道の両脇でカーペットや真鍮製品、ミントティー用ポットやお盆、バブーシュ（スリッパ形の革靴）や衣類、陶器、香油などが売られ、活気あるスークが続いている。はやりの型のジュラバやカフタンなどが揃い、手頃な値段でおみやげが選べるのがうれしい。地元向けのスークなのでボラれることも少ないし、本当のカサ市民の暮らしを垣間見られる場所でもある。鉄橋を越えると住宅街となる。

▲ムーレイ・ユーセフ・モスク＆広場

▲昔ながらの民芸品が手に入る

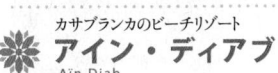

カサブランカのビーチリゾート

アイン・ディアブ
Aïn Diab ★★

MAP P.201 上

大西洋沿岸を走るコルニッシュ通り Blvd. de la Corniche 沿いに続くビーチリゾート。通りには高級リゾートホテルやシーフードレストラン、カフェ、ナイトクラブなどが並び、リゾートらしい華やいだムードが漂う。タヒチ・ビーチ・クラブ Tahiti Beach Club や、マイアミ・ビーチ Maiami Plage、コン・ティキ・ビーチ Kon-Tiki Plage と続いているが、特にマイアミ・ビーチには、スライダー付きを含め8つのプールと、サッカー＆バスケット場などが併設され、10～20代の若者がいっぱいだ。付近にはパラソルの下でくつろげる眺めのよいカフェがいくつも並んでいる。見どころの少ないカサブランカではあるが、地元の人々と交わり、ビーチでゆっくり過ごすのもカサブランカらしい過ごし方だろう。海水浴のシーズンは4～10月。

アイン・ディアブを南西に向かったジョン・F・ケネディ通り Blvd. John F. Kennedy 一帯はアンファ Anfa と呼ばれ、閑静な高級住宅街となっている。新緑の季節には、豪邸や別荘の庭に色とりどりの花が咲き乱れて美しい。

✿**ハッブース街**
行き方：市街地からは距離があるので、プチタクシーを利用しよう。ハッブース街のスークの中心であるムーレイ・ユーセフ広場 Place Moulay Youssef（あるいはムーレイ・ユーセフ・モスク）といえば分かりやすい。料金は20DH程度。

▲現地価格で販売する店もある

✿**アイン・ディアブ**
行き方：トラムで市街地から所要約30分、8DH（チャージだと6DH）。プチタクシーだと約15分で、料金は40DH～。ちなみにコルニッシュ通りは車の渋滞がよく起こる。

▲トラムのアイン・ディアブ駅からマイアミ・ビーチまでは徒歩約15分

▲海沿いは遊歩道になっている

▲アンファ・プレイスの居住区

Hotel
ホテル

　カサブランカは国連広場周辺に多くのホテルが集中している。中〜高級ホテルが多い。安ホテルはメディナに集中しているが、清潔度はおせじにもよいとはいえない。新市街で探すことをおすすめする。

ロケーション抜群
H ハイアット・リージェンシー・カサブランカ
Hyatt Regency Casablanca

新市街 MAP P.199-A1
高級

国連広場前に鎮座する高級ホテル。隣接するメディナとは対照的に、インテリアはコンテンポラリーなデザインで高級感が漂う。

住 Pl. des Nations Unies
☎ (0522)43-12-34
URL www.hyatt.com
料 エアコン 冷蔵庫 ヘアドライヤー TV 金庫 セーフティボックス 冷蔵庫
⑤ⓓ €154〜
CC ADJMV
客室数 255
📶 あり（客室）

フランス流のおもてなし
H ソフィテル・カサブランカ・トゥール・ブランシュ
Sofitel Casablanca Tour Blanche

新市街 MAP P.200-B2
高級

高級ホテル街に位置するアコーグループのホテル。隣には同グループのHノボテル、Hイビスが軒を連ねる。フランス流の洗練された施設とサービスで人気。

住 Rue Sidi Belyout
☎ (0522)45-62-00
URL www.accorhotels.com
料 エアコン 冷蔵庫 ヘアドライヤー TV 金庫 セーフティボックス 冷蔵庫
⑤ⓓ €174〜
CC AMV
客室数 171
📶 あり（客室）

複合施設内の高級ホテル
H ピスタナ・カサブランカ
Pestana Casablanca

アイン・ディアブ MAP P.201 上
高級

ポルトガルのホテルブランド。複合施設アンファプレイス（→P.211）内にあり、全室スイート仕様。レストラン、スパ、ビーチクラブなど施設が充実。

住 Anfa Place Living Resort,
　 BD La Corniche Aïn Diab
☎ (0522)79-57-00
URL www.pestana.com
料 エアコン 冷蔵庫 ヘアドライヤー TV 冷蔵庫
⑤ⓓ €119〜
CC ADMV 客室数 83
📶 あり（客室）

ツイン・センターにある高層ホテル
H ケンジ・タワー・ホテル
Kenzi Tower Hotel

新市街 MAP P.200-A3
高級

商社マンなどが利用するカサブランカきってのシティホテル。ツイン・センター（→P.204）内にあり、モロッコ最大級のショッピングセンターを併設。

住 Twin Center Blud Zerktouni
☎ (0522) 97-80-00
URL www.kenzi-hotels.com
料 エアコン 冷蔵庫 ヘアドライヤー TV 金庫 セーフティボックス 冷蔵庫
⑤ⓓ €157〜
CC AMV
客室数 237
📶 あり（客室）

リーズナブルな4つ星ホテル
H レ・セゾン
Les Saisons

新市街 MAP P.199-A1
中級

中心エリアに位置し、比較的新しい。こぢんまりとしたホテルで、インテリア全体の趣味がよく女性好み。旅行者からの評判がよい。

住 19 Rue Oraibi jilali Jilali Ave.
　 des F.A.R
☎ (0522)49-09-01
URL www.hotellessaisonsmaroc.ma
料 エアコン 冷蔵庫 ヘアドライヤー TV 金庫 セーフティボックス 冷蔵庫
⑤ 675DH〜　ⓓ 875DH〜
CC MV 客室数 48
📶 あり（客室）

客室を改装してより快適に
H オテル・ギネマー
Hôtel Guynemer

新市街 MAP P.199-A2
中級

2017年に改装し、モダンな内装にリニューアル。部屋によって内装が違うので見せてもらうといいだろう。スタッフに親日的な人が多いのもうれしい。

🏠2 Rue Mohammed Belloul
☎(0522)27-57-64／76-19
E-mail hotelguynemer@yahoo.com
🌐🔲📺 S350DH～ D450DH～
※空港からの送迎片道300DH
CCMV 客室数29

女性が安心して泊まれる
H オテル・アストリッド
Hôtel Astrid

新市街 MAP P.199-A2
中級

1941年創業の老舗ホテル。客室は比較的広めで快適。レストランも備わっている。空港送迎が片道250DHとリーズナブルなのもうれしい。

🏠12 Rue 6 Novembre
☎(0522)27-78-03
S341DH D422DH
35DH
CC不可
客室数26
📶あり（客室）

カサ・ポール駅から歩いて3分
H オテル・プラザ
Hôtel Plaza

新市街 MAP P.199-A1
中級

リニューアルされきれいな内装になった。交通至便のためにビジネスマンの利用も多い。5つ星のHプラザ・ホテルと間違えられやすいので注意。

🏠18 Blvd., Félix Houphouet
Boigny
☎(0522)29-78-22
🌐🔲📺 S350DH D450DH
CC不可
客室数27
📶あり（共用エリア）

メディナの人気中級宿
H オテル・セントラル
Hôtel Central

メディナ MAP P.200-B2
中級

カフェなどが集まる広場に面したリーズナブルな宿。39室あり、半数がバルコニー付き。ルームサービスは24時間。人気があるので予約をすすめる。朝食は30DH。

🏠20 Pl. Ahmed El Bidaoui
Ancienne Médina
☎(0522)26-25-25
URL www.hotelcentralcasa.com
🌐🔲📺
S340DH D400DH
CC不可 客室数39
📶あり（客室）

穴場の3つ星宿
H オテル・デュ・ルーブル
Hôtel du Louvre

新市街 MAP P.199-A2
安宿

こぢんまりとした宿だが、タイル張りのきれいなサロンや、清潔な客室、親切なスタッフなどなかなかポイントが高い。便利なロケーションも◯。

🏠36 Rue Nationale Bd.
Driss Lahrizi
☎(0522)27-37-47
E-mail info@transatcasa.com
🌐🔲📺 S180～310DH D440DH
CCMV 客室数44
📶あり（共用エリア）

レベルの高い2つ星
H オテル・ガリア
Hôtel Gallia

新市街 MAP P.199-B2
安宿

このクラスにしては部屋は広く、清潔で、シャワーも文句なし。メディナに近いものの、裏通りを入った薄暗い場所にある。バス付きの部屋は1室のみ。

🏠19 Rue Ibn-Batouta
☎(0522)48-16-94
E-mail galia_19@hotmail.fr
🌐🔲 S150DH D220DH
🔲📺 S170DH D250DH
CCJMV 客室数23
📶あり（客室）

隣にカフェがある

H オテル・ドゥ・ローザンヌ
Hôtel de Lausanne

新市街 MAP P.199-A2　安宿

プランス・ムーレイ・アブダラ通り近く
の繁華街にあって立地は最高。1階にモ
ロッコの典型的なカフェがあり、朝食
セットが食べられる。

🏠24 Rue Tata
☎(0522)26-86-90
🛁
💲230DH
💲280DH
🍴18DH〜
CC不可　客室数31
📶あり（客室）

とても清潔な1つ星ホテル

H オテル・トリオンフ
Hôtel Triomphe

新市街 MAP P.199-A1　安宿

ムハンマド5世通りとAve. Hoummane el
Fetouakiを結ぶ狭いアーケードPassage
Sumica内にある。料金以上に居心地のよい
ホテルで人気がある。

🏠11 Passage Sumica Blvd.
　Mohammed V
☎(0522)26-15-32
🛁
💲184DH　💲248DH
CC不可
客室数35
📶あり（共用エリア）

新しくはないが清潔

H オテル・ウエッド・ダハブ
Hôtel Oued-Dahab

新市街 MAP P.199-A2　安宿

モロッコ人のショッピング街、プランス・
ムーレイ・アブダラ通り裏側のRue M.
Belloul通りにある。小さなバルコニーが
付いた部屋は、値段以上に居心地がよい。

🏠17 Rue Mohammed Belloul
☎(0522)22-38-66
🛁共同
💲130DH　💲180DH
💲160DH　💲240DH
CC不可
客室数26
📶なし

映画館が目の前

H オテル・リアルト
Hôtel Rialto

新市街 MAP P.199-B1　安宿

便利な場所にあって、清潔度もまあまあ。
吹き抜けの踊り場があって気持ちがよい。
客室によっては小バスタブ付きの部屋
もある。トイレは共用。

🏠9 Rue Salah Ben Bouchaib
☎(0522)27-51-22
🛁💲150DH　💲200DH
💲170DH　💲220DH
※温シャワーは6:00〜12:00、
　19:00〜24:00
CC不可　客室数22
📶あり（客室）

きれいな典型的安宿

H オテル・デ・ネゴシアン
Hôtel des Négociants

新市街 MAP P.199-B1　安宿

安宿にしては客室が広めで清潔なので
居心地も悪くない。比較的便利な場所に
あるのもうれしい。トイレはアラビック
スタイルだ。

🏠116 Rue Allal Ben Abdallah
☎(0522)31-40-23
🛁共同
💲140DH　💲200DH
💲200DH　💲270DH
CC不可　客室数48
📶あり（客室）

人気のユースホステル

H オーベルジュ・ドゥ・ジュネス（YH）
Auberge de Jeunesse

メディナ MAP P.200-B2　安宿

メディナ内にあり、モロッコらしい雰囲
気を味わえる。イスラム調のタイル壁、
観葉植物、ふかふかソファのロビーもあ
る。部屋はそれほどきれいではない。

🏠6 Pl. Amiral Philibert
☎(0522)22-05-51
URLwww.hlhostels.com
🛁共同
💲80DH　💲120DH
💲170DH　💲220DH
CC不可　客室数18
📶あり（客室）

Restaurant
レストラン

　北アフリカ最大の港町カサブランカ。さまざまな種類の料理が楽しめるが、何といってもシーフードが新鮮でとてもおいしい。モロッコでも腕利きの料理人が集まっているので、ぜひ少し贅沢してレストランへ出かけてみよう。

映画の世界に飛び込む

R リックス・カフェ
Rick's Café

メディナ MAP P.200-B1
フレンチ、モロカン

映画『カサブランカ』の劇中に出てきたカフェを模したレストラン。まさに映画さながらの大人の雰囲気を楽しめる。スマートカジュアルが理想。

🏠248 Bd Sour Jdid. Pl. du Jardin Public
☎(0522)27-42-07
URLwww.rickcafe.ma
🕐12:00～15:00、18:30～翌1:00
休なし CCAMV 🛜あり

中央市場のそばのフレンチレストラン

R ラ・ババロワーズ
La Bavaroise

新市街 MAP P.199-B1
フレンチ

中央市場のそばということもあり、材料の新鮮さが自慢。シーフード、地元客にはフィレ肉料理が人気。予算はふたりでワイン込みで600DH程度。

🏠133 Rue Allal Ben Abdallah
☎(0522)31-17-60
🕐12:00～24:00（土 19:00～）
休日
CCAMV
🛜あり

家族経営のアットホームな味が自慢

R イミルシル
Imilchil

新市街 MAP P.199-A2
モロカン

地元の人がすすめる人気店。ドアを開けるときらびやかな調度品が並び、親切なオーナーが迎えてくれる。ハリラ40DH、タジン140DH～。アルコールあり。

🏠27 Rue Vizer Tazi
☎(0522)22-09-99
🕐12:30～15:00、19:30～24:00
休なし
CCAMV
🛜なし

ゆったりとした空間でモロッコ料理を

R オテル・ギネマー
Hôtel Guynemer

新市街 MAP P.199-A2
モロカン

日本語メニューがあるモロカンレストラン。ディナー時はモロッコ音楽のライブが行われる。レストランへはホテル（→P.207）の入口から入る。酒類もあり。

🏠2 Rue Mohammed Belloul
☎(0522)27-57-64
🕐12:00～15:00、18:30～24:00
休日のランチ
CCMV
🛜あり

ランチには魚のフライ盛り合わせを

R スナック・アミン
Snack Amine

新市街 MAP P.199-B1
シーフード

中央市場の目の前にあるシーフードレストラン。ランチ時は地元の人でにぎわっている。人気のメニューは新鮮な魚フライの盛り合わせで1人前80DH。

🏠32 Rue Chaouia
☎(0522)54-13-31
🕐11:00～22:00
休なし
CC不可
🛜なし

R ポール・ドゥ・ペッシュ
Port de Pêche

カサブランカ港にある人気のシーフード
レストラン。魚料理1品は100DH〜、前
菜が50DH〜。シンプルなメニューが多
く、味は日本人好み。

住 Port de Pêche
☎ (0522)31-85-61
営 12:00〜14:30、19:00〜22:30
休 なし
CC MV
📶 あり

生ガキは絶品！

R オストレア
Ostrea

カサブランカ港にある生ガキ（6個90DH
〜）が自慢のシーフードレストラン。エビ
サラダ、魚のグリル（95DH〜）、シーフー
ドプラッター（95DH）などメニューが豊富。

住 Port de Pêche
☎ (0522)44-13-90
営 12:00〜23:30
休 なし
CC JDMV
📶 あり

ちょっと高いけど味はいい

R ゴールデン・チャイナ
Golden China

台湾人が営む台湾料理店で、ワンタン
スープやギョーザ、シューマイ、春巻き
といったおなじみの味に出合える。予算
はふたりで400DH前後。

住 12 Rue El Oraibi Jilali
☎ (0522)27-35-26
営 11:30〜15:00、18:30〜23:00
休 日
CC MV
📶 あり

雰囲気も料理も大満足

R ラ・スカラ
La Sqala

歴史的造造物を改装したカフェレストラ
ン。朝食からランチ、カフェメニュー、
ディナーまで、幅広いメニューが揃う。
サラダ55DH〜、タジン75DH〜。

住 Bd Almohades, en face de la marina
☎ (0522)26-09-60
URL restopro.ma
営 8:00〜23:00
休 なし　CC MV
📶 あり

ハンバーガーを食べるならココ

R ブレンド・グルメ・バーガー
Blend Gourmet Burger

カサブランカでおいしいと評判のバー
ガー専門店。ベーシックなブレンドバー
ガーをはじめ、ベジバーガーやサーモン
バーガーなど100DH前後で食べられる。

住 9 Rue Theophile Gauthier
☎ (0522)49-11-22
営 12:00〜15:00、19:00〜22:30
休 なし
CC MV
📶 あり

席数が少ないので、お昼時は混み合う

R シェ・ミシェル・エ・ファフィーダ
Chez Michel et Hafida

中央市場（→P.203）内でオーナーのミ
シェルさんが営むレストラン。市場の新
鮮な食材を使い、オリジナルのアレンジ
を加えた料理が人気（ひとり130DH〜）。

住 Stall 192, Marche Central
☎ 0661-07-33-97
営 10:00〜17:00
CC 不可
📶 なし

Shop
ショップ

　カサブランカのショッピングは、地元の人に混じってメディナやハッブース街を歩くのも楽しいが、Ｓカルフールやモロッコのファストファッションブランドなどが入った複合施設を見て回るもの楽しい。

市内から車で約20分。160店舗以上の店が集う巨大モール

アイン・ディアブ ＭＡＰ P.201 上
ショッピングモール

Ｓ モロッコ・モール
Morocco Mall

62のレストラン、高級ブランド店やスーパーなどを含めたショップは160店舗以上、屋内スーク、3Dシネマ、水族館などが集まった複合施設。

住 Angle Blvd. de la Corniche Blvd. de L'Océan Ain Diab
URL www.moroccomall.ma
開 10:00～21:00 (金・土～22:00)
休 なし
CC 店舗により異なる

海沿いにあるおしゃれなショッピングモール

アイン・ディアブ ＭＡＰ P.201 上
ショッピングモール

Ｓ アンファプレイス・ショッピング・センター
Anfaplace Shopping Center

アイン・ディアブにあるショッピングモール。休日は、地元の家族連れで大にぎわい。ホテルやＳカルフール (→P.212)、日本食のフードコートなどがある。

住 Blvd. de la Corniche, Ain Diab
開 10:00～21:00 (フードコートは11:00～23:00)
休 なし
CC 店舗により異なる

カサ・ヴォヤジャー駅から徒歩圏内

新市街 ＭＡＰ P.201-D3
ショッピングモール

Ｓ タシュフィン・センター
Tachfine Center

Ｒダール・ムール・アツァイ (→P.213)、Ｓマルジャン (→P.212)、Ｓイヴ・ロシェ (→P.212) など、おすすめのレストラン、ショップが入っている。

住 Blvd. Ibn Tachfine
☎ (0529) 04-96-56
開 9:00～22:00 (金・土～23:00)
休 なし
CC 店舗により異なる

モロッコのファストファッションブランド「マルワ Marwa」

Column

　2003年設立のハイストリートファッションブランド。モロッコの10～30代の女性が

▲カフタン風のドレスも人気

ターゲットでウエア、シューズ、小物まで展開している。どの商品もリーズナブルでシンプルなものも多く、日本人でも着やすいデザイン。モロッコ国内に60店舗以上を構え、現在ではアルジェリアやリビアなどにも店舗がある。カサブランカには17店舗、カサ・ポール駅、Ｓアンファプレイス (→上記)、Ｓモロッコ・モール (→上記)、カサ・ヴォヤジャー駅、ムハンマド5世通りなどの店舗が利用しやすい。

おしゃれなコスメショップ
S ネソンス
Nêsens

アイン・ディアブ MAP P.201 上
コスメ

石鹸やアルガンオイル、サボンノワール
など、100％ナチュラル、植物由来の原
材料のみを使ったコスメを扱っている。
石鹸ひとつ55DH。

🏠Marocco Mall
☎(0522)79-63-36
🕐10:00〜21:00
休なし
CC MV

閑静な住宅街にある
S ジェラフロア
Jerraflore

アンファ MAP P.201 上
コスメ

薬剤師一家に代々伝わる、伝統的な
ハーバルレシピをもとに作られたコスメ
の数々を販売。100％ナチュラルでお
しゃれ。

🏠10 Blvd. Ibn Sina
☎(0522)99-45-18
URL jerraflore.com
🕐9:00〜18:00 (土 〜12:30)
休日
CC MV

フランス発のナチュラルコスメ
S イヴ・ロシェ
Yves Roches

新市街 MAP P.200-B3
コスメ

リーズナブルなフレンチコスメのショッ
プで、格安ながらもオーガニックで評判
もよい。世界的に人気だが、日本には未
上陸。モロッコ全域に店舗あり。

🏠47 Ave. Mersltan,'Dar-el-Beida
☎(0522)48-26-14
🕐9:30〜20:00
　(金 13:00〜15:30クローズ)
休日
CC MV

カサブランカのスーパーマーケット

column

　商業の中心地カサブランカには、スーパー
マーケットがそこらじゅうにある。なかでも
おすすめなのが、フランス系のカルフールと
モロッコ発のマルジャンだ。どちらもモロッ
コ中に店舗を展開している。**カルフール**はカ
サブランカ市街地に10店舗以上あるので、
最も便利な店舗を選ぼう。S アンファプレイ
ス (→ P.211) にある店舗は広く、ほかの買
い物も一緒に出来るので便利だ。フランス人の
おしゃれなパッケージの商品も多い。**マル
ジャン**は、カサ・ヴォヤジャー駅から歩ける
S タシュフィン・センター (→ P.211) 内や、
アフリカ最大級のショッピングモール、モ
ロッコ・モール(→ P.211)内にある。BIO(オー
ガニック) 商品を集めたコーナーがあり、お
みやげに最適なものもあるので要チェック。

S カルフール
Carrefour MAP P.201 上
🏠 Anfa Place Shopping Center
☎(0524)43-46-67
URL www.carrefourmaroc.ma
🕐9:00 〜 21:00 (金・土 〜 22:00)
休 なし　CC MV

S マルジャン　Marjane
URL www.marjane.ma

●タシュフィン・センター店 MAP P.201-D3
🏠 Tachfine Center, Blvd. Ibn Tachfine
☎(0529)04-96-56
🕐9:00 〜 22:00　休 なし　CC AMV

●モロッコ・モール店 MAP P.201 上
🏠 Morocco Mall
☎(0529)02-52-00
🕐9:00 〜 22:00 (金・土・日 〜 23:00)
休 なし　CC AMV

老舗ティーショップのおすすめカフェ

Column

創業 1936 年。モロッコで長年愛されてきたモロカンティーの老舗「スルタン Sultan」が、2018 年、カサブランカにティーショップをオープン。その名も「ダール・ムル・アッツァイ Dar Moul Atay」。アッツァイとはモロッコのミントティーを指す。約 40 種類ものブレンドティーが揃い、お

茶を頼めば茶菓子もセットで付いてくる。たいへんおいしいモロカンスイーツやモロッコの伝統的な料理もあるので食事にもおすすめだ。

▲スタッフのサービスもすばらしい

おみやげ探しにもたいへんおすす

めで、スーパーなどでは手に入らない独自ブレンドの茶葉を 100 グラム単位（38DH ～／100g）で購入可能。ミントをはじめ、さまざまなハーブがブレンドされた茶はすばらしい香り。店で飲んでみて、おいしかったらそれを持ち帰るのもいい。

▲極上のティータイムを過ごせる

R C ダール・ムル・アッツァイ
Dar Moul Atay MAP P.201 上、P201-D3
住 Marocco Mall, Angle Blvd. de la Corniche, Blvd. de L'Ocean, Ain Diab
☎ (0522) 79-75-58
圏 10:00 ～ 20:30 休 なし CC MV
※タシュフィン・センター（→ P.211）内にも店舗がある。

幻想的な世界に誘われる

アル・ジャディーダ
El Jadida

アル・ジャディーダの局番
0523

アル・ジャディーダへの行き方

▶▶カサブランカから

列車は ONCF がカサ・ヴォヤジャー駅から1日8本運行。所要約1時間30分、37DH～。

バスは CTM が1日6本運行。所要約2時間、45DH～。

▶▶サフィから

列車は ONCF が1日1本運行。所要約6時間、124DH～。バスは CTM が1日6本運行。所要約2時間、60DH～。

▶▶マラケシュから

列車は ONCF が1日3本運行。所要約4時間、86DH～。民営バスが1日10本ほど運行。所要約4時間、45DH～。

※ CTM 以外に民営バスも運行しており、本数はそちらのほうが多い。ほかに各都市からグランタクシー（→ P.316）も出ている。

おすすめレストラン

R アイメン・マリーナ
Aymane Marina

シーフードレストランが立ち並ぶ一画にあり、地元民、観光客がランチに集う。セットでひとり 110DH～。

MAP P.215

住Bd.Nabeul. No12. Place Sidi Mohammed Ben abdellah

☎0662 79-23-14

圏11:30～23:00 休なし

CC不可 ☎なし

▲特製ドレッシングが魚のうま味を引き立てる

イントロダクション

　アル・ジャディーダは、カサブランカの西約 90kmの地点にあるビーチリゾートの町。シーズンになると都会からドライブにやってくるモロッコ人やヨーロッパからの観光客でにぎわう。海岸近くの新市街には白い建物とヤシの並木が続き、ポルトガル風の町並みが続く。1502 ～ 1769 年にポルトガルの支配下にあったこの町は、当時はマザガン Mazagan と呼ばれ、モロッコに最後まで残ったポルトガル要塞となった。巨大な塁壁に囲まれた旧市街は今もなお要塞や遺物が残され、2004 年にユネスコの世界遺産に登録されている。

アル・ジャディーダの歩き方

✣ メディナとスーク散策

　町の中心部は歩いて回れる距離にある。まずはポルトガル支配時代の城壁に囲まれた世界遺産の旧市街メディナ、**ポルトガル都市 Cité Portugaise** を歩いてみよう。1514 年、ポルトガル人によって造られたこのメディナには、現在でも約 2500 人が生活している。ほかの町のメディナに比べるとひっそりとしていて、時間が止まってしまったような錯覚を覚えるかもしれない。見どころとしては**ポルトガルの貯水槽**や**ポルトガル時代の教会**、海に面した両角の**稜堡**（→ P.229 欄外）の展望台などがある。

　メディナの入口から出て南へ向かうと**ムハンマド・ベン・アブダラー広場 Place Mohammed Ben Abdallah** に出る。ここから先は新市街だ。広場から延びる左側の通りはビーチへ向かう**スエズ通り Blvd. de Suez**、右へ行くと**ムハンマド5世通り Ave. Mohammed V**へと続き、その途中にカフェやレストランが集まる**ハンサリ広場 Place el Hansali** がある。ここを真っすぐ進むと、郵便局、劇場、銀行などが並ぶ大きな広場、**ムハンマド5世広場 Place Mohammed V** に突き当たる。一方、メディナの入口からムハンマド・ベン・アブダラー広場に出てその南西の角を右へ曲がり、突き当たりを左折すると**ゼルクトゥーニ通り Rue. Zerktouni** に出る。ここがスークの入口だ。

▲エル・ジャディーダいちの見どころ、ポルトガル都市

✣ 郊外へのドライブも楽しい

アル・ジャディーダ郊外には、モロッコで2番目の広さを誇るゴルフ場や乗馬施設が整っている。ゴルフ場までの海岸線をレンタカーなどでドライブするのも楽しい。町の南部にある**シディ・ブジッド Sidi Bouzid**や、カサブランカ寄りにある**アズムール Azemmour**をおすすめしたい。

▲人気のビーチ、シディ・ブジッド

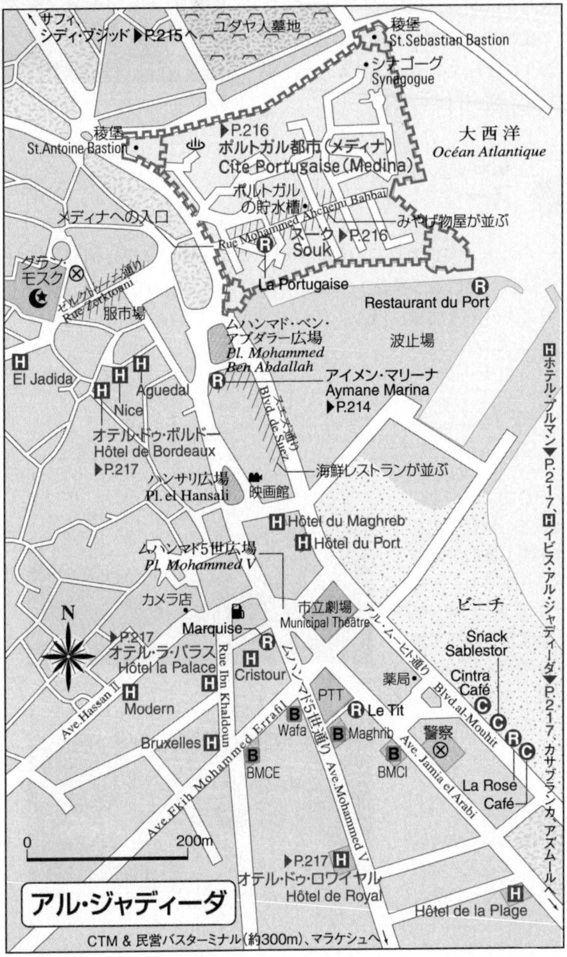

地図（アル・ジャディーダ）

サフィ
シディ・ブジッド▶P.215
ユダヤ人墓地
稜堡 St.Sebastian Bastion
シナゴーグ Synagogue
稜堡 St.Antoine Bastion
▶P.216
大西洋 Océan Atlantique
ポルトガル都市（メディナ）Cîte Portugaise (Medina)
ポルトガルの貯水槽
メディナへの入口
スーク▶P.216 Souk
みやげ物屋が並ぶ
Rue Mohammed Sechem Bahbai
グランド・モスク
セルジュ・トゥアニ通り Rue Zerktouni
服市場
La Portugaise
Restaurant du Port
波止場
ムハンマド・ベン・アブダラー広場 Pl. Mohammed Ben Abdallah
アイメン・マリーナ Aymane Marina ▶P.214
El Jadida
Aguedal
Nice
Blvd. de Suez
オテル・ドゥ・ボルドー Hôtel de Bordeaux ▶P.217
ハンサリ広場 Pl. el Hansali
海鮮レストランが並ぶ
映画館
Hôtel du Maghreb
Hôtel du Port
ムハンマド5世広場 Pl. Mohammed V
カメラ店
市立劇場 Municipal Theatre
ビーチ
N
▶P.217 Marquise
オテル・ラ・パラス Hôtel la Palace
Rue Ibn Khaldoun
Cristour
Snack Sablestor
Cintra Café
Ave. Hassan II
Modern
PTT
薬局
Bruxelles
Wafa
Le Tit
Maghrib
警察
Ave. Elkh Mohammed Errakil
BMCE
Ave. Jamia el Arabi
Ave.Mohammed V
BMCI
La Rose Café
Blvd.al Mouhit
▶P.217
オテル・ドゥ・ロワイヤル Hôtel de Royal
Hôtel de la Plage
0 200m
アル・ジャディーダ
CTM & 民営バスターミナル（約300m）、マラケシュへ

ホテル・プルマン▶P.217、H イビス・アル・ジャディーダ▶P.217、カサブランカ、アズムールへ↗

ラバトとカサブランカ ✣ アル・ジャディーダ

映画の舞台になった町

アル・ジャディーダのメディナはエッサウィラ（→P.226）とともに、オーソン・ウェルズ監督の映画『オセロ』（1951年、フランス）でロケ地として使われている。

近郊の見どころ

✪アズムール Azemmour
MAP P.184

アル・ジャディーダからカサブランカ方向へ約17km、ウム・エル・ルビア川 Rivire Oum er Rbia のほとりにたたずむ古い小さな町。ポルトガル人がアル・ジャディーダやサフィ、エッサウィラの町を支配していた16世紀に、わずか30年間この町に住み着き、戦略上最も大切な要塞としておおいに活用した町だ。ポルトガル人は、この町に川の土手を利用してすばらしいメディナを造った。

行き方：アズムールへは列車やバス、グランタクシーで行ける。グランタクシー乗り場はバスターミナルから郵便局までのムハンマド5世通り沿いにある。

✪シディ・ブジッド Sidi Bouzid
MAP P.215 外

アル・ジャディーダの町から南へ約10km。車で20分もかからない所にある高級リゾートタウンだ。ビーチ沿いの高台には別荘や高級住宅が並び、レストランやカフェもある。シーズンになるとバカンス客でにぎわう。

▲川に沿って建てられた要塞

おもな見どころ

◆ポルトガルの貯水槽

行き方：ムハンマド・ベン・アブダラー広場から、メディナの塁壁の一番手前にある入口を右に入ろう。入口に2〜3軒のみやげ物店があるほかは、民家が続いている。この通りを真っすぐ進んで2〜3分すれば左側にある。

圓 9:00〜13:00、15:00〜18:30
圍 なし
圍 60DH

▲貯水槽への入口

アル・ジャディーダの代名詞

ポルトガル都市（ポルトガルの貯水槽）

Cité Portugaise ★★★ ◎世界遺産

MAP P.215

　海に面した古い城塞都市は、1514年にポルトガル人によってつくられた。町は1769年までポルトガル領だったため、ヨーロッパとアラブ双方の文化が残る町並みとなっている。

　2004年、このポルトガル都市は世界遺産に登録された。その中央付近にあるのが町とともに造られた地下貯水槽。最初は倉庫として使われていたが、1542年、塁壁の外の水が絶たれたときのための貯水槽として改造された。入口は民家と間違うほど小さいが、地下に巨大な空間が広がる。円柱の美しいゴシック建築で、天窓から雨水が流れ込むようになっている。天窓から差し込む光の筋が幻想的だ。

▲曲線が美しいポルトガルの貯水槽

純白の世界が広がる

スーク

Souk ★★ ◎世界遺産

MAP P.215

　メディナ内にあるこの町のスークはエッサウィラと同様、純白の建物が建ち並び整然としていて美しい。入口からさらに進むと、モスクのある広場に出る。

Column

モロッコのリゾート、ワリディア　MAP 折込

　サフィとアル・ジャディーダの中間地点にあるワリディア Oualidia は、少し大げさだが"モロッコのニース"と称されるほどの海辺のリゾート地。カキの養殖でも知られ、水路を行く観光用の小船で見学もできる。魚介類が豊富で、4〜10月頃までは海辺に簡易野外レストランが並び、その場で選んだ魚やエビなどを焼いて出してくれる。時間があったらぜひ足を延ばしてみたいところだ。

　行き方は、先の両都市から乗り合いバスを利用するのが一番安上がりで便利。CTMでどちらからも1時間ほど。1日6本往復している。ホテルはバスが着く大通り沿いと海辺近くにある。7、8月は混むので予約は必須。海辺は町から坂を下り700mほど行ったところ。

▲夕日の美しさも格別

▲潟からこの小舟でカキ養殖地を見に行くことができる

Hotel
ホテル

　アル・ジャディーダは、リゾート地のわりにはホテルが少ない。シーズンには
いいホテルはどこも満室になってしまうので、早めに予約を入れておこう。安ホ
テルは郵便局前の広場周辺やスーク周辺に集まっている。

ゴルフ場の敷地内にある　　　　　　　　　　　　　　　　　　　　郊外　MAP P.215 外

H ホテル・プルマン・マザガン・ロイヤル・ゴルフ＆スパ
Hotel Pullman Mazagan Royal Golf & Spa

高級

カサブランカ方面に車で約15分、モロッ
コで一番美しいといわれるゴルフ場内に
あり、ヨーロッパ人のファミリー客に人
気がある。

住Route de Casablanca
☎(0523)37-91-00
URLwww.pullmanhotels.com
料 🛁🍽🏊🆒📺📶🔌🏧
　⑤①1470DH〜
CCADJMV
客室数121
📶あり(客室)

スタンダードなチェーンホテル　　　　　　　　　　　　　　　　郊外　MAP P.215 外

H イビス・アル・ジャディーダ
Ibis El Jadida

中級

ポルトガル都市から南へ車で10分ほど
の場所にある。すっきりシンプルな造り
のホテルで、機能的なデザインに統一さ
れている。

住Pl.Nour El Kamar, Route de Casablanca
☎(0523)37-95-00
URLwww.accorhotels.com
料 🛁🍽🏊🆒📺📶🔌🏧
　⑤②700DH〜
CCAJMV
客室数103
📶あり(客室)

ビーチからも近い清潔感のあるホテル　　　　　　　　　　　　　新市街　MAP P.215

H ホテル・ラ・パラス
Hotel la Place

中級

市立劇場の近くにあり、ポルトガル都市
まで徒歩10分圏内。客室も広く、高層階
海側と屋上のレストランからは海が見え
る。会議室も併設している。

住Angle Av.Ibn Khaldoune &
Jules Verne
☎(0523)37-37-00
料 🍽🆒📺🔌📶🏧
　⑤400DH〜　①500DH〜
CCAMV　客室数48
📶あり(客室)

パティオに花が咲き乱れる　　　　　　　　　　　　　　　　　　新市街　MAP P.215

H オテル・ドゥ・ロワイヤル
Hôtel de Royal

安宿

きれいなタイル張りの内装に高い天井、
電話も各部屋に付いている。レストラン、
バーもある。よく手入れの行き届いた美
しいパティオが自慢。

住108 Ave. Mohammed V
☎(0523)34-11-00
料共同
　⑤125DH　①140DH
　🆒⑤198DH　①245DH
CC不可
客室数18
📶あり(客室)

定評のある安宿　　　　　　　　　　　　　　　　　　　　　　　新市街　MAP P.215

H オテル・ドゥ・ボルドー
Hôtel de Bordeaux

安宿

伝統的な幾何学模様のタイルやサロンの
アーチなどモロッコらしさを感じられて
楽しい。建物自体は古いが、とても清潔
でバジェット派に人気。スタッフも親切。

住47 Rue Moulay Ahmed
Tahiri
☎(0523)37-39-21
料 🆒📺
　⑤100DH　①150DH
CC不可
客室数32
📶なし

護身のシンボル「ファティマの手」

町を歩いているとき、古い民家のドアに注目してほしい。デザインは異なっても、手の形のドアノッカーや装飾が取りつけられているのを発見するはずだ。ムーレイ・イドリスやフェズ、メクネスなどの古い町では特に多い。

モロッコをはじめ、イスラム諸国を旅していると、このドアノッカーにかぎらず、手の形をしたアイテムにしばしばお目にかかる。指輪やペンダントなどのアクセサリー、鏡、陶器に描かれた模様など。一見、手の形に見えないかもしれないが、それは、親指と小指が同じ長さで、左右対称にできているからだろう。

キーホルダーも人気

これは「ファティマの手」と呼ばれるお守り、邪視から身を守るシンボルなのだ。ファティマというのは、預言者ムハンマドの4女で、4代目カリフ（→P.325）、アリーの妻となった女性の名。彼女は、常に貧しい人々を思いやり、病気の人の手当を進んで行った。老いた夫のあとを追うように亡くなったとき、彼女は26歳の若さであった。慈悲深かったファティマは、イスラム教徒にとって理想の女性。彼女の手をかたどったものを持つことによって、彼女の救いの手が差しのべられると信じているのだ。

ちなみに、手の指は5本。イスラム世界では、5という数も重要だ。

ファティマの手を
かたどったピアス

▲ファティマの手は生活のあらゆる場所で目にすることができる

218

人気が上昇しているエッサウィラのメディナは小さくて歩きやすい

Côte Atlantique et le Sud Maroc

南部モロッコ

南部モロッコ

　ここでは、カサブランカから南の大西洋沿
岸に続くサフィとエッサウィラ、アガディー
ル、そしてマラケシュより南西のアンチ・ア
トラス周辺にある町をいくつか紹介する。こ
のエリアは、通常のパックツアーなどでは外
されがちな、マイナーな町が多い。しかし、
古代よりフェニキア人の交易の中継地として
栄えたエッサウィラや、16世紀にサアード朝
の都となったタルーダントなど、独特の味わ
いをもつ町が多い。特にアンチ・アトラス周

▲大西洋に沈む夕日

辺地方はサハラ砂漠の
西の端ということもあ
り、サハラを行き来す
る遊牧民トゥアレグ族
の人々が目につく。食
べ物や着る服、話し方
など、西サハラ特有の
文化を肌で感じられる
ようになる。そして
人々は北部より開放的
で、なんと情が厚いこ
とか。せっかくモロッ
コを訪れるなら、ぜひ
南部にも足を延ばして
ほしい。

▲豊かな海の幸が取れるエリア

南部モロッコ

▲陶器特産の町らしいタジン鍋のモニュメント

大西洋に面する工業都市
サフィ
Safi

　カサブランカから南西に約250km、大西洋沿岸にあるサフィはモロッコでも有数の工業都市だ。

　サフィはアル・ジャディーダと同じく、16世紀初期にはポルトガル人に支配されていた。ポルトガルの商人が15世紀頃から住み着き、町の周囲に城壁を巡らして、海側には要塞を築く。当時からイワシ漁港として栄えていたが、1541年にサアード朝によりポルトガル勢力は一掃される。16世紀末から17世紀にかけてはヨーロッパとの交易が活発になり、サフィはモロッコ随一の貿易港となった。

　現在では缶詰工場や、リン酸や硫酸を造る化学工場などが港周辺に集中している。なんとモロッコ国内の半数の缶詰会社がこの町に集まっているという。イワシ缶詰工業とともにこの町を有名にしているのが、陶器である。サフィはフェズに次ぐ陶工の町で、ここで生まれる伝統的な青と白の柄の陶器は、世界的にも高い評価を得ている。陶器に興味のある人はぜひ訪れてほしい町だ。

　観光地というよりも商業的な特色が強いため、旅行者よりもビジネスマンの姿が多い。しかしそれゆえに、のんびりしたモロッコの雰囲気とカサブランカのような都市的な空気が合わさったこの町は、独特な魅力をもっている。

サフィの歩き方

<table>
<tr><td>

サフィの局番
0524

ACCESS

サフィへの行き方
▶▶アル・ジャディーダから
　CTMのバスが1日に8本
運行。所要約2時間、60DH。
▶▶カサブランカから
　CTMのバスが1日9本運
行。所要約4時間、105DH。
▶▶エッサウィラから
　CTMのバスが1日4本運
行。所要約2時間、55DH〜。
スープラトゥールは1日1
本運行。所要約2時間30分、
50DH。
※バスはCTM以外に民営
バスも運行しており、本数
はそちらのほうが多い。

</td></tr>
</table>

　サフィの町は、大西洋沿岸に広がる**港と工業地帯、メディナ Medina（旧市街）**、丘の上の**新市街 Nouvelle Ville** の3つに分かれている。サフィの中心街から北へ車で10分も行けば美しいビーチもある。

❖ メディナを散策

　海沿いに、ポルトガル時代に造られた要塞**ダール・エル・バハル Dar el Bahar** がある。その前には、ヤシの木の中央分離帯を挟んだ**ランデペンダンス広場 Place de l'Indépendance**。この広場には郵便局や銀行、カフェ、薬局などが並び、ムーレイ・ユーセフ通り Ave. Moulay Youssef へと入ると、すぐ左側には市営

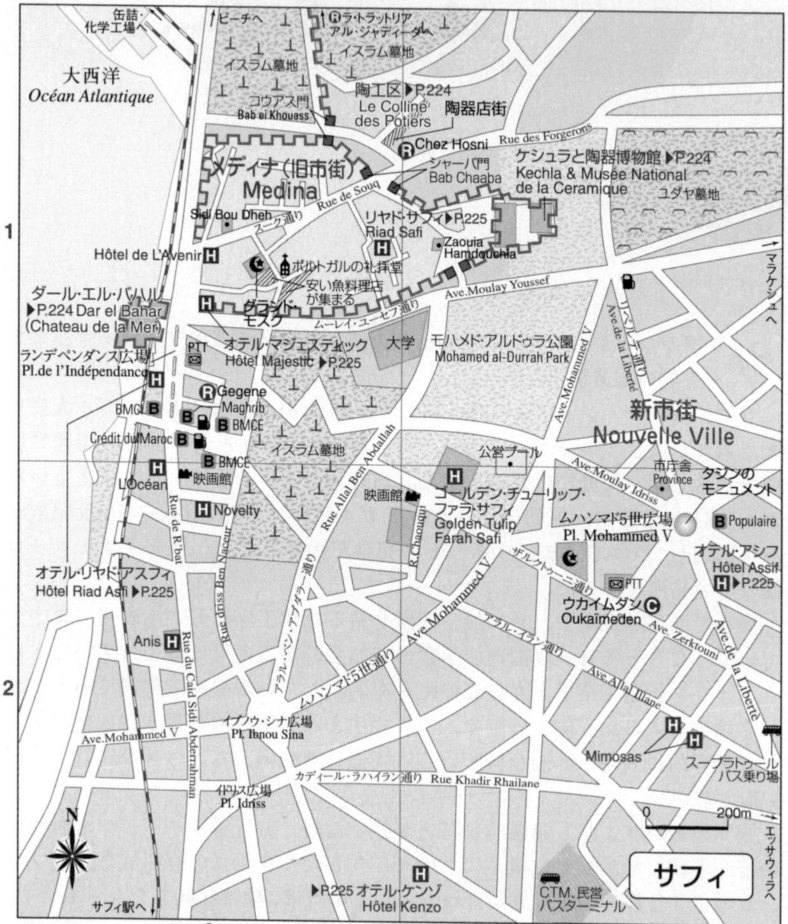

（地図）

バスターミナルもある。

ここを拠点としてメディナへ向かおう。ダール・エル・バハルを左側に、広場を北に向かうと右側に安ホテルがいくつか並ぶ。ここを真っすぐ2～3分も歩くと靴や革製品の店が見えてくるが、ここを右に曲がるとメディナの目抜き通り**スーク通り Rue de Souq**。メディナの入口にはちょっとした広場がある。マラケシュのフナ広場のミニ版とでもいおうか、週末には17:00～18:00頃になると大道芸人が繰り出し、揚げドーナツやケバブなどの屋台も出てたいへんにぎわう。

このスーク通りは**シャーバ門（銃眼の門）Bab Chaaba** まで続き、民芸品、衣料品、食料品、陶器店などのスークがびっしりと並ぶ。メディナの中央、**グランド・モスク Grande Mosquée** の裏には**ポルトガルの礼拝堂 Chapelle Portugaise** があり、ポルトガル時代の面影を残している。シャーバ門を出て左へ向かうと、このあたりから陶器街らしく道端に皿や壺などが売られている。右側の細い坂道を上っていくと陶器の工房へ行ける。工房へ上っていく右側に50もの陶器の店が連なるので、気に入った店があったらのぞいてみよう。

✤ メディナから新市街へ

メディナから新市街の中心、**ムハンマド5世広場 Place Mohammed V** へは、歩いて20分ほど。旧市街のランデペンダンス広場からムーレイ・ユーセフ通りを東方向へ上っていき、六差路に出たらリベルテ通りへ右折して真っすぐ進むとムハンマド5世広場に出る。

ムハンマド5世広場は広くて新しく、都会的な印象を受ける。広場中央には噴水があり、この広場からは7本の道が放射状に延びている。広場からグランド・モスク方向に向かって左側（南西）の通りを歩いていくと右側に郵便局がある。このあたりが新市街ではいちばんにぎわう通り。郵便局が見えたら**ザルクトゥーニ通り Ave. Zerktouni** を左に曲がろう。この角にはパリのカフェのような雰囲気の⊂ウカイムダンがあり、ひと休みするにはもってこいの場所だ。この通りには書店やレストラン、カフェが軒を並べ、マルシェにも近い。新市街へ来ると、サフィはモロッコのなかでも経済的に潤っている町だな、という印象を受けるだろう。

▲どこかヨーロッパ的な雰囲気のある新市街

CTM、民営バスターミナルから市街へ
CTM、民営バスターミナル（MAP P.222-B2）はメディナの南約1.5kmの地点にあり、新市街や旧市街へは歩いて20～30分くらいかかる。タクシーで7DHほど。

バスターミナルでチケットを購入する場合
サフィからほかの町へのバスチケットを買う場合は、サフィへ到着してすぐか出発の前日までには、CTMまたは民営バスの窓口で、出発日、時間などを確認し、チケットを購入しよう。CTMはすぐに満席になる。

サフィの陶器は重要な輸出品
宮殿やモスクに使われている光沢のある緑瓦は、おもにサフィで作られている。ボールや皿、花瓶などは、国内はもとよりヨーロッパに向けて輸出され、モロッコの陶器輸出のなかでも重要な位置を占めている。

町を見下ろせるポイント
映画館の向かいにある🅷ゴールデン・チューリップ・ファラ・サフィ（MAP P.222-B2）近くの丘からは、メディナと港を一望できる。古い要塞から向こうのコンビナートまでが美しい景色の一部となっている。ほかには16世紀にポルトガル人が築いた砦（現在は陶器博物館）ケシュラ Kechla の展望台（→P.224）からの眺め。もうひとつはビーチへ行く途中にある🅡ラ・トラットリア（MAP P.222-A1外）から。特に夜景はすばらしい。

バスに乗ってビーチへ
旧市街から北方向にあるビーチへ行くなら、市バスを利用しよう。ランデペンダンス広場から Lalla Fatima または Cap Beddouza 行き10番、15番のバスに乗る。夏には Souira Kedima 行きも出るのでこれでも行ける。ただし、遊泳はできない。

おもな見どころ

❁陶工区

ここでは新市街の店より安く陶器が買える。工房では陶器作りの見学もできる。工房の人に尋ねてみよう。チップは10DH～。

▲さまざまな柄の陶器が並ぶ

サフィの代名詞を見にいこう ★★

陶工区
Le Colline des Potiers

MAP P.222-A～B1

サフィはフェズに次ぐ陶工の町。陶器が好きな人なら、真っ先に足を延ばしてほしい。メディナの北側に約80もの工房が坂の道なりに続き、窯からは煙がゆっくりと立ち上っている。サフィは上質な粘土に恵まれており、それを知っていたフェズのある陶芸家が、19世紀後半にこの地に工房を開く。そこから陶工の町としての歴史が始まった。フェズで発達した青や白の彩りがもち込ま

▲職人の技には思わず見とれてしまう

れ、多彩な色を盛り込んでサフィ独自の陶器が生み出された。製法は今でも完全な手作業だ。足や手でこねた粘土を足踏み式ろくろで回し、ギョリュウ（落葉小高木）の火で焼くといった伝統的な作業。そのために、サフィの陶器は丈夫なのだ。メディナのシャーバ門を出てすぐの所に、50もの店が並ぶギャラリーがある。それぞれの店によってデザインや色も違っていて、壺、皿、花瓶、太鼓など種類も豊富。

❁ダール・エル・バハル

🕐 8:30～12:00、
　14:30～18:00
休 土・日
料 10DH
※ 2019年4月現在、改装のため閉鎖中。

❁ケシュラ

行き方：ランデパンダンス広場から、ムーレイ・ユーセフ通りを10分ほど東へ歩くと左側にある。新市街のムハンマド5世広場からは、リベルテ通りを北へ真っすぐ進むとすぐ。
☎ (0524)46-38-95
🕐 8:30～12:00、
　15:00～18:00
休 火
料 10DH

▲ケシュラの展望台

巨大な海の城へ ★★

ダール・エル・バハル
Dar el Bahar (Chateau de la Mer)

MAP P.222-A1

16世紀のポルトガル時代、海からのオランダやスペインの攻撃を防ぐために建てられた、「海の城」という名の要塞。見張り台には大砲が備えられ、城壁のらせん階段の下には小さな独房が残っている。1963年に改修された。

▲海への見張り台

名産品の歴史を学べる ★★

ケシュラと陶器博物館
Kechla & Musée National de la Ceramique

MAP P.222-B1

メディナのシャーバ門を抜けると、右側の丘全体に城壁が巡らされている。これが18世紀に建てられたもうひとつの要塞ケシュラだ。ここは1990年まで刑務所だったが、現在は陶器博物館になっている。展示室には、青と白の伝統的な模様を施した三股の花瓶や、モロッコで古くから使われてきた形の陶器が展示されている。必見は、入口を入って右側の突き当たりにある展示室の天井の装飾。美しいミナレットや彫り模様が見ものだ。

Hotel
ホテル

サフィの安宿はランデペンダンス広場周辺に集まっているが、質はあまりよくない。この町ではモスク付近にある中級宿の雰囲気がすばらしいので、ぜひ探してみよう。一方、新市街は中級から高級のホテルが多い。

南部モロッコ ❖ サフィ

定評のある中級ホテル　　　　　　　　　　　　新市街　MAP P.222-A1
H オテル・リヤド・アスフィ
Hôtel Riad Asfi
中級

メディナにも新市街にもアクセスが便利で、海の眺めもすばらしい。客室はきれいで、サービスもしっかりしているので値段に見合った快適な滞在ができる。

🏠11 Pl. de l'Independance
☎(0524)46-46-95
URL hotelriadsafi.ma
押 🗝🚿❄️📺🛗🍴
S 358DH~　D 456DH~
CC JMV
客室数 48
📶あり（客室）

ムハンマド5世広場からすぐ　　　　　　　　　新市街　MAP P.222-B2
H オテル・アシフ
Hôtel Assif
中級

3つ星のビジネスホテル。ホスピタリティにあふれ、満足度が高い。客室も掃除が行き届き、家具も心地よい。混むので予約をしたほうが無難。

🏠Ave. de la Liberté,
　Nouvelle Ville
☎(0524)62-29-40
URL www.hotel-assif.ma
押 🗝🚿❄️📺🛗🍴
S 310DH　D 450DH
CC JMV　客室数 64
📶あり（客室）

サフィで初めてのリヤド　　　　　　　　　　　メディナ　MAP P.222-A1
H リヤド・サフィ
Riad Safi
中級

アットホームな雰囲気のリヤド。1680年に建てられた邸宅を改装しており、客室はいずれもおしゃれなデザイン。ルーフトップからの眺めもよい。

🏠14 Rue de l'Eglise,
　au coeur de la medina
☎0665-47-11-80
URL www.riadsafi.com
押 🗝🚿❄️🛗🍴
S D €39~69
CC MV　客室数 6
📶あり（客室）

ロケーションが便利　　　　　　　　　　　　　新市街　MAP P.222-B2
H オテル・ケンゾ
Hôtel Kenzo
中級

CTMと民営バスのターミナルがすぐそばにあり、利便性が高いホテル。部屋は広く清潔な造りで、スタッフの対応も含め評価が高い。メディナからは歩いて20分程度。レンタカーの手配もしている。

🏠Ave.John Kennedy 64
☎(0524)46-48-88
押 🗝🚿❄️🛗🍴
S €50　D €62
CC 不可
客室数 24
📶あり（客室）

愛想のいい主人がいる　　　　　　　　　　　　メディナ　MAP P.222-A1
H オテル・マジェスティック
Hôtel Majestic
安宿

ランデペンダンス広場からすぐ。客室、トイレ、シャワーとも掃除が行き届いている。海の見える部屋もある。サフィでは最も安い宿のひとつ。

🏠Pl. de l'Indépendance
☎(0524)46-40-11
共同 🚿（温シャワー10DH）
S 70DH　D 150DH
　※温シャワーは8:00~24:00
CC 不可
客室数 8
📶あり（共用エリア）

▲ビーチでの散歩も楽しめる海沿いのリゾート地

芸術家を魅了する町

エッサウィラ
Essaouira

多くのモロッコ人が、一度は行ってみたいと憧れるエッサウィラ。この町の何がそんなにモロッコ人や世界の旅人を魅きつけるのか、訪れてみればきっとわかる。

エッサウィラは18世紀半ば以来、モロッコ各地から文人や芸術家が集まる交流の場であったという。今でもその伝統を引き継ぎ、町を歩けば前衛的なギャラリーに出くわしたり、ヨーロッパからやってきたミュージシャンやシナリオライターがこの町のホテルに滞在し、構想を練ったり曲作りに励んでいる。毎年6月に行われる音楽の祭典、「グナワ・フェスティバル」の開催時は、どこの宿も満室になるにぎわい。

この町の歴史は古く、紀元前800年代のフェニキア時代からすでに港町として栄え、紀元1世紀のローマ時代には特に艶やかな美しい紫色の染料、古代紫の生産地として有名になった。現在の町は1765年にフランス人の建築家テオドール・クールニュ Theodore Cournut の設計でつくられたといわれる。

ポルトガル時代の城壁が整然とした清潔なメディナを囲み、絶えず貿易風が吹き抜ける古いモロッコの町に、芸術家たちのエネルギーが溶け込んでいる、そんな印象を残す町だ。のんびりした雰囲気で、買い物もゆったり楽しめる。この町には音楽家が集まることもあってか、お酒を出すレストランやバーがメディナ内にある。とても開放的な雰囲気に浸れるはずだ。

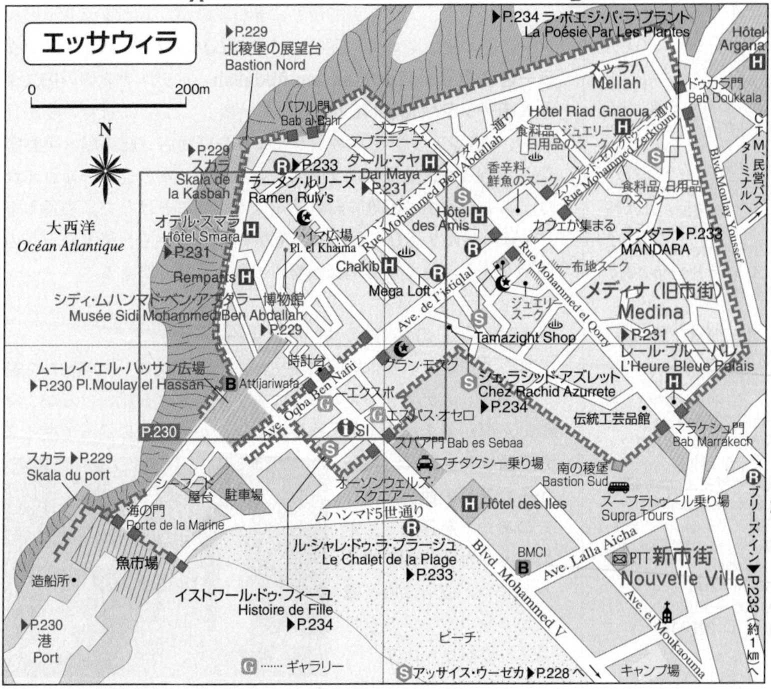

エッサウィラ

0 200m

A B

▶P.229
北稜堡の展望台
Bastion Nord

▶P.234 ラ・ポエジ・パ・ラ・プラント
La Poésie Par Les Plantes

Hôtel
Argana

メッラハ
Mellah

ドゥカラ門
Bab Doukkala

バブ門
Bab al Bahr

Hôtel Riad Gnaoua

食料品、ジュエリー、
日用品のスーク

N

大西洋
Océan Atlantique

▶P.229
スカラ
Skala de
la Kasbah

R ▶P.233
ラーメン・ルリーズ
Ramen Ruly's

フティス・
アブテラーティ
ダール・マヤ
Dar Maya

H
▶P.231

香辛料、
鮮魚のスーク

食料品、日用品
スーク

オテル・スマラ
Hôtel Smara
▶P.231

ハイネ広場
Pl. el Khaima
Chakib

Hôtel
des Amis

カフェが集まる

マンダラ ▶P.233
MANDARA

一布地スーク

メディナ（旧市街）
Medina

Remparts H

Mega Loft R

ジュエリー
スーク

シディ・ムハンマド・ベン・アブダラー博物館
Musée Sidi Mohammed Ben Abdallah
▶P.229

Tamazight Shop

レール・ブルー・パレ
L'Heure Bleue Palais
▶P.231

ムーレイ・エル・ハッサン広場
▶P.230 Pl.Moulay el Hassan

時計台

H Attijariwafa

グラン・モスク

シェラシッド・アズレット
Chez Rachid Azurrete
▶P.234

伝統工芸館

マラケシュ門
Bab Marrakech

エクスポ

スカラ ▶P.229
Skala du port

i SI

スパ門 Bab es Sebaa

南の稜堡
Bastion Sud

スープラトゥール乗り場
Supra Tours

ブリーズ・イン ▶P.233（約1km）

シーフード
屋台

駐車場

オーソン・ウェルズ・
スクエア

H Hôtel des Îles

海の門
Porte de la Marine

ムハンマド5世通り

プチタクシー乗り場

BMCI

PTT 新市街
Nouvelle Ville

魚市場

ル・シャレ・ドゥ・ラ・プラージュ
Le Chalet de la Plage
▶P.233

造船所

▶P.230
港
Port

イストワール・ドゥ・フィーユ
Histoire de Fille
▶P.234

ビーチ

G …… ギャラリー

S アッサイス・ウーゼカ ▶P.228へ

キャンプ場

エッサウィラの歩き方

エッサウィラは、北側半分を岩と海に囲まれた**メディナ（旧市街）
Medina** と、砂浜沿いに続く**新市街 Nouvelle Ville** に分けられる。
見どころは少ないが、町のおもしろさはメディナに凝縮されている。

メディナの北東にあるバスターミナルからやってきて**ドゥカラ
門 Bab Doukkala** をくぐるとメディナに入る。ここのメディナは、
通りが碁盤の目のように整然としていてとても歩きやすい。門を
入って真っすぐ延びる**ムハンマド・ゼルクトゥーニ通り Rue
Mohammed Zerktouni**（Ave. de l'istiqlal, Ave. Oqba Ben Nafii へ
と続く）が目抜き通り。白壁にブルーの窓といった建物が続き、
さわやかな印象だ。通りの両側には野菜や木の実、魚などのスー
クがぎっしりと並び、ここをひたすら真っすぐ進むと、港へ続く
海の門 Porte de la Marine へ出る。手前にはシーフードをシンプ
ルに調理してく
れる屋台が並び、
新鮮な魚介が味
わえるのでラン
チやディナーに
おすすめ。

▲門をくぐればメディナ独特の雰囲気に魅了される

エッサウィラの局番
0524

ACCESS

エッサウィラへの行き方

▶▶カサブランカから

飛行機はモロッコ航空が
週2〜3便運航。所要1時
間20分、402DH〜。

列車はONCFが1日2本
運行（マラケシュ乗り換え）。
所要約6時間、129DH〜。
CTMのバスが1日4本運行。
所要約7時間、140DH。

▶▶アガディールから

CTMのバスが1日に3本
運行。所要約3時間30分、
70DH。スープラトゥール
は1日1本運行。所要約3
時間45分、70DH。

▶▶マラケシュから

CTMのバスが1日2本
運行。所要約2時間30分、
80DH。スープラトゥール
は1日6本運行。所要約3
時間、80DH。

※ほかに各都市からグラン
タクシー（→ P.316）も出
ている。

**長距離バスターミナル
からメディナへ**

　民営バスターミナルは、メディナから東へ約500m離れた場所にある。ターミナルからメディナへ向かって8分くらい歩くと、正面にメディナの入口ドッカラ門がある。また、マラケシュ門を出て少し歩いた所にスープラトゥール乗り場がある。マラケシュからはスープラトゥールがおすすめ。

**人気のアルガンオイル
専門店**

　工房を併設していてメイド・イン・エッサウィラのピュアなアルガンオイルを販売している。エッサウィラから車で約30分。
**Ｓ アッサイス・ウーゼカ
Assaisse Ouzeka**
MAP P.227-B2外
住 21km route d' Essaouira-
Agadir
☎ 0661-42-55-15
營 8:00 ～ 20:00
休 なし CC 不可

　もうひとつ、メディナで最もにぎわうのが、ムハンマド・ゼルクトゥーニ通りの北側に並行して走る**ムハンマド・ベン・アブダラー通り Rue Mohammed Ben Abdallah**。メディナ北側の**旧ユダヤ人街メッラハ Mellah** まで続いている。ここでは若者の姿が目立ち、CDショップやレストラン、みやげ物店、総菜屋、美容室などがあって、見るだけでも楽しい。この2本の通りをおさえれば、あとは自由に路地に紛れ込んでも迷うことはない。表通りを1本海側へ入り込むと静かな住宅街になっていて、清潔な石畳の路地が続く。遠くから潮騒が響いてきて旅情も高まる。

✤ 寄木細工の工房＆ギャラリー巡り

　エッサウィラの寄木細工の歴史は古く、古代ローマ時代から続いている。メディナのいたるところでショップを見かけるが、実際に工房が集まるのは、北稜堡の展望台から城壁に沿って続く**スカラ通り Rue de la Skala** からカスバの西側の通り。このあたりを通ると、木の香りや釉薬に使うオイルの匂いが立ちこめ、職人がコツコツとノミを打ち込む姿が見られる。

▲メディナを歩いてすてきな店を探そう！

モロッコ南部でしか採れない
天然のアルガンオイル

Column

　2001年にスローフード大賞を受賞し、世界的に脚光を浴びているアルガンオイル。モロッコの南部にしか生育しないアルガンツリーの種から作られる植物性のオイルだ。アルガンの実を石などで割り、真ん中の核の部分を取り出して、石臼でひいてペースト状にする。昔から美容オイルや調味料として重宝されていて、おみやげにも最適！　エッサウィラやタルーダントの専門店や大型スーパーで手に入るが、値段はさまざま。100kgの果実から1ℓ程度しか採取できないといわれていて、純度の高いものはそのぶん値段も高く（地元の人にはなかなか手が出ない値段だ）、薄めてあるものは比較的安価と、質に比例する。

▲アルガンの実

▲ヤギは木に登って実を食べる

もうひとつの楽しみはアートギャラリー巡りだ。ギャラリーは、メディナの目抜き通り**オクバ・ベン・ナフィ通り Ave. Oqba Ben Nafii** からスバア門へ抜ける**カイロ通り Ave. du Caire** に集まっている。有名なのが時計台の斜め向かいにある**ギャラリー・ダール・フレデリック・ダムガール Galerie d'Art Frederic Damgaard**。カイロ通りからぐっと奥まった路地へ入ると**エスパス・オセロ Espace Othello**、**エクスポ Expo** など。地元で活動を続けるモロッコ人画家や彫刻家たちの作品を鑑賞できる。

おもな見どころ

風が心地よい ★★★ 🌐世界遺産
スカラと北稜堡の展望台
Skala & Bastion Nord
MAP P.227-A1&A2

スカラ Skala とは、**海の門の西側**と**メディナ北側**（寄木細工の工房あたり）の絶壁沿いに突き出した城塞で、海に向かって大砲を配置した砲床（見張り台）のこと。1769 年にアラウィー朝のスルタン、シディ・ムハンマド・ベン・アブダラーによって造られた。メディナ北側のスカラは長さ 200 mの砲床をもち、ズラリと一列に並んだ大砲と岸壁、そしてカモメの飛び交う荒々しい海岸の風景は壮大で圧巻。1949 年にオーソン・ウェルズ監督作品『オセロ』のロケ地として使われたというのもうなずける。ここの景色は展望台、またはスカラ通りにあるホテルの屋上からも見晴らせる。北稜堡の展望台はメディナ北側のスカラからすぐ。ここからはスカラ、カスバとメディナ、海が一望できる。ぜひ足を運びたい。

▲メディナ北側のスカラ

工芸品が多数展示 ★ 🌐世界遺産
シディ・ムハンマド・ベン・アブダラー博物館
Musée Sidi Mohammed Ben Abdallah
MAP P.230-A1

地元の工芸品を集めた博物館。19 世紀に高級軍人パシャの館だった建物を博物館にしたもので、建物内の建築はタイル張りの壁に円柱、つりランプのある美しいムーア式になっており、この建築物を見にくるだけでも十分に価値はある。コレクションも見応えがあり、1 階が古いモロッコの楽器や陶器類、2 階はエッサウィラで織られたカーペット、民族衣装、装飾品、短剣、銃、寄木細工など。エッサウィラの昔に触れられる貴重な場所。

▲ムーア式の美しい館内

モガドールからエッサウィラへ
この町は 17 世紀頃までは、町の守護聖人の名を取ってモガドール Mogador と呼ばれていた。18 世紀半ばにフランス人クールニュの設計で町は一新されるが、エッサウィラとは「見事な設計」を意味し、町の名となった。クールニュは古いメディナにフランス風の格子状の道をうまく取り入れ、ユニークな町造りに貢献した。

⭕スカラ
🕐 9:00 ～ 17:30
🚫 なし 💰無料

▲海の門の西側のスカラ

稜堡とは
16 世紀初め、ポルトガル人は大西洋沿岸の港町を支配し、要塞を築いた。城壁の上には塔がそびえ、その両側には大砲の攻防に備えて円形や四角形の稜堡と呼ばれる見張り台が建てられた。アル・ジャディーダとエッサウィラにはこの四角形の稜堡が造られている。稜堡は攻撃に備え、死角を少なくするように設計されているが、その後の 1764 年、アラウィー朝のスルタン、シディ・ムハンマド・ベン・アブダラーは、アガディールの反乱に備えてこの港を海軍基地とし、その稜堡に大砲を設置した。

⭕シディ・ムハンマド・ベン・アブダラー博物館
行き方：ムハンマド・ベン・アブダラー通りからデルブ・ラ・ラルージュ通り Rue Derb Lallouj に入り、スカラ方向へ歩いていくと左方向にある。
🏠 Rue Lallouj
☎ (0524)47-53-00
🕐 8:30 ～ 17:30
🚫 火 💰10DH

▲新鮮な魚が並ぶ

旧ユダヤ人街メッラハ

アラウィー朝のスルタン、シディ・ムハンマド・ベン・アブダラーが新しい町づくりを終えた19世紀、モロッコで数少ない、ヨーロッパの国々に開かれた貿易港として栄えた。その間、カスバにはイギリス商人が住み着き、また4000人ものユダヤ人がメディナ北側、旧メッラハ区に住んでいた。この頃エッサウィラはユダヤ人職人の作る透かし彫り金属細工で知られ、今もなお銀製品にその技術が受け継がれている。しかし、現在ではユダヤ人の姿はほとんど見られない。

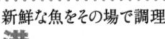

新鮮な魚をその場で調理　　　★★★

港
Port

MAP P.227-A2

ムーレイ・エル・ハッサン広場から南へ歩き、海の門をくぐると港に出る。小さな漁港にイワシ漁のトロール船が浮かんでいる。朝市は魚の売り声でにぎやかになる。地元の人と、観光客、カモメと猫でごった返している。取れたての魚が食べられる食堂があるが、料理の値段は交渉で。ムーレイ・エル・ハッサン広場の横にはシーフード屋台が並んでいる。

散策の目印になる　　　★ ◎世界遺産

ムーレイ・エル・ハッサン広場
Place Moulay el Hassan

MAP P.230-A2

メディナの西部、港寄りにある最もにぎやかな広場。オクバ・ベン・ナフィ通りの時計台から中へ入っていき、細い路地を道なりに進んでいくと、通りの一部を切り取ったような四角い広場に出る。まぶしいほど降り注ぐ陽光、白い建物にブルーの窓、カフェのテラスに並ぶパステル色のパラソル、テラスで語らう恋人たち……。まるでパリの町角にでも紛れ込んでしまったかのようだ。

▲いつも多くの人でにぎわう

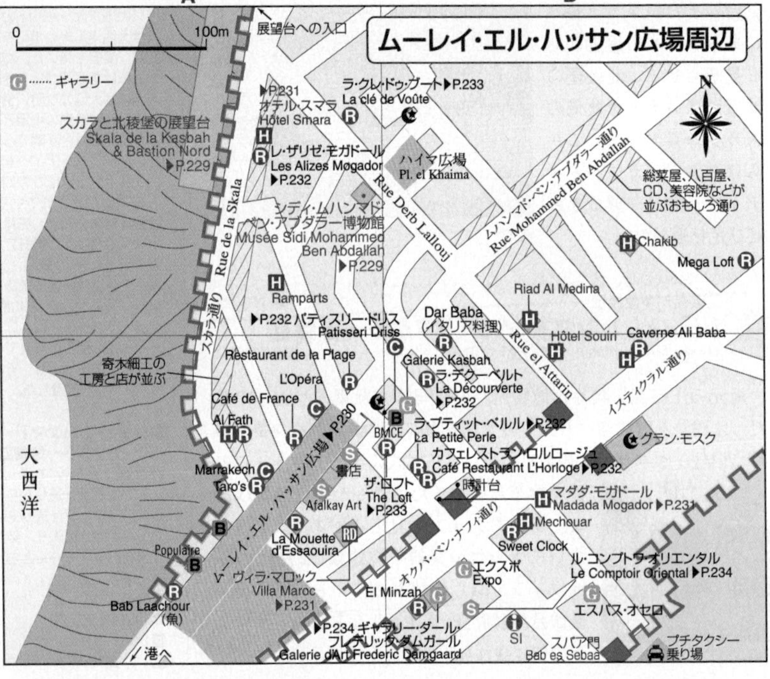

ムーレイ・エル・ハッサン広場周辺

0　　100m

Ⓖ …… ギャラリー

スカラと北稜堡の展望台
Skala de la Kasbah
& Bastion Nord
▶P.229

展望台への入口

ラ・クレ・ドゥ・ブート ▶P.233
La clé de Voûte ⓡ

オテル・スマラ
Hôtel Smara

レ・ザリゼ・モガドール
Les Alizes Mogador ⓡ
▶P.232

ハイマ広場
Pl. el Khaima

シディ・ムハンマド・ベン・アブダラー博物館
Musée Sidi Mohammed
Ben Abdallah
▶P.229

総菜屋、八百屋、CD、美容院などが並ぶおもしろ通り

Ⓗ Chakib

Mega Loft ⓡ

Ⓗ Ramparts

Riad Al Medina Ⓗ

▶P.232 パティスリー・ドリス
Patisseri Driss

Dar Baba
（イタリア料理）

Hôtel Souiri Ⓗ

Caverne Ali Baba
Ⓗ

Restaurant de la Plage

L'Opéra

Galerie Kasbah Ⓗ

ラ・デクーベルト
La Découverte ⓡ
▶P.232

Café de France Ⓒ

Al Fath ⓡ

BMCE Ⓑ

ラ・プティット・ベルル ▶P.232
La Petite Perle

Marrakech Ⓒ

書店 Ⓢ

カフェレストラン・ロルロージュ ▶P.232
Café Restaurant L'Horloge
時計台

グラン・モスク Ⓖ

Taro's ⓡ

ザ・ロフト
The Loft
▶P.233

マダダ・モガドール
Madada Mogador ▶P.231 Ⓗ

La Mouette
d'Essaouira Ⓑ

Afalkay Art

Mechouar Ⓗ

Sweet Clock

ル・コンプトワ・オリエンタル
Le Comptoir Oriental ▶P.234

Populaire Ⓑ

ヴィラ・マロック
Villa Maroc
▶P.231

El Minzah Ⓑ

エクスポ
Expo

エスパス・オセロ

Bab Laachour
（魚）

▶P.234 ギャラリー・ダール・フレデリック・ダムガール
Galerie d'Art Frederic Damgaard

Ⓢ Ⓘ スパア門
Bab es Sebaa

プチタクシー乗り場

港へ

大西洋

Hotel
ホテル

3〜4つ星ホテルは新市街のビーチ沿い。安宿やリヤドを探すなら、メディナ内のムーレイ・エル・ハッサン広場やそこからスカラへ抜ける道沿いへ。またムハンマド・ベン・アブダラー通りの路地でも見つけられる。ビーチ方面にはおしゃれなブティックホテルも増えてきている。

極上の贅沢を堪能できる メディナ MAP P.227-B2 [高級]

H レール・ブルー・パレ
L'Heure Bleue Palais

モロッコに7軒あるルレ・エ・シャトーのうちの一軒。格式高いおしゃれなインテリアに洗練されたサービス。そして充実の施設もうれしい。

🏠2 Rue Ibn Batouta 44000
☎(0524)78-34-34
URL www.heure-bleue.com
日本 ルレ・エ・シャトー
無料 0800-888-3326
料 ［TV］［S］［I］［冷蔵庫］
⑤❶ 1980DH〜
CC AMV 客室数33 ⑤あり（客室）

どんな5つ星より泊まってみたい メディナ MAP P.230-A2 [高級]

RD ヴィラ・マロック
Villa Maroc

昔の大邸宅を改装した美しいリヤド。ベルベル家屋造りの部屋もあり、家具や陶器はすべてモロッコ製。ディナーもおすすめ。

🏠10 Rue Abdallah Ben Yassine
☎(0524)47-31-47
URL www.villa-maroc.com
料 ⑤❶ 1400DH〜
CC AMV
客室数20
⑤あり（客室）

どこに行くにも便利な立地 メディナ MAP P.230-B2 [高級]

H マダダ・モガドール
Madada Mogador

味に定評があるRラ・ターブル・マララを併設したホテル。メディナの入口に立ち、テラスからは港とビーチがパノラマで楽しめる。モロッコ料理教室も開催中。

🏠5 Rue Youssef El Fassi
☎(0524)47-55-12
URL www.madada.com
料 ⑤❶ €140〜
CC AMV
客室数7
⑤あり（客室）

伝統的なハマムを備えたブティックホテル メディナ MAP P.227-B1 [高級]

H ダール・マヤ
Dar Maya

メディナの観光エリアにある、ツーリスト向けのホテル。手入れされた中庭、精いっぱい施された客室の装飾など好感がもてる。

🏠33 Rue Oujda
☎(0524)78-56-87
URL www.riaddarmaya.com
料 ⑤❶ €120〜
CC AMV
客室数5
⑤あり（共用エリア）

スカラの城壁沿いで眺めがいい メディナ MAP P.230-A1 [安宿]

H オテル・スマラ
Hôtel Smara

ちょうどスカラの城壁の裏側にあり、部屋にいると波の音が聞こえる。屋上からの眺めがよい。エッサウィラで最も安い宿のひとつ。

🏠26 Rue Skala
☎(0524)47-56-55
料 共同 ⑤85DH
シービュー ⑤❶250DH〜
ドミトリー20DH
CC 不可
客室数20
⑤あり（共用エリア）

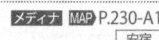

Restaurant
レストラン

　エッサウィラの名産品は何といっても魚料理だ。ここはほかの町より海水の温度が低いため、身が引き締まっていてとてもおいしい。魚を食べるなら、港入口に昼からオープンする魚屋台（→ P.230）か、魚スークがおすすめ。

素材の味を大事にするおすすめレストラン
R ラ・デクーベルト
La Découverte

メディナ MAP P.230-B2
ベルベル、フランス

フランス人夫婦経営の小さなレストラン。メニューは地元で取れる素材の味を生かしたベルベル＆フランス家庭料理。エコツアーの手配もしている。メイン50DH〜。

🏠 8, Bis Rue, Houmman El Fatouaki
☎ (0524)47-31-58
🕐 11:00〜22:00
休 火
CC 不可
🌐 あり

とてもかわいらしい雰囲気
R ラ・プティット・ペルル
La Petite Perle

メディナ MAP P.230-B2
モロカン

本格的なモロッコ料理がリーズナブルに食べられる。タジンやクスクス、スープやサラダ、オムレツ、デザートなど種類が豊富。メニューは 60DH 〜。

🏠 2, Rue el Hajjali
☎ (0524)29-54-96
🕐 10:00〜15:00、18:00〜22:00
休 なし
CC 不可
🌐 なし

セットがお値打ち
R レ・ザリゼ・モガドール
Les Alizes Mogador

メディナ MAP P.230-A1
モロカン

店内の石造りのアーチが特徴的。メニューは少ないが伝統的なモロッコ料理が自慢。前菜とメイン（タジンやクスクス）、デザート付きで129DH。

🏠 26 Rue Scala
☎ (0524)47-68-19
🕐 12:00〜14:30、19:00〜22:00
休 なし
CC 不可
🌐 なし

メディナの静かな場所に佇む
R カフェレストラン・ロルロージュ
Café Restaurant L'Horloge

メディナ MAP P.230-B2
モロカン

ブルーで統一されたかわいらしいテラスでのんびり食事ができる。サラダ、オムレツ20DH〜、タジン40DH〜。魚と、ジャガイモ、オリーブのタジンは50DH。

🏠 Pl. Chefchaouni
☎ なし
🕐 8:30〜21:00
休 なし
CC 不可
🌐 なし

趣のある老舗カフェ
C パティスリー・ドリス
Patisserie Driss

メディナ MAP P.230-A〜B2
カフェ

1928年創業の地元の人にも愛される老舗カフェ。中庭の壁に絵画が並びおしゃれな雰囲気が漂う。朝食や観光の合間に立ち寄るのもよいだろう。朝食21DH〜。

🏠 10, Rue El Hajjali
☎ (0524)47-57-93
🕐 7:00〜21:00
休 なし
CC 不可
🌐 なし

海沿いで風が気持ちよい

R ル・シャレ・ドゥ・ラ・プラージュ
Le Chalet de la Plage

メディナ MAP P.227-B2
シーフード

メディナのビーチにある1965年創業の老舗。ていねいな接客と地元の海鮮を使った料理（130DH〜／人）が人気で、優雅な食事ができる。アルコールもあり。

🏠Blvd. Med V
☎(0524)47-59-72
🕐12:00〜14:30、
　18:30〜22:30
休なし
CCAMV
🈳あり

市街地から離れているが大人気

R ブリーズ・イン
Breiz'in

新市街 MAP P.227-B2 外
西洋

CTMバス乗り場のそばにある、カップルが経営するおしゃれなオープンテラスのカフェ。オーナーこだわりのガレット、クレープの人気が高い。

🏠260 Blvd. du 11 Janvier
　Azlef
☎(0524)47-44-75
E-mail breizin@gmail.com
🕐10:30〜19:00（木〜土 〜21:30）
休日　CC不可
🈳あり

大西洋を望むテラスや個室もある

R ラーメン・ルリーズ
Ramen Ruly's

メディナ MAP P.227-A1
日本

日本人家族が経営する地元にも愛されるラーメン店（80DH〜）。地元の厳選食材で作られたこだわりのラーメンが食べられる。

🏠45 Rue Touahen Ancienne
　Medina
☎0694-18-68-44（日本語）
URL rulys-ramen-shop.
　business.site
🕐11:30〜15:00　休火・木・土・日
CC不可　🈳なし

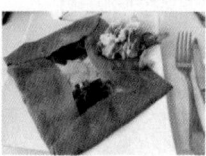

北欧出身のオーナーが経営

R マンダラ
MANDARA

メディナ MAP P.227-B1
モロカン、地中海

店内の装飾にもこだわった人気店。ヘルシーでおいしい料理が評判で、地元の人々のみならず長期滞在者のリピーターも多い。

🏠46 Ave.de l'Istiqlal
☎0808-50-67-84
🕐9:30〜17:00
休日
CCAM
🈳あり

隠れ家のような雰囲気

R ラ・クレ・ドゥ・ブート
La clé de Voûte

メディナ MAP P.230-A1
モロカン

伝統的なモロッコ料理をはじめ、質の高い料理を食べることができる。繁忙期には予約でいっぱいになることがあるので予約がおすすめ。

🏠76, Derb Laâlouj
☎0661-61-31-88
🕐12:00〜15:15、
　18:30〜24:00
休なし
CCMV
🈳あり

オーナーのこだわりが感じられる

R ザ・ロフト
The Loft

メディナ MAP P.230-B2
モロカン、地中海

日替わりのメニューが観光客に人気。オーナーのセンスが光るレトロな店内と、クスクスやタジンの評判もよい。メインは80DH〜。

🏠5 Rue Hajjali
☎(0524)47-44-62
🕐13:00〜16:00、
　18:00〜23:00
休火
CCMV
🈳あり

南部モロッコ ❖ エッサウィラ

Shop
ショップ

　アートの町として人気が高まりつつあるエッサウィラには、おしゃれなショップも続々オープンしている。デザイナーズの雑貨店をはじめ、モロッコの伝統的な商品を扱う老舗やギャラリーなどバリエーションも豊富に揃っている。

女性に人気の雑貨店　　　　　　　　　　　　　　　　　　　　　　　メディナ MAP P.227-A2
S イストワール・ドゥ・フィーユ
Histoire de Fille

雑貨

モロッコにインスパイアされたハイセンスなデザインの服やアクセサリー、ジュエリー、コスメなどを揃えている。ディスプレイもおしゃれ。

🏠 Rue Mohamed Ben Messaoud
☎ (0524)78-51-93
🕐 10:00～13:30、15:00～19:00
休 なし
CC AMV

小道にある小さな薬草店　　　　　　　　　　　　　　　　　　　　　メディナ MAP P.227-B1
S シェ・ラシッド・アズレット
Chez Rachid Azurrete

ハーブ

薬草の瓶が壁にところ狭しと並べられ、魔法使いの家のような雰囲気。親切なオーナーのラシッドさんが薬草についてていねいに説明してくれる。

🏠 12 Rue d'Agadir
☎ 0661-92-85-21
🕐 10:00～20:00
休 土
CC 不可

お気に入りのデザインを探そう　　　　　　　　　　　　　　　　　　メディナ MAP P.230-B2
S ル・コンプトワ・オリエンタル
Le Comptoir Oriental

工芸品

落ち着きのある雰囲気の店内に、オリエンタルな手工芸品や家具、食器類などがセンスよく並ぶ。スタッフの紳士的な対応が好印象。

🏠 3 Rue Youssef el Fassi
☎ (0524)47-55-12
🕐 10:00～19:00
休 なし
CC AJMV

アートの町ならではのギャラリー　　　　　　　　　　　　　　　　　メディナ MAP P.230-B2
S ギャラリー・ダール・フレデリック・ダムガール
Galerie d'Art Frederix Damgaard

ギャラリー

時計台の斜め向かいに位置する町でいちばん古いギャラリー。広い店内に地元の芸術家のモダンな作品が展示され、まるで美術展のよう。

🏠 Ave. Oqba Ibn Nafiaa
☎ (0524)78-44-46
URL www.galeriedamgaard.com
🕐 9:00～19:00
休 なし
CC AJMV

小道のエルボリステリア（薬草店）　　　　　　　　　　　　　　　　メディナ MAP P.227-B1
S ラ・ポエジ・パ・ラ・プラント
La Poésie Par Les Plantes

コスメ、ハーブ

質の高いアルガンオイルや美容製品を豊富に取り扱っており、オーナーのユセフさんが要望に沿って提案してくれる。店内は洞窟のよう。

🏠 2 Rue Zaire
☎ 0658-83-93-97
E-mail youssef.mogador@live.fr
🕐 8:00～日没
休 なし
CC 不可

モロッコ随一のリゾート地
アガディール
Agadir

イントロダクション

　エッサウィラの南173kmに位置するアガディールは、モロッコを代表するリゾートタウンだ。青い海、まぶしい太陽、ビーチに沿って立ち並ぶ高級ホテル……。晴天が年間300日以上という恵まれた気候をもつこの町に、欧米から多くの旅行者が押し寄せる。まるで日本人がハワイにでも出かけるように。

　アガディールの町は完全に西洋化されている。1960年に大地震が起き、町のほとんどが破壊され廃墟と化した。しかし、その後町は近代的に再建されて息を吹き返し、ここ数十年の間に「モロッコの中の外国人町」と呼ばれるほどに有名なリゾート地に変貌した。だから、ほかの町のようにメディナもない。この町にやってきたなら、モロッコのエキゾチシズムを味わうというよりは、完全にヨーロッパ型リゾート地として、ホテルでのんびりといった感覚でいたほうが楽しい。疲れた体と心を癒やすために訪れてほしい。

アガディールの歩き方

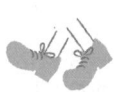

✤ 海岸沿いのホテル街、8月20日通りを歩く

　アガディールは、ビーチリゾート街と中心街に大きく分けられるが、最もアガディールらしいのはビーチリゾートのほうだ。リゾートホテルが並ぶのは、ビーチ沿いの**8月20日通り Ave. 20 Août** と、その1本東側を走る**ムハンマド5世通り Ave. Mohammed V**だ。特に8月20日通りはにぎやか。海水浴場への入口広場から南へ下ってみよう。**H**ロイヤル・デカメロンの向かいには小さなショップが集まるショッピング広場がある。先に進むとハンバーガー店やピザ店があり、いかにも海岸通りらしい。道行く人もショートパンツにランニングシャツといったリゾートスタイル。その先はレストランやみやげ物店が並び、大理石のチェス台や木工品などが売られている。さらに進むとナイトクラブやディスコ、ゲームセンターなどが続く。ネオンが煌々とともり、バーからはジャズが聞こえてくる。

▲奥行きのあるアガディールのビーチ

（アガディールの局番
0528）

ACCESS

アガディールへの行き方

▶▶カサブランカから
　飛行機はモロッコ航空が1日7便運航。所要約1時間、572DH〜。列車はONCFが1日に1本運行。所要約7時間、149DH〜。
　バスはCTMが夜行を含め1日12本運行。所要約7時間、215DH〜。

▶▶マラケシュから
　CTMのバスが1日に15本運行。所要約3時間30分、110DH。列車はONCFが1日12本運行。所要約3時間30分、100DH〜。

▶▶エッサウィラから
　CTMのバスが1日3本運行。所要約3時間30分、70DH。

▶▶フェズから
　エアアラビア・モロッコが週2便運航。所要約1時間20分、260DH〜。

▶▶ラバトから
　エアアラビア・モロッコが週3便運航。所要約1時間、260DH〜。

▶▶タンジェから
　エアアラビア・モロッコが週2〜3便運航。所要約1時間25分、260DH〜。
※バスはCTM以外に民営バスも運行しており、本数はそちらのほうが多い。ほかに各都市からグランタクシー（→P.316）も出ている。

空港から市内へ

バス：空港を出た所から37番でインズガーンまで行き（4DH）、アガディール行き（3DH）の20、24、28番に乗り換えてサラーム広場まで。インズガーン行き22番は約20分間隔で出ている。

タクシー：約30分。チャーターすると200DH〜。相乗りしよう。

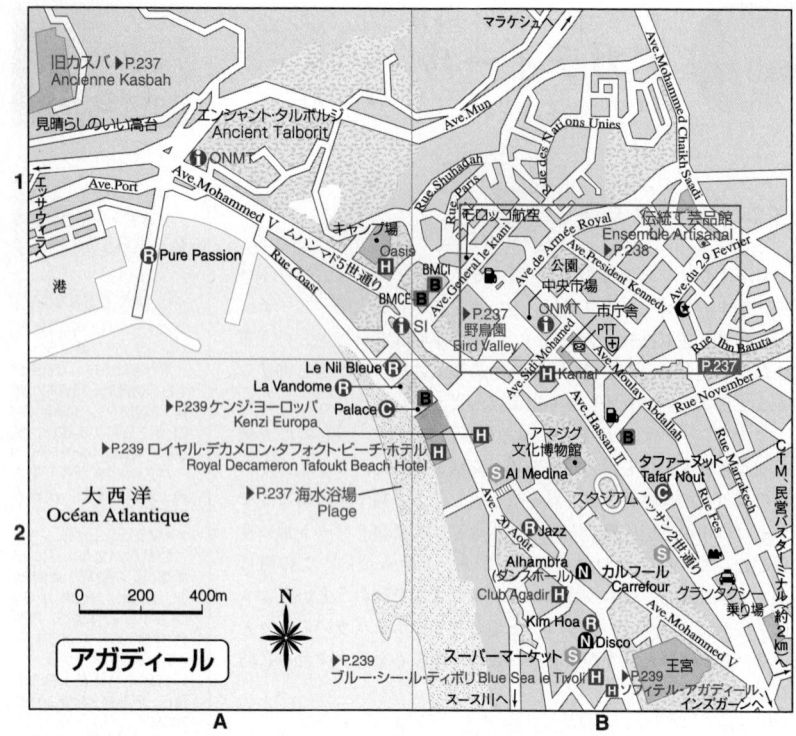

旧カスバ ▶P.237
Ancienne Kasbah

見晴らしのいい高台

エンシャント・タルボルジ
Ancient Talborit

ⓘ ONMT

マラケシュへ

Ave.Mun   ations Unies

Ave.Mohammed V

Ave.Port

旧サウサウラ

キャンプ場
Oasis Ⓗ

Ⓡ Pure Passion

Ave.Mohammed V ムハンマド5世通り

Rue Coast

モロッコ航空

Rue Shuhadah

Rue Paris

伝統工芸品館
Ensemble Artisanal ▶P.238

Ave.Mohammed VI Chaikh Saad

Ave.des Nations Unies

BMCI Ⓗ

BMCE Ⓗ

ⓘ SI

Ave.Générale le kram

Ave.de Armée Royal

公園

中央市場

Ave.du President Kennedy

ⓘ ONMT

市庁舎

▶P.237
野鳥園
Bird Valley

PTT

Rue Ibn Batuta

▶P.237

Le Nil Bleue Ⓡ

La Vandome Ⓡ

▶P.239 ケンジ・ヨーロッパ
Kenzi Europa   Palace Ⓒ

Ave.Sidi Mohamed

Ⓗ Kamal

Ⓑ

 ▶P.239 ロイヤル・デカメロン・タフォクト・ビーチ・ホテル
Royal Decameron Tafoukt Beach Hotel

Ⓗ

アマジグ
文化博物館

Ave.Hassan II

Ave.Moulay Abdallah

Rue November 1

Ⓢ Al Medina

タファーヌット
Tafar Nout Ⓒ

Rue Marrakech

Rue Fes

大西洋
Océan Atlantique

▶P.237 海水浴場
Plage

Ave.Al Aoud

スタジアム ハッサン2世通り

Ⓡ Jazz

Alhambra
(ダンスホール) Ⓝ

Club Agadir Ⓗ

Kim Hoa Ⓢ

Ⓝ Disco

カルフール
Carrefour

Ave.Mohammed V

王宮

グランタクシー
乗り場

C T M 民営バスターミナル 約2km へ

0   200   400m

N

アガディール

▶P.239
ブルー・シー・ル・ティボリ Blue Sea le Tivoli
スース川へ→

スーパーマーケット Ⓢ

▶P.239
Ⓗ ソフィテル・アガディール、
インズガーヌへ

A   B

おすすめレストラン

Ⓡ ブーノ・グスト
Buno Gusto

ピザを中心としたイタリア料理店（70DH〜/1人）。セントラルマーケットの裏にあり少々わかりにくいが、観光客に人気のあるレストラン。席数が多くないので、混雑時は満席になることもある。テイクアウト可。
🗺 P.237-A
🏠 No42 Galerie Faiz, Place Cinema Rialto
☎ (0528)84-48-61
🕐 火〜金 12:30 〜 15:30、
　　　　　　19:00 〜 23:00
　　土　　12:30 〜 16:00、
　　　　　　19:00 〜 23:30
　　日　　13:00 〜 16:00、
　　　　　　19:00 〜 23:00
🚫 月

✣ 地元の雰囲気を味わおう

　アガディールの町のうち、モロッコらしさを味わえるのがCTM、民営バスターミナル周辺。ヤコブ・マンスール通り Rue Yacoub Mansour にある伝統工芸品館を北西に進み、最初の角を左に曲がると、2つ星ホテルや安ホテルが集まる**タムリ広場 Place Lahcen Tamri** に出る。このあたりは、カフェにモロッコ人男性がたむろしていて、ほかの町と同じ風景が広がる。この広場から南西に進むと**アラル・ベン・アブダラー通り Rue Allal Ben Abdallah** に出る。ここを真っすぐ歩くと、食器や靴、ブティックなど地元の人向けの商店街が続き、ジュラバを着た女性がチラホラと目につく。

　ムーレイ・アブダラー通り Ave. Moulay Abdallah に出たら、シディ・ムハンマド通り Ave. de Sidi Mohammed の郵便局や市庁舎を抜けて**ハッサン2世通り Ave. Hassan II** に出よう。ここを右に曲がる角には観光局 ONMT がある。そのままハッサン2世通りを北西に進むと、左側には**野鳥園 Bird Valley**、右側にはテラスのあるにぎやかなフレンチ＆イタリアンレストランが続いている。モロッコ料理に疲れた胃にはうれしいかぎりだ。

　地元の雰囲気はここまで。あとはリゾート客用のホテルや、優雅なひとときを過ごせるおしゃれなカフェが並ぶエリアとなる。

▲アガディールの町並み

おもな見どころ

1年中海水浴客でにぎわう ★
海水浴場
Plage

MAP P.236-A2

町の西に約3kmに及ぶ海水浴場がある。砂浜には真っ白なビーチパラソルが広がり、ビーチに色を添えている。ブルーの海と空、そして美しい風紋が広がる砂浜には、人をひきつける魅力がある。

▲ビーチにはたくさんの人々が集う

町を一望できる ★★
旧カスバ
Ancienne Kasbah

MAP P.236-A1

町の北西部の小高い丘に、16世紀にポルトガル人によって建てられたカスバがある。外敵の侵入に備えてこの丘の頂上に建てられたというが、現在はその城壁だけが残る。この丘から見るアガディールの町は、とにかく美しい。遠くにはアンチ・アトラスの山々、眼下に広がる海岸や町並みを見ていると、散らばったエメラルドが輝いているよう。ぜひ訪れてほしい場所だ。

南部モロッコ ❖ アガディール

✿野鳥園
Bird Valley

この地方だけの珍しい野鳥や、ガゼルなどの動物が見られる動物園が併設されていて、見る価値は十分。また、町の南部を流れるスース川では、早朝6:00頃、たくさんのフラミンゴを見ることができる。

MAP P.237-A
開 11:00 〜 18:00
休 なし
料 無料

▲ビーチから歩いて数分

✿旧カスバ
行き方：途中道がかなり急なので、バスあるいはプチタクシー（片道30DH）を使うといいだろう。

▲丘の上にあるので眺めがいい

✿伝統工芸品館

☎ (0528)82-38-72

🕙 10:00 ～ 12:30、
14:30 ～ 17:00

休 日

作業風景の見学が可能

伝統工芸品館
Ensemble Artisanal

MAP P.237-B

地元の手工芸職人の後継者を育てるために建てられた政府機関で、木工、陶器、彫金、刺繍などの伝統工芸の作業風景を見ることができる。アガディールはエッサウィラと同様、家具作りが盛んで、新

▲精巧な細工物は見るだけでも楽しい

モスク前の2月29日通りには工房兼ショップをいくつか見かける。見ているだけでも楽しいので、ぜひのぞいてみよう。

落ち着いた雰囲気の港町
シディ・イフニ

Column

アガディールから南へ160km。シディ・イフニ Sidi Ifni（MAP折込）は大西洋岸にある小さな港町。内陸に位置するグールミンへの中継地として訪れる人も多い。欧米人のサーファーやヨガ好きのナチュラリストには、手前のミルレフトという町のほうが有名だが、町にはスペイン風の古い建物が残されており、その落ち着いた雰囲気がこの町の魅力。水揚げされる新鮮なイワシと、中東に高級フルーツとして輸出されるサボテンの実が特産品として知られている。

この町で楽しみたいのは大西洋の海の恵み。規模の大きな漁港をもつアガディールよりも

魚の種類は少ないが、市場には季節により海岸線の岩場で取れるさまざまな種類の貝が並び、バラエティ豊かな魚介料理を楽しめるので日本人にはありがたい。

シディ・イフニの10km手前には「ルグジラ」と呼ばれる波がえぐって作ったアーチの美しい海岸があり、景勝地としても知られているので、ぜひ訪ねてみたい。

●シディ・イフニへの行き方

ティズニットから、ミルレフトを経由する地元の乗り合いバスを利用するか、グールミン行きのバスやタクシーも利用できる。ティズニットからのグランタクシーは27DH、グールミンからは25DH。

●シディ・イフニのホテル

🅗 スールテ・ロカ　Suerte Loca

🏠 No.7 Pl. Chouhada 85200 Sidi Ifni

☎ (0528)87-53-50

🛏 共同 🛁 ⑤150DH　Ⓓ200DH

🛁 ⑤Ⓓ270DH

CC 不可　📶 あり（公共エリア）

▲ダイナミックな景観で人気のルグジラ

Hotel
ホテル

　リゾート地だけあって、アガディールはモロッコのなかでもホテルの料金が高め。安宿は長距離バスターミナル周辺に数軒あるのみ。そこから海岸に近づいていくと、きらびやかな高級ホテルが見えてくる。

オン・ザ・ビーチのリゾートホテル　　　　　　　　　　郊外　MAP P.236-B2 外

H ソフィテル・アガディール ロイヤルベイ・リゾート
Sofitel Agadir Royal Bay Resort

高級

アガディールの中心から南へ約3kmの場所にある。レストランは地中海、インターナショナルをはじめ、日本料理もある。タラソテラピーやマッサージも楽しめる。

Cité Founty P4
☎(0528)84-92-00
URL www.sofitel.com
⑤❻2500DH〜
CC AMV
客室数273
📶 あり（客室）

草花が咲き乱れる中庭がある　　　　　　　　　　　市内　MAP P.236-B2

H ケンジ・ヨーロッパ
Kenzi Europa

中級

アガディールを代表する高級ホテルだけあってビーチにも近く、7階の客室からはアガディール市内と海が一望できる。レストランも居心地がよい。

Ave. 20 Août
☎(0528)82-12-12
URL www.kenzi-hotels.com
⑤€50〜 ❻€69〜
CC ADJMV
客室数236
📶 あり（客室）

海水浴場にいちばん近い　　　　　　　　　　　　　市内　MAP P.236-B2

H ロイヤル・デカメロン・タフォクト・ビーチ・ホテル
Royal Decameron Tafoukt Beach Hotel

中級

客室は広く、海の見えるテラスで食事も可能。1階の売店のみやげ物は質がいい。ビーチ沿いの利便のよい立地。スタッフの対応も紳士的。

Ave. 20 Août
☎(0528)84-01-23
⑤900DH〜 ❻1500DH〜
CC MV
客室数215
📶 あり（客室）

王朝風できらびやか　　　　　　　　　　　　　　　市内　MAP P.236-B2

H ブルー・シー・ル・ティボリ
Blue Sea Le Tivoli

中級

広大な庭に囲まれた静かな王朝風ホテル。スタッフもフレンドリーで、居心地がよい。客室は広く、落ち着いた色で統一され、清潔に保たれている。

Août Secteur Touristique
☎(0528)84-76-40
E-mail tivoli@menara.ma
⑤450DH〜 ❻550DH〜
CC MV
客室数280
📶 あり（共用エリア）

手頃な価格で利用できる　　　　　　　　　　　　　市内　MAP P.237-A

H オテル・レジダンス・ルバン
Hôtel Résidence Louban

中級

比較的便利な位置にありながら、値段はリーズナブル。客室で料理ができる設備が備え付けられている。近くには、お酒もあるスーパーあり。

Blvd. Prince Héritier, Face Pl. Alamal
☎(0528)82-64-99
⑤300DH ❻500DH
CC 不可
客室数36
📶 あり（客室）

ゆったりと時が流れる「小マラケシュ」

タルーダント
Taroudant

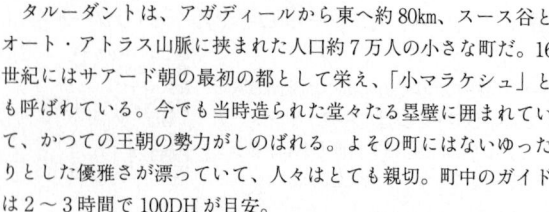

タルーダントの局番
0528

ACCESS
タルーダントへの行き方
▶▶アガディールから
　CTMのバスが1日2本
運行。所要約2時間、
35DH。そのほか民営バス
が1日数本運行。
▶▶マラケシュから
　CTMのバスは2:30発の
便しかない。民営バスが1
日数本運行。所要約5時間
15分、105DH～。
※ほかに各都市からグラン
タクシー（→P.316）も出
ている。

長距離バスターミナル
　CTM、民営バスとも町の
南にあるザルガン門（MAP
P.241-B）で乗降する。

タクシー料金
　プチタクシーで町を1周
すると50DHくらいかか
る。クチ（馬車）だと1時
間100DHほど。

イントロダクション

　タルーダントは、アガディールから東へ約80km、スース谷と
オート・アトラス山脈に挟まれた人口約7万人の小さな町だ。16
世紀にはサアード朝の最初の都として栄え、「小マラケシュ」と
も呼ばれている。今でも当時造られた堂々たる塁壁に囲まれてい
て、かつての王朝の勢力がしのばれる。よその町にはないゆった
りとした優雅さが漂っていて、人々はとても親切。町中のガイド
は2～3時間で100DHが目安。

　アガディールからバスやグランタクシーでこの町へやってくる
途中、車窓にはスース地方特有の肥沃な平野が広がる。サトウキ
ビ畑や木立が目立ち、黒ヤギが草を食む姿などが見られる。タルー
ダントに到着すると、店先では豊かなフルーツやチキンが目につ
き、潤った町だなという印象を受けるだろう。タルーダントとい
えば、マラケシュの H ラ・マムーニアと並ぶ最高級ホテル、H ラ・
ガゼル・ドール La Gazelle d'Or（→P.242）があることでも有名。
ほかにもカスバを利用した味のあるホテルがいくつかある。また
質のよい銀のジュエリーや刀剣を売っていることでも知られてい
る。

▲塁壁に囲まれたタルーダントの町

▲日曜に行われる家畜マーケット

▲彫りや細工自体も細かい

▲塁壁とパームツリーが町のシンボル

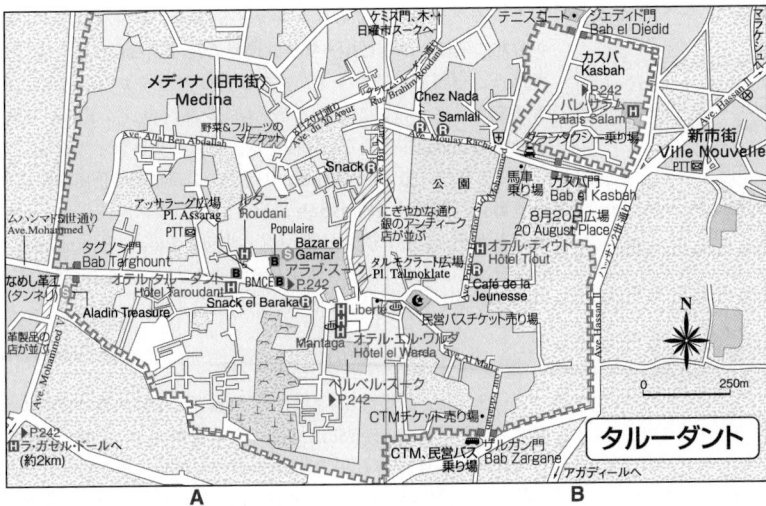

ケミス門、木・
日曜市スークへ
テニスコート・ジェディド門
Bab el Djédid

マクアシュ

メディナ（旧市街）
Medina

カスバ
Kasbah

Chez Nada

Samlali

パレ・サラム
Palais Salam

新市街
Ville Nouvelle

野菜＆フルーツの
マーケット

Snack

ムハンマド5世通り
Ave.Mohammed V

アッサラーグ広場
Pl. Assarag

公園

ルダーニ
Roudani

にぎやかな通り
銀のアンティーク
店が並ぶ

馬車
乗り場

カスバ門
Bab el Kasbah

8月20日広場
20 August Place

タグリウ門
Bab Tarhount

Bazar el
Gamar

アラブ・スーク

タルモクラート広場
Pl. Talmoklate

オテル・ティウト
Hôtel Tiout

なめし革工
（タンネリ）

オテル・タルーダント
Hôtel Taroudant
BMCE

Snack el Baraka

Aladin Treasure

羊製品の
店が並ぶ

Mantaga

オテル・エル・ワルダ
Hôtel el Warda

ベルベル・スーク

Café de la
Jeunesse

民営バスチケット売り場

N

CTMチケット売り場

ラ・ガゼル・ドールへ
（約2km）

CTM、民営バス
乗り場

ザルガン門
Bab Zargane

アガディールへ

0   250m

タルーダント

A   B

タルーダントの歩き方

❖ 塁壁内を歩く

町は周囲7kmの塁壁で囲まれていて、道もそれほど入り組んでいないので、ひとりで散策できる。町の中心は、町の南側、ムハンマド5世通り Ave. Mohammed V に面した**アッサラーグ広場 Place Assarag** から**タルモクラート広場 Place Talmoklate** へ続くあたり。

なかでもアッサラーグ広場は、カフェやテレブティック、銀行などが並び、町の人々にとっての憩いの場としてにぎわっている。ここを起点として、ムハンマド5世通りを東へ数分歩くと、プチタクシーやクチ乗り場のあるタルモクラート広場へ出る。この広場の手前の左側に延びる小さい路地を入って行くと、**アラブ・スーク Souk Arab Artisanal**、一方右側に曲がると、**ベルベル・スーク Marché Berber** が広がる。このふたつのスークが町のメインの見どころだ。

▲夕暮れ時、8月20日広場で憩う人々

タルーダントのガイド

タルーダントはガイドを雇わなくても、ひとりで十分に歩ける。ただ、お金はいらないから案内しますと言い寄ってくる若者が多い。そう言ってきても、あとで請求されるので、もし頼む場合は最初にガイド料のことをきっちりと話そう。

オート・アトラス登山への起点となる町

タルーダントは、オート・アトラス山脈へのトレッキングコースの起点となっている。観光案内所はないので、詳しくは有名ホテルのレセプションなどで尋ねてみよう。

▲スークでは庶民の生活をうかがい知ることができる

タルーダントのホテル

タルーダントの高級ホテルといえば、H ラ・ガゼル・ドール La Gazelle d'Or と H パレ・サラム Palais Salam が有名。由緒正しい格式のあるホテルだ。

安宿はアッサラーグ広場周辺に集まる。代表的なものは H ルダーニ Roudani、H オテル・タルーダント Hôtel Taroudant、H オテル・エル・ワルダ Hôtel el Warda などで、相場はひとり 80 ～ 200DH。モスクからカスバ方面へ向かうとある H オテル・ティウト Hôtel Tiout も評判がよい。

タルモクラート広場のムハンマド 5 世通りを挟んだ向かい側から北に延びる通り **ビル・ザラン通り Ave. Bir Zaran** は、銀行やカフェ、銀製品のアンティーク店が並ぶにぎやかな通りで、若者の姿も目立つ。ここを進んで、ムーレイ・ラシッド通り Ave. Moulay Rachid に出たら右に曲がる。そして東へ真っすぐ歩いていくと、左側に **カスバ Kasbah** が見え、この塁壁の正面玄関でもある **カスバ門 Bab el Kasbah** に出る。このカスバ内には、旧総督邸をホテルにした美しい H パレ・サラム Palais Salam がある。塁壁を出て、北東にはハッサン 2 世大通り Ave. Hassan II が延び、市庁舎や郵便局へと続いている。

✤ 塁壁を出て H ラ・ガゼル・ドールへ

アッサラーグ広場からムハンマド 5 世通りを西へ歩いてみよう。タグノン門 Bab Targhount を出て左に曲がると、右側にはなめし革染色職人街タンネリ Tanneries が広がり、通り沿いには革製品のみやげ物店がいくつか並ぶ。この道を南へしばらく進むと、左側には大きいアンティーク店がある。さらにここから 2km ほど行くと、モロッコ 3 大高級ホテルのひとつ、**H ラ・ガゼル・ドール La Gazelle d'Or** へたどり着く。

塁壁には 4 つの門がある。一番北側のケミス門 Bab el Khemis を出てすぐの広場で、毎週日曜に市が立つ。

おもな見どころ

名産品を探しにいこう ★★
スーク
Souk

MAP P.241-A

この町の見どころの中心は、アラブ・スークとベルベル・スークだ。小さいスークではあるが、マラケシュにもひけを取らないクオリティには目を見張るものがある。けっこう楽しめるのが **アラブ・スーク**。ガンドーラやジュラバ、革製品、シルク混じりのバブーシュやヤシの葉で作った手作り籠などの日用品をはじめ、木工品やキリム絨毯、そして必見のシルバージュエリーや細かい装飾が施された剣などが並ぶ。銀製品は、1960 年代にはほとんどがこの町で作られていたが、今はアンチ・アトラスの村で作られるものも多いとか。また、見逃してはならないのがタルーダントで作られる陶器類。ヘナやインディゴで色づけされるという黄色やピンク、グリーンなど鮮やかな陶器に、シルバーの細工が入っているのが特徴的だ。アラブ・スークはアッサラーグ広場とつながっている。

一方、**ベルベル・スーク**はアラブ・スークより庶民的で、鍋、香辛料、ヘナの葉のスークなどが続く。奥へ入ると陶器類やアンティーク店、家具類の工場がある。

タルーダントのスーク

タルーダントの商人は腰が低く、良心的な人が多いことで知られている。ここでは強引な客引きもいないので、ゆっくりと買い物が楽しめるはずだ。シルバー製品はこの町の特産品のひとつ。買わなくても細かな装飾をじっくりと見るだけで楽しめる。

▲アラブ・スークで売られている刀剣

素朴なオアシス

ティズニット
Tiznit

イントロダクション

　ティズニットは、アガディールから南へ約91kmの地点にあるオアシスの町。旧市街は、ヤシの木とピンク色をしたくさび形の墨壁に囲まれている。ここまで来ると日差しも一段と強まり、女性の身につける服もサハラ地方のメラハフを多く見かけるようになる。サハラ砂漠から来た人も多く、西サハラも近いことを実感させてくれる。ここは1882年、ムーレイ・ハッサン Moulay Hassan により建てられた町で、1912年のモロッコのフランス保護領化に対し、最後まで抵抗した町として名高い。

ティズニットの歩き方

　この町はタフロウト、グールミンやタンタンへの中継点として立ち寄る程度で十分だろう。見どころはそう多くないが、一般的な地方都市の生活を垣間見られるという点ではおもしろい。

　旧市街のメディナはピンク色のくさび形をした墨壁に周囲5kmにわたって囲まれている。町の市街地は**ミシュワール広場 Place el Machouar を中心としたメディナ南側**と、広場から通じる**8月20日通り Ave. du 20 Août 沿いの新市街**。2～3時間もあればひととおり歩いて回れる距離にある。

　ちなみに、長距離バスはインザラン通りのバスターミナルに発着する。そこから市街地に向かってスーク（木曜市）、CTMのオフィスを通り、ラウンドアバウトを北西に向かえば町の中心ミシュワール広場にたどり着く。広場周辺には安ホテルやレストラン、カフェが並び、人々でにぎわっている。

　長方形をしたミシュワール広場の両脇には、墨壁から**ハッサン2世通り Ave. Hassan Ⅱ** へ出るための門がある。**3つの門 Trois Portes とアウィーナ門 Bab el Aouina**。8月20日通りには銀行や郵便局、スーパーマーケットなどがある。時間があれば、ミシュワール広場の北側の**ワッド通り Rue de Wad** まで歩いてみよう。青空市場や地元の人向けのスークをそぞろ歩くのも楽しい。

▲青い服を着た遊牧民

> **ティズニットの局番**
> 0528

ACCESS

ティズニットへの行き方

▶▶アガディールから
CTMのバスが1日16本程度運行。所要約2時間、40～45DH。そのほか民営バスが1日数本運行。

▶▶マラケシュから
CTMのバスが1日10本程度運行。所要約6時間、140～145DH。そのほか民営バスが1日数本運行。

タフロウトからバスで来る場合

　ティズニット以南の町やアンチ・アトラス方面からのバスは、おもにメディナ墨壁の外、アガディール通りRue de Agadirに停まる。

▲8月20日通り

▲郊外にあるアグルー海岸

243

おもな見どころ

▲礼拝の時間は人が少なく なるジュエリー・スーク

MAP P.244-A

細かなデザインが美しい
ジュエリー・スーク
Jewellery Souk
★

ミシュワール広場の西側にあるホテル、アウィーナ門そばには、剣や貴金属のスークが集まっている。各店では金や銀、銅を細工したブレスレットやリング、ネックレス、剣などがガラス越しに見られる。銀のブレスレットが25 〜 35DH、金のブレスは1000 〜 2000DH が相場。礼拝中の12:00 〜 14:00 の間はほとんどの店が閉まってしまうので注意しよう。

悲しい物語の泉
ララ・ティズニット
Lalla Tiznit
★

MAP P.244-B

ミシュワール広場の北側、グラン・モスク近くにある泉。別名「青い泉 Source Bleue」とも呼ばれている。金の亡者だった女性が罪を深く懺悔し、守護聖徒となって殉教を遂げたあと、その場所に突然泉が湧き出たという言い伝えがある。

ティズニット郊外のリゾートエリア
アグルー海岸
Sidi Moussa d'Aglou
★★

MAP P.244-A 外

ティズニットのハッサン2世通りから北西に約17km行った所にある海岸。砂浜のビーチが続き、現在は高級別荘が次々に建てられている。ホテルが1軒あり、ビーチ沿いにはホテルのカフェがあって、休憩できる。また、この海岸を北へ3kmほど行くと、天然の洞穴を利用した漁港がある。ティズニットから車で約15分の距離だ。こちらは遊泳禁止。

✪アグルー海岸
行き方:ハッサン2世通り、公園前のグランタクシー乗り場からグランタクシーで片道10DH程度。バスの待ち時間を利用して行くのもいいだろう。

レジスタンスの町
ティズニット
　ティズニットは、1912年フランス保護領化のフェズ条約に対し、最後まで抵抗し続けた町である。その中心となったのは、アンチ・アトラス地方ベルベル人のカリフであるエル・ヒバ El Hiba。彼は自らをスルタンと称し、ティズニットのモスクを拠点にして住民を集め、マラケシュまで攻め入ったが、フランス軍の攻撃を受け、やむなく撤退。遊牧民の青い服を着ていたことから「ブルー・スルタン」と呼ばれた。

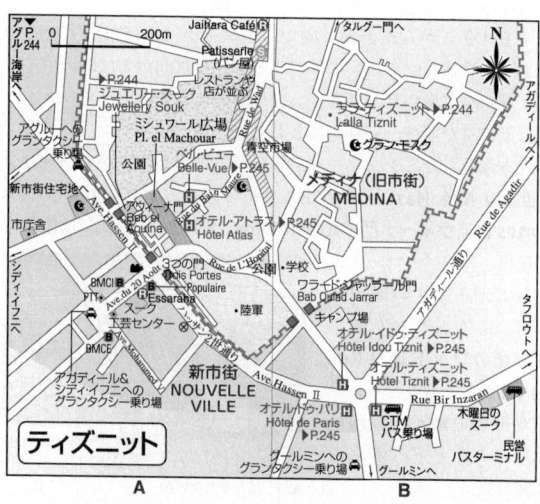

ティズニット

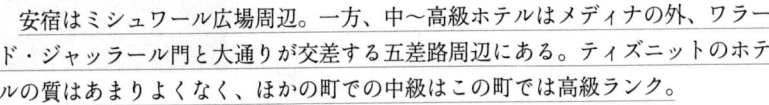

Hotel
ホテル

　安宿はミシュワール広場周辺。一方、中〜高級ホテルはメディナの外、ワラード・ジャッラール門と大通りが交差する五差路周辺にある。ティズニットのホテルの質はあまりよくなく、ほかの町での中級はこの町では高級ランク。

ティズニット随一のホテル

新市街 MAP P.244-B
中級

H オテル・イドゥ・ティズニット
Hôtel Idou Tiznit

テラスレストランを含む3つのレストラン、コーヒーショップ、バー、プールなどがある。ティズニットではかなり高級なタイプだが、実際にはほかの町でいうところの中級レベル。レストランが充実しているので食事だけの利用もおすすめ。

🏠 Ave. Hassan Ⅱ
☎(0528)60-03-33
URL www.idoutiznit.net
🅰🅒🅜🅒🆃🆅🈁📶🈳
❺466DH ❻633DH
🅣840DH
CC MV 客室数93
🈁あり（共用エリア）

ティズニットでは高級

新市街 MAP P.244-B
中級

H オテル・ティズニット
Hôtel Tiznit

コロニアル風の造りの中級宿。モロッコらしさはないが、ひととおりの設備、サービスは整っている。緑が美しい中庭とプールが自慢。朝食付きではないが、リーズナブルな価格で提供してくれるのもうれしい。

🏠 Rue Bir Inzaran
☎(0528)86-24-11
E-mail tiznit-hotel@menara.ma
🅟🅒🅜🅒🆃🆅
❺247DH ❻310DH
🈁36DH
CC MV 客室数36
🈁あり（客室）

女性向きのきれいなインテリア

新市街 MAP P.244-B
安宿

H オテル・ドゥ・パリ
Hôtel de Paris

木目の清潔な客室にピンクのベッドカバー付き。天井の模様もきれいだ。もともとコストパフォーマンスのよい宿だが、ローシーズンになるとさらに安くなるので人気がある。1階はテラス付きのカフェになっている。

🏠 Ave. Hassan Ⅱ
☎(0528)86-28-65
🅟🅒🅜🅒
❺120DH ❻160DH
🈁25DH
CC MV 客室数20
🈁あり（客室）

安ホテルではいちばんのおすすめ

メディナ MAP P.244-A
安宿

H ベル・ビュー
Belle-Vue

屋上テラスがとても広く、360度見渡せる。部屋も広くて清潔、居心地満点だ。トイレ、シャワーが共同の部屋と、それらが付いている部屋とで料金があまり変わらない割に満足度が違う。できればトイレ、シャワー付きの部屋に泊まろう。

🏠 101 Rue du Bain Maure
☎(0528)86-21-09
🅟 共同 🅒🅜
❺ ❻120DH
🅒🅜 ❻140〜150DH
CC 不可
客室数24
🈁あり（客室）

1階のカフェは地元の人でいっぱい

メディナ MAP P.244-A
安宿

H オテル・アトラス
Hôtel Atlas

広場の中央にあって、1階のカフェはいつもにぎわっている。目印になるので待ち合わせ場所にも便利。客室はよくも悪くもモロッコ風。建物の老朽化が激しいが、メンテナンスはしっかりされているようだ。

🏠 Pl. du Mechauar
☎(0528)86-20-60
🅟 共同 🅒🅜（温シャワー10DH）
❺50DH ❻100DH
CC 不可
客室数30
🈁あり（客室）

小さな緑のオアシス
タフロウト
Tafraoute

タフロウトの局番
0528

ACCESS

タフロウトへの行き方
▶▶ティズニットから
CTMのバスが1日1本運行。所要約3時間、35DH。そのほか民営バスが1日数本運行。

▶▶マラケシュから
CTMのバスが1日1本運行。所要約9時間、165DH。そのほか民営バスが1日数本運行。

ガイドについて
周辺の村やタズカ遺跡などを回るときは、ガイドを頼んだほうがいい。公認ガイドはホテルで尋ねてみるのがいいだろう。

10～11月に開催される
マラブー祭り
タフロウト周辺では10～11月にかけて、ベルベル人たちの友好を深めるために、マラブー Marabou と呼ばれる祭りが、いろいろな村で順に開催される。市が立ち民族舞踊などが披露される、にぎやかなお祭りだ。

▲サボテンが印象的なタフロウトの町

▲奇岩、ナポレオンの帽子

イントロダクション

タフロウトは、ティズニットから東へ100kmほど内陸部に入った、標高1200mの地点に位置するオアシスだ。ここはアメルン地域の中心となる町で、ベルベル系シュフール族の本拠地でもある。町は四方を花崗岩の岩山に囲まれ、白い縁取りのあるピンク色の建物がヤシの木々の間に立っている。町周辺にはヤシの木やオリーブ、アーモンドが栽培され、近くにはアルガンツリーから採れるアルガンオイルを作る村もある。

この美しいオアシスへの旅は、もしティズニットからやってくるのなら、タフロウト行きバスの中から始まる。ティズニットからタフロウトへの車窓風景は、アンチ・アトラスの峠あり、オアシスあり、なだらかな平原ありと、窓からひとときも目が離せないほどのすばらしさ。特に峠越えの大パノラマ、岩漠の荒地にいきなり現れる緑のオアシスの風景は、言葉にできないほどの美しさだ。車窓からの風景に、大きい花崗岩の岩山、ヤシの木やサボテンが目立ってきたら、タフロウトはもうすぐ。

タフロウトの歩き方

タフロウトは2～3日も滞在すれば、住民すべての顔を覚えてしまうくらい小さな町だが、多くの旅行者が訪れる有名な観光地でもある。町自体は歩いて回るのに1時間もあれば十分。近くには美しいたくさんの村があり、有史時代に描かれたガゼルの壁画の**タズカ遺跡 Tazka** や、帽子の形をした奇岩**ナポレオンの帽子 Chapeau de Napoléon**、タフロウトの北にある**アメルン渓谷 Vallée des Ameln** の村々など、近郊に見どころが多い。タフロウト近辺の村々の建物は、アメルン渓谷に特徴的な伝統的なベルベル家屋で、モロッコでも珍しい家々を見ることができる。タフロウトの町を拠点にして、これらの村も回ってみよう。

長距離バスは、ホテルやカフェが並ぶワジ（涸れ川）の橋近くに到着する。川を渡って西のほうに進むとカフェがいくつか並び、CTMのオフィスを左に曲がって歩くと広場に出る。ここは銀行や郵便局、レストランが集まる**ムハンマド・アル・ハミス広場 Place Mohammed al-Khamis**。付近には旧スークがあり、ガンドーラやベルベル人の装飾品などが安く買える。木曜は市の日。町は歩いて回れるが、近くの村へはタクシーや自転車で。

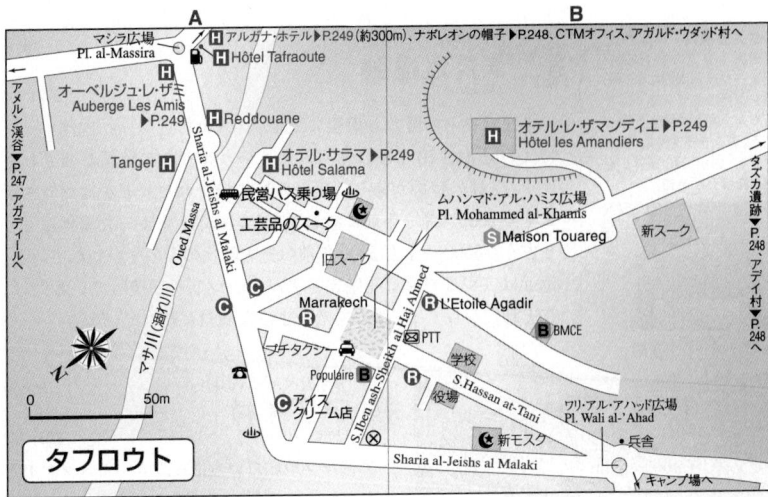

タフロウト

おもな見どころ

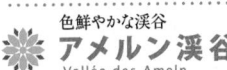

色鮮やかな渓谷 ★★
✿ アメルン渓谷
Vallée des Ameln

`MAP P.248`

　タフロウトから北へ 4kmほど行くと、標高 2359 mの**エル・ケスト山 Djebel el Kest** の麓に美しいアメルン渓谷が広がっている。赤茶色の花崗岩の岩山を背景に、泉や灌漑用水近くには色鮮やかにペイントされたベルベル民家が立ち、見事な調和を見せている。アメルン渓谷へはタフロウトからタクシーで行けるが、できれば歩いていくことをすすめたい。途中、美しいカスバを見ることができる。最初はアメルン渓谷からさらに 4kmほど北へ上った所にある**ウメスナト村 Oumesnate** を目指そう。ここを拠点に村から村へ歩いてみてもいいだろう。これらの村はエル・ケスト山の緩やかな斜面に位置しているが、灌漑用水で結ばれているので水路をたどって回るのがおすすめ。

▲風景とよく調和する土壁の家々

ホッと息をつける保養地 タフロウト

　タフロウトへやってくると、なぜか気分がのんびりとしてしまう。町は異様なほど静かで、花崗岩の岩山とヤシの木、美しいピンクの家々のなかを歩いていると、現世と隔絶された世界に紛れ込んでしまったかのよう。聞くところによると、タフロウト周辺に住む男たちの多くは、カサブランカやマラケシュなどへ出稼ぎに出かけ、休日にはここへ戻ってきてゆっくりと骨休めをするという。女や老人、子供たちはアーモンド栽培や畑仕事などをして家を守る。鳥のさえずりしか聞こえないこの静かな村は、全体が保養地という感じだ。

✿アメルン渓谷
行き方：タフロウトからアメルン渓谷までは歩いて 1 時間ほどかかる。

タフロウトの夕日と朝日

　忘れてはならないタフロウトの見どころは、日の出、日没の岩山と町並みだ。夕方近くになったら、手近な岩山に登ってみよう。あかね色から藍色に変化する空とともに刻々と色を変えていく岩山。モスクから響くアザーンとともに見るこの日没に、はるばるこの地へやってきてよかったと満足するだろう。

タズカ遺跡
行き方：タフラウトの南、新スークから南西に延びる道をただひたすら真っすぐ行くと、左側に標識が見つかる。道なき道を進むので、ガイド（→ P.246 欄外）を雇ったほうが無難。

▲ガゼルを描いた壁画

❋ 古代の壁画を見られる
タズカ遺跡
Tazka ★★
MAP P.248

　タフラウトの町から南西に 2km、タズカ村近くに、古代ローマ時代の紀元前 10 年頃に彫られたというガゼルの壁画が残されている。2 種の壁画があり、絶壁の岩に描かれたガゼルは比較的新しくて 2000 年前、手前にある平らな岩の消えかかった壁画はもっと古く、6000 〜 1 万 5500 年前の先史時代のものといわれている。付近は広がる岩漠に花崗岩とアルガンツリーが茂っているだけ。有史時代からずっと変わらないような風景が続いている。

▲岩山に守られるように立つベルベル家屋

❋ 素朴なベルベルの村へ
アデイ村
Aday Village ★★★
MAP P.248

　アメルン地域でいちばん大きいモスクがあることで知られる村。タズカからさらに 1kmほど南西に行った所にあり、岩山をバックに、グラン・モスクを取り囲むように古いベルベル家屋が並んでいる。各村から多くの参拝者が訪れるという。地元の人々が美しいと絶賛する村。

ナポレオンの帽子
行き方：マシラ広場 Place al-Massira から、南へ延びるティズニットへの新道を 3kmほど下る。この村はアルガンオイルの産地。村の中では、オイルを作る作業場と一緒になった民家を見ることができる。

❋ 付近にかわいらしい小さな家々が建ち並ぶ
ナポレオンの帽子
Chapeau de Napoléon ★★
MAP P.248

　タフラウトから南へ 3km下った村、**アガルド・ウダッド Agard Oudad** にそびえ立つ奇岩。帽子のような形をしているのでこう呼ばれている。ティズニットからバスでやってくる途中、タフラウトに入る前にこの奇妙な形の岩を目にするだろう。岩はともかく、この村はぜひ訪れてほしい。れんが造りやピンクの土壁の家屋に、白く縁取られた窓。窓の鉄格子はブルーや茶色だったりする。また玄関のドアの色彩もアート的。ナポレオンの帽子の近くまで来ると、村全体とはるかアンチ・アトラスのアドラル・モッコールン山 Adrar Mghoron まで見渡せる。谷にはアーモンド畑が広がり、2 月頃には美しい花が満開になる。

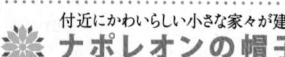

エル・ケスト山
Djebel el Kest
(2359m)
Anameur
Aït Taleb
Taguenza
Tamaloukt
Zagoudiche
Asgaour
アガディールへ
ラ・メゾン・トラディショネル
La Maison Traditionelle
P.249
ウメスナト
Oumesnate
Aguchtim
Tizerht
Tioulit
アメルン渓谷
Vallée des Ameln
P.247
Ighalene
タフラウト
Tazka
▶P.248 アデイ村
Aday Village
Tazka ★ タズカ遺跡
▶P.248
Tarhzout
アガルド・ウダッド
Agard Oudad
Ait Omar
ナポレオンの帽子
Chapeau de Napoléon ▶P.248
Adrar Tafraute
180km
Taourirt
Souk Ad Tahala
ティズニットへの旧道
Aghelay
Dousdram
Ait Ben Saïd
Talkanount
Tleta
Tarhat
Tizerkineへ
0　　5
ティズニットへの新道
タフラウト周辺
舗装道
砂利道
小道

▲何とも印象的な形をしている

Hotel
ホテル

　タフロウトは小さな町だが、ホテルの数は比較的多い。数軒の中級ホテルに、バックパッカーにうれしい安宿が十数軒。安宿は Wi-Fi を備えているところも増えており、低予算派にはうれしいかぎり。じっくり吟味して宿を決めよう。

丘の上に立つ最高級ホテル
　　市内　MAP P.247-B
中級

H オテル・レ・ザマンディエ
Hôtel les Amandiers

町を見下ろす小高い丘にあって、テラスからはすばらしい夕日を眺められる。カスバを改装した外観はモロッコ情緒たっぷりだ。客室はクラシカルで落ち着いた雰囲気。全室バスタブ付きでプールもあり。高級感のあるホテル。

Centre de Tafraout
☎(0528)80-00-08
URL www.lesamandiers-hotel.
com
⑤350DH　◐450DH
CC MV　客室数60
あり（客室）

旧スークに歩いてすぐ
　　市内　MAP P.247-A
安宿

H オテル・サラマ
Hôtel Salama

タフロウトでは比較的新しいホテル。部屋もきれいで、各部屋に電話が付いている。サロンにはTVもある。評判がよく人気なので、宿泊の2〜3日前には予約を入れたほうがよい。1階にはレストランも入っている。

Centre de Tafraoute
☎0808-51-84-92
URL www.hotelsalama.com
⑤210DH　◐320DH
26DH
CC不可　客室数33
あり（共用エリア）

中心部から歩いて300m
　　市内　MAP P.247-A 外
安宿

H アルガナ・ホテル
Argana Hotel

安宿のなかでは最も評判のよい宿のひとつ。現代風の一戸建てながらも、部屋の中はモロッコらしさを感じられるようなつくりで、なかなか快適。トレッキングツアーを催行しており、タフロウトの自然を楽しむにはうってつけのホテル。

Route Imiane
☎(0528)80-14-96
共同 ⑤◐250DH
⑤◐300DH
CC MV
客室数7
あり（共用エリア）

伝統的住居に宿泊
　　郊外　MAP P.248
中級

H ラ・メゾン・トラディショネル
La Maison Traditionelle

タフロウトの町なかではなく郊外に位置するが、そのぶんモロッコの古きよき田舎の雰囲気と、素朴な味のある伝統建築を体験できる。ロケーションも抜群。あたたかい家族が経営しているので、リラックスして楽しく滞在できる。朝食はテラスにて。

Village Oumsnate,
Communerurale d'Ammelne
☎0661-51-37-93、0666-91-77-68
⑤330DH　◐500DH
CC不可　客室数7
あり（共用エリア）

口コミで人気の宿
　　市内　MAP P.247-A
安宿

H オーベルジュ・レ・ザミ
Auberge les Amis

わずか10室の小さな安宿。ベルベルスタイルの装飾が各所に施され、掃除も行き届いているので快適に過ごせる。客室はエアコン付き。かわいいテーブルがあるルーフトップテラスがポイント。フロントは24時間オープン。

Pl. Moulay Rachid
☎(0528)80-19-21
⑤130DH　◐200DH
CC MV
客室数10+1テント
あり（共用エリア）

モロッコでの絨毯選びのコツ
ベルベル絨毯&アラブ絨毯

モロッコで見られる絨毯の種類

モロッコの絨毯は、ベルベル絨毯とアラブ絨毯に大別される。山地や砂漠で、テントの敷物や掛け物として古くから使われているのがベルベル絨毯。羊毛のほか、ヤギやラクダの毛を使っているものもあり、厚手で丈夫なのが特徴だ。絨毯でありながら、いざとなれば毛布にもできる。デザインは産地によってさまざまで、ひと言では説明できないので、現地でじっくり見てほしい。よく見かけるものは、地味な色で幾何学模様を縦横に並べたもの（トゥアレグ絨毯）で、キリム（壁掛け）として作られているものも多い。また、赤や白、濃紺、黒などの地に色とりどりの動植物のデフォルメしたモチーフを並べたもの（遊牧民ノマドのもの）は、昭和のゲーム画面のようなポップなかわいらしさがある。

一方アラブ絨毯は、オリエントの流れを取り入れ、都会で発達したもので、比較的歴史が新しい。ガイドに連れて行かれる大きな絨毯屋で見せられるのは、おもにこのアラブ絨毯だ。都会で洗練されたためか、ベルベル絨毯に比べて毛足が長く、柄も目が細かくて繊細。色も柄もさまざまだが、アラブ絨毯に共通するのは「中央がある」ことだろうか。アラブ絨毯は四辺の縁から2重、3重に囲まれているものが多い。これらは私たちになじみの深いペルシャ絨毯によく似ている。また、ヘナで染色されたピンク色、ミントで着色されたモスグリーン、独特な「フェズ・ブルー」が多く使われているものは、トルコのものとは違ってモロッコ独特のイメージを与える。表は冬用、裏に返すと夏向きの地になるリバーシブルタイプがあるのも興味深い。

あなたの「欲しさ度」が値段の基準

フェズやマラケシュでは、公認ガイドであったとしても、絨毯屋に連れていかれるはずだ。全然興味がなければはっきりとその旨を観光前に告げよう。それでも連れていかれることは多いが……。しかし、購入する気がなくとも、絨毯はモロッコの特産品。いわば「美術鑑賞」のチャンスでもある。店に入ったといって買わなければならない義理はない。購入する気がある人もない人も一度は見ておいて損はないはずだ。

絨毯を買う気の人は、欲しいものが見つかるまで妥協しないこと。そして欲しいものが見つかったら焦らずに交渉しよう。なにしろ安いものじゃない。欲しくてたまらないという顔をすると店の人は強気になるので、そこは抑えてポーカーフェイスを。向こうの言い値の10分の1ぐらいから始めても大丈夫だ。自分の懐とも相談したうえで冷静に考えて、「この値段なら」という価格があるはずだ。それがあなたの購入したい値段だ。

絨毯選びの際の注意として、アンティーク物の絨毯はまずお目にかかることはない。店主の言うアンティーク物は、一生懸命店先で天日干しをして古く見せているものだ。アンティーク物はとてつもない価格なので、一般旅行者がお目にかかることはかぎりなくゼロに近い。また、モロッコで正絹はないということも合わせて覚えておこう。モロッコでいうシルクとは「サボテンの繊維」から作られるものがほとんどだ。

▲欲しいものが見つかるまで妥協しないこと

シャウエンはモロッコ北部でいちばん人気の町

Tanger et la Côte Méditerranéenne

タンジェと地中海地方

タンジェと地中海地方

　タンジェはまさにモロッコへの海の玄関口。20世紀前半、ヨーロッパからさまざまな資本と人が流れ込み、国際都市として繁栄してきた港町だ。それから半世紀を経た現在でも、スペインやジブラルタルからフェリーでやってくる旅行者はあとを絶たない。周辺の地域はスペインの植民地であったため、その影響を残す白い町並みが印象的だ。リフ山脈を越えると、美しい海岸線が続く地中海沿岸きってのリゾートタウン、アル・ホセイマやスペイン領のメリリャと続き、アルジェリア国境近くにはウジダがある。

　フェニキア時代よりヨーロッパとアフリカの交流の中継地となっていたせいか、さまざまな民族が入り交ざり、コスモポリタン的な雰囲気が漂っているのがこの地域の大きな魅力だ。

▲ 2018 年に開通したアフリカ初の高速鉄道 LGV モロッコ

▲メルヘンチックな雰囲気が旅人に人気のシャウエン

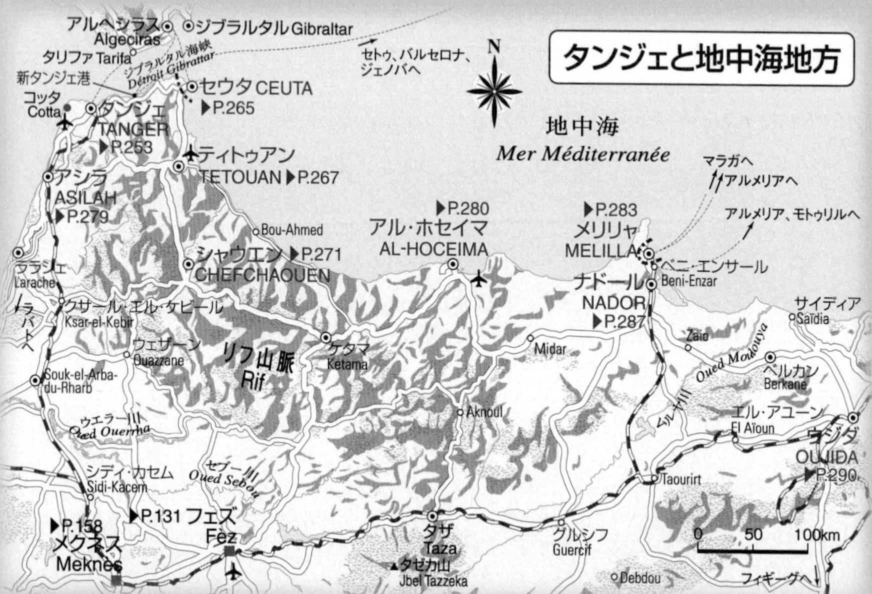

タンジェと地中海地方

▲カスバのリヤドから見たメディナの町並み

イスラムの風を感じるヨーロッパからの玄関口

タンジェ ★
Tanger

ギリシア神話によれば、ポセイドンの息子アンティオスがつくり、妻ティンギスの名をつけたのがタンジェだという。地中海の便利な位置にあるこの港は、その昔にフェニキアやカルタゴが貿易の要所として以来、歴史的に各国の争奪の的となり、同時に、国際的な貿易都市として発展を続けてきた。また、ここは、アラブ人によって征服されたモロッコの最も古い町のひとつでもある。8世紀には、タンジェの知事ターリクがここからスペインに攻め入った。ジブラルタルは、アラビア語でジャバル・アル・ターリク（ターリクの山という意)、彼の名にちなんでつけられた地名だ。

スペインの南端アルヘシラスから、左側にそのジブラルタルの岩山を眺め、約1時間ちょっとフェリーに乗れば、もうタンジェに着く。ヨーロッパから見れば、やはりこの町こそがアフリカの玄関。船の扉が開いたとたん、ポーターやガイドがわっと寄ってくる。ああ、アフリカに来たのだなと思う。海から入る旅人にとっては、モロッコの旅はここから始まる。

ちょっと前まで、タンジェは国際商人でごった返し、密輸やスパイの舞台だった。エキゾチックで危うさの漂う町、しかしそこには自由がある……そんな魅力が、芸術家たちを引きつけた。マティスやドラクロワといった画家、ポール・ボウルズ、ピエール・ロティといった文学者などの創作に大きな影響を与えた。

ACCESS

タンジェへの行き方

▶▶ヨーロッパから
イタリア、フランスなど、ヨーロッパ各地からの国際便がある。

▶▶タリファ（スペイン）から
FRS やインターシッピング Intershipping の高速船が旧タンジェ港行きを1日4～6便運航。所要約1時間、€40～。

▶▶アルヘシラス（スペイン）から
FRS、バラアリア Balearia、トランスメディテラネア Transmediterranea などのフェリーが新タンジェ港行きをそれぞれ1日数便運航。所要約1時間30分～、€37～。

▶▶カサブランカから
飛行機はモロッコ航空が1日1～2便。所要約1時間、1077DH～。
列車は ONCF が LGV（高速鉄道）を1日10本程度運行。所要約2時間10分、179DH～。
バスは CTM が1日3本運行。所要約6時間、100DH～。

▶▶マラケシュから
エアアラビア・モロッコが週3～5便運航。所要約1時間10分、260DH～。

▶▶アガディールから
エアアラビア・モロッコが週2～3便運航。所要約1時間25分、260DH～。

▶▶メクネスから
列車は ONCF がケニトラで LGV（高速鉄道）に乗り継ぐ便を1日5本程度運行。所要約3時間、156DH～。
バスは CTM が1日4本程度運行。所要約5時間、95DH。

▶▶フェズから
列車は ONCF がケニトラで LGV（高速鉄道）に乗り継ぐ便を1日4本運行。所要約3時間30分、172DH～。
バスは CTM が1日6本程度運行。所要約6時間、110DH。
※バスは CTM 以外に民営バスも運行しており、本数はそちらのほうが多い。ほかに各都市からグランタクシー（→ P.316）も出ている。

オリエンテーション

タンジェの町は、城壁に囲まれたメディナ（旧市街）と、その南側に広がる新市街とに分けられる。メディナは、ほかの大都市とは違い、こぢんまりしていてひとりで歩いても迷うことはない。新市街も含め、1日も歩けば、町の地理はだいたいつかめるようになるだろう。メディナには、カスバ博物館など見どころが多い。新市街の中心は、**フランス広場 Pl. de France** から**パスツール通り Blvd. Pasteur** と**ムハンマド5世通り Blvd. Mohammed V** 周辺。タンジェというと、以前は「ガラの悪い町」として悪名高かったが、現在は国を挙げての観光化が進められていて、言い寄ってくる自称（非公認）ガイドもメディナにたまにいるくらいだ。

▲メディナの門の向こうにジブラルタル海峡が広がる　▲開発の進むタンジェ・ヴィル駅周辺

空港、鉄道駅などから市街へ

✦ 空港

イブン・バットゥータ国際空港 Ibn Batouta International Airport は、市街の南西15kmの所にある。空港から市内への足はグランタクシー。所要約20分、100～150DH前後。

✦ 鉄道駅

タンジェ・ヴィル駅 Tanger Ville は市街中心から東約3km、タンジェ・モロラ駅 Tanger Morora は南東約6km地点にある。新市街やメディナへはプチタクシーかグランタクシーで。プチタクシーなら15～20DH（荷物代込み）。地元の人と相乗りになる場合も多い。

✦ フェリー乗り場

タンジェには、市内にある**旧タンジェ港**と市内から東へ約40kmにある**新タンジェ港 Tanger MED** のふたつの港がある。旧タンジェ港は少し坂を上った所がすぐにメディナなので迷うことがない。こちらの旧タンジェ港にはタンジェ～タリファ（スペイン）の長距離便が到着する。

▲メディナから見る旧タンジェ港

一方新タンジェ港は、それ以外への船が行き来する。新タンジェ港からタンジェ市内へ行く場合はバス（7DH）が利用可能（所要約30分）。タンジェ市街地から新タンジェ港まではCTM、民営バスターミナル隣のグランタクシー乗り場から、乗り合いのグランタクシーが出ている。ひとり35DH。あるいはタンジェ・ヴィル駅を出て右に進んだ所から市バスも出ている。タクシーだと300DHが相場。

荷物を預けたい人へ
CTM、民営バスターミナル内に荷物預かり所がある。24時間で7DH。利用する際は、貴重品は入れないように気をつけよう。

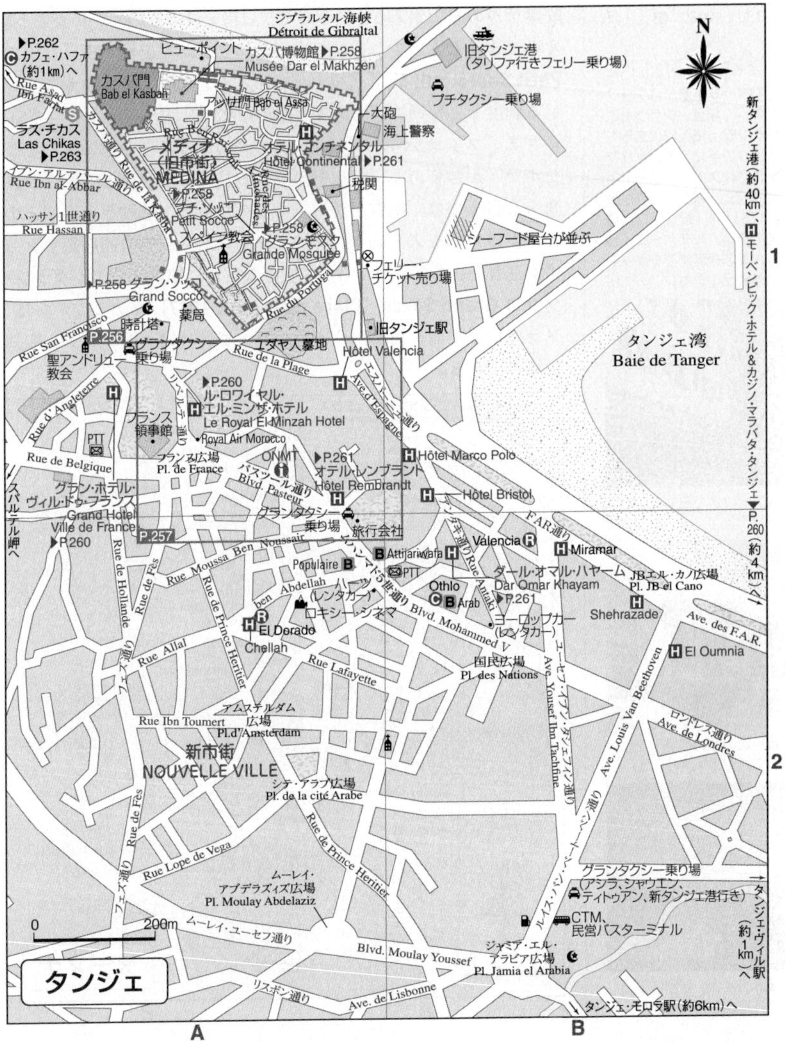

✛ 民営 & CTM バスターミナル

新市街から南へ2kmほど下った所にあり、町の中心まで歩くと30分かかる。プチタクシーを利用しよう。所要10分、10DH～。

タンジェと地中海地方 ✦ タンジェ

[地図: タンジェ]

ジブラルタル海峡
Détroit de Gibraltar

▶P.262
カフェ・ハファ
（約1km）へ
Rue Ava
Ibn Ez Rami

ビューポイント
カスバ博物館▶P.258
Musée Dar el Makhzen

旧タンジェ港
（タリファ行きフェリー乗り場）

N

カスバ門
Bab el Kasbah

アッサ門 Bab el Assa

大砲

プチタクシー乗り場

ラス・チカス
Las Chikas
▶P.263

メディナ
旧市街
MEDINA
P.258

海上警察

ホテル・コンチネンタル
Hôtel Continental ▶P.261

新タンジェ港（約40km）へ|H|モーベンピック・ホテル&カジノ・マラバタ・タンジェへ

ハッサン1世通り
Rue Hassan

プチ・メッカ
Petit Socco

税関

S

グランモスク
Grande Mosquée

スペイン教会

シーフード屋台が並ぶ

タンジェ湾
Baie de Tanger

▶P.258 グラン・ソッコ
Grand Socco

薬局

フェリー
チケット売り場

時計塔

1

Rue San Francisco

グランタクシー
乗り場 P.256

ユダヤ人墓地
Rue de la Plage

旧タンジェ駅

Hôtel Valencia

聖アンドリュー
教会

Rue d'Angleterre

▶P.260
ル・ロワイヤル・
エル・ミンザ・ホテル
Le Royal El-Minzah Hotel
Royal Air Maroc

フランス
領事館

PTT
Rue de Belgique

グラン・ホテル
ヴィルド・フランス
Grand Hotel
Ville de France
▶P.260

フランス広場
Pl. de France

ONMT

▶P.261
オテル・レンブラント
Hôtel Rembrandt

|H| Hôtel Marco Polo

|H| Hôtel Bristol

グランタクシー
乗り場
▶P.257

旅行会社

|B| Attijariwafa
PTT

Valencia |R|

|H| Miramar

JB エル・カノ広場
Pl. JB el Cano

Rue de Hollande

Rue de Fès

Rue Moussa Ben Noussair
ben Abdellah

Populaire |B|

Othlo |C||B| Arab

ダール・オマル・ハヤーム
Dar Omar Khayam
▶P.261

Shehrazade

|H| El Oumnia

Rue de Prince Hritier

パーツ
（レンタカー）

ロキシーシネマ

|H| El Dorado
Chellah

ヨーロップカー
（レンタカー）
Blvd. Mohammed V

国民広場
Pl des Nations

Ave. des F.A.R.

Rue Allal

Rue Lafayette

Rue Ibn Toumert

アムステルダム
広場
Pl.d'Amsterdam

シテ・アラブ広場
Pl. de la cité Arabe

新市街
NOUVELLE VILLE

2

Rue Lope de Vega

Rue de Fès

Rue de Prince Heritier

ムーレイ・
アブデラジズ広場
Pl. Moulay Abdelaziz

ムーレイ・ユーセフ通り

Blvd. Moulay Youssef

グランタクシー乗り場
（アシラ、シャウエン、
テトゥアン、新タンジェ港行き）

CTM、
民営バスターミナル

タンジェ・ヴィル駅（約2km）へ

ジャミア・エル・
アラビア広場
Pl. Jamia el Arabia

リスボン通り
Ave. de Lisbonne

タンジェ・モロラ駅（約6km）へ

0　　200m

タンジェ

A　　　　　　　　　　B

CTM、民営バスターミナルの北にグランタクシー乗り場がある。行き先はシャウエン（70DH）、アシラ（25DH）、テトゥアン（30DH）、タンジェ新港（35DH）など。アシラやシャウエンに行きたい人は、民営バスを利用する代わりに、グランタクシーで行く方法もある。乗り合いなので、ひとり分の値段はそれほど高くない。

🔹観光局ONMT
MAP P.257-A
🏠29 Blvd. Pasteur
☎(0539)37-24-86
🕐8:30〜16:30 🚫土・日

タンジェからスペインへ

旧タンジェ港からタリファに行く場合、チケットは旧タンジェ港入口にあるキオスクで手に入る。タリファまではスピードボートで約30分、400DH〜（往復600DH〜）。新タンジェ港発の便は、エスパーニュ通りに並ぶ代理店でチケットの予約ができる。

▲メディナで最もにぎわう
プチ・ソッコ

▲市民の憩いの場、
グラン・ソッコ

▲メディナの城壁の
外を走るカスバ通り

タンジェの歩き方

✛ メディナの歩き方

港のゲート前の広場から海岸に沿って、シュロの並木が続く広いエスパーニュ通り Ave. d'Espagne とその先フォース・アルメ・ロワイヤル通り（F.A.R. 通り）Ave. des F.A.R. が延びている。この通りの右側、緩やかな起伏をもって広がる白っぽい家並みが、タンジェの新市街。建物はスペイン風だが、すれちがう人々の姿はまさにアラブの雰囲気。

メディナ（旧市街）へ行くには、旧タンジェ駅近くのシュロの並木道と逆方向の、右側の細い坂道を上って行こう。すぐ左側の階段を上ると細い道に出る。ここからがメディナだ。道沿いには安ホテルの看板がある。このあたりに宿を決めるのもいいだろう。そのまま進むと、少し道幅の広い、にぎやかな広場**プチ・ソッコ Petit Socco** に出る。「広場」といっても、周りにカフェが並んでいる程度で、普通の道とあまり変わらない。

プチ・ソッコから、グラン・モスクのあるほうの道に進むとまたホテルが数軒あり、港を一望できる見晴らし台に出る。この見晴らし台までは、港方面から上って来た道を、階段を上らずそのまま直進しても来られる。プチ・ソッコから左側の商店街を真っすぐ進むと、メディナから出て大きな広場に出る。ここが**グラン・ソッコ Grand Socco（Place du 9 Avril 1947）**だ。ここからは、メディナを左側に見ながら南東に下って行けば、旧タンジェ駅前広場に戻れる。

メディナ内の見どころは、西の端にある**カスバ Kasbah** や**カスバ博物館 Musée Dar el Makhzen** など。プチ・ソッコの細い路地から入っていくが、その途中にはみやげ物店がにぎやかに並ぶ。ブティック Lion の看板から左に折れると、地元の人向けのスークが続いている。

カスバから、西側の**カスバ門 Bab Kasbah** をくぐって城壁の外に下りられる。この下の道は、グラン・ソッコに続いている。城壁の上を見上げると、砲台が備えつけられていて、この町が要塞であったことがはっきりとわかる。

▲メディナの壁は色とりどりの色に塗られている

✤ 新市街を歩く

新市街のメインの通りは、観光局 ONMT や銀行、こぎれいなカフェなどが並ぶ**パスツール通り Blvd. Pasteur**。**フランス広場 Place de France** の近くには大砲の置かれた展望台があって、ここからタンジェ港が見晴らせる。そのまま真っ

▲新市街のフランス広場

すぐ進み**C** グラン・カフェ・ドゥ・パリを右折すると、グラン・ソッコへ通じる**リベルテ通り Rue de la Liberté** に出る。海岸沿いのエスパーニュ通りから F.A.R. 通りには中級ホテルやリゾートホテルが軒を連ね、夜になると港町らしく酒場のネオンがにぎやかだ。

伝統的な機織りを見学

グラン・ソッコへ続く階段の途中にある建物の2階にウィーバーズ・マーケット Weaver's Market とも呼ばれるフンドゥーク・チェジュラ Fondouk Chejra（MAP P.257-A）がある。ここは伝統的な手織物職人が集まる場所。昔ながらの機織りの様子を見学し、彼らの作ったフータ（布）やジュラバ、ブランケットなど、質のよい布製品を購入できる。写真を撮ったらチップを渡そう。ちなみに建物の1階はスペインからの輸入品が集まるマーケット。生活雑貨が中心で、さまざまな品物が雑多に並んでいる。

▲おみやげ探しにも最適

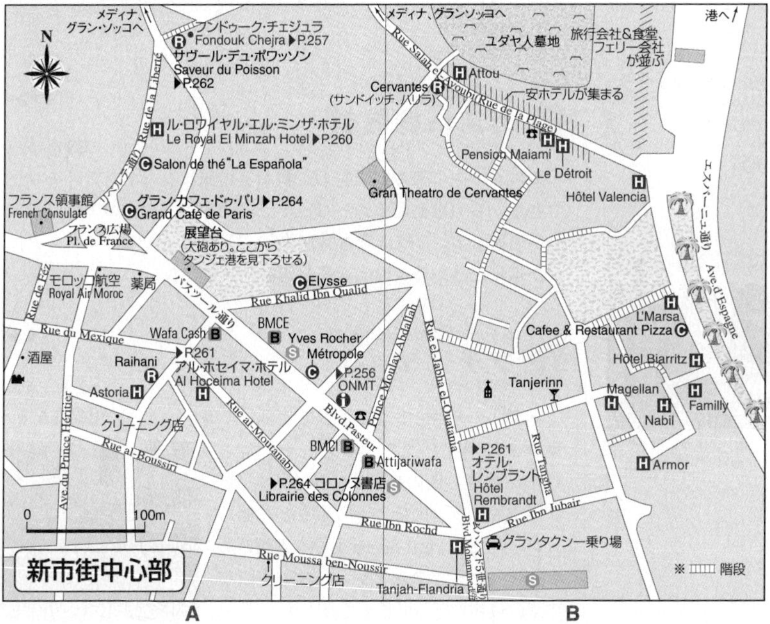

新市街中心部

メディナ、グラン・ソッコへ
R フンドゥーク・チェジュラ Fondouk Chejra ▶P.257
サヴール・デュ・ポワッソン Saveur du Poisson ▶P.262
H ル・ロワイヤル・エル・ミンザ・ホテル Le Royal El Minzah Hotel ▶P.260
C Salon de thé "La Española"
フランス領事館 French Consulate
グランカフェ・ドゥ・パリ ▶P.264
C Grand Café de Paris
フランス広場 Pl. de France
展望台（大砲あり。ここからタンジェ港を見下ろせる）
モロッコ航空 Royal Air Maroc 薬局
・酒屋
Wafa Cash
BMCE
C Elysse
Rue Khalid Ibn Oualid
S Yves Rocher
Raihani H
R▶P.261 アル・ホセイマ・ホテル Al Hoceima Hotel
Métropole
▶P.256 ONMT
Astoria H
Blvd. Pasteur
クリーニング店
BMCI R
R Attijariwafa
▶P.264 コロンヌ書店 Librairie des Colonnes
Rue Ibn Rochd
Rue Moussa ben-Noussir
クリーニング店
Tanjah-Flandria

メディナ、グラン・ソッコへ
ユダヤ人墓地
旅行会社&食堂フェリー会社が並ぶ
港へ
H Attou
Cervantes（サンドイッチ、パリラ）C
安ホテルが集まる
H H H
Pension Maiami
Le Détroit
Gran Theatro de Cervantes
Hôtel Valencia
L'Marsa
Cafee & Restaurant Pizza C
Hôtel Biarritz H
Tanjerinn
Magellan
H Familly
Nabil
▶P.261 オテル・レンブラント Hôtel Rembrandt
H Armor
H グランタクシー乗り場
※ 階段

N

0   100m

☼グラン・モスク
Grande Mosquée
MAP P.256-B2

もともとは古いマドラサ（イスラム神学校）だったものを、17世紀末にアラウィー朝のスルタン、ムーレイ・イスマイルが修復し、1815年にムーレイ・スレイマンが増築した。白と緑のミナレットが美しい。非ムスリムは入れない。

▲メディナでも目立つ
グラン・モスク

☼タンジェ・アメリカ
公使館協会
☎(0539)93-53-17
URL legation.ipower.com
🕐10:00 ～ 17:00
（土 ～ 15:00）
休日
料20DH

☼カスバ博物館
☎(0539)33-44-81
🕐10:00 ～ 18:00
休火
料20DH

▲ローマ、イスラムなどさまざまな時代の展示がある

おもな見どころ

活気あるメディナへの入口 ★★
グラン・ソッコ
Grand Socco (Place du 9 Avril 1947)
MAP P.256-A2

タンジェのへそとなる広場。城壁の外側だが、かなりのにぎわいを見せる。南西にそびえる四角いミナレットのモスク Mosquée Sidi Bou Abid は20世紀になって建てられたものだが、釉彩タイルが美しく、見る者の目を奪う。元国王ムハンマド5世が、モロッコ国民に民族自決を呼びかけた名演説の日を記念して、正式には「1947年4月9日広場　Place du 9 Avril 1947」と呼ばれている。

必見の博物館！ ★★★
タンジェ・アメリカ公使館協会
Tangier American Legation Institute
MAP P.256-B2

モロッコは1777年に世界で初めてアメリカ合衆国を国家として承認した国。メディナの隅にあるこの館はアメリカ史上初めての公館であり、現在では博物館としてだけでなく、文化的な活動を推進する場としても使われている。

歴史的な文書などアメリカとモロッコに関わる展示に加え、海外、現地アーティストの絵画、アメリカ人作家ポール・ボウルズについての展示などバラエティ豊か。味のある建築を含め、じっくりと時間を過ごしたい場所だ。

▲ポール・ボウルズの写真や手紙が展示された部屋

旧王宮内の博物館 ★★★
カスバ博物館
Musée Dar el Makhzen
MAP P.256-A1

カスバの中にある旧王宮の1階が美術館になっている。モロッコ各地からの宝飾品やカーペット、織物や陶器などの美術品が陳列されている。2階は考古学博物館。王宮は、壁のアラベスク模様が繊細で落ち着きのある美しさを見せている。

メディナ内散策の目印にしよう ★★
プチ・ソッコ
Petit Socco
MAP P.256-B2

メディナの中心となる小さな広場。広場というほど広くはなく、カフェに囲まれたちょっと広めの道といった程度。港のほうから来ると左側、グラン・ソッコのほうから来ると右側のカフェの上に Petit Socco という看板がある。迷ったときのポイントになる場所なので、最初に行って覚えておこう。

▲小さいが散策のポイントになる広場

郊外の見どころ

展望スポットとしても人気
フェニキア人の墓
Tombeaux des Phéniciens ★★
MAP P.259

カスバから歩いて10分程度。地中海を望む岩山にいくもの穴が開いている。これらはカルタゴからきたフェニキア人の墓地とされている。

岬に建つ美しい灯台へ
スパルテル岬
Cap Spartel ★
MAP P.259

タンジェの西15kmの所にある岬。アフリカの北西端で、ニュッと突き出している場所だ。ちょうど大西洋と地中海がぶつかる地点で、ジブラルタル海峡を隔てて向こう側のイベリア半島が間近に見える。岬の先端に建つ美しい灯台は、1864年に初めて点灯された。タンジェから車で行くと、スペイン人地区、オランダ人地区などを通って、国王の公邸などがある高級な別荘街を走る。マツの林などが茂り、はるかにメディナの白い町並みが遠ざかると、海が見える高台が展望ポイント。

神話の舞台となった洞穴
ヘラクレスの洞穴
Grottes d'Hercules ★★
MAP P.259

スパルテル岬から南へ4kmの所にある洞穴。大西洋の波が打ち寄せて、自然の浸食によってできたもの。真っ暗な洞穴の中に入ると、ぽっかりと海に向かって穴があいていて、光が差し込んでいる。ギリシア神話によれば、ヘラクレスが12の功業をなし遂げたあと、この洞穴で休息したという。洞穴の手前には洞窟がある。ギリシア神話の神々の像が見守るなか、伝統音楽の演奏が行われ、少し異様な雰囲気。こちらは入場料5DHが必要となる。

タンジェ郊外の見どころ

マラバタ岬 Cap Malabata
▶P.262
カフェ・ハファ Café Hafa
▶P.259 フェニキア人の墓 Tombeaux des Phéniciens
スパルテル岬 ▶P.259 Cap Spartel
タンジェ湾
タンジェ市内
ヘラクレスの洞穴 ▶P.259 Grottes d'Hercules
N
イブン・バットゥータ 国際空港
ラバトへ
ティトゥアンへ
0 2km

▲地元の人々の憩いの場でもある

▲岬にある灯台。そばにはレストランもある

⚙ヘラクレスの洞穴
開 9:00～日暮れ
料 無料

▲多くのモロッコ人でにぎわう

▲不思議な形をした洞窟の口

タンジェの西郊外へはグランタクシーで

スパルテル岬、ヘラクレスの洞穴など、それぞれのポイントまでのバスは、夏はあるようだが不確実。グランタクシーをチャーターし、全部をいっぺんに回るのがベター。300DHくらいかかるが、仲間を集めればたいしたことはない。

タンジェと地中海地方 ❖ タンジェ

259

Hotel
ホテル

　安いホテルはメディナ内に多いが、雰囲気、設備、そのほかのリスクを考えると、特別おすすめはできない。ハイシーズン（7〜9月中旬）はどのホテルも料金が跳ね上がり満室となるので予約必須。

マティススイートが残る

H グラン・ホテル・ヴィル・ドゥ・フランス
Grand Hotel Ville de France

新市街 MAP P.255-A1 高級

18世紀末、当時の外交地区の中心に建てられたエレガントなホテル。かつて画家のマティスが滞在した部屋が今でもマティススイートとして残されている。（→P.264）

住 Rue Angleterre / Rue Hollande
☎ (0539)33-31-11
URL www.leroyal.com
料
S D 1139DH〜
CC ADMV　**客室数** 58
🛜 あり（客室）

タンジェで最も格式のあるホテル

H ル・ロワイヤル・エル・ミンザ・ホテル
Le Royal El Minzah Hotel

新市街 MAP P.257-A 高級

1930年に建てられた由緒あるホテル。内装はスペイン様式とムーア様式の両方が使われている。壁にはこれまで訪れた著名人の写真が飾られている。（→P.264）

住 85 Rue el Houria (Rue de la Liberté)
☎ (0539)33-34-44
URL www.bluebayresorts.com
料
S D 1363DH〜
CC ADMV　**客室数** 135
🛜 あり（客室）

ゴージャスな5つ星ホテル

H モーベンピック・ホテル＆カジノ・マラバタ・タンジェ
Mövenpick Hotel & Casino Malabata Tanger

新市街 MAP P.255-B2 外 高級

スイス発の5つ星ホテル。カジノはアフリカ随一の規模を誇る。スポーツ施設やリラクセーション施設も完備。海側の部屋からの眺めは秀逸。

住 Ave.Mohamed VI
☎ (0539)32-93-00
URL www.movenpick.com
料
S €90〜　**D** €100〜
CC AMV
客室数 240
🛜 あり（客室）

メディナでも指折りのおしゃれリヤド

RD リヤド・ラ・メゾン・ブランシュ
Riad La Maison Blanche

メディナ MAP P.256-A1 高級

14世紀に建てられた邸宅をフランス人デザイナーが芸術的にアレンジ。ホスピタリティあふれるモロッコ人オーナーの洗練されたサービスがうれしい。

住 Kasbah at Rue Ahmed Ben Ajiba 2
☎ 0661-63-93-32
URL www.lamaisonblanchetanger.com
料
S D 1200〜1750DH
CC 不可　**客室数** 9
🛜 あり（客室）

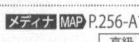

アンティークに囲まれて

RD ラ・タンジェリーナ
La Tangerina

メディナ MAP P.256-A1 高級

ドイツ人とモロッコ人のカップルが経営。モロッコ中から集めたアンティークなど、美的感覚をくすぐる渋いインテリアが印象的。ハマムもある。

住 19 Riad Sultan
☎ (0539)94-77-31
URL www.latangerina.com
料
S D €50〜165
CC 不可
客室数 10
🛜 あり（客室）

RD カスバ・ローズ
Kasbah Rose

オランダ人夫婦が営業するプチリヤド
メディナ MAP P.256-A1
中級

部屋はオランダ、アフリカ、モロッカンテイストをミックスした独特のインテリアで、屋上テラスもかわいらしい。アクセスも便利。

Rue Merrouche 30
☎0653-63-80-71
URL kasbahrose.com
料 ⚫⚫⚫
⑤ⅅ€58〜104
CC ADJMV
客室数5
📞あり（客室）

H オテル・コンチネンタル
Hôtel Continental

タンジェの昔をしのんでみたかったら
メディナ MAP P.256-B1
中級

映画『シェルタリング・スカイ』のロケで使われた豪華ホテル。もとは1888年に当時のタンジェで最高級のホテルとしてオープンした。（→P.264）

36 Dar Baroud
☎(0539)93-10-24
料 ⚫⚫⚫⚫TV⚫⚫
⑤ⅅ€70〜
CC DJMV
客室数53
📞あり（客室）

H オテル・レンブラント
Hôtel Rembrandt

便利な場所にある
新市街 MAP P.257-B
中級

フロントに画家レンブラントの肖像画が掛けられている。屋内プールもあり、客室の設備も整っていて、構えのわりには手頃な料金といえる。（→P.264）

Blvd. Mohammed V
☎(0539)33-33-14
URL rembrandthotel.ma
料 ⚫⚫⚫TV
⑤600DH〜　ⅅ800DH〜
麗60DH
CC MV　客室数69
📞あり（客室）

H ダール・オマル・ハヤーム
Dar Omar Khayam

口コミでも評判
新市街 MAP P.255-B2
安宿

新市街の中にありながら、のんびりできるペンション風の宿。中庭のくつろぎスペースがありがたい。部屋もきれいにしてあり、わりにリーズナブル。

26 Rue al Antaki
☎(0539)34-30-36
URL daromarkhayam.com
料共同⚫⚫⚫ⅅ200DH
⚫⚫⑤250〜300DH
ⅅ300DH〜
CC ADJMV　客室数34
📞あり（客室）

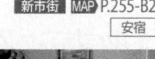

H アル・ホセイマ・ホテル
Al Hoceima Hotel

新市街のお手頃ホテル
新市街 MAP P.257-A
安宿

部屋はきちんとしているし、なんといってもコロニアル建築の外観がすばらしい。新市街の中心に位置し、何をするにも便利でお得な安ホテル。

2 Rue Al Motanabi
☎(0539)93-91-92
料共同⚫⚫⑤200DH
ⅅ300DH
⚫⚫⚫⑤300DH
ⅅ400DH
CC不可　客室数38
📞あり（客）

H メディナ・ホステル
Medina Hostel

メディナの奥深くへ
メディナ MAP P.256-B2
安宿

朝食や洗濯サービスなど、バジェット派にうれしいホステル。メディナの迷路のなかにあり、ルーフトップテラスからの眺めは最高。

2 Rue Al Motanabi
☎(0539)93-96-22
料共同⚫⚫⚫⚫⑩100DH
⚫⚫⚫⑤ⅅ270DH
CC不可
客室数7
📞あり（客室）

Restaurant
レストラン

　タンジェには、芸術家にゆかりのある昔ながらのカフェやレストランが多い。最近はタンジェならではのアーティスティックなレストランも続々オープンしている。味のレベルもほかの都市より高めの印象。

独特の雰囲気をもつリフ料理のレストラン

R サヴール・デュ・ポワッソン
Saveur du Poisson

新市街 MAP P.257-A
シーフード

スープ、魚介のタジン、メイン、季節のデザートというコースメニュー（200DH）のみ。魚がおいしく、自家製ジュースも絶品。食器も味がある。

🏠 2 Escalier Waller
☎ (0539)33-63-26
🕐 13:00〜17:00、
　19:00〜22:30
休 金
CC 不可
🌐 なし

アートとグルメを堪能

C カフェ・ア・ラングレーズ
Café à l'Anglaise

メディナ MAP P.256-A1
創作

味のある調理品に壁を彩る絵画。どこを切り取っても絵になるフォトジェニックな店内で、お母さんの気取らない絶品グルメを味わいたい。メイン80DH程度。

🏠 37 Rue Kasbah
☎ 0635-18-67-66
🕐 10:00〜22:00
休 なし
CC 不可
🌐 あり

カスバのハイセンスカフェ

C ル・サロン・ブルー
Le Salon Bleu

メディナ MAP P.256-A1
カフェ

メディナでリヤドを経営するオーナーがオープンしたカフェ。青と白でシンプルに彩られ居心地がよい。テラス席からの景色も最高！　オレンジジュース20DH。

🏠 Pl. de la Kasbah, Entrée 71
　Rue Amrah
☎ (0539)37-16-18
🕐 11:00〜22:00
休 火
CC 不可
🌐 あり

伝統音楽を聴きながら

C レ・フィス・デュ・デトロワ
Les Fils du Detroit

メディナ MAP P.256-A1
カフェ

40年以上営業を続ける伝統音楽喫茶。プロのミュージシャンが演奏するアラブ-アンダルース音楽を、ミントティーをすすりながら楽しめる。

🏠 Rue Ibn Abou, No.1 Al
　Kassaba
☎ なし
🕐 18:00〜21:00
休 なし
CC 不可
🌐 なし

1921年創業の老舗カフェ

C カフェ・ハファ
Café Hafa

郊外 MAP P.259
カフェ

ザ・ローリング・ストーンズやタンジェ在住の芸術家が通うなど、ヒッピーの聖地として有名。海に向かって席が設けられ、眺めは最高。ミントティー10DH。

🏠 Marchan
☎ 0699-63-61-61
🕐 7:00〜21:00
休 なし
CC 不可
🌐 なし

Shop
ショップ

絨毯にテキスタイル、アンティークなど、歴史のある民芸品店が多いタンジェ。おしゃれなコンセプトストアやブティックもある。マラケシュなどに比べて、押し売りめいたことも少ないので、安心して買い物を楽しめる。

タンジェでアンティークといえば

S ブティック・マジッド
Boutique Majid

`メディナ` `MAP P.256-B1` `アンティーク`

モロッコ人のマジッドさんが経営する1970年創業の老舗。バリエーション豊かな高品質のアンティークが揃い、世界中からコレクターが訪れる。

🏠66 Rue Les Almouhades
☎(0539)93-88-92
URL www.boutiquemajid.com
⏰9:30〜21:00
休なし
CC AMV

メディナ内に3店舗を構える

S ギャルリ・コニル
Galerie Conil

`メディナ` `MAP P.256-B2` `ギャラリー`

フランス人のコニルさんが経営するタンジェのアート界では有名なギャラリー。モロッコ人アーティストの良質な作品を販売している。

🏠Petit Socco
☎(0539)37-20-54
⏰11:00〜13:30、
　16:30〜19:00
　(日 11:00〜14:00)
休なし

タンジェでは珍しいコンセプトストア

S ラス・チカス
Las Chikas

`メディナそば` `MAP P.255-A1` `雑貨`

カスバ門を出たところにあるモダンなショップ。ファッション雑貨を中心に、モロッコならではのデザイナーズ商品を販売。2階にカフェもある。

🏠52 Rue Kacem Guennoun,
　Porte de la Kasbah
☎(0539)37-45-10
URL laschicastanger.tumblr.com
⏰10:30〜19:00
　(夏季 〜19:30)
休なし　CC MV

日本への発送も行っている

S ベルベル・ティサージュ
Berbere Tissage

`メディナ` `MAP P.256-B1` `テキスタイル`

機織り機での実演が見られるメディナでは唯一の店。すべての商品を店で手作りしており、あたたかみのある商品がリーズナブルに手に入る。

🏠Rue Sidi Ben Raissoul A.30
☎(0539)94-80-62
E-mail artsberber@gmail.com
⏰9:00〜21:00
休なし
CC MV

創業50年を超える絨毯の有名店

S ブルー・ドゥ・フェス
Blue de Fes

`メディナ` `MAP P.256-B1` `絨毯`

質のよい絨毯だけをモロッコ全土から厳選している老舗。数フロアにわたる広い店内に、バリエーション豊かな絨毯が揃っている。日本への発送も可。

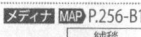

🏠Petit Socco, Rue des
　Almohades
☎(0539)33-60-67
URL bleudefes.com
⏰10:00〜20:30 (金 16:30〜)
休なし
CC ADJMV

芸術家に愛された町

Column

　フェニキアの時代から存在し、ローマの属州時期には主要都市となった古い歴史をもつ港街タンジェ。近代に至るまで、交易の要衝として激動の歴史が繰り広げられてきた。帝国主義の時代には国際管理地域となり、アメリカ、イギリス、フランス、スペインなど列強の支配を受け、国際都市としてのエキゾチックな雰囲気が漂うようになる。これに強く惹きつけられたのが、欧米の芸術家たちだ。ポール・ボウルズを筆頭に、ジェック・ケルアック、トルーマン・カポーティ、ジャン・ジュネなどの作家。そしてアンリ・マティス、ドラクロワなどの画家や、ザ・ローリング・ストーンズなどのミュージシャン。タンジェには彼らの足跡が残るスポットが数多く残り、それは現在でも地元の人々や旅行者に愛されている。

●ル・ロワイヤル・エル・ミンザ・ホテル
Le Royal El Minzah Hotel（→ P.260）
ジャン・ジュネ、トルーマン・カポーティなどが好んで泊まった英国式ホテル。ウィンストン・チャーチル、イヴ・サン・ローランなど世界の著名人も訪れている。

●オテル・コンチネンタル
Hôtel Continental（→ P.261）
ポール・ボウルズ原作の小説をベルナルド・ベルトリッチ監督が撮ったモロッコが舞台の映画『シェルタリング・スカイ』のロケ地として有名。

●オテル・レンブラント
Hôtel Rembrandt（→ P.261）
1950 年に開業した老舗で、ポール・ボウルズやその妻ジェーンなど多くの文化人が滞在し、ブライオン・ガイシンなどの画家が個展を開いたことでも知られる。

●グラン・ホテル・ヴィル・ドゥ・フランス
Grand Hotel Ville de France（→ P.260）
18 世紀末に建てられた瀟洒なホテルで、ドラクロワやアンリ・マティスほか、数々の著名人が宿泊。マティスが『窓からの風景』を描いた 35 番の部屋がマティス・スイートとして残されている。

●ル・グラン・カフェ・ドゥ・パリ
Le Grand Café de Paris
1927 年創業。ポール・ボウルズやウィリアム・バロウズ、テネシー・ウイリアムズなど名だたる作家が通った典型的なモロッコ風カフェ。現在でも文化人が集まるカフェとして知られる。

●レ・フィス・デュ・デトロワ
Les Fils du Detroit（→ P.262）
アラブ・アンダルース音楽のプロミュージシャンから成る団体が、毎晩セッションを行っているカフェ。ザ・ローリング・ストーンズのミック・ジャガーがセッションに参加したこともあるという。

●カフェ・ババ
Café Baba
ヒッピーの全盛期、ザ・ローリング・ストーンズがよく通っていた 1943 年創業の老舗カフェ。ほかにジャック・ケルアック、ジャン・ジュネ、テネシー・ウイリアムズ、スペインやスウェーデンの王族なども足繁く通ったという。店内には、ギタリストのキース・リチャーズのオフショット、ジム・ジャームッシュが撮影で訪れた時の写真などが飾ってある。

●カフェ・ハファ
Café Hafa（→ P.262）
1921 年開業。ザ・ローリング・ストーンズ、ビートルズ、ウィリアム・バロウズ、ポール・ボウルズ、ジミ・ヘンドリクスなどの著名人が訪れた。

●カフェ・ティンジス
Café Tingis
フランスの小説家ジャン・ジュネが足繁く通ったプチ・ソッコのカフェ。

●コロンヌ書店
Librarie Colonnes
ポール・ボウルズ、モハメド・ショックリー、ウィリアム・バロウズ、ジャン・ジュネ、テネシー・ウイリアムズなどがよく利用した伝説の書店。

   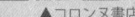

▲グラン・カフェ・ドゥ・パリ　▲カフェ・ババ　　▲カフェ・ティンジス　　▲コロンヌ書店

ギリシア神話の世界へ

セウタ
Ceuta

イントロダクション

　セウタは、モロッコ国内に飛び地のように存在するスペイン領だ。ここは対岸のイギリス領ジブラルタルとともに、ギリシア神話の「ヘラクレスの柱」のひとつとして知られている。

　1985年2月、スペイン南端に位置するジブラルタルとスペインとの国境は全面的に開放された。しかし、1956年のモロッコ独立時から、モロッコがセウタの返還を申し入れているにもかかわらず、いまだにスペインによる統治が続いている。

　この町は約8万2000人が生活する港町で、南スペインのアンダルシア地方とよく似た白い町並みが印象的だ。スペインのアルヘシラスとセウタを結ぶ船が夜遅くまで行き来しており、外国人の出入りが多いせいか、スペインのどこよりも英語が通じる。公用語はもちろんスペイン語で、通貨はユーロ。モロッコのほかの町と比べると、町の機能はとても近代的。観光を楽しむというよりは、モロッコ旅行への中継地点として立ち寄り、ヨーロッパとイスラム世界のミックスカルチャーを味わいたい。モロッコとは1時間の時差がある。

セウタの歩き方

　フェリーは、町の中心から北西にやや離れた所に着く。フェリー乗り場から市内に行くには、港近くでセントロ CENTRO と書いてあるバスに乗る。町の中心までは、歩いても30分くらいだ。

　フェリーターミナルを出て大きなスーパーマーケット（SuperSolがあり、酒類などが安い）が並ぶ通りを、左側に進めば町の中心だ。海に沿って緩やかな坂道を上って行くと、道は大きくふたつに分かれていて、正面の城跡が**王家の城壁 Murallas Reals**。左側に行けば町の中心、右側は国境に続く。国境へは右に20〜30m歩いた所からもバスが出ている。

▲港に面した通り

　観光案内所 Patronato Municipal de Tourismo は、国境行きバス乗り場のそばにある。さすがスペインだけあり、パンフレットなどの資料が豊富で英語版もばっちり用意してある。憲法広場の向かいにある建物は**中央市場 Mercado**。時間があったらのぞいてみたい。

ACCESS

セウタへの行き方

▶▶アルヘシラス（スペイン）から
FRS、バラアリア Balearia、トランスメディテラネア Trans mediterranea などのフェリー会社が各1日1便程度運航。所要約45分、€32.50〜。

▶▶ティトゥアンから
CTMが国境の町フニデクまで1日2便運行。所要約1時間20DH。民営バスが1日10本以上運行。所要約1時間30分。（→P.269）

▶▶タンジェから
民営バスがフニデクまで1日3本運行。所要約1時間30分。

▶▶シャウエンから
民営バスがフニデクまで1日1本ほど運行。所要約3時間。

モロッコ国内からセウタへ電話をかけるには

　まず国際電話識別番号00、スペインの国番号34、セウタの地域番号956もしくは856を押してから、相手の電話番号を押す。

✪観光案内所
MAP P.266 ☎(856)20-05-60
URL www.ceuta.si
圏8:00〜20:00 困なし
地図やホテルリストなどがもらえる。英語も通じる。

国境での両替について

　銀行はモロッコ側にしかなく、閉まっているときもある。しかし、どちら側にせよ、両替屋が声をかけてくるので問題ない。

国境のニセガイドにご用心

　国境周辺には自称ガイドがいて、出入国カードを売りつけたり、タクシーを強要したりする。カードは窓口でもらおう。バス停は国境から2km離れているので国境近くまで行くグランタクシーに乗ったほうがよい。

おもな見どころ

✿アチョ山
行き方：レシント・スール
をひたすら東へ。町から
1kmほど。

ジブラルタル海峡を望む
アチョ山
Monte Acho ★★

MAP P.266 外

　町全体を望むことができ、かつジブラルタル海峡の向こう岸ま
でを見渡せる。山頂には、昔ポルトガルが築いたという城壁が残っ
ている。その後スペインが刑務所として使用し、今では軍事施設
となっているので城壁の中に入ることはできない。山頂からはセ
ウタの近代的な町が全部見え、その向こうに続くモロッコまでの
景観がすばらしい。

✿王家の城壁
行き方：観光案内所の前の
道を西に歩き、道がふたつ
に分かれた正面が堀。
☎ (956)51-17-76
開11:00～14:00、
　17:00～21:00
※月・日は午前のみ。
休なし
料無料

✿市博物館
☎ (956)51-17-70
開11:00～14:00、
　17:00～21:00
　(日・祝は11:00～14:00)
休月
料無料

セウタの歴史を語る城跡
王家の城壁
Murallas Reales ★★

MAP P.266

　16世紀にポルトガル人によって築か
れた城跡。セウタ地峡とも呼ばれる、セ
ウタで最も幅の狭い所だ。15世紀に建
てられたアフリカ婦人教会 Santuariode
Nuestra Senora と大理石の入口が美し
いカテドラル Cathdral がある。そのほか
に博物館もあり、なかなか充実している。

▲歴史を感じさせる城壁

▲建物自体も歴史を感じる

小規模ながら重要な展示品がある
市博物館
Muséo Municipal ★★

MAP P.266

　考古学博物館から移された、フェニキア、ローマ時代の遺跡か
ら出土した遺品の数々が展示してある。

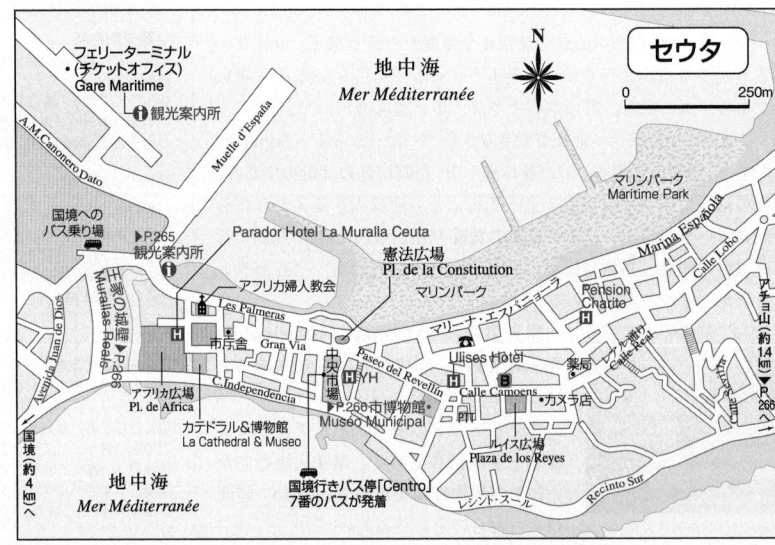

モロッコのアンダルシアへ

ティトゥアン

Tetouan ★

イントロダクション

　タンジェから南東へ約60km、リフ山脈の麓にある小さな町ティトゥアン。スペインからも近く、1492年のグラナダ陥落では多くのイスラム教徒がこの地に逃げ込んできた。20世紀前半にはスペイン領になったこともあり、町の雰囲気は南スペインのアンダルシア地方にどことなく似ている。白壁造りの町に、赤と白のシマ柄のフウタ foutaをまとったベルベルの女性が行き交う。スペインとモロッコ文化が入り交じったこの町では、ほかの町とはひと味違った独特の雰囲気を楽しみたい。旧市街は世界文化遺産に登録されている。

ティトゥアンの歩き方

❖ ティトゥアンに到着したら

　ティトゥアンはCTMと民営バスターミナルが分かれている。CTMはシディ・ドリス通りにターミナルがあり、ここから中心街までは歩いてすぐ。立派な外観の民営バスターミナルは、そこからさらに南に700mほど行ったところに位置する。中心街まではプチタクシーを使おう。

❖ ハッサン2世広場から西に新市街、東がメディナ

　町の中心は**ハッサン2世広場 Pl. Hassan II**。新市街からだとムハンマド5世通りの東端にあたる。17世紀に建てられたスペインとイスラムの融合建築ともいえる**王宮 Palais Royal**が北にあり、広場周辺にはカフェが並び、屋台や露店も出る。その東側（ムハンマド5世通りから見て右側奥）にある**ルアフ門 Bab el Rouaf**からメディナに入ることができる。このメディナはモロッコの独立までスペインに支配されていたため、スペイン風の建物も多く、ほかの町のメディナとはひと味違う。

ティトゥアンの局番
0539

ACCESS
ティトゥアンへの行き方
▶▶タンジェから
　CTMのバスが1日4～6本運行。所要約1時間、20～25DH。
▶▶シャウエンから
　CTMのバスが1日5本運行。所要約1時間、25DH。
▶▶カサブランカから
　飛行機はモロッコ航空が週2便運航。所要1時間10分、397DH～。
　CTMのバスが1日4本運行。所要約6時間、140～170DH。
▶▶フェズから
　CTMのバスが1日5～7本運行。所要約5時間30分、100～130DH。
※CTM以外に民営バスも運行しており、本数はそちらのほうが多い。ほかに各都市からグランタクシー（→ P.316）も出ている。

▲スペイン風の白い町並みが美しい新市街

▲独特の雰囲気があるティトゥアンのメディナ

267

メディナ

セウタ門へ
なわ籠スーク
木工スーク
革製品スーク
パンの市場
陶器スーク
アルミ製品スーク
染物スーク
▶P.268
考古学博物館
Musée Archéologique
王宮
Palais Royal
陶器&
生地のスーク
貴金属スーク
▶P.270
ブランコリード
Blanco Riad
ハッサン2世広場
ルアフ門
Bab el Rouaf
食料品スーク
Hotel
Tetouan
新市街へ
0　　　100m

❖ メディナでは庶民感覚たっぷりのスーク巡り

　ルアフ門からアハメッド・トレス通り Rue Ach Ahmed Torres を進み、**貴金属のスーク**を抜けて少し行くと、道はふたつに分かれる。ここを右側に行くと日用品のスークを経て食料品のスークに出る。肉、魚、野菜、果物と新鮮な食料品がところ狭しと並んでいて、見て歩くだけでもおもしろい。さらに行くと、メディナの東端にあたる**オクラ門 Bab el Okla** に出る。オクラ門周辺は、いくつかの絨毯屋以外、客引きをするみやげ物店の類はなく、生活必需品を売るスークが軒を連ねている。

　初めのアハメット・トレス通りをルアフ門手前で左側に進むと、まずトンネルのような衣類のスークが続き、さらに進むと突き当たりにモスクの立つ広場に出る。ここが**パンの市場**で、木曜には丸いパンを売る店が建ち並ぶ。果物の屋台もいくつか並んでいる。ここで右（東）に進めば、**木工のスーク**、左（西）は**陶器類のスーク**に出る。パンの市場から南へ戻って途中**工具のスーク**あたりで右折すると、鍋、やかんなども売っている**アルミ製品のスーク**に出る。さらに進むと**食料品のスーク**があり、夕方は買い出しに来た人々で混雑する。その先の左側に**トゥット門 Bab Tut** があり、これを抜けるとメディナは終わり。新市街に出る。

▲メディナの裏口、オクラ門

❖ 新市街を歩く

　新市街の中心は、郵便局とキリスト教会がある**ムーレイ・メフディ広場 Place Moulay El Mehdi**。その広場から延びる遊歩道のムハンマド5世通りと、**5月10日通り Blvd. Achra Mai** には、多くのカフェやケーキ店、商店が並ぶ。ハッサン2世広場のカフェと違い、こちらはスペイン風。ミントティーよりコーヒーが似合う。店内にはスペイン語の表記もあるし、若いカップルや女性同士の客も見かける。

❖ メディナ以外の見どころ

　石器時代やローマ時代の発掘品を展示した**考古学博物館 Musée Archéologique** が、アル・ジャラ広場 Place al-Jala の北にある。またオクラ門の脇には、民族衣装や楽器、家庭用品などが観られる**民芸博物館 Musée Ethnographique**、さらに近くに、絨毯、革製品、タイルなどの製作工程が見学できる**アート・スクール Ecole d'Arts et Métiers** もある。

悪質な客引きやニセガイドに注意

　ティトゥアンにも悪質な客引きや自称ガイドがいる。タンジェよりひどいという人もいるほど。特にバス乗り場で、バスチケットの予約料や追加料金だとか言って金を取ろうとする（バスの中にまで乗り込んで来たりもする！）者がいるので注意。正式なガイド料の目安は最高150DH。

❖考古学博物館
MAP P.268
☎(0539)96-73-03
圖9:00 ～ 16:00
休火　圖10DH

❖民芸博物館
MAP P.269-B2
☎(0539)97-05-05
圖9:00 ～ 16:00
休火　圖10DH

❖アート・スクール
MAP P.269-B2
☎(0539)97-27-21
圖9:00 ～ 15:00
休土・日　圖50DH

▲立派な民営バスターミナル

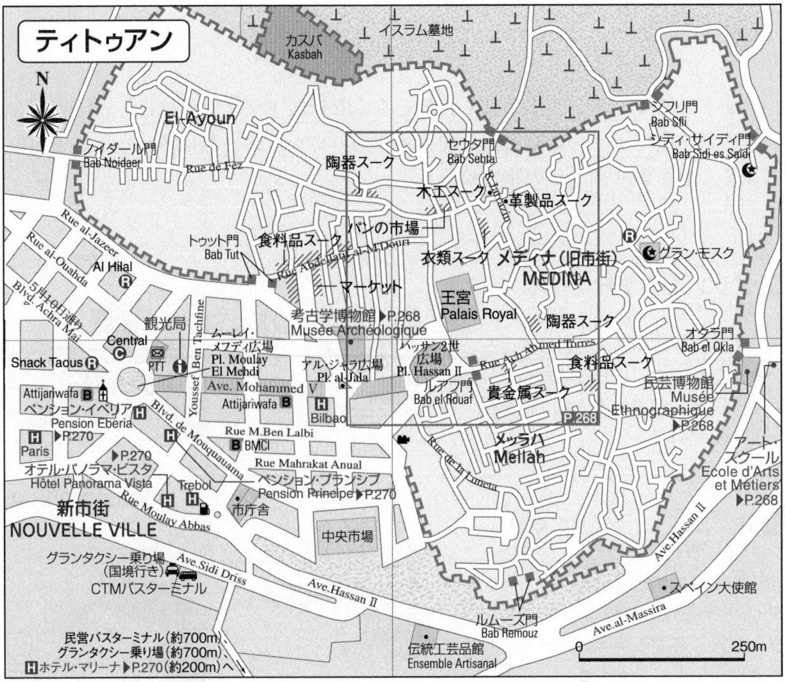

地図

テトゥアン

N

- カスバ Kasbah
- イスラム墓地
- El-Ayoun
- ノイダール門 Bab Nojdaer
- シフリ門 Bab Sifli
- シディ・サイディ門 Bab Sidi es Saidi
- セウタ門 Bab Sebta
- 陶器スーク
- 木工スーク
- 革製品スーク
- トゥット門 Bab Tut
- 食品品スーク
- パンの市場
- マーケット
- 衣類スーク メディナ(旧市街) MEDINA
- グランモスク
- 考古学博物館 P.268 Musée Archéologique
- 王宮 Palais Royal
- 陶器スーク
- ムーレイ広場 Pl. Moulay El Mehdi
- メフディ広場
- アル・ジャラ広場 Pl. al-Jala
- ハッサン2世 広場
- オクラ門 Bab el Okla
- 食料品スーク
- 観光局
- Central
- PTT
- Snack Taous
- Attijariwafa B
- ペンション・イベリア Pension Eberia
- Attijariwafa B
- Bilbao
- Paris
- ルアフ門 Bab el Houaf
- 貴金属スーク P.268
- 民芸博物館 Musée Ethnographique P.268
- アート・スクール Ecole d'Arts et Métiers P.268
- Rue M.Ben Lalbi
- BMCI
- メッラハ Mellah
- オテル・パノラマ・ビスタ Hôtel Panorama Vista
- 新市街 NOUVELLE VILLE
- Trebol
- ペンション・プランシブ Pension Prinelpe P.270
- 市庁舎
- グランタクシー乗り場 (国境行き) CTMバスターミナル
- 中央市場
- 民営バスターミナル(約700m) グランタクシー乗り場(約700m) H ホテル・マリーナ P.270(約200m)へ
- Ave.Sidi Driss
- Ave.Hassan II
- ルムーズ門 Bab Remouz
- 伝統工芸品館 Ensemble Artisanal
- Ave.al-Massira
- スペイン大使館
- Rue de Féz

0　　250m

A　　　B

1　2

右側縦書き:

タンジェと地中海地方 ❖ テトゥアン

ティトゥアンからセウタへ抜ける人へ

　ティトゥアンからのバスは、国境の手前にある村フニデク Funidek までしか行かない。群がる自称ガイドらをふりきる自信がなければ、国境前まで行くグランタクシーを利用しよう。グランタクシーは白い車体で、CTM バスターミナルの脇に乗り場がある。国境へ行く人は多いので本数は多い。5～6人集まると出発し、ひとり 20DH 程度(モロッコ人の帰省シーズンや夜は値上がりする)で、約 30 分で国境に着く。ここで、出国カードを売りつけようとする者たちを無視して、制服を着た係官からカードをもらい、窓口で出国手続きをする。スペイン側からの入国は、パスポートを見せるだけで OK。バスで、町の中心である港へと行けばよい。

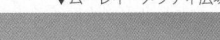

▼ムーレイ・メフディ広場

カスバへ上ろう

　メディナの北には 13 世紀に築かれたカスバ Kasbah があり、ここからはティトゥアンの町を一望できる。上の地図でいうと、フェズ通り Rue de Féz から北に上る。地元の人に聞いてみよう。

ブアナンの泉

　ティトゥアンは、目の前に広がるリフ山脈の山々と調和した美しい町といえる。おすすめはタクシーで 20 分ほど山を上った所にある泉「ブアナン Bouanan」。カフェなどの店もあり、ティトゥアンの町が一望できる。眺めは抜群で、特に夕暮れ時はおすすめ。また、トゥット門の前の通りからバスに乗り、Tourita で降りて 1km ほど山を登っても行くことができる。

269

Hotel
ホテル

ティトゥアンのホテル事情はそれほどよくない。メディナにはほとんど宿がないし、新市街でも、一応高級から安宿まで揃っているが、数は多くない。安宿は口コミなどを頼りに人気の宿を探そう。

数少ないおしゃれリヤド

RD ブランコ・リヤド
Blanco Riad

メディナ MAP P.268

中級

ティトゥアンにもリヤドが数件点在している。なかでも、こちらはおしゃれな客室とサービスのよさで人気。ロケーション的にも便利だ。

🏠5 Rue Zawiya Kadiria
☎(0539)70-42-02
🛁 TV
Ⓢ Ⓓ €50〜
CC MV
客室数8
📶あり（客室）

安宿はちょっとという人に

H オテル・パノラマ・ビスタ
Hôtel Panorama Vista

新市街 MAP P.269-A2

中級

新市街には安宿が多いが、こちらはややグレード高めの中級ホテル。エレベーター付きで客室も清潔。新市街でも安宿は避けたい人におすすめ。

🏠Ave. Moulay El Abbas
☎(0539)96-49-70
🛁 TV
Ⓢ200DH〜　Ⓓ300DH〜
CC不可
客室数63
📶あり（共用エリア）

バスターミナルのすぐそば

H ホテル・マリーナ
Hotel Marina

新市街 MAP P.269-A2 外

中級

早朝深夜のバス利用者に便利な宿。スタッフは親切で感じがよく、英語が通じる人も。2階にはカフェを併設。ユーロ、ドル払いが可能。

🏠Av. Meknes Tetouan
☎(0539)99-64-59
TV
Ⓢ200DH〜　Ⓓ300DH〜
CC MV
客室数54
📶あり（客室）

典型的な安宿といった雰囲気

H ペンション・プランシプ
Pension Principe

新市街 MAP P.269-A2

安宿

ちょうど通りが交わる角にあるが、角は同名のカフェの入口で、ホテルの入口は左に入った所にある。モロッコ人の客、それも男性が主流。

🏠Blvd. de Mouquauama
☎(0539)71-30-81
🛁共同
Ⓢ80DH〜
Ⓢ90DH〜
CC不可
客室数60
📶あり（客室）

女性だけでも安心な安宿

H ペンション・イベリア
Pension Eberia

新市街 MAP P.269-A2

安宿

広場に面した建物の中にある。日本式でいうなら4階に玄関があり、エレベーターはない。欧米のバックパッカーにも人気のある家庭的な安宿。

🏠Pl. Moulay el Mehdi No.5
☎(0539)96-36-79
🛁共同（温シャワー10DH）
Ⓢ100DH　Ⓓ180DH
Ⓣ250DH
CC不可
客室数11
📶あり（客室）

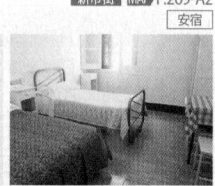

▲山あいにありながらも地中海の文化が感じられる“青い町”

メルヘンチックな町に迷い込む

シャウエン
Chefchaouen

　リフ山脈の北麓、ティスーカ山（2050 m）とメッグ山（1616 m）の山肌にへばりつくように広がる小さな町がシャウエンだ。「シャウエン」とはアラビア語で「角」を表す言葉だが、このふたつの峰が2本の角のように見えるのでそう名づけられた。シェフシャウエン Chefchaouen という名前が正式名称だが、一般にはシャウエンと呼ばれている。

　1471年にムーレイ・アリ・ベン・ラシッドによって建設され、1492年以降、スペインから逃れてきたイスラム教徒が加わって人口が増大した。1920年にスペイン領に組み込まれるまで、この町はイスラムの聖域として長い間異教徒に閉ざされていたため、いまだに秘境的な色合いを濃く残している。また、一方ではほかのどの町よりもスペイン語がよく通じるのも、その歴史的背景によるものだろう。

　山の斜面に階段状に広がる白壁の迷路は、女性好みのメルヘンチックな世界だ。白壁に塗られたブルーのアクセントカラーが、さらにかわいらしい雰囲気を引き立てる。小さな町だが、歩けば歩くほど楽しい発見ができる。その一方で、地中海沿岸らしいオレンジ色の瓦屋根が落ち着いたたたずまいを感じさせる。山あいのすがすがしい大気に包まれ、静かなひとときが過ごせるこの町は、都会の喧騒から逃れてひと息入れたい人にはもってこいの場所ではないだろうか。

ACCESS

シャウエンへの行き方

▶▶ティトゥアンから
　CTM のバスが 1 日 5 ～ 7 本運行。所要 1 時間～ 1 時間 15 分、25DH。

▶▶タンジェから
　CTM のバスが 1 日 2 本運行。所要約 3 時間、45DH。

▶▶フェズから
　CTM のバスが 1 日 5 本運行。所要約 4 時間、75DH。

▶▶カサブランカから
　CTM のバスが 1 日 1 本運行。所要約 6 時間 30 分、160DH。

※バスは CTM 以外に民営バスも運行しており、本数はそちらのほうが多い。ほかに各都市からグランタクシー（→ P.316）も出ている。

フェズ～シャウエン間は予約がベター

　フェズ～シャウエンは人気の観光ルート。そのわりにバスの本数は多くないので、CTM はすぐに席が埋まってしまう。旅程が決まったら早めに予約を入れよう。予約・支払いはホームページから可能だ。予約をせず、フェズの窓口でも満席で CTM に乗れなかった場合、民営バスが同じくらいの本数を運行している。

バスターミナルから町へ

　バスターミナルは町から 1km ほどの距離。メディナまでプチタクシーで 10DH 程度。荷物預りは 24 時間 20DH。

甘い誘惑にはご注意を

　モロッコにはマリファナが蔓延しており、道を歩いていると男性から小声で「ハシシ、ハシシ」などと声をかけられることが多い。観光客にたいへん人気のあるシャウエンだが、この町ではほかの町以上にそういった声をかけられることが多いのが実情。というのも、周辺の山の斜面にはマリファナの一大プランテーションがあるからだ。マリファナはモロッコでも違法なので注意しよう。

シャウエンの歩き方

　町の中心は、**ムハンマド 5 世広場 Place Mohammed V**。スペイン広場ともいう。真ん中にきれいな庭がある円形の広場だ。ここからは放射状に道が出ていて、右側の広い道が**ハッサン 2 世通り Ave. Hassan Ⅱ**。ほんの 200 mほどだが、これが新市街のメインロードだ。通り沿いに、銀行、郵便局、そしてこの町の創始者であり守護聖人でもある、**シディ・アリ・ベン・ラシッド・モスク Sidi Ali Ben Rachid Mosquée** が立つ。シャウエン最大のモスクだ。モスクを過ぎるとすぐに観光局 ONMT があり、簡単な情報が手に入る。

✢ メディナを歩く

　ハッサン 2 世通りの突き当たりにある小さな門が、メディナのメインゲート、**アイン門 Bab El Ain** だ。ここからメディナに入ろう。狭い上り坂に沿って、いろいろな店が並ぶ。この通りは昼夜を通して人の往来が途絶えずにぎやかだ。道なりに上って行くと、メディナの中心、**ウタ・エル・ハマム広場 Place Outa El Hammam**（以下略してハマム広場）に出る。カフェ、みやげ物店などが軒を並べ、

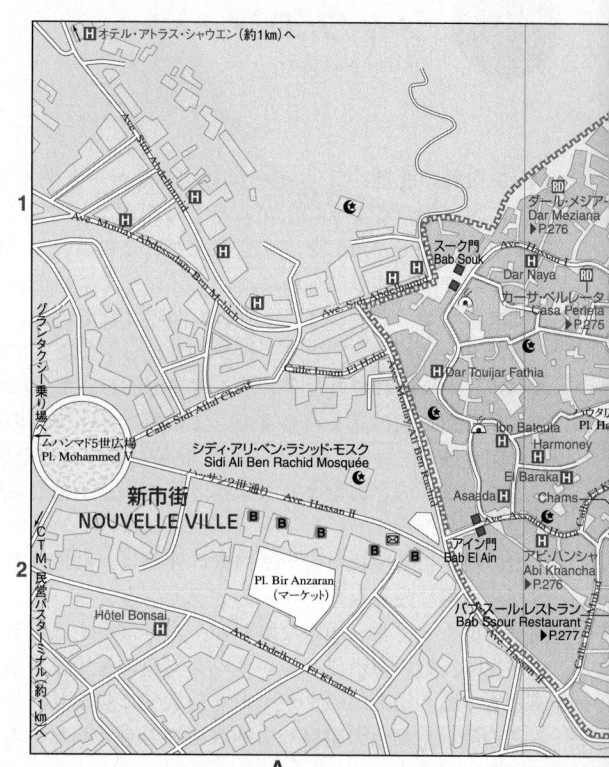

南側には**グラン・モスク Grande Mosquée**、**カスバ Kasbah** がある。カスバの反対側、つまり山側には迷路のようなメディナの住宅街が広がっていて、路地に入ればそこには「真っ青な世界」が広がっている。広場のあたりにはホテルやレストランがいくつもある。

さて、ハマム広場から続くもうひとつの広場、**デブナット・エル・マクゼン広場 Place Debnat El Makhzen** がある。この広場の東端の階段を上ってメディナを東に進めば、絨毯、金銀細工、革細工の店をいくつか見つけることができる。ほかの都市とは違って客引きをする店が少ないので、職人芸を見物しながらのんびり見て回れるだろう。

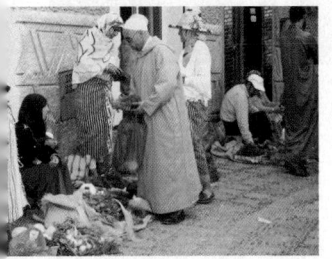

▲人々の民族衣装もかわいらしい

そのまま道を北東へ進めば**オンサー門 Bab El Onser** だ。門の外には**ラス・エル・マ Ras El Maa** の泉から湧き出る清流が流れ、川沿いにはカフェがある。ここでひと息入れるのも悪くない。あるいは、マクゼン広場からメディナの外に出て、城壁沿いに川を遡ることもできる。

週2回の市

郵便局の裏の広場には、月曜と木曜に市が立つ。スペイン風の工芸品など、旅行者の目を楽しませる商品が並ぶ。

大パノラマを望む

東側にあるオンサー門からメディナの中に入り、城壁沿いの道を上ろう。城壁から離れていくが、上りきったあたりが段々状のメディナの頂点。夕暮れ時は、それらがオレンジ色に染まり一段と美しさを増す。また、スペイン・モスク（→ P.274）からの眺めも格別。

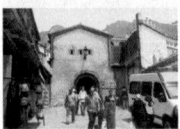

▲多くの人が出入りするアイン門

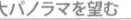

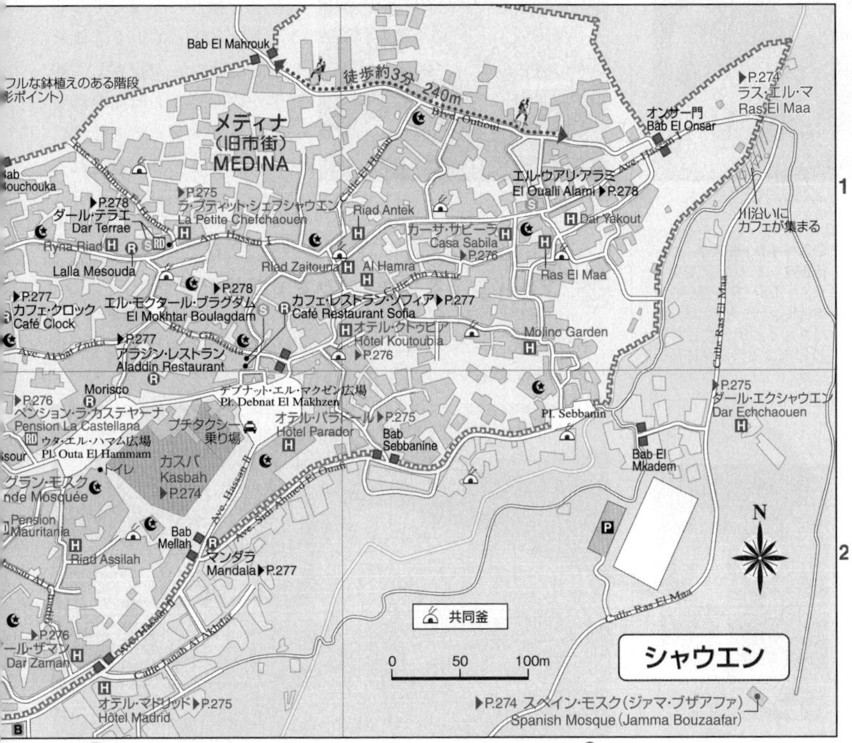

シャウエン
Bab El Mahrouk
徒歩約3分 240m
フルな鉢植えのある階段
彡ポイント）
メディナ
（旧市街）
MEDINA
Bab
Bouchouka
Blvd. Outiout
オンサー門
Bab El Onsar
▶P.274
ラス・エル・マ
Ras El Maa
Ave. Hassan I
エル・ウアリ・アラミ
El Oualli Alami ▶P.278
▶P.278
ダール・テラエ
Dar Terrae
▶P.275
ラ・プティット・シェフシャウエン
La Petite Chefchaouen
Riad Antek
Calle El Hadra
Ryna Riad
Dar Yakout
カーサ・サビーラ
Casa Sabila
▶P.276
川沿いに
カフェが集まる
Lalla Mesouda
Riad Zaitouna
Al Hamra
Calle Ibn Askar
Ras El Maa
▶P.278
▶P.277
カフェ・クロック
Café Clock
エル・モクタール・ブラグダム
El Mokhtar Boulagdam
カフェ・レストラン・ソフィア▶P.277
Café Restaurant Sofia
オテル・クトゥビア
Hôtel Koutoubia
▶P.276
Molino Garden
Calle Ras El Maa
▶P.277
アラジン・レストラン
Aladdin Restaurant
Ave. Akbat Zinka
Blvd. Gharnata
Morisco
▶P.276
ペンション・ラ・カステヤーナ
Pension La Castellana
デブナット・エル・マクゼン広場
Pl. Debnat El Makhzen
プチタクシー
乗り場
オテル・パラドール▶P.275
Hôtel Parador
Bab
Sebbanine
Pl. Sebbanin
▶P.275
ダール・エクシャウエン
Dar Echchaouen
ウタ・エル・ハマム広場
Pl. Outa El Hammam
トイレ
カスバ
Kasbah
▶P.274
Bab El
Mkadem
グラン・モスク
nde Mosquée
Ave. Hassan II
Ave. Sidi Ahmed El Ouani
Pension
Mauritania
Bab
Mellah
Riad Assilah
マンダラ
Mandala ▶P.277
N
共同釜
▶P.276
ール・ザマン
Dar Zaman
Calle Janan Al Akhdar
0 50 100m
オテル・マドリッド▶P.275
Hôtel Madrid
▶P.274 スペイン・モスク（ジャマ・ブザアファ）
Spanish Mosque (Jamma Bouzaafar)
B
C
1
2

左サイドバー

✿カスバ
☎(0539)98-63-43
🕐9:00 ～ 18:00
休なし
料60DH

▲カスバから望むシャウエン
の風景

▲絨毯を洗濯する女性

✿スペイン・モスク
行き方：オンサー門を出て
ラス・エル・マを渡り右に
曲がると、左側にのぼり口
が見える。道をたどれば
20分程度でモスクにたど
り着く。

▲2019年6月現在、モス
クは閉鎖中

メインコンテンツ

城塞からの景色はなかなか
カスバ ★★
Kasbah
MAP P.273-B2

　17世紀にムーレイ・イスマ
イルが造ったカスバ。中庭に
入ると、すぐ右側に牢獄跡が
ある。壁や砦はかなり崩壊し
ているが、左側の一部が博物
館になっていて、楽器や工芸
品、写真などが展示されてい
る。整備された中庭もきれい。

▲中は庭園になっていて散歩もできる

清流のほとりでゆったりカフェタイム
ラス・エル・マ ★★★
Ras El Maa
MAP P.273-C1

　メディナからオンサー門を抜けると、ラス・エル・マの泉から
湧き出したきれいな清流にたどり着く。河原に造られた洗濯場
では女性たちが熱心に衣類を洗濯している風景が見られ、ついつ

い写真を撮りたくなってしま
う。さらに下っていくと流れ
に沿ってカフェが点在し、観
光客がのんびりと時間を過ご
している。メディナの散策に
疲れたらここでひと息入れる
のもいいだろう。

▲最高に気持ちのいいカフェ

絶好のサンセットスポット
スペイン・モスク（ジャマ・ブザアファ）★★★
Spanish Mosque (Jamma Bouzaafar)
MAP P.273-C2

　1920年代、スペインにより建造。シャウエンの大パノラマを楽
しめる絶景ポイントとして知られる。

▲モスクからの景色。夕暮れ時には多くの人が集まる

Hotel
ホテル

高級ホテルはないが、人気観光地だけあってホテルの数はたいへん多い。特に、小さくともインテリアに趣向を凝らしたこだわりのプチホテルが揃っている。スタッフも親切な人が多く、居心地がよい。

メディナでは最もモダン

H ラ・プティット・シェフシャウエン
La Petite Chefchaouen

2016年、メディナにオープンした現代的なブティックホテル。客室、ルーフトップテラスなど、シンプルでセンスのよいインテリアが特長。

メディナ MAP P.273-B1　中級

住 169 Ave. Hassan 1er
☎ (0539)98-64-08
料 [アイコン]
S €70〜　D €95〜
CC MV
客室数 5
あり (客室)

町の外れの快適宿

H ダール・エクシャウエン
Dar Echchaouen

町の外れ、丘の中腹の静かな環境にある。プール、レストラン、スパなど充実の設備を誇り、客室もインテリアがかわいらしくGood。

メディナ MAP P.273-C2　中級

住 Ras el Maa
☎ (0539)98-78-24
URL www.darechchaouen.com
料 [アイコン]
S €54　D €58〜120
CC DMV
客室数 24
あり (共用エリア)

最高のロケーション

H オテル・パラドール
Hôtel Parador

マクゼン広場に建つ中級ホテルで、バーやプールがあり、アルコールが飲める。バスタブが付いている部屋も多くあるので、チェックインの時に申し出よう。

メディナ MAP P.273-B2　中級

住 Pl. el Makhzen
☎ (0539)98-63-24
URL www.hotel-parador.com
料 [アイコン]
S 600DH　D 800DH
CC ADJMV
客室数 55
あり (客室)

パラドール並みの設備とサービス

H オテル・マドリッド
Hôtel Madrid

シャウエンいちの高級ホテルはHパラドール (→上記) だが、ここもなかなか。サロンは豪華で、部屋の装飾もピンクを基調にしておりよい雰囲気。

新市街 MAP P.273-B2　中級

住 Ave. Hassan II
☎ (0539)98-74-96／97
URL www.moroccanhouseho
tels.com
料 [アイコン]
S 300〜460DH　D 400〜645DH
CC MV　客室数 30
あり (客室)

予約必須の人気リヤド

RD カーサ・ペルレータ
Casa Perleta

数ヵ月先まで予約が入るという人気の宿。料金は中級クラスだが、サービスのレベルが高く、スタッフも親切で居心地がよい。朝食も評判。

メディナ MAP P.272-B1　中級

住 Bab El Souk
☎ (0539)98-89-79
URL www.casaperleta.com
料 [アイコン]
S €55〜70
CC 不可
客室数 8
あり (客室)

チャーミングなプチリヤド

RD ダール・メジアーナ
Dar Meziana

メディナ MAP P.272-B1 中級

スーク門から歩いて5分。親切なモロッコ人オーナーやスタッフが優しく迎えてくれる。メディナやトレッキングツアーの手配も可能。

🏠 Bab El Souk, Rue Zagdud nº7
☎ (0539)98-78-06
URL www.riadmeziana.com
料 📶🗒🅿📺📶
S €35〜65　D €59〜86
CC 不可　客室数 7
🛜 あり（客室）

親切なスタッフが好印象

RD カーサ・サビーラ
Casa Sabila

メディナ MAP P.273-C1 中級

マクゼン広場から歩いて10分。スタッフが親切で居心地がよいと評判の小さなペンション。サロンで食べる朝食もおいしい。オーナーのサイードさんも親切。

🏠 Rue Ibn Askar No.21
☎ (0539)98-99-28
URL sabila.ma
料 📶🗒🅿📺📶
S D 450〜650DH
CC AJDMV
客室数 5
🛜 あり（客室）

城壁近くでアクセスが便利

H ダール・ザマン
Dar Zaman

メディナ MAP P.273-B2 中級

ハマール門のすぐそばにあり、車でも楽にアクセスできる。ウタ・エル・ハマム広場までも徒歩5分だ。やや手狭だが、スタッフが親切でおすすめ。

🏠 Rue Hassan II, Bab El Hammar
☎ 0610-04-52-99
URL www.darzman.net
料 📶🗒🅿📺📶
S 300DH〜　D 400DH〜
CC 不可　客室数 9
🛜 あり（客室）

居心地のいい安宿

H オテル・クトゥビア
Hôtel Koutoubia

メディナ MAP P.273-C1 安宿

小さいホテルだがオーナーのおじさんは気のいい人。屋上のテラスは眺めがよく、気持ちがよい。客室はシンプルで小ぎれい。

🏠 Ave. Ibn Askar
☎ (0539)98-84-33、0668-115-358
E-mail hotelkoutoubia@hotmail.fr
料 📶🗒🅿📺
S 200DH　D 300DH
CC 不可　客室数 7
🛜 あり（客室）

テラスからのメディナの眺望は抜群

RD ペンション・ラ・カステヤーナ
Pension La Castellana

メディナ MAP P.273-B2 安宿

ウタ・エル・ハマム広場の脇で便利。部屋は狭いが明るい。キッチン使用可。何といっても、このホテルのテラスからの眺望がすばらしい。

🏠 Sidi Ahmed El Bohali No.4
☎ (0539)98-62-95
料 共同 📶🅿📶
S 85〜100DH
D 170〜200DH
CC 不可
客室数 11
🛜 あり（客室）

比較的きれいな

H アビ・ハンシャ
Abie Khancha

メディナ MAP P.272-B2 安宿

アイン門から正面の小路をくねくね上っていくと右側にある。シャウエンでは最も安い宿のひとつだが、清潔で過ごしやすい。

🏠 Rue Sayed el Hora
☎ (0539)98-68-79
料 共同 📶🅿📶
S 70DH　D 150DH
📶 S 100DH　D 180DH
CC 不可
客室数 18
🛜 あり（客室）

Restaurant
レストラン

観光客に大人気のシャウエン。その盛り上がりに合わせておしゃれなレストランも続々オープン中だ。特に中国人観光客の数が多く、中国系のレストランも増えている。

タンジェと地中海地方 ❖ シャウエン

日本語の通じるレストラン

R バブ・スール・レストラン
Bab Ssour Restaurant

メディナ MAP P.272-B2　モロカン

✉自らを「斉藤さん」と名乗るモロッコ人の方がやっています。日本語ペラペラで、料理はリーズナブルでおいしいです。（愛知県　fumi　'14）['19]

🏠Quartier Kharazine 5
☎(0539)88-21-65
🕐10:30〜23:00
休なし　CCADJMV
📶あり

※日本語を話す「斉藤さん」（サイードさん）はメディナ内にある別の店舗にいることもある。

リーズナブルで味がよい

R カフェ・レストラン・ソフィア
Café Restaurant Sofia

メディナ MAP P.273-B1　モロカン

マクゼン広場からすぐの便利な立地。家庭的でおいしいモロッコ料理が食べられると評判だ。テーブルはテラス席のみ。サラダ20DH、タジン35DH〜。

🏠Pl. Outa Hammam,
　Khadarine, Escalier
　Roumana
☎0671-28-66-49
🕐10:00〜17:00、
　19:30〜22:30
休月
CC不可　📶なし

モロッコ料理に飽きたら

R マンダラ
Mandala

メディナ MAP P.273-B2　西洋

シャウエンでは最もあか抜けたレストランのひとつ。ピザとパスタを中心にカジュアルなメニューが揃う。店内もなかなかおしゃれ。

🏠Ave. HassanII
☎(0539)88-28-08
🕐12:30〜23:00
休なし
CCMV
📶あり

フェズの人気カフェがオープン！

R カフェ・クロック
Café Clock

メディナ MAP P.273-B1　インターナショナル

フェズ、マラケシュに展開するイギリス人経営のカフェが、2018年シャウエンに開業。カジュアルな軽食がおいしく、テラスも気持ちがよい。

🏠3 Derb Tijani, Hay Souk
☎(0539)98-87-88
URLwww.cafeclock.com
🕐9:00〜24:00
休なし
CCMV
📶あり

眺望で選ぶなら

R アラジン・レストラン
Aladdin Restaurant

メディナ MAP P.273-B2　モロカン

屋上からシャウエンの青い町並みの絶景を楽しむことができる。料理より、どちらかというとその景色がおすすめの店。前菜25DH、メイン50DH程度。

🏠26 Rue Targui, Pl. Outa
　Hamam
☎(0539)98-90-71
URLaladinchefchaouen.com
🕐10:00〜16:00、
　18:00〜23:00
休なし　CCMV
📶あり

Shop
ショップ

　穏やかな雰囲気のシャウエンでは、比較的ゆったりと買い物を楽しめる。小さな町だが、歴史のある工芸品店も点在し、質のよい商品を手に入れることができる。店はデブナット・エル・マクゼン広場など、メディナの中心部に多い。

女性向けのかわいらしい商品が揃う

S ダール・テラエ
Dar Terrae

メディナ **MAP** P.273-B1
雑貨

小さなリヤド（**S D**380DH）を経営するイタリア人オーナーがブティックをオープン。こぢんまりとした店内にキュートなデザイナーズ雑貨が揃う。

住 M'daka, Quartier Andalous
☎ (0539)98-75-98
時 10:00～20:00
休 なし
CC MV

サハラから届く絨毯の数々

S エル・モクタール・ブラグダム
El Mokhtar Boulagdam

メディナ **MAP** P.273-B1
絨毯、アクセサリー

経営者のひとりは日本在住経験のあるタリクさん。サハラ地方から仕入れてきた高品質の絨毯を粘り強い交渉で手に入れたい。アクセサリーも扱う。

住 Rue Gharnata, Andalous
☎ 0613-17-94-02
時 9:00～22:30
休 なし
CC ADJMV

創業30年。金属加工職人の店

S エル・ウアリ・アラミ
El Oualli Alami

メディナ **MAP** P.273-C1
金属製品

オンサー門から歩いてすぐ。ランプやポットなど、モロッコならではの金属の伝統工芸品を取り揃えている。中では職人が制作をしていることも。

住 257 Onsar, Rasselma
☎ なし
時 9:00～21:00
休 なし
CC ADJMV

絶景ポイントを求めて撮影さんぽ

Column

　青く美しいシャウエンのメディナ。どこを切り取っても絵になるが、いくつかの定番撮影スポットがあるので紹介しよう。**カラフルな鉢植えのある階段**（**MAP** P.273-B1）はメディアでよく取り上げられるポイント。にぎやかな通りで場所もわかりやすいので、よく写真撮影の行列ができている。**ハウタ広場**（→P.28、**MAP** P.272-B2）は小さな広場で、かわいらしい水道やカラフルな椅子がとてもフォトジェ

ニック。すばらしい景色はそこらじゅうに広がっているので自由に散策してみよう。
　ところで、昼間のシャウエンは団体客がメディナを歩き回り大混雑となる。静かなシャウエンを見たければ、ぜひ1泊して早朝に散策してみよう。山あいにあるシャウエンは夏季でも少し肌寒いくらいで、散歩するととても気持ちがよい。少し霧のかかる日は幻想的ですらある。

ひっそりと旅人を迎えてくれるバカンス地

アシラ
Asilah ★

イントロダクション

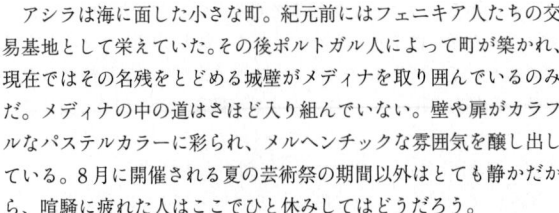

　アシラは海に面した小さな町。紀元前にはフェニキア人たちの交易基地として栄えていた。その後ポルトガル人によって町が築かれ、現在ではその名残をとどめる城壁がメディナを取り囲んでいるのみだ。メディナの中の道はさほど入り組んでいない。壁や扉がカラフルなパステルカラーに彩られ、メルヘンチックな雰囲気を醸し出している。8月に開催される夏の芸術祭の期間以外はとても静かだから、喧騒に疲れた人はここでひと休みしてはどうだろう。

　アシラ駅から約2km南へ歩くと町の中心に出る。並木道の**ムハンマド5世通り Ave. Mohammed V** はタクシー乗り場のある**ムハンマド5世広場 Place Mohammed V** まで続く。広場の奥にあるモロッコ大衆銀行 Banque Populaire の前の道 Rue Zellaka を行くと、**カスバ Kasba**（ポルトガル人の造った城壁）に出る。城壁沿いに歩くと展望台があり、ここから眺める夕日は最高。この近くから海岸に下りることもできる。海に面した家々はヨーロッパ人が買い取って、バカンスの間ここで絵を描いたりして過ごしている。観光局も地図もない静かな町だ。落ち着いたホテルに滞在して、ヨーロッパ人のようにリゾート気分を楽しむのもいい。

アシラの局番
0539

ACCESS

アシラへの行き方
▶▶タンジェから
　列車は ONCF が1日4本運行。所要約40分、22DH。
　バスは民営バスが1日2本運行。所要約1時間。
　グランタクシーは所要約45分、25DH。

アシラのおすすめホテル

🅷サハラ Sahara
MAP P.279-B
🏠9 Rue Tarfaya
☎(0539)41-71-85
🛁共同
　Ｓ100DH　**Ｄ**150DH
CC 不可
客室数24

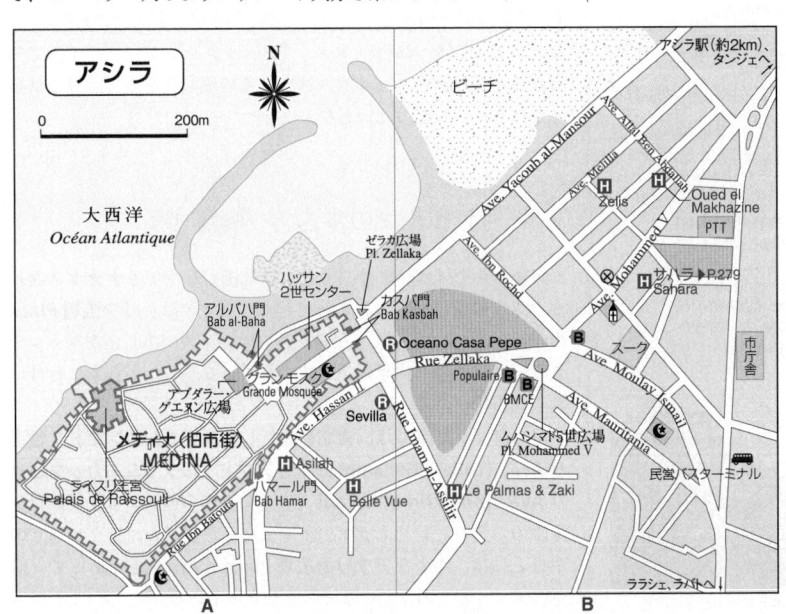

変化に富んだ堅牢な要塞都市
アル・ホセイマ
Al-Hoceima

アル・ホセイマの局番
0539

ACCESS

アル・ホセイマへの行き方
▶▶ナドールから
CTMのバスが1日2本ほど運行。所要約3時間、50DH。
▶▶ティトゥアンから
CTMのバスが1日2本運行。所要約7時間30分、115DH。
▶▶シャウエンから
CTMのバスが1日1〜2本運行。所要約6時間、90DH。
▶▶カサブランカから
飛行機はモロッコ航空が週4便運航。所要2時間30分、402DH〜。
バスはCTMが1日2本運行。所要約11時間、200DH。
▶▶タンジェから
飛行機はモロッコ航空が週2便運航。所要45分、299DH〜。
バスはCTMが1日1本運行。所要約8時間、140DH。
※バスはCTM以外に民営バスも運行しており、本数はそちらのほうが多い。ほかに各都市からグランタクシー(→P.316)も出ている。

◎観光局ONMT
MAP P.278-A1
⌂Ave. Tariq Ibn Zaid, Immeuble Cabalo
☎(0539)98-11-85
開8:30〜16:30
休土・日

▲アル・ホセイマの港

イントロダクション

　アル・ホセイマは、地中海まで迫るリフ山脈の崖の上にある。切り立った崖に囲まれたアル・ホセイマ湾と周囲の島々は、格好の要塞としてイギリス、フランス、スペインがその支配権をめぐって争い、1671年にはついにスペインが獲得した。ペニョン・デ・アルフセマス島とペニョン・デ・ベレス・デ・ラ・ゴメラ島には要塞と刑務所があり、今もスペイン領のままだ。

　現在のアル・ホセイマの町は、1920年スペインのサンフルホ将軍によってつくられた。1959年に、シャウエン、アル・ホセイマ、メリリャを結ぶ道路が開通してから、アル・ホセイマとその周辺地域は観光地として開発が進み、多くのホテルやマリンスポーツの施設も整えられつつある。人口9万人の小さな町は、スペイン風のヤシの並木道が続き、人々は素朴で親切だ。モロッコ的なエキゾチシズムはないが、周辺にはまだ観光化されていないビーチがいくつかあるし、新鮮なシーフードも楽しめる。パワフルなモロッコにちょっと疲れてホッとひと息つくには、最適な町だろう。

　シャウエンやフェズなどからバスで来る場合、2000m級のリフ山脈を越えなければならない。5〜6時間と意外に時間がかかるが、色とりどりの花や木々、杉林、畑、白や緑の石灰岩の岩肌など、変化に富んだ景色が楽しめる。『シェルタリング・スカイ』で知られる小説家ポール・ボウルズも、その美しさを旅行記『頭は緑で手は青く』に綴ったほどだ。

アル・ホセイマの歩き方

　アル・ホセイマは、半日もあれば地図がなくても十分歩き回れる小さな町だ。旅行者にとって起点になるのは、**リフ広場 Place du Rif**。ここに、CTMと民営バスのオフィスがあり、安ホテルや食堂、商店もリフ広場周辺に集中している。ここから東に行けば食料品市場がある。

　町のメインの通りは、南北に並行して延びる**ムハンマド5世通りAve.(Calle)Mohammed V** とアブドゥルクリム・カッタビ通り**Ave. Abdelkrim Khattabi**だ。この2本の通りには主要銀行や中級のホテル、レストラン、カフェなどが並ぶ。カッタビ通りの中ほどには、小さな**アフリカ広場 Place d'Afrique** があって、緑色のタイル張りのきれいなモスクが立っている。

広場から少し北に行けば、カトリック教会が立つ公園があり、市民の憩いの場となっている。ムハンマド5世通りとカッタビ通りのどちらを北に進んでも、この町で一番広い**モハンマド5世広場 Place Mohamed V**（Place du Marché Vert ともいう）にぶつかる。この広場の東側に旅行会社や代理店などが入っている白い建物が立っていて、その脇の細い階段を下りていけば、歩いて10分ほどで**ケマド・ビーチ Plage Quemado** に着く。周囲を切り立った崖に囲まれた印象的な景観のビーチで、政府観光局のポスターにもなったことがある。

このビーチから海沿いに北東のほうへ5分も歩けば港だ。港には魚市場があり、魚を売り買いする人々の活気ある光景が見られ、ケマド・ビーチとともに、アル・ホセイマのおもな見どころになっている。

また、アル・ホセイマから65km南西に離れた、**タルギスト Targuist** 周辺の渓谷や杉林でのハイキングもいい。シーズンになると、ウズラやウサギ、イノシシなどの狩猟も行われる。

アル・ホセイマの安宿

H アル・コザマ
Al Khouzama
部屋の装飾は花柄でヨーロッパ調。華美ではないが、設備も揃っていて快適に過ごせる。 **MAP** P.281-A2

🏠 Angle Rue Al Mouahidine & Al Andalous
☎ (0539)98-56-69
料 🛁🚿📺TV Ⓢ220DH Ⓓ300DH
CC 不可　客室数 23
🅿 あり（共用エリア）

H オテル・ナショナル
Hôtel National
リフ広場から歩いてすぐ。商店やカフェ、銀行、屋台も周囲にあって便利。 **MAP** P.281-A-B2

🏠 23 Rue Tetouan
☎ (0539)98-21-41
料 🛁🚿📺TV
Ⓢ200DH〜　Ⓓ350DH〜
CC 不可　客室数 18
🅿 あり（共用エリア）

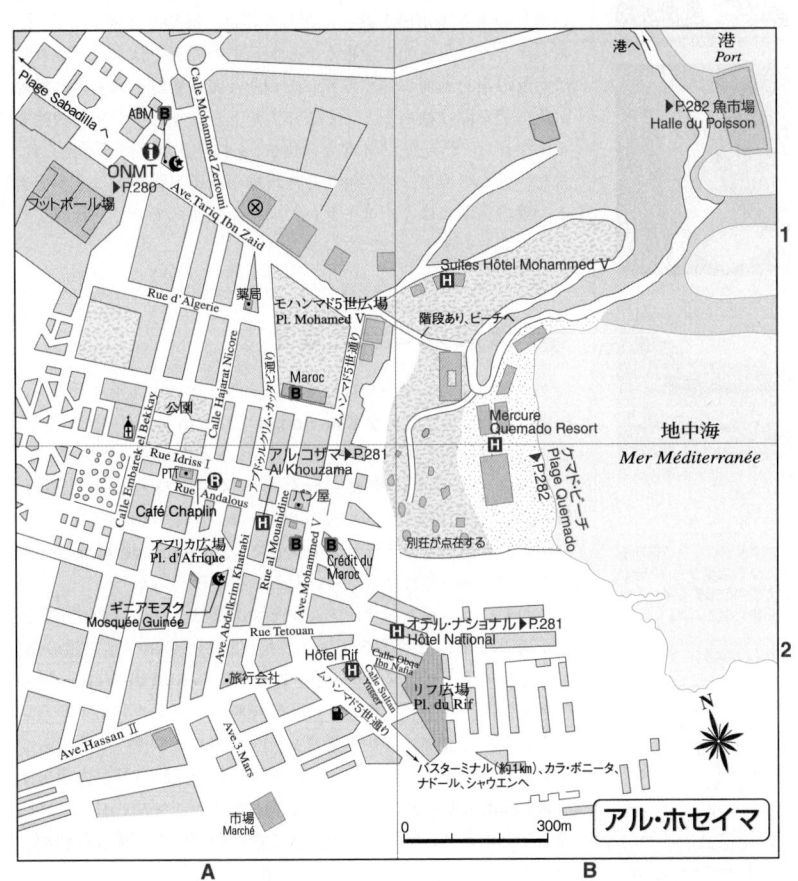

アル・ホセイマ

0 ─── 300m

N

A　　　B

グランタクシー

タザ行きとナドール行きがあって料金は60DH。リフ広場近くのアラウィ通りRue Alaoui から出ている。ほかへもリクエスト可能。

アンダルシアの名前の由来

モロッコの地中海沿岸地方は、もともとアンダルシアと呼ばれていた。ベルベル人の首長ターリク・イブン・ジャードが、711年にアラブ人とともにイベリア半島に攻め入った際、あまりに故郷の風景と似ていたことから、そこに同じ名前を付けてしまったという。

▲隠れ家的な雰囲気がある

▲アル・ホセイマの魚市場

▲カラ・ボニータも人気のビーチ

カラ・ボニータへ

バスやタクシーで行けるが、リフ広場から30分かけて途中の風景を楽しみながら歩くのもよい。

そのほかのビーチ

セバデージャ Sebadella（町の北西 2km）、エスパロマデロ Espalomadero、アスフィファ Asfiha（アジディール Ajdir 行きのバスかグランタクシーで、クラブ・メッドの手前）など、小さなビーチが続くものの。しかし、海水浴場以外での遊泳は、事故の例もあり、危険。

おもな見どころ

★★

夏には人でにぎわう美しいビーチ
ケマド・ビーチ
Plage Quemado

`MAP` P.281-B2

ケマド・ビーチは、両側を断崖に囲まれ意外に小さく感じるが、この場所に来れば、町が崖の上にあるのがよくわかる。晴れた日は、遠くに島や海岸線や崖下の洞窟などが見える。晴れた夕暮れ時もいいが、曇っていて海に突き出た崖もとても印象的だ。ビーチに面して立っているのは **H** メルキュール・ホテル。ここを起点に、ヨットやボート、ダイビング、釣りなどのマリンスポーツが楽しめる。ホテルにはバーもあって、深夜までとてもにぎやか。

★

庶民の台所
魚市場
Halle du Poisson

`MAP` P.281-B1

ここは、アル・ホセイマの築地といいたくなるようなプロっぽい感じのする魚市場。最もにぎわうのは、漁船が到着する8：00頃と夕方だ。魚を売る建物もあるが、その周囲では水揚げされたばかりの魚を地面に並べて売っており、実に新鮮そのもの。漁師が魚の袋を開け始めると、そこに人がドッと集まり、交渉が始まる。マグロ、ヒラメ、エイなどの魚や、それをさばく様子が見られ、また、近くのカフェの2階からも市場の様子を眺めることができる。港の正面には、レストランがいくつか並んでいて、新鮮な魚料理が楽しめる。

★

晴れた日に出かけよう
周辺のビーチ巡り

ケマド以外にもビーチはいくつかある。アル・ホセイマから2km南に、**カラ・ボニータ Kala Bonita** という小さなビーチがあり、ここには夏の間、キャンプ場やレストランなどがオープンする。

アル・ホセイマの南東11kmにある**スフィハ・ビーチ Plage Sfiha** からは、フランスのモン・サン・ミッシェルの小型版といった趣の島、**ペニョン・デ・アルフセマス島 Peñon de Alhucemas** があって、泳いで行けるくらい近くに見える。

しかし、ペニョン・デ・アルフセマス島はスペイン領で軍事施設があるため、上陸はできない。もうひとつのスペイン領の島、**ペニョン・デ・ベレス・デ・ラ・ゴメラ島 Peñon de Velez de la Gomera** は、アル・ホセイマから60km西のバディス Badis から見える。どちらも海に浮かぶ要塞といった感じで、遠くからでもひときわ目を引く。さらに、バディスから西へ 8km行けば**カラ・イリス Kalah-Iris** に着く。ここには、漁村とキャンプ場、レストラン、売店などがあり、地元の人々にはこの町のビーチが最も評判がいい。

モロッコの北と南を結ぶ交通の要衝

メリリャ ★

Melilla

イントロダクション

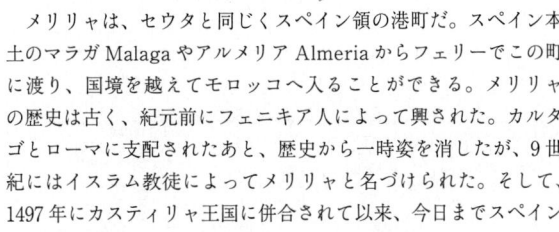

メリリャは、セウタと同じくスペイン領の港町だ。スペイン本土のマラガ Malaga やアルメリア Almeria からフェリーでこの町に渡り、国境を越えてモロッコへ入ることができる。メリリャの歴史は古く、紀元前にフェニキア人によって興された。カルタゴとローマに支配されたあと、歴史から一時姿を消したが、9世紀にはイスラム教徒によってメリリャと名づけられた。そして、1497年にカスティリャ王国に併合されて以来、今日までスペイン領として続いている。

現在は人口約8万人。ほとんどがカトリック教徒のスペイン人で、続いてイスラム教徒のモロッコ人、少数派のユダヤ人、ヒンドゥー教徒と続く。

メリリャの歩き方

市内は、要塞シウダデーラ Ciudadela に囲まれた旧市街と新市街とに分けられる。町の中は歩いて十分回れるし、モロッコ国境も歩いていける距離にある。町を歩けば、ミニスカートの女性や、腕を組んで仲よく歩く夫婦、犬を連れた老人（イスラム教では犬は不吉な動物とされている）など、モロッコとの違いがいくつも発見できる。新市街の中心地は、円形の大きなスペイン広場（プラサ・デスパーニャ）Plaza de España で、国境行きバスはここに到着する。フェリーでメリリャへ来た場合は、港に沿って要塞の前の道を歩けば15分ほどでスペイン広場に着く。ここから延びているのが、メインストリートのファン・カルロス1世通り Avenida Juan Carlos I Rey。この通りとその周辺には、商店や銀行、飲食店、ホテルなどが集中している。メリリャは物品税がかからないため、「デューティー・フリー」の看板を掲げる店が多く、ブランド化粧品や香水などのショッピングも楽しめる。

✤ 建築家エンリケ・ニエトの手がけた新市街を歩く

新市街は、19世紀末に建設が始まり、ガウディの支持者で建築家のエンリケ・ニエト Enrique Nieto によって設計された。スペイン広場や、ファン・カルロス1世通り中ほどのメネンデス広場 Plaza de Menéndez に建てられた柱のモザイクなどに、アート的な雰囲気が漂う。そのほか各建物の正面や窓の装飾など、モダニ

ACCESS

メリリャへの行き方
フェリー

▶▶ マラガ（スペイン）からトランスメディテラネア Transmediterranea やバレアリア Balearia のフェリーが毎日1便運航。所要6〜7時間、€41〜。

飛行機は、マラガからイベリア航空が毎日4〜5便、エア・ヨーロッパが毎日1〜2便、マドリードからイベリア航空が毎日1〜3便運航。

▶▶ アルメリア（スペイン）からトランスメディテラネアやバレアリアのフェリーが毎日1便運航。所要7〜8時間、€37.50〜。

フェリー会社

❀トラスメディテラネア
Transmediterranea
(→ P.308)
☎+34(91)736-99-57
🌐www.transmediterranea.es

モロッコ国内からメリリャへ電話をかけるには

まず国際電話識別番号00、スペインの国番号34、メリリャの地域番号952を回してから、相手の電話番号を回す。

▲メディナ方面から港を望む

✿観光局

MAP P.284-B1

住 Pl. de las Culturas

☎(952)97-61-90

開 10:00 〜 14:00、
16:30 〜 20:30
（日 10:00 〜 14:00）

休 なし

ズムを目指した彼のデザインが町のあちこちで見られる。パステル調のカラフルな壁の建物が多く、「アンダルシア風」の白い壁の家は少ない。一方で朽ち果てた家も多く、モダニズムというよりはさびしさを感じてしまうのも否めない。

スペイン広場から、海沿いに大通りを歩き、橋を渡り海を目指して左に行くとビーチ Playa だ。橋を渡ってそのまま進むと、S スーパーソル SuperSol という大きなスーパーマーケットがあり、食料品から日用雑貨、衣料品など何でも揃う。

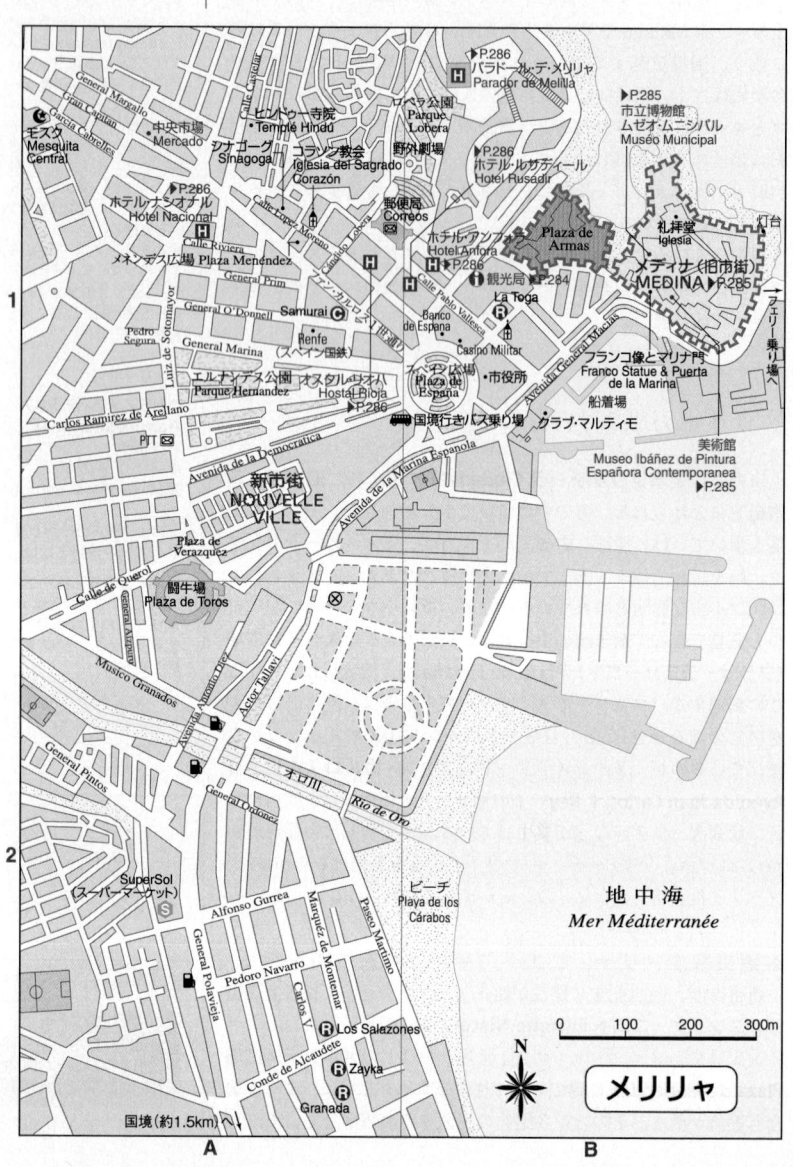

メリリャ

284

おもな見どころ

スペイン内の迷宮へ
メディナ
Ciudadela, Medina Sidonia
★★
MAP P.284-B1

基礎はフェニキア時代に遡るが、要塞や壁、塔は 16 〜 18 世紀に造られた。メインゲートは、フランコ像が正面に立つ**マリナ門（プエルタ・デ・ラ・マリーナ）Puerta de la Marina**。牢獄や大砲が残る Plaza de Armas や、細く曲がりくねった石畳の通り、町で一番古い 17 世紀の礼拝堂**イグレシア・デ・ラ・プリシマ Iglesia de la Purisima**、フェニキアからローマ時代のコインや陶器、各時代の文書や武器、衣装などが展示された**博物館（ムセオ・ムニシパル）Museos de Historia, Arqueología y Etnografía** などが見どころ。

500 周年を記念して、文化施設がいくつかオープンした。マリナ門を入ってすぐの広場には、**貯水池 Aljibes de las Peñelas** と、三次元映像や模型などでメリリャを紹介する建物 Compania de Mar がある。そして、礼拝堂近くには、音と光のショーでメリリャの歴史を説明する**地下倉庫 Cuevas de la Conventico**、さらに南部には、**美術館 Museo Ibáñez de Pintura Española Contemporanea** ができ、どこもスペイン語の説明しかないが、充分楽しめる。

メリリャからモロッコへ

メリリャはすでにスペイン領なので、スペイン本土へ行く場合のチェックはそう厳しくない。フェリー乗り場は旧市街の東にある。モロッコへ行く場合は、スペイン広場から**ベニ・エンサール Beni-Enzar** 行きのバス（€0.90）に乗り、20 分ほど行けば国境の近くに着く。多くの乗客が降りるので、それについて行けばわかるはずだが、不安なら「フロンテーラ Frontera（国境）？」と誰かに聞こう。スペイン税関へはそこから 150m くらい。簡単な出国審査を終えて、200m ほど歩けばモロッコ税関だ。外国人窓口で入国カードに記入する。国境を越えたら、湾に面したナドールの町までバス（4DH）が出ている。乗り合いのグランタクシーで行くならひとり 6DH 程度。ナドールからはシャウエン、ティトゥアン、アル・ホセイマなどへバスの便がある。

▲メリリャ〜国境間を走る市バス

▲国境付近の様子

旧市街の入口
マリナ門の西側に鉄のらせん階段があり、そこからが旧市街。

❂ 市立博物館
MAP P.284-B1
夏季
開 火〜土　10:00 〜 14:00、
　　　　　17:00 〜 21:00
　　日　　10:00 〜 14:00
休 月
冬季
開 火〜土　10:00 〜 14:00、
　　　　　16:00 〜 20:00
　　日　　10:00 〜 14:00
休 月
料 無料

❂ 美術館
MAP P.284-B1
☎ (950)441-027
夏季
開 11:00 〜 14:00、
　　19:00 〜 21:00
冬季
開 11:00 〜 14:00、
　　17:00 〜 21:00
休 月
料 €2

▲メディナの下はすぐ海

▲メディナの西にあるサンティアゴ門

Hotel
ホテル

　メリリャのホテルは数が少なくどこも高い。ハイシーズンともなれば下記の料金に 15％増しとなる。なるべく安いホテルに宿泊したい人はファン・カルロス 1 世通りに向かおう。

丘の上にあり、メリリャで一番豪華

Ⓗ パラドール・デ・メリリャ
Parador de Melilla

市内 MAP P.284-B1
中級

ロベラ公園沿いに坂を上るとある。メリリャを代表する豪華ホテルだけあって、客室アメニティ、ホテル内施設、スタッフの対応、いずれもすばらしい。

🏠Avda. Candido Lobera, s/n
☎(952)68-49-40
URLwww.parador.es
🛏 🅿 🛗 🍴 🅰 TV 🛁 🎂
🅢 €80〜
CCADJMV
客室数40
☎あり（客室）

メリリャを代表する中級ホテル

Ⓗ ホテル・ルサディール
Hotel Rusadir

市内 MAP P.284-B1
中級

メリリャの便利なロケーションに位置している4つ星ホテル。娯楽施設、客室アメニティも豊富で、ホテル内ではリラックスした時間が過ごせる。

🏠Pablo Vallesca, 5
☎(952)68-12-40
🛏 🅿 🛗 🍴 🅰 TV 🛁 🎂
🅢 €59〜 🅓 €68〜
CCAMV
客室数48
☎あり（客室）

シンプルな中級宿

Ⓗ ホテル・ナシオナル
Hotel Nacional

市内 MAP P.284-A1
中級

ミニバーやアイロンのほか、モダンなバスルームが付いた客室もある。少し薄暗い客室がいくつかあるので、確認してから宿泊しよう。

🏠10, José Antonio, Primo de Rivera
☎(952)68-45-40
🛏 🅿 🛗 🍴 🅰 TV 🛁 🎂
🅢 €37 🅓 €57
CCAMV
客室数32
☎あり（客室）

平均的な3つ星ホテル

Ⓗ ホテル・アンフォラ
Hotel Anfora

市内 MAP P.284-B1
中級

143室もある大型の中級ホテル。ルサディール（→上記）の向かいにある。部屋はシンプルだが、カフェやジムなどもあり、設備は揃っている。

🏠C/. Pablo Vallescá No.12
☎(952)68-33-40
URLwww.hotelanfora.net
🛏 🅿 🛗 🍴 🅰 TV 🛁 🎂
🅢 €45 🅓 €60〜
CCMV
客室数143
☎あり（客室）

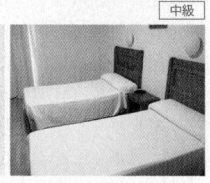

アットホームでフレンドリーな

Ⓗ オスタル・リオハ
Hostal Rioja

市内 MAP P.284-A1
安宿

カルロス1世通りの裏側にあり、新市街の真ん中なので何をするにも便利。当然通りに面した部屋は騒々しいが、反対側は静かなのでこちらを選ぼう。

🏠Ejercite Español 10
☎(952)68-27-09
🛏共同 🛁 🎂
🅢 €23 🅓 €30
CC不可
客室数10
☎あり（共用エリア）

モダンな港町

ナドール
Nador

イントロダクション

　ナドールは、スペイン領メリリャの南約13kmに位置し、セブカ・ブ・アレグ湾 Sebkhat bou Areg（ラグーン）に面した静かな港町だ。スペインからメリリャを経由してモロッコへ入る場合は、この町を通過することになる。

　もとは単なる一漁村であったが、モロッコ独立後、メリリャからの貿易経由地、または、リフ山脈で採れる鉄や石炭の積み出し港として、急速に発展してきた。町を歩くと、アラビア語、フランス語、スペイン語ほかいろいろな言語が聞こえてくる。あるモロッコ人が、「ナドールはスマグラー Smuggler（密輸業者）の町」と表現した。なるほど、港町特有の猥雑な雰囲気が漂っているが、メリリャよりはモダンな印象を受けるだろう。この町にはこれといった見どころはない。ただ、さまざまなランクのホテルが充実しており、シーズンオフには料金が3〜4割引きとなる。少しリッチなホテルで落ち着くにはいいかもしれない。

ナドールの歩き方

　旅行者にとって町のヘソとなるのは、ビーチの近くにあるバスターミナル。CTMと民営バスが発着し、市営バスもその隣の空き地に停まる。周囲には安宿が多く、スークへも近い。

　バス停前から東西に延びる **F.A.R. 通り Blvd. des F.A.R.** と、その通りに並行した**ユーセフ・ベン・タシェフィヌ通り Blvd. Youssef Ben Tachfine**、**ムハンマド5世通り Blvd. Mohammed V**。この3本が市内のメインストリートで、ホテルやカフェ、銀行などが並ぶ。そしてこれらの大通りにいくつかの道路が南北に交差し、道路は碁盤の目状にきっちりと整備されていてわかりやすい。話しかけてくるニセガイドもいないので、気ままに歩き、新興都市の空気を感じよう。

　バス停から F.A.R. 通りを西へ進み、最初の交差点を右に曲がって行けば郵便局だ。ここからモスクが建つ**マシーラ広場 Place el Massira** まで100mほど遊歩道になっている。道路はきれいに清掃され、両側には役所などの近代的な建物が並ぶ。

▲モスク周辺の遊歩道

ナドールの局番
0536

ACCESS

ナドールへの行き方
▶▶カサブランカから
　飛行機はモロッコ航空が週3〜4便運航。所要1時間30分、502DH。タンジェからの便もある。
　列車は ONCF が1日4本運行。所要約10時間、177DH〜。
　バスは CTM が1日2本運行。所要約10時間、200DH。
▶アル・ホセイマから
　CTM のバスが1日1〜2本運行。所要3時間、50DH。
▶ウジダから
　民営バスが1日数本運行。所要3時間、35DH〜。
▶▶ティトゥアンから
　CTM のバスが1日1〜2本運行。所要9時間、145DH。
▶▶タンジェから
　CTM の夜行バスが1日1〜2本運行。所要約10時間、165DH〜。
※バスは CTM 以外に民営バスも運行しており、本数はそちらのほうが多い。ほかに各都市からグランタクシー（→ P.316）も出ている。

メリリャへの日帰り旅行
　ナドールからメリリャ市内までは、問題がなければ1時間足らずで行ける。しかし、モロッコ税関で時間がかかる場合があり、特に夏季は渋滞するので、フェリーに乗る場合は2時間以上前にナドールを出発したい。逆にメリリャからナドールへ行く場合は、フェリー到着後2〜3時間してから出発したほうが賢明。

タンジェと地中海地方 ❖ メリリャ／ナドール

287

近郊の見どころ

ナドールの南東約30kmにあるカリエ・アルクメーヌ村 Kariet Arkmane から、砂地や沼地が広がっている。このあたりは海水と淡水が混在しているため、塩水で生きる珍しい植物や昆虫、サギやフラミンゴなどが観察できる。さらに東へ蛇行した道を40km進むと、**ラス・エル・マ Ras-El-Ma** に到着。ここでも珍しい動植物が観察できて、ビーチやキャンプ場、カフェが点在する。ここの沖合にスペイン領の3つの小さな島**イスラ・シャファリナス Islas Chafarinas** が浮かぶ。この島々は、地中海で最大の海鳥の生息地といわれ、たいへん珍しい種類のアザラシが生息していた。また、中心部から北70kmには、**三つ又岬 Cap des Trois Forches** ほか、周辺にはいくつかのビーチがあるため、夏はキャンプや海水浴を楽しむモロッコ人でにぎわう。

スペインへの行き方

2010年にタウリルト〜ナドール間の鉄道が開通し、さらにナドールから国境の町ベニ・エンサール Beni Ensar まで線路が敷かれている。ナドール・ヴィル駅からベニ・エンサール駅までは1日4本運行。所要13分、16〜20DH。ベニ・エンサール駅から国境まではハッサン2世通りを3kmほど行けばたどり着く。ローカルバスか乗合グランタクシー（6DH）だと、ナドールからベニ・エンサールまで15分ほど。ここから国境までは150mくらい。道路の両側に商店やカフェが並んでいるので、余ったお金はここで使ってしまうか、両替してもらおう。出国は、係官に渡された出国カードに記入し、スタンプをもらえばよい。いくつか質問されることもあるが、問題はない。スペイン側税関でも、パスポートチェックだけで入国審査は済む。税関から北へ100mほど歩いて、バス停からバスに乗ると、20分ほどでメリリャのスペイン広場に着く。広場の北のほうに要塞（旧市街）が見えるので、その方向へ港沿いの道を歩いていけば、要塞の東側のフェリーターミナルへ20分くらいで着く（メリリャからスペイン本土やモロッコへ→P.285）。

スペインのアルメリアへ

トランスメディテラネアとバレアレアが毎日運航。所要約6時間、片道€43。※週に1本フランスのセトゥまでの便がある。セトゥまでは2日かかり往復€66。

スペイン行き
フェリー乗り場へ

ナドールの港はベニ・エンサールにある。国境の手前400mあたりで右に曲がると、フェリー会社のオフィスが並んでいる。

カリエ・アルクメーヌ村とラス・エル・マへは、グランタクシーかローカルバスを使う。

そのほかの見どころ

✪バウカナ・ビーチ
Plage Baukana
メリリャとの間にあり、ナドールから一番近く約7km。

✪セルアン
Selouane
ナドールの南12kmにあり、土曜にはスークが開かれる。ムーレイ・イスマイルによって建てられた城塞がある。

ナドール

▶P.289 ラ・ギラルダ La Giralda
H オテル・リクサス ▶P.289 Hôtel Lixus
アル・ハサニア ▶P.289 Al Hassania
H Ryad
Ismail
マシーラ広場 Pl. el Massira
Mansour
Rue Prince Sidi Mohamed
Hôtel Nador
Tokyo Hôtel
PTT
源歩道
B ABM
Rue Khattabi
Ave.Hassan II ハッサン2世通り
バス停
Agadir Hôtel
グランタクシー乗り場
El Maghreb
スーク
パブリックシャワー
CTM
民営バスターミナル
オテル・メディテラニ Hôtel Méditerranée ▶P.289
ホテル・メルキュール・リフ・ナドール Cornich 海岸道路
▶P.289 Hotel Mercure Rif Nador ビーチ
鉄道駅 約500m へ
Blvd. Ibn Rochd
Blvd.des F.A.R.
Blvd.Mohamed V

0 200m

▲モロッコ側の国境

Hotel
ホテル

　ナドールには水シャワーの安宿から4つ星まで多くのホテルが揃っている。夏季や、夜遅く着いたときのバスターミナル周辺を除けば、満室になることはまずない。

町でいちばんの高級ホテル

H ホテル・メルキュール・リフ・ナドール
Hotel Mercure Rif Nador

市内　MAP P.288　中級

フランス系のアコーホテルズに経営が変わり、町一番のモダンなホテルとして知られる。市街地の中心にあり、海にも近いので何かと便利。

🏠1 Ave. Ibn Tachfine
☎(0536)32-85-00
URL www.accorhotels.com
🛏 AC MC 冷 TV S 🗄
⑤ ⓓ€90〜
CC MV
客室数190
📶あり(共用エリア)

安定した中級ホテル

H オテル・メディテラニ
Hôtel Méditerranée

市内　MAP P.288　中級

海岸線のそばに建ち、景観は抜群。客室は中級ホテルだけあり、エアコン、机、テレビ、電話など必要なものは揃っている。レンタカーの手配も可能。

🏠214 Ave. Youssef Ibn Tachfine
☎(0536)60-64-95
🛏 AC MC 冷 TV
⑤€39　ⓓ€50
CC ADJMV
客室数24
📶あり(客室)

1階には旅行会社も入って便利

H オテル・リクサス
Hôtel Lixus

市内　MAP P.288　中級

Hラ・ギラルダ(→下記)の隣で、レストラン、カフェがある。部屋の内装もなかなか。ホテル全体が清潔に保たれており、リラックスして滞在できる。

🏠204 Ave. I. des F.A.R.
☎(0536)60-61-09
🛏 AC MC 冷 TV
⑤€40〜　ⓓ€50〜
CC MV
客室数25
📶あり(客室)

グループで予約すれば割引も

H ラ・ギラルダ
La Giralda

市内　MAP P.288　中級

客室には衛星テレビ、エアコンなどが完備され、地元の人でにぎわうカフェ、レストランもあり設備は万全。ローシーズンは割引になる。

🏠Blvd. des F.A.R.
☎(0536)60-63-77／74-08
🛏 AC MC 冷 TV
⑤€30〜　ⓓ€50〜
CC MV
客室数31
📶あり(共用エリア)

割引の交渉ができる

H アル・ハサニア
Al Hassania

市内　MAP P.288　安宿

バス停から歩いて15分ほど。スペイン語以外は通じにくいナドールで、安宿でありながら、受付の人は英語が話せる。混んでいることが多い。

🏠4 Blvd. des F.A.R.
☎(0536)60-51-62
🛏 MC 冷
⑤100DH　ⓓ150DH
⑩200DH
CC不可
客室数15　📶なし

東モロッコの中心地

ウジダ
Oujda ★

ACCESS

ウジダへの行き方

▶▶カサブランカから

飛行機はモロッコ航空が1日2便運航。所要約1時間、502DH〜。

列車はONCFが1日3本運行（うち2本はフェズ乗り換え）。所要約10時間、154DH〜。

バスはCTMが1日4本運行。所要約9時間30分、225DH〜。

▶▶ナドールから

民営バスが1日数本運行。所要約3時間、35DH〜。

▶▶フェズから

列車はONCFが1日2本運行。所要5〜6時間、49DH〜。

バスはCTMが1日4〜6本運行。所要約4〜5時間、120DH〜。そのほか民営バスが1日数本運行。

▶▶フィギーグから

CTMのバスが1日1本運行。所要約5時間30分、105DH。そのほか民営バスが1日数本運行。

※ほかに各都市からグランタクシー（→P.316）も出ている。

イントロダクション

　ウジダは、東モロッコの経済、文化、商業の中心地であり、東のアルジェリアや南のサハラ砂漠への旅の起点ともなる都市だ。この町は、944年にマグラナ族 Maghrana の長、ズィリ・イブン・アティアによって開かれた。13世紀に要塞が造られたが、14世紀までアルジェリアのマリーン王朝に占領され、破壊されたために、町の城壁は一部しか残っていない。17世紀には、モロッコで唯一トルコの統治下となり、続いてアラウィー朝に支配され、20世紀初頭にはフランスの保護領となった。ウジダは、周囲に亜鉛などの鉱山が多く、土地も肥沃で、オリーブやブドウなどの果樹園があり、工業、農業の中心地として、また、アルジェリアとの貿易で繁栄している。

　フランス統治時代に拡張された町は整然としており、アルジェリアからのビジネスマンや観光客、大学生も多く、開放的でコスモポリタン都市の雰囲気が漂う。ジュラバの代わりに、ハイクと呼ばれる白い布で体全体を覆った女性がいるのも印象的。ほかの町とはひと味もふた味も違った顔をもつ都市、それがウジダだ。

ウジダの歩き方

　ウジダは人口約50万の大きな町だが、見どころは徒歩で回れる範囲内にある。町の中心は **1953年8月16日広場 Place du 16 Août 1953**（以下略して8月16日広場）。ここにはCTMバス乗り場があり、メディナもすぐ近く。夕方になると屋台も出てにぎやかになる。この広場の前に南北に延びているのが、メインストリートの**ムハンマド5世通り Blvd. Mohammed V**。銀行やホテル、レストランが並び、通りの一部は、地面に美しい模様が描かれた遊歩道になっている。この通りのカフェの多くは洋風の名前と装飾がなされ、くつろぐ人々が皆男性である点を除けば、まさにフランスという感じだ。

　ムハンマド5世通りを南へ進み、教会が立つ広場の前で右に曲がれば**ゼルクトゥーニ通り Blvd. Zerktouni** に出る。このあたりには8月16日広場周辺より上のクラスのホテルがいくつかある。この通りを5分も歩けば駅前広場だ。広場から通りを南方向へ15分ほど歩き、**ナシェフ川 Oued Nachef** を渡れば長距離バスターミナル。民営バスやグランタクシーが発着する。

おもな見どころ

14世紀から続く古い町並み ★★

メディナ
Medina

MAP P.291-B2

メディナの主要ゲートは、**ウァハブ門 Bab el Ouahab** だ。ウァハブ門には、フランスに占領されるまで、犯罪者の首がさらしてあったといわれるが、周辺と門の内側には庶民的な商店や屋台、食堂が並び、近代的で洋風のムハンマド５世通りとは異なる印象だ。ここからメディナの外を壁沿いに歩いていくと、**ガルビ門 Bab el Gharbi**（またはシディ・アイシャ門 Bab Sidi Aissa）に着くが、この門も中世の雰囲気を残している。

休憩に適した自然豊かな公園 ★

ララ・アイシャ公園
Parc Lalla Aissa

MAP P.291-B2

ララ・メリエム公園 Parc Lalla Meriem とも呼ばれ、メディナの南側の赤い壁に沿って続いている。樹木が多いので、涼むにはぴったりの場所。

グランタクシーでフェズへ

民営バスターミナルの外にタザ、フェズ行きのグランタクシー乗り場がある。ナドール行きは、ムハンマド５世通りの北端とオマール・エリフィ通りがぶつかるあたりにある。

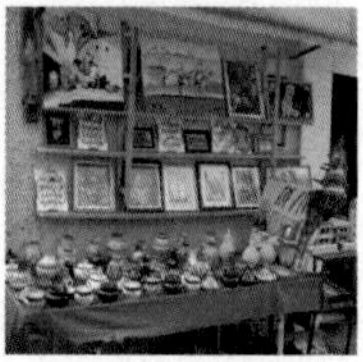

▲メディナのみやげ物屋

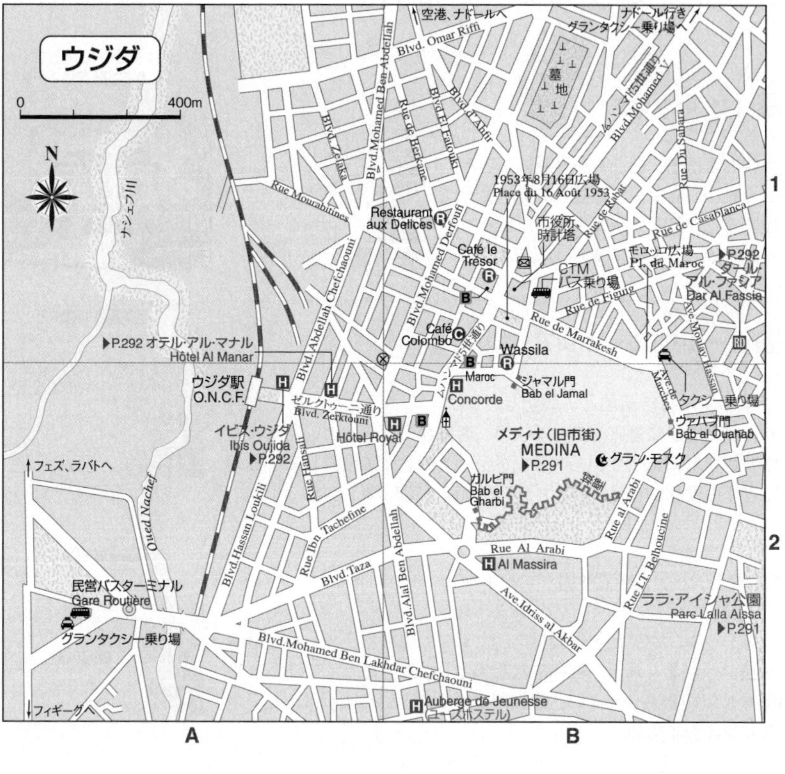

ウジダ
0
400m
N
空港、ナドールへ
ナドール行き
グランタクシー乗り場へ
Blvd. Omar Riffi
墓地
Blvd.Mohamed V
Rue Du Sahara
Blvd. Zerktouni
Blvd.Mohamed Ben Abdellah
Rue de Berkane
Blvd.El Fatouki
Blvd. d'Ahfir
Rue Mourabitines
ナシェフ川
1953年8月16日広場
Place du 16 Août 1953
Restaurant aux Delices
市役所、時計塔
Rue de Rabat
Rue de Casablanca
Café le Trésor
CTM バス乗り場
モロッコ広場
Pl. du Maroc
▶P.292 ダール・アル・ファシア
Dar Al Fassia
Rue de Figuig
Blvd. Abdellah Chefchaouni
Blvd.Mohamed Derfouf
Rue de Marrakesh
Café Colombo
Wassila
▶P.292 オテル・アル・マナル
Hôtel Al Manar
ウジダ駅
O.N.C.F.
Maroc
ジャマル門
Bab el Jamal
Ave. Moulay Hassan
Ave. de Marches
タクシー乗り場
ゼルクトゥーニ通り
Blvd. Zerktouni
Concorde
ウァハブ門
Bab al Ouahab
イビス・ウジダ
Ibis Oujda
▶P.292
Hôtel Royal
メディナ（旧市街）
MEDINA
▶P.291
グラン・モスク
フェズ、ラバトへ
ガルビ門
Bab el Gharbi
城壁
Oued Nachef
Blvd. Hassan Loukili
Rue Hansali
Rue Ibn Tachefine
Blvd. Alal Ben Abdellah
Rue al Arabi
Rue L.T. Belhoucine
Rue Al Arabi
Al Massira
Blvd. Taza
Ave. Idriss al Akbar
民営バスターミナル
Gare Routière
グランタクシー乗り場
ララ・アイシャ公園
Parc Lalla Aissa
▶P.291
Blvd. Mohamed Ben Lakhdar Chefchaouni
Auberge de Jeunesse
（ユースホステル）
フィギーグへ
A
B
2

国境はウジダの中心から北東18kmにあり、アルジェリアの町ズジュベガルZouj Beghalまで2kmだが、よく封鎖されるので事前に確認しよう。

近郊には見逃せない見どころばかり ★★
ウジダ周辺の見どころ

　ウジダの北58kmにある**サイディア Saidia**は、約12kmの砂浜が続くリゾート地だ。この砂浜はアルジェリアまで続いている。ここには、夏季、特に文化祭が開催される8月には、モロッコ人観光客が多く訪れる。ここから**ベルカン Berkane**周辺には、果樹園やブドウ畑が広がり、ここで作られるマスカットのワインが有名。ベルカンの南には、**ゼグゼル渓谷 Gorge de Zegzel**や、ラクダの形をした鍾乳石がある**ラクダ洞窟 Grotte de Chameau**がある。

　また、ウジダの6km南東にはオアシス村の**シディ・ヤイハ Sidi Yaiha**があり、さらに南へサハラ砂漠を400km下れば、モロッコで最も暑いといわれる国境のオアシス、**フィギーグ Figuig**がある。

Hotel
ホテル

　安ホテルはメディナの中とその周辺、特に観光局ONMTの裏側に集まっている。どこもトイレ、シャワー共同で⑤50～100DH　❶80～120DHだが、水シャワーのみや、シャワーがないところも多い。

駅のすぐ近くのスタンダードホテル　　　　　　　　　　　　　　新市街 MAP P.291-A2　中級
H イビス・ウジダ
Ibis Oujida

外観も客室も、白と青を基調にしてとてもきれい。衛星放送も観られる。世界に展開するフランス系のホテルチェーンだけあって、ホスピタリティが高い。

住Pl. de la Gare
☎(0536)68-82-02
URL www.accorhotels.com
料🅝📶⚡📺 ⑤❶453DH～
CC MV
客室数81
📶あり（客室）

ウジダで数少ないリヤド　　　　　　　　　　　　　　　　　　新市街 MAP P.291-B1　中級
RD ダール・アル・ファシア
Dar Al Fassia

清潔に保たれた部屋と、親切なオーナーのホスピタリティが評判。ゲストが快適に過ごせるよう、客室からサロンにいたるまでさまざまな気遣いが見られる。メディナの近くに位置しているのでとても便利。ちなみにファシアとはフェズ人のことだ。

住2 Rue Tifelt, Hay Al Amal
☎(0536)68-68-15／96-00-95
料🅝📶⚡📺📶 ⑤❶€40～
CC 不可
客室数4
📶あり（客室）

駐車場がある　　　　　　　　　　　　　　　　　　　　　　　新市街 MAP P.291-A2　中級
H オテル・アル・マナル
Hôtel Al Manar

レストラン、カフェを併設した、ウジダの中級ホテル。部屋はやや狭いが明るく清潔。標準的な設備はしっかり整っているし、従業員も親切で感じがよい。観光用のホテルというよりは、ビジネスマンにおすすめ。

住50 Blvd. Zerktouni
☎(0536)68-88-55
料🅝📶⚡📺 ⑤360DH　❶420DH
CC MV
客室数46
📶あり（客室）

モロッコの音楽事情

モロッコの音楽はモロッコの空気そのものである。日本にいる間は、リズム、メロディがあまりにも身の回りとかけ離れているため、聴いても違和感しか残らない。しかし、いったんモロッコに入り、その空気に慣れてしまうと、今度は逆にほかの音楽が聴けなくなってしまう。モロッコ音楽には、そんな絶対的な魅力が宿っている。

とはいうものの、モロッコ音楽は、ひとくくりにすることなど不可能なくらい、多種多様だ。これは多民族音楽のうえに4000年もの歴史をもつ土地柄であること、歴史の中での西洋音楽の流入といった異種交配が頻繁に行われてきたからである。

これを承知で、大まかにくくると、フォークロア、歌謡、アンダルス、ニューウェーブという4つのカテゴリーが、現時点では考えられる。

ベルベル人の誇りフォークロア

最初はフォークロア。モロッコ音楽で、外部の人間が真っ先に耳にしたがるし、今では重要な観光資源でもある。

イスラム教がモロッコに浸透する前から、このフォークロアはすでに確立されていたといってよい。それらは、大きな祭りや祝い事のときに、必ず地元の楽団によって演奏され、親から子へ、子から孫へ、綿々と受け継がれてきている。

楽器は、ガイタというチャルメラに代表される吹奏楽器、ベンディールやデルブーガやカルカベといったパーカッション、ウードやシンティールなどの弦楽器がある。このほかにハンドクラッピング（手拍子）や足鳴らしといった、つまり肉体そのものが楽器として非常に重要な役割を担っているのが大きな特徴だ。

楽器や演奏と同じくらい重要なのが、ダンス。なぜか？　ダンスは祭りで感情を表現する最高の方法であると同時に、女性が男性に交じって自己主張できる、かぎられた「ハレ」の舞台でもあるからだ。瞑想と陶酔がダンスの際には同時に現れる。すると、見ているほうも、単なる観客では済まなくなってくる。気がつくと、いつの間にか自分も輪の中に入り、手拍子を打ちながら、汗を振り散らしながら夢中で踊っていることもしばしばだ。モロッコでは、演奏者のことを、ミュージシャンでなくてマジシャンと呼ぶこともあるが、なるほどとうなずける。

地域的な特徴としては、北寄り、つまりリフ山地ではおもにガイタなどが主導の演奏形態。南寄り、アトラス山系や大西洋沿いの地方では、打楽器と弦楽器と歌の比重がほぼ同じアンサンブル型。砂漠寄りでは、ボーカルのかけ合い主体と、大まかに分ければ分けられなくもない。

モロッコのフォークロアは、なぜかロックミュージシャンに興味をもたれることが非常に多い。ローリング・ストーンズの故ブライアン・ジョーンズは、リフ山地の小さな村ジャジューカの音楽を自らのソロアルバムの中で発表した。レッド・ツェッペリンは、これに対抗して（？）、マラケシュやエッサウィラのグナワという音楽を、自分たちの音楽のルーツのひとつに挙げているほどだ。ほかにも、最近では、ロンドンやニューヨークのクラブで、ＤＪたちがフォークロアをサンプリングして、新しい音を作り出す試みに挑んでいる。

アラブ歌謡の発信源だった時代も

トルコやエジプト、レバノンなどと並んで、モロッコも歌謡の一大産地である。特に、エジプトが勢いのなかった時代には、モロッコがアラブ歌謡を引っ張っていたこともあった。国内のカセットショップで最も多くアイテムが並べられているのもこのジャンルだ。

独特のこぶしまわしと、同じ歌謡をシンガーとコーラスで掛け合う、いわゆるコール

（↗）

モロッコの音楽事情（続）

Column

＆レスポンス、そしてベートーベンやマーラーなどの西洋クラシックとは、いく味も異なるオーケストレーション。そして、ここでも大活躍のパーカッション。それが一体となって、レストランのテレビやみやげ物屋のボロボロのテレコから、雑音混じりに聞こえてくる。すると、みんな歌いだし、口ずさみ、仕事のつらさを忘れてしまうのだ。

モロッコ人というより、ベルベル人の歌姫として有名なのが、ナジャット・アアタボウという女性。彼女のカセットは、アラブ世界だけでも600万個も出回っている。

フラメンコのルーツはモロッコ？

次にアンダルス音楽。いわゆる古典音楽、宮廷音楽である。ちょうどイスラム教を受け入れたモロッコが、スペインまで勢力を伸ばしたとき、自国の土地の名前にちなみ、そこをアル・アンダルス（新しいアンダルシア）と呼んだ時代に生まれた。

ここでなくてはならない楽器がウード。ウードは、バロック音楽に欠かせないリュートの父にあたる楽器である。

この音楽は、おもにフェズ、ラバトといった所で盛んに演奏されている。ウードは、ボロロンと響かせるばかりでなく、ジャカジャカジャカとフラメンコのようにかき鳴らされもする。

次世代への架け橋、ニューウエーブ

歌謡ものと並んで、カセットショップの棚を占領しているのが、このジャンル。「ジル・ジララ」、「ナス・エル・ギワヌ」、「レム・シャヘブ」が代表的存在。この3バンドの名前を知らないモロッコ人は、皆無といっていいだろう。

もともとは「シャアビ」と呼ばれていた、いわゆるストリート音楽。日本でいう流しから始まった流れが、1972年、ジル・ジララの結成によって、それまで地域単発的だった各地の活動を、一気に全国に広げることになった。いわゆるモロッコ版バンドブームといったところだ。

基本的には、グナワ（弦が3本のゲンブリと鉄製カスタネットのカルカベ、ハンドクラッピングだけの原始的な音楽）のリズムを根底におき、シンティールの代わりにバンジョーを弾くリーダーが、オリジナル曲を作り（グナワには新曲はない）、コール＆レスポンスも荒々しく歌う。歌う内容も、政治的な発言があったり、友情や愛についてだったりと、それまでの発想にはなかったものだ。

もうひとつの流れとして、ライ音楽（アラブ歌謡のダンス音楽）がある。もともとはアルジェリアのオランという町が、その一大発源地だったのが、イスラム原理主義者（→ P.331）の強い圧力で、本国での活動がほとんど不可能になってしまった。ミュージシャンたちは国境を越えて、ウジダにその拠点を移した。その結果、ウジダはアルジェリア人ばかりでなく、モロッコ人のライをも生み出すことになった。ムハンマド・ライは、なかでも女性を中心に大きな支持を得ている。

最後に意外な事実。ジプシー・キングスを知っている人ならば話は早いが、実は、元メンバーのチコ・ブーチキーはモロッコ人とアルジェリア人を両親にもつ。デビュー・アルバムの中の『ジョビ・ジョバ』という曲の、フランメンコ・ギターの合間に繰り広げられるハンドクラッピング、そこにはモロッコ音楽のエッセンスが凝縮されている。ぜひ一度聴いてみることをおすすめしたい。

（小林由明）

雑多でエキゾチックなメディナ（旧市街）はモロッコ観光のハイライト

Travel Information

旅の準備と技術

出発前の旅の手続き

パスポート申請に必要な書類

①一般旅券発給申請書（1通）

各都道府県の旅券課あるいはパスポートセンター、または各市区町村の役所でもらえる。5年用と10年用がある。パスポートのサインは申請書のサインが転写されるので、そのつもりで記入する。
※未成年の場合は、申請書に親権者または後見人のサインが必要。同意書でも可。

②戸籍謄（抄）本（1通）

6ヵ月以内に発行されたもの。本籍地や市区町村役場で発行。代理人の受け取りもできる。有効期間内のパスポートがあり、申請時に氏名や本籍地に変更がない場合は必要ない。

③身元確認のための書類（コピーは不可）

有効期間中または失効後6ヵ月以内のパスポートや、運転免許証など公的機関発行の写真付きのものは1点、健康保険証などの写真の付いていないものは、学生証や会社の身分証明書、失効後6ヵ月を過ぎたパスポートとあわせて2点。
※印鑑が必要になる場合があるので持参したほうがよいだろう。

④写真（1枚）

縦4.5×横3.5cm。正面向き、無帽、背景無地で6ヵ月以内に撮影されたもの。カラー、白黒どちらでもよいが、顔の位置に指定がある。裏に名前を記入しておく。

⑤有効な旅券

有効期間内の旅券があれば必ず持参する。

必ず出発前に最新情報の確認を

本書に掲載しているパスポートおよびビザ関連の情報は、2019年6月時点のものです。発行後に情報が変更されることもあるため、必ず出発前にご自身で大使館のウェブサイト等を確認し、最新情報を入手してください。

● パスポート

❋ パスポートとは？

パスポート（旅券）とは、国籍の証明書であり、国が発行する身分証明書でもある。現在一般に取得できる旅券は2種類。赤い表紙の10年間有効なもの（20歳以上のみ）と、紺色の表紙の5年間有効旅券とがある。たとえ0歳の子供でも、ひとり1冊パスポートが必要だ。

▲ 10年用のパスポート

❋ 残存有効期間は大丈夫？

モロッコは入国時に3ヵ月以上のパスポート残存有効期間を定めている。つまり、たとえパスポートが残存有効期間内であったとしても、残りの有効期間がこの期間よりも短いと入国を拒否されるということだ。有効期間が残り1年を切ったら切り替え（新規発給申請）ができるので忘れずに。

❋ パスポート取得

パスポートの申請・受領の手続きは、各都道府県の旅券課またはパスポートセンターで行う。旅行会社などで申請の代行手続きを行ってくれるところもあるが、手数料を取られるし、どのみち受け取りは本人しかできないので、できれば自分で手続きをしたほうがよいだろう。

夏休みやゴールデンウイーク前などのピーク時を除き、申請で1時間、受け取りで30分もあれば手続きは完了する。あらかじめ申請用紙を用意しておけば（記入例の用紙ももらっておきたい）、親族などに代行申請をしてもらうこともできる。ただし、この場合も受け取りは本人が出向かなくてはならない。

❋ パスポートの受領

申請時にもらう受領票に記載されている日付から6ヵ月以内に受け取りに行く。必要なものは、受領票（パスポート引換書）、そして発給手数料分の現金だ（10年用は1万6000円、5年用は1万1000円、12歳未満は6000円）。旅券課に着いたら、まず手数料分の収入証紙・印紙を購入、受領票に貼る。これを持って受領のカウンターに提出すれば、本人確認のための質問を2、3され、手続きは完了。パスポートを受領できる。念のため、本人確認書類も持っていこう。

● 査証（ビザ）

日本国籍で、観光目的ならモロッコの入国にはビザは必要ない。最長滞在可能期間は3ヵ月。なお、観光以外の目的で入国する場合はモロッコ王国大使館に問い合わせを（→ P.304）。

● お金の持ち方

✳ 持っていく通貨は？

モロッコへは、お金をどの通貨で持っていけばよいか。ずばり日本円で大丈夫。たしかにヨーロッパからの観光客が多い場所柄、ユーロなどのヨーロッパの通貨が有利でもあるが、よほどの田舎に行かないかぎり日本円も十分に両替可能。ちなみに、モロッコの通貨、ディルハムを日本で用意するのは不可能だ。

次にどのような形で持っていけばよいか。現金のほかに以下のようにさまざまなものがあるので、安全性を考えて、必ず複数の組み合わせをしたい。

✳ 国際キャッシュカード

日本の貯金を海外で、現地通貨で引き出せるという便利な国際キャッシュカード。スルガ銀行などでサービスを行っている。どのカードも、クレジットカードでのキャッシングが可能なATMならほとんど問題なく利用できる。利用方法もクレジットカードのキャッシングと同じ。クレジットカードと異なり、借金ではなく、自分の口座からの引き落としであるという安心感がいい。

手続きに特に難しいことはないので、1枚持っていると便利だろう。こちらも紛失時には機能の停止をすることができるので安心だ。詳細は各銀行の窓口で。

カサブランカ、フェズ、マラケシュなど、大きな町では、いたるところでATMを見かける。また近年では、さほど大きくない町でもATMでキャッシングすることが可能となってきている（手数料がかかるのでこまめに引き出すのは控えたい）。ただし、砂漠などに行くときはあらかじめ現金を用意していったほうが安心。

✳ クレジットカード

国内ではあまりクレジットカードは使わないという人でも、海外旅行では必需品となる。まず、第一に再発行が可能ということ。現地での再発行はやや難しいと思うが、それでも、現金のようになくしたら最後というわけではないので安心だ。モロッコでは、カード払いできるところが増えてきている。ただし、1つ星のホテルや食堂では使用できない。最も通用度が高いのはMASTERとVISA。アメリカン・エキスプレスの通用度は低い。

▲クレジットカードは必需品

訂正旅券の取扱いに注意！

2014年3月19日以前に「名前や本籍地等の訂正を行ったパスポート（訂正旅券）」は、2015年11月25日以降は、海外入出国時や渡航先で支障の生じる怖れがある。これは、「パスポート（旅券）」の扱いの国際的な統一化による手続きの変更により、訂正事項が機械読取部分およびICチップに反映されていない訂正旅券は「国際標準外」とみなされるため。外務省は「パスポート（旅券）」の新規取得をすすめている。下記URLで確認のこと。
URL www.mofa.go.jp/mofaj/ca/pss/page3_001066.html

旅券申請時の本人確認書類の追加

2016年1月以降に交付が開始された「個人番号カード（マイナンバーカード）」が、パスポート申請に必要な本人確認書類に適用される。なおマイナンバーは写真つきなので、運転免許証などと同様に「1点でよい書類」となる。
URL www.mofa.go.jp/mofaj/toko/passport/pass_2.html#6

おもな国際キャッシュカード発行会社

✪スルガ銀行
FREE 0120-50-8689
URL www.surugabank.co.jp
✪SMBC信託銀行
FREE 0120-50-4189
URL www.smbctb.co.jp

おもなクレジットカード発行会社

✪アメリカン・エキスプレス
URL www.americanexpress.com
✪ダイナースクラブ
URL www.diners.co.jp
✪三菱UFJニコス
URL www.cr.mufg.co.jp
✪三井住友カード
URL www.smbc-card.com
✪JCB
URL www.jcb.co.jp

おもなトラベルプリペイド
カード発行会社

☎ネオ・マネー
☎(03)5996-1017
URL www.neomoney.jp
☎ガイカ
☎(03)6757-3656
URL www.gaica.jp
☎マネパカード
FREE 0570-057-084
URL card.manepa.jp
☎マネーティーグローバル
☎(03)3865-5614
URL www.aplus.co.jp

おもな保険会社
☎損保ジャパン日本興亜
FREE 0120-666-756
☎東京海上日動
FREE 0120-868-100
☎AIG損保
FREE 0120-016-693

**クレジットカード付帯
保険の「落とし穴」**

クレジットカードには、カードそのものに海外旅行保険が付帯されていることが多い。補償内容はカード会社によって異なるので、カード会社に問い合わせるか、利用案内を確認するように。ただし、クレジットカードの付帯保険では、「疾病死亡補償」が補償されない、多額の自己負担金がかかった、複数のカードの傷害死亡補償金額は合算されない、旅行代金をカードで決済していないと対象にならないなどの「落とし穴」がある。自分のカードの補償内容を確認したうえで、海外旅行保険にも加入することをおすすめしたい。

**国際学生証、YHカードの
取り扱い**

☎大学生協事業センター
☎(03)5307-1155（東京）
URL www.isicjapan.jp
※発行手数料は1750円（郵送およびオンラインの場合2300円）。
☎日本ユースホステル協会
✉ 〒151-0052
東京都渋谷区代々木神園町3-1 国立オリンピック記念青少年総合センター内
☎(03)5738-0546
URL www.jyh.or.jp
※成人パスのオンライン申込み、クレジットカード払いの場合2000円。

✳ トラベルプリペイドカード

外貨両替の手間や不安を解消してくれる便利なカードのひとつ。多くの通貨で、国内での外貨両替よりレートがよく、カード作成時に審査がない。出発前にコンビニATMなどで円をチャージ（入金）し、その範囲内で渡航先のATMで現地通貨の引き出しができる。各種手数料もかかるが、使い過ぎや現金を持ち歩く不安もない。

安全面、レート、手間など、何を重視したいのかを考えて、クレジットカードや国際キャッシュカード、トラベルプリペイドカードをうまく使い分けよう。

● 海外旅行保険

海外旅行保険は、海外でのけがや病気、またそのほか予期せぬ事故に遭ってしまった場合に、その損害やそのためにかかった費用を補償する保険。海外での治療費や入院費は日本と比べて高いこともあるうえ、現地で対応することになれば、言葉や精神面でも非常に心細いのでぜひ加入しておきたい。

海外旅行保険にも、いくつかの種類がある。まずは、基本契約の①傷害保険（死亡、後遺障害）に加えて、特約として②傷害保険（治療費用）、③疾病保険（治療費用、死亡）、④賠償責任保険（誤って物を破損、他人を傷つけた場合などの費用）、⑤救援者費用保険（事故に遭った際、日本から迎えが駆けつけるための費用）、⑥携行品保険（旅行中に荷物を紛失、破損または盗難に遭った際の補償）などである。

● 国外運転免許証

現地でレンタカーを借りて自由に動きたいというのであれば、国外運転免許証が必要になる。日本の運転免許証があれば、誰でも取れるので用意しておこう。国外運転免許証を発行してくれるところは、自分の住民登録がしてある都道府県の公安委員会（免許証を取得した免許センター）。申請に必要な書類は、免許証のほかにパスポート、写真（縦5cm×横4cm）1枚で、費用は2350円。備えつけの申請書とともに提出すると20～30分で発給される。国外運転免許証の有効期限は1年。

● 国際学生証、YHカード

国際学生証があると、博物館入場料が無料、または半額になったり、モロッコ国内、またヨーロッパへのフライトチケットが割引になったりするという特典もある。簡単な身分証明書にもなるので、持っていると便利だ。また、YHカードは、ユースホステルはもちろん、何かのときにユース料金にしてもらえることがある。モロッコ南部の砂漠地方などでは、YHカードが役立つ宿泊施設も多い。

女性の旅で気をつけたいこと

column

女性の旅で気をつけること

　モロッコにかぎった話ではないが、アラブの国では日本人女性は異常にモテる。この際、容姿は関係ない。老若問わず言い寄られることは数知れず。歴史的に接触がないためか反日感情がないこと。それに、結婚にお金のかかるモロッコ人にとって、タダでつき合えて、結婚できればモロッコを脱出して日本で職を見つけたい……そんな下心をもっているような人が、私たちが想像をしているよりも実際に多くいるようだ。イスラム国家のモロッコでは、男性と女性の関係が、日本や欧米諸国のようにオープンとはいえず、大都市のディスコなどに行ってもモロッコ人同士のカップルが手をつないだりして、くっついているのはごくまれだ。それに地方に行けば、いまだ手にベールを持ち、顔を隠して避けて通り過ぎる女性が多く存在していて、保守的な雰囲気を感じ取ることだろう。要は、モロッコ国内での男女交際は基本的に結婚を前提としたつき合いにかぎられているということだ。

　それゆえか、ひとり旅している女性、特に日本人女性などはモロッコの男性にとって比較的簡単におつき合いのできる格好のターゲットとなってしまう。モロッコ人男性は、とにかく情熱的にあの手この手を駆使し、彼らにとってのターゲットに迫ってくる。日本人女性は、そんな経験に慣れてないせいか、グラリとくる人も多い。必ず「ひとり？　結婚しているの？」と、聞かれたりする。誘いを断るには、たとえひとり旅であっても「恋人と一緒だが、具合を悪くしてホテルで寝ている」とか「結婚している」と言えばいい。それでもしつこいようなら、はっきりと興味のないことを伝えよう。日本語で怒ったほうが効果的という投稿もあった。「まずはお友達として」などという悠長な日本人感覚は通用しない。近年では、各国で"軽い"と見られがちな日本人女性、モロッコでも甘く見られがちなので注意してもらいた

い。なかには下心なしで本当に親切に応対してくれる紳士的な男性もいることはいるが……。しかし、そういう人に対してもけじめだけは大切だ。日本の感覚で食事をして「はい、さようなら」では終わらなかったりする。海外でのおつき合いのルールはモロッコでも同じことなのだ。

　観光立国であるモロッコ、特に砂漠地方ではかなり観光ズレしている人々が多いのは否めない。エルフードやマラケシュ在住の超有名プレイボーイにだまされた、なんていう投稿も何通か届いている。

　とにもかくにも、モロッコ人男性からの誘惑が多いということをよく肝に銘じておこう。

「ハスラー」と呼ばれる存在

　最後にもうひとつ念頭においてほしいことがある。ハスラーと呼ばれる男たちがいることだ。彼らは自称ガイドとして近づき、親切なフリをして、自宅に昼食を誘ってくる。家族もいるので安心してご馳走になると、お母さんは昼過ぎにハマムへ。お姉さんや妹なども次々とどこかに出かけ、気がつけば夕方頃には彼とふたりっきり。プレゼントをくれたり、談笑をしたりしているうちに、「アイ・ラブ・ユー」と迫ってくる。そこで、危険に気がつき逃げ出そうとすると、食事代とプレゼント代を払えと要求され、さもなければお茶に混ぜた薬を飲まされ、乱暴されてお金まで取られるという話だ。これは過去に実際にあった話なのだ。

　まさか自分が、簡単について行くわけがない、そう思っていても見知らぬ国で不安を覚えたとき、優しく接してくれた男性についフラリ、といってしまう可能性がないとはいいきれない。常に自分は女性であるということで、警戒心を忘れずにいたい。

旅のルート作り

これを見るなら
この町へ

メディナ：フェズ、マラケシュ、メクネス、ティトゥアン、ラバト
カスバ：ワルザザート、ティネリール、ダデス峡谷、タフロウト、タンジェ
王朝の跡：フェズ、メクネス、ラバト、マラケシュ、ムーレイ・イドリス
ムーア建築：タンジェ、ラバト、フェズ、マラケシュ
海岸美：スパルテル岬（タンジェ）、エッサウィラ、ナドール、アル・ホセイマ
渓谷美：ドラア谷、ダデス峡谷、トドラ峡谷
山岳美：ティシュカ峠、タフロウト、イミルシル、シャウエン、セフルー

▲モロッコ随一の古都フェズは定番デスティネーション

▲山あいの静かな町 ムーレイ・イドリス

▲最近はシャウエンを含むパッケージツアーが多い

✵ モロッコにはどんな町があるか

　モロッコの町は、まず、「都市」と「田舎」に大別される。都市は「古都」、「リゾート」、「港町」に、田舎は「砂漠」と「山岳地」に分けられる。

《古都》マラケシュ、フェズ、メクネスなど。ラバトも入るだろう。7世紀頃、イスラム王朝がつくった町で、当時の町並みが独特な雰囲気をもつ旧市街「メディナ」として残っている。王朝の宮殿や由緒あるモスクや神学校などもあり、観光ポイントが多い。パックツアーではこの古都だけを巡ることが多い。

《リゾート》アガディール、アル・ジャディーダ、エッサウィラなど。フランスやポルトガルなどが占領時代に発展させた町で、ヨーロッパ風の海辺のリゾート。きらめく太陽と海原、異国情緒のなかで欧風の快適さが堪能できる。

《港町》タンジェ、セウタ、カサブランカなど。ヨーロッパ側の地中海沿岸都市に通じる白壁の町並み、港町らしい開放的な雰囲気が魅力。魚料理がおいしい。

《砂漠》荒涼とした大地に点在する緑のオアシス、カスバ街道やそれ以南の村、南モロッコの村などまで足を延ばせば、「モロッコの砂漠」の雰囲気がつかめるだろう。

《山岳地》リフ山脈のシャウエン、アトラスのイフレン、アズルー、ミデルト、ベニ・メラル、イミルシルなど。高原の自然にあふれている。

✵ 町の仕組み

　モロッコの町のほとんどは、7世紀にアラブ人が侵入したときに造られた旧市街メディナと、近世になってその周囲に発展した新市街に分かれている。

　このメディナこそが、最もモロッコらしい世界を見せてくれる最大の観光ポイントだ。厚い城壁に囲まれ、その内側は、人がやっとすれ違えるくらいの狭い路地がくねくねと迷路のように走っている。その一部は、アーケード風に道の両側に店がずらりと並ぶ商店街（市）となっていて、これをスークという。ここには、食品店、日用品店からみやげ物店まで多種多様な商店、さらに染色職人や鍛冶屋といった作業所も並んでいて、それぞれの店や行き交う人々の様子は活気に満ちて、心躍る光景だ。また、メディナには住宅街も当然ある。庭などなく、1軒1軒の境目も不明な土壁の家並みは殺風景に見えるが、実は内側はモザイクタイルにパティオ……と美しく装飾されている。モロッコの家は「外には閉ざされ、内に開いている」のだ。

❋ プランニングと実際の旅のコツ

　まず、行ってみたい町を選んで、地図に赤丸をつける。大きな町は3～4日滞在、小さな町は2日滞在の計算をして、日数が足りないようなら町を削る。あとはそのポイントを、回りやすいように結ぶだけ。町と町との移動の所要時間は、この本を参考にすればよいが、時刻表などは現地へ行ってから調べたほうが確実だ。そしてできるだけ余裕をもったスケジュールを立てよう。特に砂漠地方を目指す人は、バスの本数も少ないし、自分の予定どおりに移動できるとはかぎらない。

　実際入国したら、行きたい町に先に行ってしまうこと。そうすれば、思わぬところで時間を取られたとしても、旅の本命エリアを見逃さずに済む。ほとんどの人は、カサブランカやタンジェから入国したら、着いた足ですぐ移動してしまうほうが正解だ。

❋ 旅のルートの実例

　専用車のあるパッケージツアーだと、5日間で4つくらいの町を踏破するような旅程が組まれているが、個人旅行ではまず不可能だ。できることなら、この国は、たくさんの町を見ることより、1ヵ所でもいいから腰を落ち着けて生活感を味わう旅にしたほうが、充実感を残せるはずだ。計画を立てるにあたってルートの目安を紹介してみよう（→ P.18 の「よくばりモデルプラン」も参考に）。

スタンダードコース

　マラケシュでスーク歩きやリヤドを楽しみ、そこからオート・アトラスを超え、カスバ街道を通って**メルズーガ**の大砂丘へ。憧れの砂漠を堪能したら、次はマラケシュに次ぐ人気を誇る古都**フェズ**。1200 年もの歴史をもつ都でモロッコの伝統に触れ、最後に人気の"青い町"**シャウエン**に向かう。全行程で 10 日間程度。逆にシャウエンを最初に訪れるルートでも OK だ。これがモロッコのツアーの最もスタンダードな形。

スタンダード＋αコース

　日程に余裕があれば、マラケシュから日帰りで行ける**エッサウィラ**や、フェズから近い**メクネス**、**ヴォルビリス遺跡**を旅程に入れる。あるいは**タンジェ**まで足を延ばすのもおすすめ。特にタンジェは、モロッコのほかのどの町とも異なる独特の雰囲気をもつ町。今なお芸術家をひきつけるこの町を旅程に入れるのもいいだろう。

弾丸コース

　日程に余裕がなければ、P.18 ～ 19 で紹介しているように、マラケシュと砂漠ツアーを 8 日間程度でカバーできる。これだけでもモロッコの魅力を十分堪能できるはずだ。

アラブ式トイレ

　星付きホテル以外の安宿や、長距離バスの休憩所などでこのタイプをよく見かける。

　アラブ式は、和式と同じくしゃがみこむタイプ。中央に穴があいてつあって、用を足したら近くにある水道から容器に水をくみ、手で水をすくってあと始末をする（モロッコ人はこのとき左手を使う。イスラム教で左手は不浄とされる）。そのあとまた水をくみトイレに流す。トイレットペーパーはないので、気になる人はティッシュを持参しよう。ただし溶けるもの以外はトイレに流さないように。

▲モロッコの飲みものといえばミントティー

▲海沿いにあるタンジェのメディナは、マラケシュやフェズとは異なる独特の雰囲気

▲メルズーガの砂丘の周りで化石を売る子供たち

物価と予算

▲空港からカサブランカへ
の電車はとてもきれい

モロッコの物価は、日本に比べるとかなり安い。とはいっても、旅のスタイルや行動範囲によって予算は異なってくる。航空チケットのみを購入して、あとは現地で自らすべてを手配する場合は、前もってモロッコの物価を知っておく必要がある。下記は、まず空港で最低限両替しておきたい金額について、そして、旅のスタイルに合わせて、大まかに平均的な金額を紹介している。

● 空港での両替（入国時）

日本から空路でモロッコへ入る場合、たいがいはカサブランカのムハンマド5世国際空港に到着する。空港からカサブランカ市内へは、列車かタクシーとなるが、列車の場合1等席が70DH、2等が50DH。タクシーなら約300DH。ホテル料金は、安宿が100DH前後、1～2つ星クラスが100～250DH前後。1食分の目安が50～100DH。空港で最低でも5000円程度は両替しておこう。

夜間や翌日が休日というタイミングで入国した場合は、1万円ほど両替しておいたほうが安心だろう。マラケシュやラバトなどにヨーロッパから直接入る場合は、各町のページを参照のこと。

● タイプ別予算

※ リッチなバカンススタイル

高級ホテルに泊まり、移動は飛行機やタクシーを使い、とにかく思いきり贅沢に過ごしたいという場合。4つ星クラスのホテルは、ダブルの部屋で1泊1000DH、5つ星になると1200～5000DHと幅広い。高級レストランは、ひととおりモロッコ料理のコースを取ると、アルコール抜きでひとり300～500DH前後。交通費などを含めると、1日最低2万円ほどという予算になる。

※ 地元の人々と触れ合うバックパッカー派

リュックを背負い、移動は長距離バスや市内バス、列車は2等を使ってというバックパッカー的な旅を目指す人。安ホテルに泊まるなら、共同シャワーとトイレが付いて70DH前後から100DHとかなり安く上げられる。食事は庶民の食堂や屋台などで済ませるのであれば、1食が30～50DH。がんばれば1日2000円前後、平均して2500～4000円をみておくといいだろう。

※ 標準スタイル

前記のふたつのスタイルの中間をいく旅。2～3つ星ホテルに泊まって、ときには有名な高級ホテルにも。食事は、庶民の店から高級レストランまで、いろいろな店で食事をしてみたいというなら、1日7000～1万2000円程度となる。

物価の目安

コーヒー 10DH～
カフェオレ 10DH～
ミネラルウオーター
　小 5DH～
　大 10DH～
タジン 30～80DH
サンドイッチ 20DH
モロカンサラダ 30DH～
カフェでの朝食
（コーヒーとクロワッサン）
　20DH～
ホテルの朝食 20DH～
市内バス運賃 4DH～
タクシー（市内移動）
　10DH～
ビール（国産フラッグ）
　12DH～
たばこ 20DH～

▲憧れのリヤドも、安いものでは250DH程度から泊まることができる

▲サラダ、肉料理、デザートのコースメニューだと130DH程度

302

旅の道具

モロッコの旅に何を持っていくか。それは旅のスタイルによって決まってくる。空港や観光地までの送迎すべてが含まれる完全なパッケージ旅行。あるいは、すべて自分で手配して、地元の長距離バスで移動する個人旅行。いずれにせよ、好みにより、さまざまな旅が体験できる。

❋ 荷物はできるだけ軽く

重い荷物は体力を消耗し、行動範囲を狭めてしまう。荷物はコンパクトにまとめたい。個人旅行、パッケージツアーなど、旅行スタイルに合わせた荷造りをしよう。完全パッケージ旅行なら、中型のスーツケース。個人旅行ならばおすすめは30ℓくらいの小さめのリュックだ。そして、荷物の中には貴重品は一切入れないこと。

消耗品のほとんどは現地調達できる。街角のキオスクや雑貨店などでは、小さめの洗剤やティッシュ、石鹸、シャンプーなどが購入可能。寝巻にしてもスークで安いジュラバ（伝統衣装）を買って利用するのもいいだろう。

❋ 着替えは少なめに

安宿に泊まるつもりなら、Tシャツや下着、靴下は3組ほど持っていけばいい。安ホテルでも洗面所くらいはあるので、マメに洗濯しよう。干せばすぐに乾いてしまい、砂漠の国であることを実感できる。コインランドリーはないが、安いホテルでは洗濯サービスをしてくれるところもある。

また、バックパッカー的な旅をしようという人でも、ときには高級レストランで食事を取ることもあるだろう。襟付きのシャツやジャケット、ワンピースなどを用意しておくと重宝する。

モロッコはイスラム教国だということも忘れずに。女性が肩や足をあらわにするのは慎みたい。フェズやメクネス、マラケシュは、夏になると40℃を超える暑さだが、直射日光が厳しいので、何かを羽織ったほうがいいだろう。

❋ 砂漠の寒さに注意

砂漠は暑い所と決めこんで、Tシャツのみで行くとたいへんな目に遭う。確かに昼間は40℃を超す暑さだが、夜はぐっと冷え込むので、夏でもセーターは欠かせない。冬に日本を出る人はそのままの服装でいいくらいだ。また、日中の強い日差しを避けるための帽子を忘れずに。

▲砂漠では冬季に雪が降ることもある

バックパッカーのための便利グッズ

●**ビーチサンダル**／安宿の共同シャワーで、裸足じゃちょっと……という場合おおいに活躍。室内でも楽ちん。

●**懐中電灯**／地方では停電するところもあるのであると便利。強力ペンライトなど、好みに合わせて。

●**ウエットティッシュ**／砂漠の宿はときどき水が出ないこともあるので、手拭きに便利。

●**軽い水筒**／ミネラルウォーターの大ボトルを買ったとき、そのまま持ち歩かなくてすむ。

●**せんす**／暑いモロッコ。安ホテルはクーラーなし、扇風機なしは覚悟すべし。

●**蚊取り線香**／春夏に旅行する人は虫除けスプレー、虫刺され薬なども必携。現地でも虫刺され薬は購入できる。

●**アルミシート**／砂漠などで冷えるときに重宝する。保温力があって、毛布のように温かい。体に巻き付けて使おう。

●**スーパーのビニール袋**／安宿はゴミ箱がないところがある。スーパーのビニール袋などで代用を。シャワーのときは、衣類を入れておけるので便利だ。

薬は飲み慣れたものを

胃腸薬や風邪薬などは、飲み慣れたものを用意しよう。現地のものは、日本人には効き目が強すぎることもある。神経性の下痢や、疲れから熱を出すこともあるのだ。

旅の情報収集

✿モロッコ王国大使館

モロッコの入国と出国、ビザなどに関する問い合わせ。

住 〒 107-0062
東京都港区南青山 5-4-30
☎ (03) 5485-7171
FAX (03) 5485-7173

✿JTB 旅の図書館
住 〒 107-0062
東京都港区南青山二丁目 7
番29号 日本交通公社ビル
☎ (03) 5770-8380
URL www.jtb.or.jp/library
（蔵書検索可能）
時 10:30 ～ 17:00
休 土・日曜、毎月第 4 水曜、
年末年始

✿在モロッコ日本国大使館
住 39 Ave. Ahmed Balafrej,
Souissi, Rabat
☎ (0537) 63-17-82 ～ 84
FAX (0537) 75-00-78
時 月～木　8:15 ～ 12:15、
　　　　13:30 ～ 17:15
　　金　　8:15 ～ 12:15、
　　　　13:30 ～ 16:00
領事窓口
　　月～木　8:45 ～ 12:15
　　　　13:30 ～ 16:45
　　金　　8:45 ～ 12:15
休 土・日・祝

**渡航先で最新の
安全情報を確認できる
「たびレジ」に登録しよう**

外務省の提供する「たびレジ」に登録すれば、渡航先の安全情報メールや緊急連絡を無料で受け取ることができる。出発前にぜひ登録しよう。
URL www.ezairyu.mofa.go.
jp/tabireg

**モロッコ旅行に強い
日本の旅行会社**

✿（株）スペースワールド
☎ (03) 3353-8782
URL www.spaceworld.jp
**✿（株）ファイブスターク
ラブ**
☎ (03) 3259-1511（東京）
☎ (06) 6292-1511（大阪）
URL www.fivestar-club.jp

● 出発前に日本で情報収集

✳ 旅の図書館

観光の研究や実務に役立つ専門図書館として南青山にリニューアルオープンした。約 6 万冊の蔵書があり、国内外の観光地について深く知りたい人におすすめ。地図やパンフレット等の配布は行っておらず、旅行の相談や問い合わせも受け付けていないが、資料の閲覧やコピー（有料）は可能。

✳ 日本の旅行会社

モロッコのツアーを扱う旅行会社にはモロッコを愛するスタッフが必ずいるはず。パッケージなどの手配をお願いする場合、聞きたいことがあれば相談に乗ってもらうとよい。

● 現地モロッコで情報収集

✳ 観光局

モロッコでヨーロッパの観光局に当たるのは ONMT（Office National Marocain du Tourisme）だ。大都市ではさらに別の観光案内所 SI（Syndicat d'Initiative）がある。現地の地図などはここで手に入るが、ホテルの予約などはできない。旅の途中に立ち寄るといった利用方法がいいだろう。ただし、大都市以外ではあまり機能しておらず、古いパンフレットを置いているだけというところも。

✳ 旅行者の集まる安宿やカフェ

そのほか、都市の安宿やカフェのなかには、世界中を旅してきた旅行者が集まる場所がある。彼らこそ、生きた情報源だ。旅の途中で、ツーリストのたまり場のカフェがどこかを聞くといい。モロッコ内やヨーロッパ内のユースホステルもいい情報収集場所になる。

● インターネットを利用する

✳ モロッコ政府観光局
URL www.visitmorroco.com〈英語、仏語ほか〉

✳ モロッコ航空（ロイヤル・エア・モロッコ）
URL www.royalairmaroc.com〈英語、仏語ほか〉

✳ モロッコ国鉄 ONCF
URL www.oncf.ma〈英語、仏語ほか〉

✳ CTM バス
URL www.ctm.ma〈英語、仏語〉

✳ 外務省海外安全ホームページ
URL www.anzen.mofa.go.jp

✳ 在モロッコ日本大使館
URL www.ma.emb-japan.go.jp〈日本語、仏語、アラビア語〉

アラブの公衆浴場　ハマムに挑戦！

Column

モロッコハマムの種類

　ローマの公衆浴場が起源といわれるアラブのハマム（ハンマーム）。現在でも中東、北アフリカで公衆浴場文化が残っている。モロッコもいまなおハマムが多い国のひとつで、町には各地域ごとにハマムが営業している。例えばそれほど大きくないシャウエンのメディナでも3〜4軒のハマムがある。これらのハマムは10DH程度と格安で、ほかにマッサージやアカスリをつけると50〜100DHとなる。公衆浴場ということで、日本の銭湯をイメージすればいいが、湯に浸かる習慣がないので浴槽はない。

　一方、マラケシュやフェズといった観光都市には、観光客向けに設備の充実したハマムもある。モロッコならではの豪華な装飾が施され、風呂上りにはミントティーも出る。料金は300DH程度とかなり上がるが、とても気持ちがいいものなのでおすすめだ。

　また、各リゾートでは趣向を凝らしたハマムを用意している。特にマラケシュの一流リヤドのハマムは超豪華。アラブ文化のきらびやかな一面を目の当たりにできることだろう。

✉ モロッコ人のハマムの入り方

　町によって違うかもしれませんが、私がモロッコでマスターしたハマムの入り方を紹介します。

＜持っていくもの＞

　体を拭くタオル、着替えの下着、スークで売っているアカスリ（町なかで50DH程度で購入可能）、石鹸（ハマムのおばさんから買うこともできます）、シャンプー、リンス、濡れた下着を入れるビニール袋、コップ、できれば体を洗うときに、お尻の下に敷くマット（タオルでもOK）、ビーチサンダル。

＜入浴料金、ほかの持ち物＞

　地元の人は5〜8DHだけど、観光客とわかると20DHになります。それ以上の貴重品は、盗まれる可能性があるので持っていかないようにしましょう。

＜入り方＞

　ハマムの入口で入浴料を払うと、黒いバケツを手渡されます。バケツは3つもらっておくほうが便利です。パンツ以外は全部脱いで、まずひとつめのバケツに石鹸類、コップ、マット、アカスリを入れます。ほかの荷物は、ふたつめのバケツに入れ、フックにかけるか荷物置き場に置きます。ハマムの中に入ったら、自分の場所を確保するためにマットを敷き、次は3つめのバケツにお湯を汲みます。まず、水道の蛇口を探して、そこに並びます（必ずといっていいほど列ができている！）。熱いお湯と冷たい水が出るふたつの蛇口があるので、湯加減を調整して、バケツに入れます。バケツはふたつ用意しておいて、ひとつめのバケツがお湯でいっぱいになったら、ふたつめのバケツ（石鹸類は自分の場所に置く）にお湯をため、その間にひとつめのバケツを自分の場所に運びます。これの繰り返し。あとは体を好きに洗います。モロッコ人は3〜4時間アカスリをするようです。

（神奈川県　S・E）['19]

▲フェズの観光客向けハマム

モロッコへの道

直行便とノンストップ便

混同しやすいが、直行便とは、経由地があっても飛行機を乗り換えずに目的地に着けるものを指す。ノンストップ便とは、どこも経由せずにダイレクトに飛ぶものをいう。

eチケットについて

現在、各航空会社とも「eチケット」と呼ばれるシステムを導入している。これは従来の紙の航空券を発行せずに、航空券の予約データを航空会社のコンピューターで管理するもの。搭乗者が携帯するのは、予約完了後に電子メールや郵送で届くeチケットの控えなので、今までのように航空券を紛失する心配はなくなった。ただし、入国の際に出国証明が必要な場合は、eチケットの控えがないと入国できない場合もある。

モロッコへ入国する方法は3つある。「空路」「海路」「陸路」、どんな旅をするかによってその方法は決まってくる。予算、旅に費やせる時間、そしてどこを巡りたいのかを考えればいい。ここでは、一般的な空路と海路について紹介しよう。

陸路については、国境を接するアルジェリアの情勢がよくないため、旅そのものがあまり現実的ではない。モロッコとアルジェリアの国境は閉鎖されていることが多く、日本の外務省もアルジェリアへの渡航の自粛を促している。くれぐれも「無謀な冒険」は慎もう。

● 日本からモロッコへ

● 中東やヨーロッパ経由が一般的

現在、日本からモロッコへの直行便は就航しておらず、第三国での乗り継ぎが必要となる。一般的なのはパリなどのヨーロッパの主要都市や、中東のドバイ、ドーハなどで乗り継ぐ方法だ。

日本〜ヨーロッパ、中東間は、実に豊富なフライトで結ばれている。そのほとんどがどこも経由しないノンストップ便で、所要時間は10〜13時間ほど。ヨーロッパ、ドバイ、カタールからモロッコへは週3便程度から毎日数便と、航空会社によって変わってくる。モロッコには国際空港がいくつもあるが、多いのは空の表玄関カサブランカのムハンマド5世空港行き。このほかにマラケシュ、アガディール、ラバト、フェズ、タンジェ、ウジダ、エッサウィラなどへ飛ぶものもある。複数の航空会社によって運航されている都市もあり、全便合わせるとかなりの便数がある。所要時間は、パリからカサブランカまで約3時間ほど。

ヨーロッパ、中東経由　航空会社別モロッコへのルート　(2019年6月現在)

航空会社名	略号	経由都市	日本発着都市と便数		モロッコ就航都市と便数		備考
エールフランス航空 ☎(03)5767-4143	AF	パリ <シャルル・ド・ゴール空港>	成田	毎日1便	カサブランカ	毎日2〜4便	ヨーロッパ系のなかでもモロッコへの最多フライトを誇る。午前出発の便を利用すれば、同日乗り継ぎが可能。
			羽田	毎日2便	ラバト	毎日2〜4便	
			関空	毎日1便	マラケシュ	毎日1〜2便	
ルフトハンザ・ドイツ航空 ☎0570-089-000	LH	フランクフルト	羽田	毎日1便	カサブランカ	毎日1便	同日乗り継ぎが可能。カサブランカ着は深夜（夏季）。
			中部	週5便	マラケシュ	週2便	
エミレーツ航空 ☎(03)6743-4567	EK	ドバイ	成田	毎日1便	カサブランカ	毎日2便	同日乗り継ぎが可能。
			羽田	毎日1便			
			関空	毎日1便			
カタール航空 ☎(03)5402-5282	QR	ドーハ	成田	毎日1便	カサブランカ	毎日1便	同日乗り継ぎが可能。
			羽田	毎日1便	マラケシュ	週3便	
ターキッシュエアラインズ ☎(03)6837-2337	TK	イスタンブール<アタテュルク空港>	成田	毎日1便	カサブランカ	毎日1便	同日乗り継ぎが可能。
					マラケシュ	週5便	

※同一航空会社を利用して乗り継げるもののみ

✴ 航空券の種類と選び方

　直行便のないモロッコへの航空券は、日本からモロッコまで通して買ってしまう方法と、日本からヨーロッパなどまで買い、到着後に現地でモロッコまでを買い足す方法のふたつがある。以下は日本発の航空券すべてに共通する種類と選び方だ。

　旅行者が購入できる航空券は、大きく分けて通常3種類。普通運賃（いわゆるノーマル）、特別運賃（正規割引）、そして俗に格安航空券と呼ばれるものだ。このうち、普通運賃の航空券は旅行者にはあまり一般的ではない。ほかのふたつに比べて格段に値段が高いためだ。したがって普通の旅行者は、残る特別運賃と格安航空券から、予算や旅のスタイル、目的によって選び出すことになる。ただし、安いからには制限やリスクはつきもの。それらを十分考え、理解したうえで利用することが大切だ。以前は、正規割引運賃は格安航空券より高めという印象があったが、最近は必ずしもそうとは限らない。航空会社としては旅行代理店への販売手数料等の支払いがない言わば直販にあたるため、むしろ販売に力を入れているのが実情だ。

▲ムハンマド5世空港（カサブランカ）

● 周辺諸国からモロッコへ

✴ 空路と陸路

　ヨーロッパ～モロッコ間は、豊富なフライトで結ばれている（欄外参照）。モロッコに行き来できる北西アフリカの国といえば、チュニジアがある。カサブランカとチュニジアの首都チュニス間は、モロッコ航空とチュニス・エアがそれぞれ1日数便運航しており、約2時間のフライトだ。

　現在、アルジェリアとの国境は閉鎖されていることが多く、陸路での入国は難しい。モーリタニア、西サハラに関しては、状況が流動的なので現地で最新情報を確認のこと。

▲モロッコ北部のスペイン領メリリャへは、本国からの便が就航している

モロッコへの道

オーバーブッキング

　航空会社がキャンセルを見込んで、実際の席数よりも多めに予約を取ってしまい、乗れない人が出てしまうことをいう。格安航空券は優先順位が低いので、このような場合は真っ先に乗れない対象となる。これを避けるためには、混雑する時期の利用を控えるのが最善策。また、万一に備え搭乗日にはできるだけ早く空港に行き、早めにチェックインをしておくことだ。乗り込んだ人を降ろすことまでは、どこの航空会社もめったにしないものだ。

ヨーロッパからLCC（格安航空会社）を使って

　近年、旅行者にヨーロッパ発の格安航空便が人気だ。主要な航空会社はライアンエアー、イージージェット、トゥイフライ、トランザビアなど。ヨーロッパの主要都市からマラケシュへの直行便も出ているので、使い勝手も抜群だ。予約はホームページで可能。日本語を選択できるところは今のところないが、簡単な英語だけで予約できる。

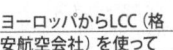

❂ライアンエアー
Ryanair
URL www.ryanair.com
❂イージージェット
Easyjet
URL www.easyjet.com
❂トゥイフライ
Tuifly
URL www.tuifly.com
❂トランザビア
Transavia
URL www.transavia.com

パリからはカサブランカ
までのバスも出ていて、丸
2日半はかかる（往復約
€150）。チケットはパリの
たいていの旅行会社、代理
店で扱っている。

各フェリー会社の連絡先
⊕**トラスメディテラネア**
Trasmediterranea
URL www.trasmediterranea.es
☎ (+00-34)91-736-99-57
⊕**バラアリア**
Balearia
☎ (0539)93-44-63
URL www.balearia.com
⊕**エフアールエス**
FRS
☎ (0539)94-26-12
URL www.frs.es

✳ 海路

　スペインからモロッコへの一番ポピュラーなアクセスは、スペインの南端アルヘシラス Algeciras から、タンジェ行きかセウタ行きのフェリーに乗る方法だ。2019年6月現在、タンジェにはふたつの港がある。ひとつはタリファからの便が着く旧タンジェ港。こちらはタンジェ市内にある。もうひとつがタンジェ市内から45kmほど東にある新タンジェ港 Tanger MED だ。新タンジェ港にはスペイン（タリファ以外）から来る船のすべてが着く。タンジェ市内へは市バスやグランタクシーで結ばれている。

　ほかに、地中海沿いのマラガ Malaga、アルメリア Almeria からは、モロッコ北岸のスペイン領メリリャ、ナドールへの便がある。航路と本数は以下のとおり（2019年6月現在）。

▲スペインのマラガやアルメリアからの　▲黄昏時の旧タンジェ港
　フェリーが着くメリリャの港

◆アルヘシラス〜新タンジェ港	所要約1時間〜。1日20便以上。
◆アルヘシラス〜セウタ	所要約1時間〜。1日13便ほど。
◆バルセロナ〜新タンジェ港	所要28時間〜。週4便程度。
◆マラガ〜メリリャ	所要約6時間15分〜。1日1〜2便。
◆アルメリア〜メリリャ	所要約7時間〜。1日1〜2便。
◆アルメリア〜ナドール	所要6時間。1日2便。
◆セトゥ〜ナドール	所要42時間（タンジェ経由）。週1便。

▲国境からセウタを望む

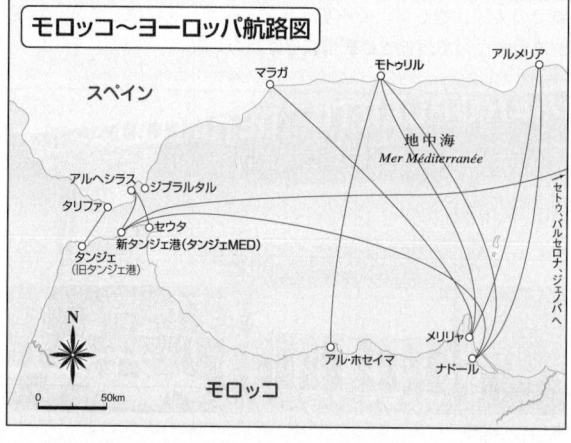

モロッコ〜ヨーロッパ航路図

入国と出国

● 空港

※ 入国

　モロッコの空の玄関口といえば、カサブランカのムハンマド5世空港 Aéroport Mohammed V（CMN）だ。ほかの町にも国際線が乗り入れている空港はいくつかあるが、ほとんどの日本からの旅行者はここへ到着する。

　入国審査の窓口では入国カードとパスポートを提出する。入国カードは入国審査場のフロアに置いてあるので、あらかじめ記入しておくこと（→右下参照）。旅行目的や滞在日数などの簡単な質問を受けることがあるが、問題がなければすぐに終わる。そのすぐ脇で、手荷物のX線チェックが行われる。ここを抜けたら荷物受け取りのターンテーブルへ。もし荷物が出てこなかったり、荷物が壊されていたり盗難に遭っていたりしたら、正面の一番奥の左側にあるクレームカウンターに申し出よう。特に何もない場合は、すぐ左側、ガラスの向こう側の到着ロビーに向かおう。

　税関は、荷物が多い場合を除きパスポートをチェックされる程度だ（免税の範囲については→ P.10）。到着ロビーへ出たら、正面左側に両替所がある。そこをさらに左へ進むとレンタカー会社。両替を済ませたら、いよいよ市内へ。

　カサブランカ市内へ出るには、列車とタクシーの2とおりの方法がある。詳しいアクセスについては、カサブランカのページ（→ P.197）を参照のこと。列車で移動の場合、カサブランカにはふたつの駅がある。カサブランカのメディナに近いのがカサ・ポール駅、市街地の東にあるのがカサ・ヴォヤジャー駅だ。空港からカサ・ポール直通の便もでき、便利になっている。

※ 出国

　現地空港からの出国も日本と同じ。出発の2時間前にチェックインを済ませ、搭乗券を受け取る。搭乗手続きが始まったら荷物のチェック。そして出国審査だ。出国カードは入国カードと同じものに再度記入する。

空港内の免税店では DHは使えない

　ムハンマド5世空港の免税店は各国の大都市ほど充実はしていないが、モロッコのおみやげ品は充実していて、香水や化粧品はパリよりも安く買えるものもある。しかし、空港内の免税店ではDHは使えない。ここでの買い物は、ユーロで（店によっては米ドル、日本円も可）。カフェや、ほかの店では使える。

ROYAUME DU MA　**入国カード**　المملكة المغ

SURETE NATIONALE　　　　الأمن الوطني

FICHE D'EMBARQUEMENT / DEBARQUEMENT

Date		N° Vol ......

Nom ....姓..　الاسم العائلي
Last name

Prénom ....名..　الاسم الشخصي
First name

Nom de jeune fille ....旧姓..........................　الاسم ما قبل الزواج
Maiden name

Date et lieu de naissance ...生年月日 ※日.月.年の順で記入.....　تاريخ ومكان الازدياد
Date and place of birth　出生地

Nationalité ....国籍..　الجنسية
Nationality

Pays de résidence habituelle ....居住国..............　بلد السكنى الاعتيادية
Country of usual residence

Profession ....職業..　المهنة
Occupation

N° Passeport/Date délivrance ....パスポートナンバー......　رقم الجواز وتاريخ الإصدار
Passport #/Date of delivery　発給日

Destination/provenance ....降機地／乗機地.........　البلد المتوجه إليه أو القادم منه
Going to/Coming from

Adresse au Maroc ....モロッコでの滞在先..........　العنوان بالمغرب
Address in Morocco

Motif principal du voyage : 滞在目的　الغرض الأساسي للسفر :
Main reason for visit :

☐ **Tourisme** / Tourism　سياحة　☐ **Affaires / Conférences**　أعمال/مؤتمر
　　　　　　　　　　　　　　　　　Business / Conferences

☐ **Etudes** / Studies　دراسة　☐ **Travail** / Work　عمل

▲入国カード（出国カード）

● 港

※ タンジェでの入出国

入国／スペインから船で入国する場合、船内で出国手続きを済ませると、モロッコの入国カードを渡される。乗船して出港後10分もしないうちに、フランス語とアラビア語でモロッコ入国のための放送が始まるので、記入した入国カードと引き換えにパスポートにスタンプを押してもらう。タンジェ到着後は、下船と同時に税関で簡単な荷物検査がある。タンジェの旧港からはタンジェのメディナまで歩いてすぐ。新市街まではタクシーを利用しよう。新港は市街地から40km離れている。30分ごとに市バスが運行しているのでそれを利用しよう。

▲タリファからのフェリーが着くタンジェ旧港

出国／船で出国する場合、まずチケット売り場でパスポートを提示してスペインまでのチケットを買う（すでにチケットを持っている人は、ボーディングパスに替えてもらう）。そのときに出国カードをもらうのを忘れないこと。出国カードに記入後、港のオフィス2階の出国審査場でパスポートを提示して出国審査を受ける。出国カードを渡してパスポートにスタンプを押してもらい、簡単な荷物検査を受けて乗船すればいい。

※ スペイン領セウタでの入出国

入国／セウタからモロッコに入る場合、セウタ市内、あるいはフェリーの発着所で国境行きの7番のバスに乗る。バスはかなり頻繁に出ていて、料金は国境まで€ 1程度。国境では最初にスペイン側の出国審査があり、パスポートを見せるだけで終わることが多い。次はモロッコの入国審査。係員から渡される入国カードに記入し、パスポートと一緒に窓口へ出す。続いて荷物検査があり、最後にモロッコの入国スタンプを押されて入国完了。スペイン側からモロッコ側までは約500mを建物に沿って歩くだけだ。

▲国境、モロッコ側のタクシー乗り場

出国／逆の出国の場合も、比較的楽に通過できるが、モロッコの出国審査に1時間もかかってフェリーに乗り遅れた人もいるので、時間には余裕をもって行こう。セウタに入ると国境のすぐそばにバス停がある。セウタの町を観光せずにスペイン本土へ入りたいなら、そのままバスに乗ってフェリー発着所へ。発着所の入口を入ってすぐ右側には、いくつかの旅行会社のカウンターがある。通常のフェリーを利用する場合はビルの左奥にあるチケット売り場へ。改札は2階にある。

▲モロッコ─セウタの国境

※メリリャからスペイン本土やモロッコへ→ P.285。

※ スペインから船でモロッコへ出入国する際の注意

船会社ごとに時刻表はあっても、フェリーの出発時刻はよく遅れる。スペインからモロッコへ出入りする場合は、まずタンジェ行きのチケットだけを買い、帰りは都合に合った時間帯のチケットを現地で買うほうがいいだろう。

国内交通

● 飛行機

　モロッコの大地には、飛行機で一気に飛び越えてしまうにはもったいないスペクタクルな風景が広がっている。とはいえ、時間のない人にとってはありがたい存在。例えばカサブランカ～ワルザザート間は、バスだと約8時間だが、飛行機なら1時間強。片道運賃は約5000円程度。短い期間で旅程を組んでいる人は上手に活用したい。

　モロッコの国内線を運行しているのは**モロッコ航空（ロイヤル・エア・モロッコ Royal Air Maroc 略して RAM）**と LCC の**エアアラビア・モロッコ Air Arabia Maroc**。エアアラビアは U.A.E の航空会社で、2009年にエアアラビア・モロッコを設立。国内線に参入し、路線を拡大。価格競争によって、よりリーズナブルに国内線を利用できるようになった。また、かつてはカサブランカを経由するしかなかった地方都市間の移動も、エアアラビア・モロッコが新たな路線を運航し、より便利になっている。その路線は主要都市間をほとんど網羅している。予約はホームページで行うことができる。

▲カサブランカ国際空港に降り立ったモロッコ航空

国内線を運行する航空会社
✪モロッコ航空
Royal Air Maroc
URL www.royalairmaroc.com
✪エアアラビア・モロッコ
Air Arabia Maroc
URL www.airarabia.com/en/
air-arabia-maroc

国内航空の注意点

　モロッコ航空の国内線は遅延や次の便への繰り越しが多いので注意しよう。比較的始発や最終のフライトは安定しているようだが、どうしても時間どおりに移動しなければならない場合は、列車を使ったほうがよいだろう。

国内線のおもな路線の片道運賃
▶**モロッコ航空**
カサブランカ～エルラシディア　　　　　　　　422DH
カサブランカ～ワルザザート　　　　　　　　　422DH
カサブランカ～タンジェ　　　　　　　　　1097DH
カサブランカ～フェズ　　　　　　　　　807DH
▶**エアアラビア・モロッコ**
マラケシュ～フェズ　　　　　　　　　291DH
マラケシュ～タンジェ　　　　　　　　　260DH
フェズ～エルラシディア　　　　　　　　　260DH

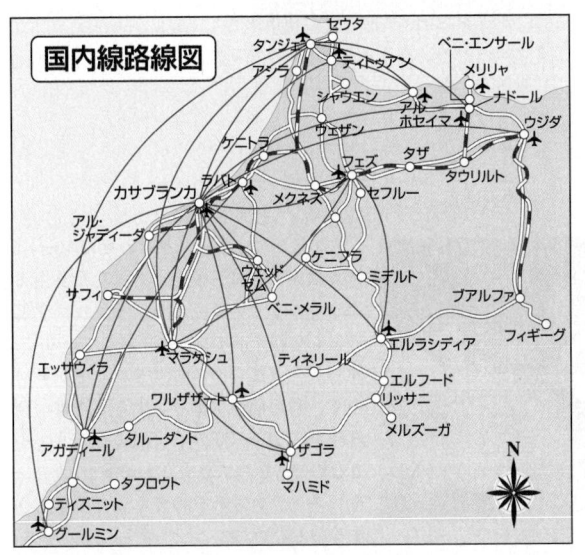

国内線路線図

セウタ
タンジェ
アシラ
ティトゥアン
ベニ・エンサール
メリリャ
シャウエン
ウェザン
アル・ホセイマ
ナドール
ケニトラ
フェズ
タザ
ウジダ
タウリルト
ラバト
メクネス
カサブランカ
セフルー
アル・ジャディーダ
ウェッドゼム
ケニフラ
ミデルト
サフィ
ベニ・メラル
ブアルファ
フィギーグ
エッサウィラ
マラケシュ
ティネリール
エルラシディア
ワルザザート
エルフード
リッサニ
メルズーガ
アガディール
タルーダント
ザゴラ
タフロウト
マハミド
ティズニット
グールミン

N

▲タンジェのイブン・バットゥータ国際空港

▲空港～カサブランカの
列車内

モロッコにLGV開通！

　2018年、タンジェ～カ
サブランカ間にTGV（高
速列車）が開通。最高時速
320キロ、所要時間2時間
10分で結ぶ。通称アル・
ボラク Al Boraq。最終的に、
南はマラケシュを通ってア
ガディールまで、東はウジ
ダまで延長する予定。高速
鉄道を使ったカサブランカ
→タンジェの1泊2日旅
行は→P.14。

列車内では「絶対に
寝ない」が鉄則

　時間節約、ホテル代節約
に便利な夜行列車だが、盗
難が多い。特にタンジェ～
マラケシュの夜行は十分に
気をつけて。寝ている間に
ザックをナイフで切られた
人、また催涙スプレーをか
けられバッグを盗まれた人
もいる。

快適な1等席は早目の購入を

　快適な1等席は数が少な
いので、早めに購入するこ
とをおすすめする。

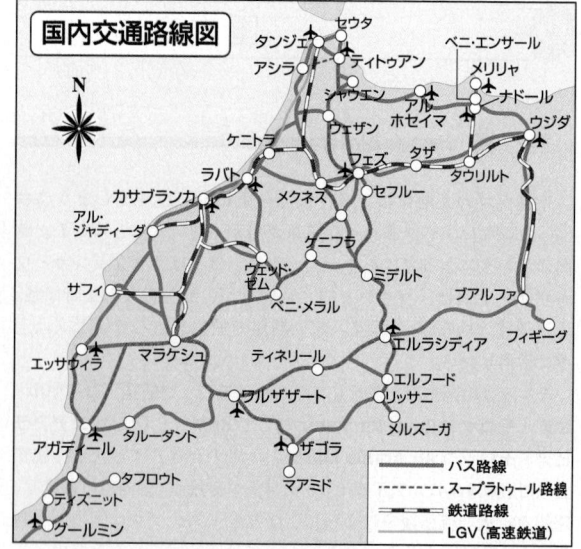

国内交通路線図

N

セウタ
タンジェ
アシラ　ティトゥアン
　　　ベニ・エンサール
　　メリリャ
シャウエン　ナドール
ケニトラ　ウェザン　アル・
　　　　ホセイマ　ウジダ
ラバト　フェズ　タザ
カサブランカ　メクネス　タウリルト
　　　　セフルー
アル・　　グニフラ
ジャディーダ
サフィ　ウェッド・　ミデルト
　　　　ゼム
　　　　ベニ・メラル　ブアルファ
エッサウィラ　マラケシュ　エルラシディア　フィギーグ
ティネリール
　　　ワルザザート　エルフード
アガディール　タルーダント　　リッサニ
　　　　　　　　メルズーガ
ティズニット　　　ザゴラ
タフロウト　　マアミド
グールミン

バス路線
スープラトゥール路線
鉄道路線
LGV（高速鉄道）

● 鉄道

※ 鉄道は快適で、本数も比較的多い

　モロッコの鉄道 **ONCF**（Office National des Chemins de Fer）は、
国土をくまなく結んでいるわけではない。ヨーロッパの感覚でい
わゆる鉄道旅行を計画すると無理が生じるが、それでも主要都市
の大きな移動には重要な足となる。路線は大きく分けると、下記
のとおり。

　Ⅰ タンジェ～メクネス～フェズ～ウジダの西方ルート
　　　＋ウジダ～ブアルファの往復ルート
　Ⅱ フェズ～メクネス～ラバト～カサブランカ～マラケシュの
　　東南ルート
　　　＋カサブランカ～ウェッド・ゼムの往復ルート
　　　＋カサブランカ～サフィの往復ルート
　　　＋ベンゲニ～サフィの往復ルート
　　　＋タウリルト～ベニ・エンサールの往復ルート

▲フェズ～メクネスを結ぶ列車

　このほかに、ⅠとⅡを合わせたルート、
例えばタンジェ～マラケシュを乗り換え
なしでつなぐ列車もある。モロッコ北部
のおもな観光ポイントは網羅しているし、
同じルートならバスより速いことが多い
ので、利用価値は高い。乗るときは、発
車時刻の20～30分前に駅に行こう。小
さな町でも駅は大きいことが多く、カフェ
やレストランもあるのでそこでゆっくり
するのもいい。

▲大きく立派なマラケシュ駅

▲列車は国内移動の主流

※1等車に乗るか、2等車に乗るか

　モロッコの列車は2クラス制。1等、2等がある。2等車は現地の人が子供と大荷物をかかえてドドッと乗り込んでくることもある新鮮な味わいのある車両だ。最近では、ほとんどの列車が新型車両になり、エアコンも効いていて2等車でも快適な旅がおくれるようになった。

　さて、1等と2等の違いだが、まず値段がかなり違う。カサブランカ〜マラケシュで1等120DH〜、2等49DH〜といった具合だ。中の様子は列車によってかなり差があるが、1等は幅が広めでフカフカのシート。1コンパートメントにつき6席というものが多い。2等はシートの幅が狭く、1コンパートメントにつき8席とやや窮屈。どちらも頭上にスーツケースを載せられる荷物置きがあるので荷物はそちらに。1等、2等関わらず、現地の人々との触れ合いが楽しめる。

　夜行列車に乗る場合は、衛生面から見ても1等車に乗ったほうがいい。ただ、モロッコの夜行列車には決してひとりでは乗らないように。特にタンジェ〜マラケシュ、タンジェ〜カサブランカの鈍行の夜行では盗難が多発している。

▲2等車のコンパートメント

※ 発車時刻はホームページで

　列車の時刻表や運賃は、ONCFのホームページ（→欄外）で事前に調べられる。また、駅構内で時刻表をもらえるので、自分の乗りたい路線をチェックするなどして、現地での情報収集を怠らないように。

　カサブランカやラバトなどの大都市には、複数の駅があるので気をつけよう。電車によって発着駅が違うし、片方の駅にしか停まらない列車もあるので停車駅を確認しておこう。

　チケットは、発券機や窓口で購入する。乗る列車と1等か2等かを告げること。チケットは行き先、等級、料金がちゃんと印刷され、ボラれることはない。乗車後、検札があるのでなくさないように。列車には行き先の表示がないので、乗る前にほかの乗客や駅員に確かめたほうがいい。駅の時刻表で乗り換えが必要な列車かどうかも確認しておこう。

おもな列車路線の運賃
（2019年6月現在）

❂ONCF
☎ (0537)77-47-47
URL www.oncf.ma

▶**カサブランカから**
〈カサ・ポール駅から〉
〜ラバト
　1等 69DH
　2等 37DH
〈カサ・ヴォヤジャー駅から〉
〜マラケシュ
　1等 120DH〜
　2等 49DH〜
〜タンジェ（LGV）
　1等 243DH〜
　2等 149DH〜
〜フェズ
　1等 132DH〜
　2等 49DH〜
▶**タンジェから**
〜フェズ（LGV乗継）
　1等 295DH
　2等 172DH
〜ラバト（LGV）
　1等 234DH
　2等 157DH
〜マラケシュ（LGV乗継）
　1等 419DH〜
　2等 302DH〜

鉄道は予約できない？
　ONCFのホームページで時刻表、運賃は確認できるが、海外で発行されたクレジットカードに対応していないため、基本的に予約はできない（2019年6月現在）。もちろん、現地到着後に駅であらかじめ購入しておくことはできる。

▲列車によって清潔さも違う

▲フェズ〜メクネス間の列車の内部

国内交通

民営バス、グランタクシーを使って移動を楽しむ

　時間的余裕があまりない場合、CTMバスにこだわっていると移動時間に無駄が出る場合がある。そんなときはほかの移動手段と組み合わせて、時間のロスをなくしていくといいだろう。民営バスも乗り心地は悪くないし、かなり多くの町へ直行で行ってくれる。

　グランタクシーもワルザザート～ティネリールなど長距離も走っている。乗り合いで、バスより少し高い程度なので、うまく利用すれば待ち時間や乗り継ぎのロスは少なくなるはずだ。できればグランタクシーでは、ほかの人が払っている金額をチェックしたあとで、お金を払うようにしたほうがよいだろう。

▲きれいな車体の
　スープラトゥール

▲マラケシュ鉄道駅のそばにあるスープラトゥールのバスターミナル

▲長距離バスは休憩もする（CTM）

● バス

❊ モロッコには3タイプのバスがある

　モロッコの旅で一番頻繁に使うことになるのがバスだろう。バスの路線はモロッコ全土を網の目のように走り、砂漠の真ん中の町まで便がある。鉄道の通っているルートは必ずバスも走っていて、本数は倍くらい多い。

　バスは、国営の **CTM**（Compagnie de Transport Marocains – Lignes Nationales）と、ONCF鉄道会社と同経営の**スープラトゥール Supratours**、そして**民営**のローカルバスがある。JRと私鉄のようなものだ。違いは次に挙げる5項目。なお、各町ではそれぞれのバスターミナルが違うこともあるので注意しよう。

路線／ほぼ同じ路線を走っている。本数は双方の力関係で決まり、CTMのほうが多かったり民営のほうが多かったりとまちまち。ただし、スープラトゥールは列車が走っていない各主要都市間のみ。田舎では民営が圧倒的に多く、民営のみのところもある。

運賃／CTMやスープラトゥールのほうが、料金が5～10％ほど高いことが多い。民営バスは企業努力によって値段を下げ、客集めをしている。ターミナルで「どこに行くのか」と声をかけてくるおじさんは、たいてい民営バスの客引き（案内係）だ。しかし、そもそもが安い運賃。実際には1～5DHの差だし、荷物代で差額が帳消しになることもあるので、料金でCTMか民営かを選ぶこともないだろう。

▲CTMは独立したターミナルをもつことが多い

車体／概してCTMとスープラトゥールのほうが、車体がきれいだ。さらにCTM、スープラトゥールはエアコン付きも多い。ただ、アトラス越えの路線などは、車体に負担がかかるせいか、ぐっとサバイバルな様相になって、きれいとはいいがたい。こうなると、外見だけでは民営と比較できない。民営バスのほうだが、こちらはいろんな会社があり、それはもうピンキリだ。CTMと変わらない立派なものもあれば、シートが穴だらけでギシギシきしみ、異様な臭気が充満している……というのもある。

　どちらのバスも冬は暖房が効かないので、早朝や夜は足元がかなり冷える。防寒を忘れずに。

速さ／スピードは当然変わらないが、所要時間は、間違いなくCTMやスープラトゥールのほうが短い。それは、CTMやスープラトゥールが目的地まで直行するのに対して、民営バスはそこここで停車するからだ。道で待っている人をいちいち乗せて行く。ある村で大荷物を載せたと思うと次の村でそれを降ろす、簡易運送業も兼ねている。

快適さと楽しさ／CTMやスープラトゥールは座席指定のことが多く、基本的に満席になったらもう客を乗せない。車内は静かで背もたれも倒れるし、長距離の路線ではビデオまである。ほぼ時間どおりに到着するので安心感がある。一方、民営バスは、満席になってもまだ客を乗せる。さらに、出発前や休憩時間になると、物売りや物乞いやコーランを読み上げて降りて行くおじさんなどが乗ってくることもしばしば。しかし、単なる移動手段という以上の「楽しさ」がある。

▲フェズのCTMバスターミナル

※ 必ずバスターミナルの場所と発車時刻を確認する

　バスで移動することに決めたら、まずその町のバスターミナルの場所を確認しよう。ターミナルに行ったら、行き先と発車時刻の確認。例えば、モロッコでは早朝に出るバスが多い。それが6:00か6:30かをチェックしよう。30分くらいの変更は頻繁にある。それに、祭りの時期など、定期便のバスが別ルートの臨時便に貸し出されていたりして、1日3本のはずが2本になったりする。掲示板で確認したら、窓口に行き、何日の何時発どこ行きのバスと書いた紙を見せるなどして、予約したい旨を係員に伝えよう。たぶん、前日か、夜行バスなら当日の朝から発売になるという答えが返ってくる。そうしたら、その言われた日に行って予約しよう（CTM、スープラトゥール、民営バスとも前日にチケットの購入が可能）。

▲スープラトゥールは人気なので混んでいることが多い

▲ハッシ・ラビアド（メルズーガそば）のスープラトゥール乗り場

CTMバスのおもな路線の運賃（2019年6月現在）

✪CTM
☎ 0800-0900-30
（コールセンター）
URL www.ctm.ma

カサブランカ～ラバト	35DH
～マラケシュ	95DH
～フェズ	85DH
～ワルザザート	155DH
～タンジェ	100DH
タンジェ～フェズ	115DH

※時間帯によって料金が変わることもある。

CTMはオンライン予約が可能

　CTMのホームページでは時刻表や料金の確認ができるほか、便の予約も可能。希望の便を選び、クレジットカードで決済。eチケットをプリントアウトして、CTMオフィスで発券してもらおう。人気路線にもかかわらず便数の少ないフェズ～シャウエン間などは早めに予約しておきたい。

バスの窓と、太陽の重要な関係

　昼間、バスに乗るときは、行き先の方向と時間による太陽の傾きを考えて、できるだけ日の当たらない側に座ろう。夏だと、同じバスの中でも日陰は快適、日なたは地獄だ。ただし、アトラス越えのバスなど、日なたの側が景色がいいこともある。そんなときは、個人の判断で。濡れタオルをバッグに入れておくのも手だ。乾燥している地なので、日差しがそれほど気にならなくても、長時間日光にあたるのは避けたほうがいい。

預けた荷物の受け取り時の注意

CTMバスで預けた荷物を受け取るとき、たいていは係員がバスから荷物を取り出してくれるが、たまに自分で取り出さなければいけないときがあるので、注意しよう。

▲マラケシュのスープラトゥール乗り場のカウンター

プチタクシーの料金

おもな都市のプチタクシーにはメーターが付いていて、モロッコ人は皆メーター計算で乗っているが、観光客の場合はメーターを使おうとしない運転手もいる。メーターで走ってくれる都市は、メクネス、ラバト、カサブランカなど。どの町でも、昼間に市内を移動するなら20〜30DHくらいが相場。余談だが、モロッコでタクシー運転手は貧乏商売のひとつだそうだ。そもそも、都市には市内バスが走っているし、徒歩で行けないほど遠い所は多くないのだから、タクシーを使うのは贅沢をすること。目をつり上げてディスカウントしては気の毒だ。

グランタクシーの料金目安

マラケシュから
　　エッサウィラ　100DH
　　ワルザザート　100DH
　　カサブランカ　120DH

グランタクシーのルートは基本的に決まっている

グランタクシーは、たいてい、ふたつの決まった都市間を走っている。ただしどの町のタクシーかによって、夕方になると行ってくれないこともある。例えば、メクネス〜ラバト間を走るタクシーでも、メクネスのタクシーだと、17:00頃にラバトへ行ってほしいと言っても、断られる可能性が高い。

※ 早く出発することもあるので早めに行って待機

モロッコの多くのバスターミナルは、案内表示がわかりにくい。案内表示だけでなく、出発時刻もかなりアバウトだ。アバウト＝遅れるとは限らないのがモロッコのバス。予定の時刻より早く出発することだってある。ギリギリに行くと、もうバスは出たあとだったりすることも。

できるなら、ターミナルには発車時刻の30分前には着いているようにしよう。近くの人に○○行きのバスに乗るんだが、と言えば、ここで待っていろとか、あのバスだとか教えてくれる。同じバスに乗る人が見つかれば安心だ。

※ 車内に入らない荷物は荷物代が必要

大きな荷物を預ける場合、荷物代が必要になる。一部のCTMターミナルでは荷物の重さを量ってくれる場合もあるが、9割がたは、係員が気分次第で値段を言う。だいたい5DH程度が相場。ところが、この係員とは別に、荷物の積み込み作業をやる男性がいて、さらに5DHくらいポーター代として要求されるときがある。チップを渡すかどうかはその人の気持ち次第。もちろん預ける荷物に貴重品は絶対入れないこと。スープラトゥールは荷物代込みの価格なので、スーツケースなどがある人はこちらを利用しよう。

● プチタクシーとグランタクシー ━━━━━

モロッコには、プチとグラン、2種類のタクシーがある。

プチタクシー Petit Taxi は、市内だけを走る小型タクシーだ。プジョーやシトロエンなどで、頭に PETIT TAXI の表示がある。町によって車体の色が統一されていて、例えばラバトは青、メクネスは水色、カサブランカは赤だ。屋根にキャリーが付いていることもある。

グランタクシー Grand Taxi は、市内外ともに走る大型タクシー。都市ではベンツ、田舎ではプジョーやルノーのライトバンなどで、クリーム色のものが多い。グランタクシーという表示はないが、たいていは屋根に TAXI と表示があり、グランタクシー乗り場にずらっと待機しているのですぐわかる。モロッコでは、おもに乗合タクシーとして使われ、町と町との間を往復している。6人乗りで、人数が集まると出発する。たいていの乗り場には、運転手のほかに、何台かのタクシーをまとめている親分的存在の人がいて、タクシーの順番や客扱いを仕切っている。しかしときには後部座席に5人、前席に7人乗せられることも……。値段は距離にもよるが、バスよりやや高いくらい。運転が荒っぽいし、車もボロいが、速さと便利さが受けている。中距離の移動にはとても便利だ。また、観光のためにあちこち回りたい場合にも使える。乗り合いせずにチャーターすると当然そのぶん高くなるので、ほかの旅人に声をかけるなどして人数をまとめると安上がりだ。

▲マラケシュのグランタクシー乗り場

主要な町と町のグランタ
クシーの走行距離と
所要時間の目安

ラバト～カサブランカ
　91km（約1時間30分）
ラバト～フェズ
　198km（約3時間）
ラバト～メクネス
　138km（約1時間30分）
ラバト～タンジェ
　278km（約3時間30分）
カサブランカ～マラケシュ
　238km（約2時間30分）
マラケシュ～アガディール
　273km（約3時間）
アガディール～エッサウィラ
　173km（約2時間）

レンタカー

　21歳以上で、**国外運転免許証**と**パスポート**、**クレジットカード**があれば、誰でもレンタカーを利用できる。カサブランカやマラケシュなど、都市部にはレンタカー会社があり、支店がほかの町にあれば割高になるが、乗り捨ても可能。ヨーロッパに比べて、都市間道路は単純で、道路標識も完備され、日本のものと似ているためわかりやすい。ルートマップは現地で購入できる。

　交通ルールは基本ヨーロッパと同じ。車両は右側通行で、特に標識などで示されていない限り、自分から見て右側の車が優先になる。制限速度は、標識で示されているが、一般道路での制限速度はだいたい時速40～60km、高速道路では時速120km。現実は、この速度が守られていることはほとんどなく、モロッコ人はかなり飛ばすので、事故を起こさないように気をつけよう。

　道路状況だが、主要道路は地方部まで舗装されているが、日本の道路と比べ表面がツルツルしている。そのため、路面が濡れると非常に滑りやすくなり予期せぬ事故が起こることも。また、高速道路上でも住人や家畜が横断することもある。照明が全く設置されていない区間もあるので、夜間の走行は慎重に。

　料金だが、決して安くはない。1日、3日、7日など、日数、車種によって料金が設定されている。コンパクトカークラスのマニュアル車で、税金、保険料、走行距離無制限の場合、500DH前後。モロッコ資本のレンタカー会社のほうが料金は安いが乗り捨てできないことが多い。ガソリンスタンドは、山中や砂漠を除き、市内、幹線道路ともにたくさんあり、10DH/ℓくらい。レンタカー会社によって、満タン返しかカラ返しかが変わるので借りる際に確認を。日本に比べ、モロッコは自動車事故が格段に多いということを忘れずに。

スピード違反に注意

　近年、モロッコでは都市部に限らず、山間部などでもスピード違反の取り締まりが頻繁に行われている。外国人であろうと、違反をしたらその場で違反金を支払わないといけない。違反金は300DH。

▲オート・アトラスのガソリンスタンドは24時間営業

▲レンタカーでのアトラス越えもおすすめ

宿泊について

**モロッコの美しき
リヤドに泊まる**
→ P.36

海外のホテル予約サイト
✪ **ブッキングドットコム
Booking.com**
URL www.booking.co
✪ **エクスペディア
Expedia**
URL www.expedia.co.jp
✪ **アゴダ
Agoda**
URL www.agoda.com
✪ **ホテルズドットコム
Hotels.com**
URL jp.hotels.com

ホテルでのチップ

　モロッコではチップの習慣が浸透している。高級ホテルでは荷物を運んでもらうベルボーイ、ハウスキーピング、特別にサービスを受けたときなどにチップを渡ぎ。ベルボーイに渡すタイミングはひととおり客室の説明をしてもらったあと。こちらが忘れて渡さずにいると、なかなか部屋を出て行かないこともある。ハウスキーピングはベッド脇のテーブルに置いておく。枕の下はやめよう。安宿ではチップを払う必要はない。

▲一度は泊まってみたいリヤド

▲メルズーガ近郊の中級ホテル

✸ どんなホテルがあるか

　モロッコは立派な観光国だ。ホテルの数が多いのはもちろん、ほとんどの町ではヨーロッパ資本の高級ホテルからモロッコ人が泊まるような安宿まで揃っている。リゾートホテルもあって、日本やヨーロッパに比べてかなり安くリッチな旅を楽しめるのがうれしい。

　さて、どんなホテルがあるか。一応、政府によって1～5つ星のランク付けがされている。料金と設備のだいたいの目安は以下のとおり。ホテルの看板に星が付いているが、その信憑性は各自の判断で……。

★★★★★‥‥1室2万円～。すべてがゴージャス。

★★★★‥‥‥1室1万円くらい～。日本からの一般ツアーも利用する。ほとんどがエアコン完備。海外旅行は初めてという人でも安心できる。

★★★‥‥‥‥1室5000～6000円。こぢんまりとしていて清潔。ほとんどの部屋にお湯の出るシャワーとトイレ付き。レストランもある。このランクならヨーロッパと同じ感覚で泊まれるはずだ。安宿を泊まり歩くような旅人にとっては相当高級に思えるだろう。

★★‥‥‥‥‥シャワー、トイレ付きツイン2000～3000円。シャワーやトイレが共同というところも多くなる。ホテルによる当たり外れが大きいが、モロッコ庶民の姿に触れたいならこのクラス以下がいい。メディナ内のリヤドでおすすめのホテルはたいていこのランクからだ。

★‥‥‥‥‥‥シャワー、トイレ付きツイン1000円前後。かなり質素。水のシャワーだけというところも多く、きれいとはいいがたいが、フレンドリーなモロッコ人スタッフとのコミュニケーションに花が咲くことも多い。

星なし‥‥‥安いところではひとり1泊600円、高くても1200円以内の範囲で泊まれる。ベッドにテーブルに裸電球1個、そんな部屋も多いが、新しいところだとけっこうきれいだ。湯シャワーの出るところもあるし、シャワー、トイレ付きの部屋があるところもある。たいていは地の利がよく、観光に便利。ただ都会へ行くほど、同じ料金でも設備や清潔度のレベルが下がるということを覚えておこう。

▲安宿でも雰囲気のよいところが多い

日本人の感覚なら、3つ星以上のレベルが平均的だろう。ただ地方へ行くと、4つ星クラスでもエアコンが壊れていたり、お湯シャワーの出がよくなかったりということもある。

このほか、モロッコには**ユースホステル（YH）**が十数軒ある。ドミトリー形式（ひとつの部屋に2段ベッドが何台もある共同部屋）で、ひとり70DH程度で泊まれる。バックパッカーをはじめ国内外の旅人が集まり、情報交換ができるいい場所だ。YHは、フランス語でAuberge de Jeunesse（オーベルジュ・ドゥ・ジュネス）、アラビア語でバイトゥ・アッシャバブという。また、各町には**キャンプ場**がある。テントや寝袋を持っていなくても泊まれるキャンプ場もあるので、利用価値は高い。ホテルによっては、屋上やサロンを旅人用に開放して、安く泊めてくれるところもある。寝袋がなくても毛布を貸してくれたりする。

❊ ハイシーズンは予約がベター

モロッコのホテルに関しては基本的に予約の必要はない。しかしマラケシュや大西洋沿岸のリゾート地のホテルは、シーズン中には必ず予約を入れること。安宿にはホームページがないところが多いが、ホテル予約サイトで予約できるところも多い。

ホテルはたくさんあるし、駅の近く、バスターミナルの近く、町の中心部など見つけやすい場所に集中している。お祭りでもないかぎり、ホテルは比較的すいている。ただ、人気の安宿は部屋数が少ないので、シーズン中はすぐに満室になる。予約を入れたほうがいい。

❊ 安宿選びの基準——お湯にこだわると高くつく

中級以下のホテルで尋ねることは、①1泊の料金、②シャワー、トイレが共同か室内に付いているか、③シャワーは水か湯か（有料か否か）、④朝食付きか否かの4点。中を見せてもらったら、⑤清潔さ、⑥ベッドのクッション、⑦シャワーが出るかどうかを確認。中身はピンキリだからきちんとチェックしよう。

この際、お湯のシャワーにこだわらないほうがいい。砂漠のほうではしょっちゅう断水しているから、せっかく高いホテルに泊まったのに、シャワー自体使えない日もある。また、停電も少なくないから、水は出ても湯にならない日だってある。

モロッコには、ハマムと呼ばれる公衆浴場がある。日本の銭湯に当たるもので、砂漠の真ん中でも不思議なほどふんだんにお湯がある。釜で焚いているので、停電も関係なし。10DHくらいだ。シャワーなしの宿に泊まってハマムを利用する、これが実は最も安上がりで、間違いなくアカを落とせる方法だ。

▲広い中庭があるのが一般的な間取り

モロッコのおもな
ユースホステル
URL www.hihostels.com

✿**マラケシュ**
☎ (0524)44-77-13
新市街。

✿**フェズ**（→P.151）
☎ (0535)62-40-85
新市街。

✿**メクネス**
☎ (0535)52-46-98
新市街。

✿**ラバト**
☎ (0537)72-57-69
メディナの西側で城壁の外。

✿**カサブランカ**（→P.208）
☎ (0522)22-05-51
メディナの港側の入口付近。

▲カサブランカのホテルは予約がベター

宿泊について

通信事情

▲テレブティックの公衆電話

日本での国際電話の問い合わせ先

⊕**KDDI**
FREE 0057

⊕**NTTコミュニケーションズ**
FREE 0120-506506

⊕**ソフトバンク**
FREE 0120-0088-82

⊕**au携帯**
FREE 157

⊕**NTTドコモ携帯**
FREE 151

⊕**ソフトバンク携帯**
FREE 157

携帯電話を紛失した際の現地からの連絡先

（利用停止の手続き。全社24時間対応）

⊕**au**
☎00+81+3+6670-6944

⊕**NTTドコモ**
☎00+81+3+6832-6600

⊕**ソフトバンク**
☎00+81+92+687-0025

※それぞれの携帯から無料、一般電話からは有料。

SIMカードとは

SIM（Subscriber Identification Module）カードとは、電話番号を特定するための固有のID番号が記録された、携帯やスマートフォンで通信するために必要なICカードで、いわば身分証のようなもの。形状は標準、micro、nanoの3タイプで、端末によって異なる。大手キャリアで購入した携帯電話の場合、そのキャリアでしか使用できない制限（SIMロック）がかかっている。しかし、2015年5月に日本でSIMロック解除が義務化され、購入したキャリアに持ち込めば、SIMロックを解除してもらえる。

● 電話

✳ ホテル電話、テレブティック

SIMフリーの携帯電話を持っていない場合、ホテルの客室やテレブティック（公衆電話店）からかけることができる。2019年6月現在、モロッコでも携帯電話はかなり普及しており、テレブティックの数は減っているが、町には必ず1軒テレブティックがある。個室になっているところもあり、騒音を気にすることなく電話できる。中には店主がいるので、わからないことがあれば聞いてみよう。テレブティックからの通話料は国内電話が1分0.5～1DH。日本へは1分3DH。

▲メクネスのテレブティック

✳ 携帯電話

SIMフリーの携帯電話をもっている場合、モロッコの電話会社の短期滞在者用SIMカードを現地で購入し、カードを入れ替えれば、現地電話会社を通して安く電話をかけることができる。SIMカードは空港ほか、町中の電話会社のショップで購入可能だ。（2019年6月現在、カサブランカのムハンマド5世国際空港の荷物受け取りフロアで、各通信会社がSIMカードを無料配布している。これはSIMカードのみで、電話やデータ通信ができるようにするのはもちろん有料）

例えばオレンジの場合、50DHのパッケージを購入すると、3時間分の国内通話、2GBのデータ通信が付いてくる。国際電話をかけるなら、100DH、150DHなどといった、より高額なパッケージを購入しよう。日本までの通話料は20分20DH程度。

✳ 国際電話のかけ方

ダイレクトコール

海外に直接電話を掛けることをダイレクトコールという。モロッコから日本への電話のかけ方はP.8を参照。

国際クレジットカード通話

クレジットカードの番号を入力してかけることのできる国際電話。日本語音声ガイダンスに従って通話すればいいので英語が苦手な人でも安心だ。海外から日本、海外から海外にもかけられる。

プリペイド通話

日本国内であらかじめ購入できる日本の通信社が発行するプリペイドカード。KDDIの「スーパーワールドカード」などがある。

● インターネット

※ Wi-Fi 事情

モロッコでは Wi-Fi の整備が進んでおり、さまざまな場所で無料 Wi-Fi が利用できる。スピードもなかなか速いので快適だ。最も整備が進んでいるのがホテル。本誌で紹介しているホテル（安宿を含む）のほとんどで Wi-Fi は整備されている。ただし、まれに有料のところやロビーでのみ接続ができるところなどもある。ホテル予約サイトでは、客室でも Wi-Fi が利用できるかどうかもわかるので予約時にチェックしておこう。客室で接続可能と謳ってはいても、場所によっては電波が入らなかったり、速度が遅かったりするので注意。ホテル以外でも、空港やレストランなど、Wi-Fi 接続が可能なところは年々増加している。また、日本から海外用モバイル Wi-Fi ルーターを持っていく方法もある。

※ SIM フリーのスマートフォンを利用

SIM フリーのスマートフォンをもっていれば、現地で SIM カードを購入してインターネットに接続することができる。オレンジの 50DH のパッケージの場合、3 時間分の国内通話、2GB のデータ通信が付いてくる。たまに地図で現在地を確認したり、メールチェックしたりする程度であれば 2GB ほどで充分だが、SNS に写真をアップするなど、頻繁にインターネットを利用する場合は、100DH、150DH などといったより高額なパッケージを購入しよう。

▲ムハンマド 5 世国際空港でも登録なしで無料 Wi-Fi が利用できる

通信事情

モロッコの携帯電話会社

モロッコの通信会社の大手といえばモロッコ・テレコム Maroc Telecom。空港はもちろん、どの町にも立派なオフィスを構えているので、もっとも安心して利用できる。そのほか、イヌウィ Inwi、オレンジ Orange などの会社もある。

▲モロッコ・テレコムの SIM パッケージ

INFORMATION
モロッコでスマホ、ネットを使うには

まずは、ホテルなどのネットサービス（有料または無料）、Wi-Fiスポット（インターネットアクセスポイント。無料）を活用する方法がある。モロッコでは、主要ホテルや町なかにWi-Fiスポットがあるので、宿泊ホテルでの利用可否やどこにWi-Fiスポットがあるかなどの情報を事前にネットなどで調べておくとよいだろう。ただしWi-Fiスポットでは、通信速度が不安定だったり、繋がらない場合があったり、利用できる場所が限定されたりするというデメリットもある。ストレスなくスマホやネットを使おうとするなら、以下のような方法も検討したい。

☆ 各携帯電話会社の「パケット定額」

1日当たりの料金が定額となるもので、NTTドコモなど各社がサービスを提供している。
いつも利用しているスマホを利用できる。また、海外旅行期間を通じてではなく、任意の1日だけ決められたデータ通信量を利用することのできるサービスもあるので、ほかの通信手段がない場合の緊急用としても利用できる。なお、「パケット定額」の対象外となる国や地域があり、そうした場所でのデータ通信は、費用が高額となる場合があるので、注意が必要だ。

☆ 海外用モバイルWi-Fiルーターをレンタル

モロッコで利用できる「Wi-Fiルーター」をレンタルする方法がある。定額料金で利用できるもので、「グローバルWiFi（【URL】https://townwifi.com/）」など各社が提供している。Wi-Fiルーターとは、現地でもスマホやタブレット、PCなどでネットを利用するための機器のことをいい、事前に予約しておいて、空港などで受け取る。利用料金が安く、ルーター1台で複数の機器と接続できる（同行者とシェアできる）ほか、いつでもどこでも、移動しながらでも快適にネットを利用できるとして、利用者が増えている。

ほかにも、いろいろな方法があるので、詳しい情報は「地球の歩き方」ホームページで確認してほしい。
【URL】http://www.arukikata.co.jp/net/

ルーターは空港などで受け取る

トラブルと安全情報

予防注射について

現在、モロッコにはコレラ、黄熱病、マラリアなどの一切の予防注射をすることなく入・出国できる。アフリカといえども、北アフリカに関しては予防注射は不要なのだ。もちろん、エボラ出血熱の心配もない。

写真撮影について

軍事施設やモスク内以外に撮影禁止という場所はほとんどないが、人物を撮る場合、嫌がる人を無理に撮影しようとすると、トラブルのもとになりかねないので、注意しよう。特に、南部のベルベル人の住む小さな村では、ことのほか写真を嫌がる女性が多い。ほかの都市でも、人を撮りたい場合はひと言声をかけよう。

パスポートの新規発給

●**在モロッコ**
　日本国大使館
[住]39 Av. Ahmed Balafrej, Souissi, Rabat
☎(0537) 63-17-82 ～ 84
[FAX](0537) 75-00-78
●**必要なもの**
①現地警察署の発行した紛失・盗難届出証明書、②写真（縦45mm×横35mm）1葉、③戸籍謄本または抄本1通、④旅行の日程などが確認できる書類（航空券や旅行会社が制作した日程表）、⑤手数料　10年用旅券→1万6000円、5年用旅券→1万1000円、帰国のための渡航書→2500円。いずれも現地通貨の現金で。
※2006年3月の改正旅券法の施行により、紛失した旅券の「再発給」制度は廃止されている。
●**外務省ホームページ**
[URL]www.mofa.go.jp/mofaj/toko/passport/pass_5.html

❋ 悪質非公認ガイドにだまされないように

最近は、警察の取り締まりによって、自称ガイドの数も減ってきた。とはいえ、まだまだ悪質ガイドにだまされてたいへんな目に遭う旅行者があとを絶たない。ひとり旅に慣れていない人は背伸びをせず、嫌なものははっきりと断ろう。モロッコでの人との接し方に慣れるまでには、それなりの時間がかかることも覚えておこう。

❋ イスラム教国を意識した旅を

まずモロッコを旅する前に、イスラム教国であるということを頭に入れよう。イスラム教は彼らの生活に深く根ざしていて、人々はたくさんの戒律を守って暮らしている。モロッコ人はとても誇りの高い国民だ。物欲がらみの殺人は非常に少ないが、一方で名誉を傷つけられたときの殺人が多いという。彼らはとても親日的で良心的な国民だが、彼らの名誉を傷つけないように気をつけよう。また、国王についての話は避けたほうがよい。

女性は、基本的に肌をさらす服は着ないように。夏季になると大都会では地元の女性がノースリーブの服を着ていることもあるが、モスクやマドラサ内では何か羽織ろう。

▲現地の女性を参考に露出の少ない服装を心掛けよう

❋ 旅の資本は体力！　無理のない旅を

モロッコ旅行でありがちな体のトラブルの大半は、風邪と下痢。昼間の異常な暑さ、気温の変化の激しさ、おまけに乾燥しているという、日本人には慣れない気候だ。無理をせず、疲れたら休もう。これだけでたいていの病気は防げるはずだ。

万一、高熱が続いたり、吐き気をともなうひどい下痢が続いたりしたら、ホテルのスタッフに大きな病院へ連れていってもらおう。熱射病にかからないように帽子は忘れずに。

❋ パスポートを紛失した場合

パスポート（旅券）をなくした場合は、まず現地の警察署へ行き、紛失・盗難届出証明書を発行してもらう。次にラバトの日本大使館で旅券の失効手続きを行い、新規旅券の発給、または、帰国のための渡航書の発給を申請する。

迅速な手続きのためには、パスポートの顔写真があるページと、航空券や日程表のコピーを、原本とは別に保管しておこう。

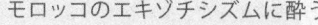

モロッコ読書案内

モロッコのエキゾチシズムに酔う

『シェルタリング・スカイ』のポール・ボウルズや、『裸のランチ』のウィリアム・バロウズといったカルト作家は、独特の退廃的な作風でモロッコのエキゾチシズムを世界に知らしめた。ハシシの煙が匂ってきそうな彼らの一種異様な世界こそ、欧米におけるモロッコのイメージだ。特に1999年までタンジェで健在だったボウルズは、完璧にひとつのモロッコ像を創ったといえる。魅力的な文学だが、小説群は少々難解。ボウルズ作品は紀行文が比較的読みやすい。**『孤独の洗礼／無の近傍』**（杉浦悦子、高橋雄一郎訳／白水社／1994）はモロッコとサハラの魅力を詩情たっぷりに綴ったトラベルエッセイの逸品だ。ボウルズは生来の旅人なのだと実感させられる。

モロッコ人作家の小説では、ターハル・ベン＝ジェルーンによる**『砂の子供』**と**『聖なる夜』**の2冊（菊池有子訳／紀伊国屋書店／1996）。"講釈師"の語りで始まる現代版アラビアンナイト。いつしか聴衆のたわごとも加わり、どこまでが物語でどこから想像なのか読者まで喧騒のメディナに迷い込ませてしまう不思議な物語だ。男として育てられた少女はどうなるのか——。アラブ文化を絶妙に描いた傑作だ。

歴史に思いを馳せるなら、Ｓ＆Ａ・ゴロン著**『アンジェリク』**（井上一夫訳／講談社文庫／1994）。26巻と長編の大河小説だが、ロマンスありサスペンスありの娯楽小説で読み始めると止まらない。舞台はルイ14世が権勢を振るっていた16世紀。フランス、地中海、新大陸を舞台に田舎の男爵令嬢アンジェリクが、時代の波に翻弄されつつ生きる様を描く。綿密な時代考証をもとにしていて、かぎりなくノンフィクションに近い。物語の中盤、主人公が海賊に捕らえられ、モロッコのスルタン、イスマイル王のハーレムに幽閉されるくだりがある。イスマイル王はもとより、その周辺の人々は実在の人物だし、地中海やメクネスの様子なども詳しく描かれている。当時の北モロッコのイスラム王朝の雰囲気を知るにはグッド。

旅の参考にしたい身近なモロッコ

最近はモロッコもポピュラーになり、旅の参考にできる関連書も増えてきた。読み物としての充実度を求めるなら、いち押しなのが**『モロッコ流謫』**（新潮社／2000）。ボウルズ作品の翻訳も手がけた作家、四方田犬彦のエッセイだ。巨匠ボウルズをはじめ、現地での多くの人々との触れ合いを通じ、彼の中に体験的に紡がれたモロッコの姿は非常に魅力的。

また、小説ながら気軽に読める作品がある。ドロシー・ギルマン著**『おばちゃまはアラブスパイ』**（柳沢由美子訳／集英社文庫／1992）。初老の未亡人が、CIAのアルバイトスパイに飛び入り志願し、世界各地を舞台に大活躍するというシリーズものの一冊だ。フェズからカスバ街道、砂漠へ向かうその旅は、"モロッコ初心者"の視点で情報豊かに描かれ、さらに反戦運動を繰り広げるポリサリオの現状、イスラム神秘主義の人々など、ガイドブックではわからないモロッコを知ることができる。

都市学的視点からメディナを詳しく解説してくれるのが、**『迷宮都市モロッコを歩く』**（今村文明著／NTT出版社／1998）。庶民の取材談を含めてフェズのありようを綴った、**『モロッコの迷宮都市フェス』**（米山俊直著／平凡社／1996）は研究レポート的だが、納得の一冊。モロッコのあらゆるテーマをバランスよく編集した**『モロッコを知るための65章』**（私市正年、佐藤健太郎編著／明石書店／2007）は、モロッコのことについて突っ込んで勉強したいときに最適だ。

● A

アル・アザーン EL ADHAN（イスラム教）

モスクのミナレットから聞こえてくる、礼拝の時間を知らせる合図。「アザーン、ハイヤーアッサラート＝お祈りしましょう」と1日5回流れてくる。

● B

バブーシュ BABOUCHE（衣服）

スリッパ形の革靴。

バクシーシ BAKSHISHI（イスラム教）

「施し」の意味。イスラム教では富める者は貧しい者にその富の一部を与えるべきという「喜捨」という行がある。

ベルベル BERBER（生活文化）

マグレブの先住民族。ベルベルの名は古代ローマ人とアラブ人が非アラブ人を「バルバルス＝野蛮人」と呼んだことに由来する。ベルベル人は自分たちのことを「イマジゲン＝自由な人々」と呼び、古代からの伝統や習慣を今なお守り続けている。

ブルーマン BLUEMAN（生活文化）

砂漠を旅する遊牧民。ラクダなどを商品とする隊商も組む。強烈な日差しから身を守るといわれる藍で染めた衣服の色が、顔（額など）に付き、青くなることから「ブルーマン＝青い人」と呼ばれる。

● C

カフタン CAFETAN（衣服）

襟なしで袖がゆったりとした長い上着。女性にとっては祭りやお祝いのときに着る晴れ着である。

シャモリエ CHAMELIER（生活文化）

ラクダ使い。気の荒いラクダも上手に扱う。

● D

ダール DAR（建築）

モロッコの家。2階建てが多く、パティオを取り囲むように部屋が配置されている。

ダラー DARA（衣服）

トゥアレグやサハラ地域で、おもにベルベル人の男性が着る服。

デルブーガ DARBOUGA（生活文化）

魚の皮を張った太鼓。祭りのときには欠かせない。脇に抱え、手でたたいて演奏する。

デザートローズ DESERT ROSE（自然）

砂漠にあるミネラル分が結晶となりバラの花のような形状になったもの。自然の芸術品。

● E

エルグ ERG（自然）

砂の砂漠。砂漠といっても岩砂漠、土砂漠といろいろあるが、サラサラの砂丘の連なる砂漠がエルグ。

● F

ファンタジア FANTASIA（生活文化）

ベルベルの騎馬芸。もともと戦争のための訓練、騎馬試合として行われていたもので、現在はお祭りなどで見ることができる。

ファティマの手 YED FATIMA（イスラム教）

イスラムの預言者ムハンマドの娘ファティマの手をかたどった護符の一種。ファティマは死後、理想の女性として尊敬された。このファティマの夫アリーを預言者として奉じるシーア派世界で特に愛用されている。

● G

ガンドーラ GANDOURA（衣服）

ベルベル人がお祈りのときに着るフレンチスリーブの服。室内着としても用いられる。

アル・ゲンブリ EL GUEMBRI（生活文化）

2本、または3本の弦をもつギターのような楽器。大衆音楽には欠かせない。

グナワ GUNEWE（生活文化）

エッサウィラ地方のベルベル人と、その音楽、舞踊。アフリカっぽいリズムにのって踊るアクロバット的ダンスは魅力的。

● H

ハイク HAIK（生活文化）

肌触りのいいフェズ・コットン。女性の民族衣装やレースなどに使われる。

ハンドゥリッラー HAMDULILLAH（イスラム教）

アラビア語で「神のおかげで」。「ごちそ

うさま」という意味もある。何かうれしいことがあったときに使ってみるといい。

ハマム HAMMAM （生活文化）

スチームサウナ式の公衆浴場。マッサージも頼むことができる。イスラムでは礼拝の前に身を清める習慣があるため、モスク周辺にあることが多い。

ハッサン 2 世 HASSAN II （人物）

モロッコ前国王で、モロッコ独立の指導者ムハンマド5世の息子。国王は国民全体の代表者で、軍の最高司令官であり、イスラムの最高指導者でもあることから、各地にその名を冠した通りや広場などがある。カサブランカのハッサン2世モスクは、この国王による建造。

ヘナ HENNE （生活文化）

ミソハギという植物の葉から取れる赤茶色の染料。髪や手足を染める顔料として使われるだけでなく、魔除けにもなると信じられている。ベルベル語で「平和の使い」の意。

▲体験もできる

ヒジュラ HIJRAH （イスラム教）

聖遷、または聖遷の年を紀元元年とするイスラム暦。太陽暦より1年で11日短い。

● I

イマーム IMAM （イスラム教）

礼拝の導師。

インシャラー INSHALLAH （イスラム教）

アラビア語で「神が望むならば」。将来のことは神のみが知っているということ。

● J

ジュラバ JELLABA （衣服）

フード付きのくるぶしまで届く上衣。砂漠では暑さから体を守ってくれるうえ、風通しもいいので服の中に砂がたまりにくい。

● K

カリフ KHALIFA （イスラム教）

アラビア語で「継承者」「代理者」の意。初期イスラム国家の最高権威者のことを指す。

カスバ KASBAH （建築）

城塞、支配者の居住地。メディナの内外を監視するための城塞をいう。メディナの一角に存在する場合と、地方の小さな砦や

地方官の邸そのもの、またはそれらのある高い城壁で囲まれた町全体をいう場合がある。マラケシュから南東へ延びるカスバ街道の両側に点在するのは後者のほう。

キサリヤ KISSARIYA （生活文化）

商店街、アーケード街。おもに生地や衣類などが売られている。

コミア KOMIA （生活文化）

アラブ独特の先が弓状に反った短剣。ペーパーナイフなどとして使う。

クサル KSAR （建築）

カスバ街道のあたりで見られる日干しれんが造りのベルベル人の集落。砦のように壁に囲まれている要塞的な村。

● M

マグレブ MAGHRIB （生活文化）

アラビア語で「日が沈む所」「西方」を意味する。一般にモロッコ、アルジェリア、チュニジア、リビアの北西アフリカ4国を指す。これに対し東方はマシュリク「日が昇る所」といい、エジプトから東のアラブ地域を指す。

マラブー MARABOUT （イスラム教）

聖者。宗教的な貢献をした人やジハードに参加した兵士など、民から尊敬を受けた人、転じて聖者廟（ザーウィア）を指すことも。

メッカ MECCA （イスラム教）

イスラムの聖地、預言者ムハンマド生誕の地である。アラビア半島の西にある町。礼拝はこのメッカの方向を向いて行われる。

マドラサ MEDERSA （イスラム教）

イスラムの高等教育のための施設、学生の寄宿寮。

メルハフ MELHAF （衣服）

砂漠地方の女性が着る服。

メッラハ MELLAH （生活文化）

ユダヤ人街。ユダヤ人がこの地に初めてメラー＝「塩」を持ち込んだことに由来する。また別の意味として遊廓のことも指す。

ミフラブ MIHRAB （イスラム教）

モスクの中にあるメッカの方向を指す壁面の窪み。モスクの中心的な場所のため一番美しく装飾されるのが普通。

ムハンマド 5 世 MOHAMMED V （人物）

モロッコ独立の指導者スルタン・ベン・ユーセフ。独立後の最初の国王。その偉業をたたえ、各地にその名を冠した建物、広場などがある。地域によってモハメドとも呼ばれる。

モロッコ A to Z

モスク MOSQUÉE（建築）

イスラム教徒の礼拝所、礼拝堂。柱廊で囲まれたパティオ（中庭）の真ん中に、体を清めるための池や噴水がある。ついでにトイレもこの近くにあることが多い。

● N

ナッハラ NJHALE（自然）

サハラ地方に生えているヤシの一種。

ノマド NOMADE（生活文化）

砂漠で生活する遊牧民。

● O

オアシス OASIS（自然）

アラビア語でワーハ。砂漠、ステップなどにある常に淡水が湧き出る緑地帯。

ウエド OUED（自然）

川の意。

● P

パティオ PATIO（建築）

中庭。都市では壁や床にタイルを張り巡らし、噴水などが設けられている場合が多い。地方のベルベル人の住居では農作業や家事の場として利用されることが多い。

プラ PLAT（自然）

石だらけの平地。

● Q

コーラン AL QUR'AN（イスラム教）

正しくはクルアーン。アラビア語で書かれたイスラムの根本聖典。

クース QUS（生活文化）

ルバーブと呼ばれる2弦楽器を弾くための短い弓。

● R

ラマダン RAMADAN（イスラム教）

イスラム暦（ヒジュラ暦）の断食月、または断食を指す。断食はイスラム教徒の義務のひとつで、年1回、1ヵ月の間は日の出から日没まで一切の飲食が禁止される。旅人はその必要はないが、オフィスアワーが短縮されるので注意。またラマダンはイスラム暦に則しているので、月と季節が毎年ずれていく。

ラボーズ REBOUZA（生活文化）

火をおこすときの道具。電気やガスがとおっていても料理には炭火を使うというモロッコ家庭の必需品。

リヤド RIAD（建築）

本来はアラビア語で「屋根のない中庭のある家」を指すが、最近は伝統的な大邸宅を改築したモロッコ建築のホテルを指す。

● S

サハラウィ SAHARAOUI（生活文化）

アラビア語で「砂漠の民」。西サハラの先住民の自称でもある。

サラート SALAT（イスラム教）

礼拝。イスラム教徒は1日に5回、メッカの方角に向かって礼拝を行うことが義務づけられている。

スカラ SKALA（建築）

見回りのために城壁などに造られた砲床。

サマー SMAEE（建築）

モスクの中にある尖塔（ミナレット）。この塔からイスラム教徒に礼拝を呼びかける。

スルタン SULTAN（イスラム教）

11世紀以降、主としてスンニー派イスラム王朝の君主を指す称号。

シナゴーグ SYNAGOGUE（建築）

ユダヤ人教会のこと。

● T

テビハト TEBIHAT（生活文化）

羊の皮を張ったふたつの太鼓を、皮のひもでつなぎ合わせたもの。手でたたいて演奏する。なかには3つのものや、5つの音の違う太鼓をつなげたものもある。

トゥマル TMAR（自然）

ナツメヤシの実。糖度が高く、スークで枝付きやバラで売っている。モロッコではおやつや料理などに幅広く使われる。オアシスで見かけるヤシの大部分はこのナツメヤシ。

トゥブカル山 TOUBKAL（自然）

マラケシュの南に位置するアフリカ大陸で第6位（4167m）を誇るアトラス山脈の最高峰。

● W

ワジ WADI（自然）

普段は干上がっていて、雨季のみ水が流れる川。周辺には草木があり、深く掘れば水が得られる、砂漠の住人の貴重な生活の場。

地理と気候

モロッコはアフリカ大陸の最北西端に位置している。東はアルジェリア、西は大西洋、サハラ砂漠を挟んで南はモーリタニア、北はジブラルタル海峡を挟んでヨーロッパと隣接している。

地形は、山地、高原、平野、砂漠の4つ。北部地域はリフ山脈が地中海沿岸まで走り、その南にはモワイヤン・アトラス（中アトラス）、オート・アトラス（高アトラス）、アンチ・アトラス（前触れアトラス）の3つの山脈が北東、南西に連なっている。その頂点であるトゥブカル山は、アフリカ第6位の高さ（4167m）を誇り、その半分が雪に覆われる年もある。山脈の西側には中央高原、リンサン高原が広がり、やがてなだらかな平野となる。大西洋岸に広がる平野は水に恵まれ、小麦、ブドウ、オリーブなどを育み、モロッコの穀倉地帯と呼ばれる。南へ下るにしたがって、アトラス山脈の南と東にはサハラ砂漠が広がり、乾燥した砂と岩のほかには何もないかのようになる。

☀ 変化に富んだ気候

1年をとおして見ると、モロッコにも四季の変化が見られる。春には花が咲き乱れ、夏には熱い太陽が照りつけ、秋にはナツメヤシなどのフルーツがおいしい。そして冬には山地で雪さえ見ることができる。アトラス山脈をバスなどで越えるときは、夏でも上着を1枚用意していこう。雨季は年に2回あって、4〜5月と10〜11月。乾季は6〜9月。ベストシーズンは3〜5月と9〜10月。暑すぎず、寒すぎず、特に春は木々や花々などの自然が美しいのでおすすめ。

モロッコの気候は地域によって5つに分けられる。

●**地中海沿岸（タンジェ、ティトゥアンなど）** / 温暖で過ごしやすいが、乾季は乾燥して平均気温も30℃を超えることが多い。12〜3月は比較的温和だが、雨が降るとかなり冷え込む。

●**大西洋沿岸（アガディール、カサブランカなど）** / 北部を除き1年を通じて晴天の日が多く、温暖な気候が続く。夏の平均最高気温は27℃程度だが、大西洋から風が吹くため涼しく過ごせる。

●**内陸高原（マラケシュなど）** / 夏の日中は40℃以上になるが、乾燥しているので朝夕はしのぎやすい。冬の日中気温は最高20℃くらい。朝夕は冷えるので服装などに注意したい。

●**山岳地帯（イフレンなど）** / 夏でもかなり涼しく、高度が増すにつれて気温は下がってくる。冬には雪が降り、気温は氷点下まで下がる。

●**砂漠（ザゴラ、エルフードなど）** / 雨はほとんど降らない。夏の日中の最高気温は45℃以上とすさまじい暑さだ。冬でも日中は20℃くらいあるが、朝夕の気温差が激しい。砂丘は意外に雨が多い。

3〜4月は砂嵐の季節

冬から春へと季節が変わる3月の終わりから4月にかけて、砂漠の温度がどんどん上昇する。その温度差による砂嵐が内陸部では吹き荒れる。それほど長くは続かないが、砂で向こうが黄色くかすむ日が多い。この期間に旅行する人は、飛行機の欠航も多いので、余裕をもった旅程を組もう。

砂漠では昼と夜の温度差に注意しよう

砂漠では日中、直射日光の激しさは夏も冬もさほど変わらない。例えばザゴラでは1月の最高気温は日中で21℃になる。Tシャツでちょうどいいくらいだ。ところが、日が沈むと乾燥した大気は急に冷え込み夜はグンと寒くなる。最低気温3℃というのだから、セーターやジャケットは必ず持っていこう。

砂漠で頭を覆うベールの意味

砂漠地方では、黒いベールで頭をすっぽり包んだ女性や男性を見ることがある。このベールは薄い紗でできている。空気が大変乾燥しているせいで、鼻腔内にトラブルが起こる。ベールは息の湿気を保ち、空気調整をしてくれる働きをする。またベールを着けるのは、魂を守るためともいわれている。

「サハラ」の名前の由来

日本の国土が10あまりも入ってしまう世界最大の砂漠サハラ。サラサラの砂にきれいな風紋が描かれ、砂丘群が連なっている、といったイメージが強いが、実際は砂ばかりの砂漠というのは多くない。むしろ岩漠や土漠ばかりで、その由来となったサーラ（荒れ果てた）という言葉そのものだ。

327

モロッコの歴史

※フェニキア人

　紀元前1000年頃、中部シリアの沿岸地帯でめざましく活動をしたセム語族で、ギリシアのクレタやエジプトが衰えた後、地中海貿易を独占し、カルタゴをはじめ多くの植民市を建設した。貿易の必要上、彼らはエジプトの表音文字を改良してフェニキア文字を作るが、これがギリシア人に伝えられ、アルファベットの起源となる。

※カルタゴ

　前814年、現在のチュニジアに建てられた町。「カルト・ハダシュト（フェニキア語で新しい町という意味）」と呼ばれ、その後ローマ語なまりでカルタゴと呼ばれるようになった。伝説によれば、フェニキアの都市国家、ティール（現在のレバノンのスール）の王女エリッサが、王位を狙う兄に夫を殺され、船に財宝を積み家来とともにこの地へやってきたところから始まる。紀元前8世紀から前2世紀にかけて、カルタゴは海上貿易や農業を中心に発達し、シチリアやサルディーニャ、コルシカ、モロッコ、スペイン南部に植民市を次々に築く。フェニキア人は航海術に抜きんでていて、当時の技術ではとても渡れなかったジブラルタル海峡を越えて、アフリカ大陸を大西洋沿いに南下。現在の西アフリカのカメルーンまで及んだ。

注1)

　メクネス近郊にあるヴォルビリス遺跡は、マウレタニア・ティンギタナの首都であったといわれている。

❋ フェニキアの植民市とローマ帝国の支配

　モロッコには、紀元前3000年頃から先住民族ベルベル人が住んでいたと考えられている。

　紀元前12世紀頃、モロッコの沿岸にフェニキア人※が到来する。その後、紀元前5世紀頃にはカルタゴ※の植民市となる。当時内陸部に住んでいたのは、遊牧民ベルベル人、イベリア・マウレタニア人、カプサ人である。ローマ人は、それぞれモール（ムーア）人、ヌミディア人、ゲデュール人と区別して呼んでいた。

　この国が初めて歴史に登場するのは、ローマとヌミディア王ユグルタが戦ったユグルタ戦争（紀元前111～紀元前105年）のときだ。マウレタニア王ボックス1世はローマに味方し、ユグルタを攻めて領土を拡大。その後、ボックス2世時代には、オクタビアヌス（ローマ皇帝カエサルの養子）とアントニウスの抗争期にオクタビアヌス側につき、さらに領土を広げた。ボックス2世は紀元前33年に死去した後、すべての領土をローマにささげた。当時のローマ皇帝アウグストゥスは、その地をローマの属州とせず、植民地として、紀元前25年にヌミディアのユバ1世の子、ユバ2世に統治を委ねた。

　ユバ2世を継いで、紀元前23年にはその息子プトレマイオスが即位するが、マウレタニア王国は、紀元後42年には西のマウレタニア・カエサリエンシスと東のマウレタニア・ティンギタナ注1)に分割される。その後幾多の反乱が長期にわたって続き、ローマ帝国の後半期にはふたつの国の支配力は弱まり、ゲルマン民族の一派、バンダル人によって征服された。

❋ バンダル人と東ローマ（ビザンチン）帝国の支配

　5世紀の半ば、ヨーロッパ大陸で始まる民族大移動の波に乗り、ガイセリック率いるバンダル族が、肥沃な土地を求めてイベリア半島から北アフリカまで南下。モロッコの沿岸部一帯を支配する。429年にはまずマウレタニアを占領し、さらにほかの北アフリカ地域を征服するが、477年のガイセリックの死後は急速に衰退。534年にはバンダル王国は、ユスティニアス帝率いる東ローマ帝国に滅ぼされた。

▲カラカラ帝の凱旋門（ヴォルビリス遺跡）

　そして6世紀、モロッコの地中海沿岸は東ローマ帝国に、エッサウィラやセウタなどはゲルマン人の一派、西ゴート族領に、そのほかの地域はベルベル人の王国、公国に分裂することになる。

✵ アラブ人の到来

610年頃、西アジア（現在のサウジアラビアにあるメッカ）で、イスラム教が誕生した。アラブ人のムハンマドによって伝道されるが、ムハンマドの死後にはウマイヤ朝※が興った。勢力を増していったウマイヤ朝軍は、イスラム教布教という名のもとにアラビア半島を制すると、ササン朝ペルシャ帝国を滅ぼし、さらにはエジプトをも征服する。北アフリカへは、アラブ人の武将アクバ・ベン・ナフィが侵攻した。682年、チュニジアに最初のイスラム都市カイルアン（現在のケロアン）を建設すると、そのままモロッコへ侵入して地中海沿岸を征服し、ベルベル人のイスラム化を始める。そして、703年には再度ムッサ・ベン・ナーセル率いるアラブ軍が侵入。モロッコ全土が支配下におかれ、アラブ人は、イスラム教と優れた政治力を武器に、ただちにベルベル人を服従させた。しかし、ベルベル諸部族の根強い自立的傾向が顕在化する。偉大な指導者、マイラサが現れ、ベルベル諸部族を団結させて、739年から反乱を起こした。この反乱の結果、モロッコはアラブのカリフのあらゆる政治的束縛から解き放たれることとなった。しかし、マイラサはベルベル人諸部族の政治的統一に失敗し、アラブ人との戦いのなかで殺害された。

✵ モロッコ最初のイスラム王朝
●イドリス朝＜788〜926年＞

788年、第4代カリフ、アリーの子孫であるイドリス・イブン・アブダラー（イドリス1世）は、エジプトのアッバース朝※（首都バグダッド）で反乱を起こすが失敗。モロッコへ亡命した。ベルベル人の力を借りて、ムーレイ・イドリスを都とし、初のイスラム王朝シーア派イドリス朝を興した。イドリス1世は勢力を広げ、アルジェリアの一部までを領土としたが、その急成長はアラブ世界に脅威を与えて、暗殺されてしまう。

808年、イドリス1世とベルベル人の妻の間に生まれた息子イドリス2世は、首都をフェズに移した。イドリス朝は中央集権制をとり、およそ2世紀にわたって北モロッコの諸部族を、ベルベル人の王国のもとに統治。フェズは、モロッコのイスラム文化の中心となって、ベルベル人にもアラビア語が普及していった。

イドリス2世の死後は、急速にその繁栄は下降線をたどるが、ギニアから送られてくる金によって王国は維持される。しかし、これを狙うエジプトのファーティマ朝※、スペインの後ウマイヤ朝※と戦火を交え、974年にはスペインの後ウマイヤ朝の支配下に入った。1031年、後ウマイヤ朝の滅亡後は、いくつかのベルベル人の王国に分裂した。

✵ ベルベル人のイスラム王朝
●ムラービト朝（アルモラビト朝）＜1056〜1147年＞
●ムワッヒド朝（アルモハッド朝）＜1130〜1269年＞

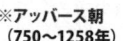

※ウマイヤ朝
（661〜750年）
アラブ人による最初のイスラム王朝。ウマイヤ家のムアーウィア1世が、シリアのダマスカスを首都として建設。ムアーウィア以降の14代のカリフすべてがウマイヤ家出身者であったために、この名前がついた。イスラム社会の国家的統一と、イスラムの政治的領域の拡大を目指した。

※アッバース朝
（750〜1258年）
ウマイヤ朝のあとに起こった王朝で、イラクを中心に、西はマグレブから東はマー・ワラー・アンナフルまでを支配したイスラム王朝。首都はバグダッド。

※ファーティマ朝
（909〜1171年）
イスマイル派（過激シーア派）の王朝。北アフリカのベルベル人の支持を得て、アリーとファーティマの血を引くと称するウバイド・アッラーフをイフリキア（チュニス）に招いてマフディ（救世主）とし、909年にカリフとなった。

※後ウマイヤ朝
（756〜1031年）
アッバース朝が樹立されたとき、ウマイヤ朝カリフの一族はイベリア半島に逃れ後ウマイヤ朝を建てた。この王朝はイベリア半島における最大のイスラム王朝となり、イスラム化に最も貢献した。後ウマイヤ朝の文化は絶えず東方の影響下にあって、多くの文化人が東方から移住した。

アルモラビトと
アルモハッド

アルモラビトとは「僧侶の人々」という意味。宗教革命を目指したユーセフ・ベン・タシェフィンは、スペインまでジハード（聖戦）を決行した。その結果、スペイン文化がフェズなどを中心にモロッコに流れてきた。

アルモハッドとは「神の唯一性を信じる人」という意味。厳格なイスラム宗派のムワッヒッド朝時代には、数々のモスクが建設された。ラバトのハッサン・モスクとハッサンの塔、セビリア（スペイン）のヒラルダの塔などが代表的な建築物だ。ムラービト朝の頃に影響を受けたスペイン文化とベルベル文化がミックスした新たな建築様式である。

マリ王国

現在のマリ、セネガル、ガンビア、モーリタニアの一部にわたる領土に、12〜15世紀頃に栄えた王国。なかでもマリ王国の交易都市トンブクトゥは、「黄金の都」としてヨーロッパ世界の幻想をかきたてた。というのも、サハラ砂漠西部にある大塩床タガザからラクダのキャラバンで運ばれる塩は、このトンブクトゥを経由し、ニジェール川を舟で渡り、セネガル川上流の国で金と交換され、またトンブクトゥを経由してラクダで北アフリカへと運ばれていたからだ。この塩金交易は、マリ王国の繁栄の基礎となっていた。

注2)

15〜17世紀はオスマン帝国勢力の最盛期であったが、モロッコは、北アフリカの西側という地理的な条件もあって、ほかのマグレブ諸国のようにオスマン帝国の支配下には入らなかった。サアード朝、アラウィー朝の中央政府は、抵抗して鎖国体制を守った。

西サハラ問題

大西洋沿岸ラーユーン以南の土地、西サハラは、現在、その領有をめぐり、国連の紛争地域の指定を受けている場所だ。この地域は、1884年からスペインの植

イドリス朝の後、前朝を踏襲したマグラーワ朝が一時期勢威を誇るが、1056年にはムラービト朝に滅ぼされた。ムラービト朝（首都マラケシュ）は、セネガル出身のベルベル人ユーセフ・ベン・タシュフィンを中心とし、正統スンニー派の教義をサハラのラントーナ系ベルベル人の間に広めて興った王朝。この名称は、「リバート（小要塞）の戦士」に由来する。ムラービト朝は、セネガルとの境界付近のいくつかのリバートから北部へ進み、1062年にマラケシュを建てると、さらにモロッコ全域、および西アルジェリアを征服。その後はスペインへ向かった。ここで、ベルベル、アラブ、アンダルース（南スペイン）の融合文化が育まれた。

しかし、イスラム教の教義において、神の唯一性を主張するサンハージャ系マスムーダ族は、このムラービト朝に対し、宗教運動を始める。その運動の中心人物となったのが、オート・アトラス出身のアブド・アル・ムーメン。1147年、彼はムラービト朝を倒してマラケシュを制する。アブドは自らをカリフと称し、急進的な宗教改革を進めながら、イスラム教スペインを征服し、1152年にはマグレブ全域を占領するにいたった。さらに、彼を継いだヤクーブ・ユーセフとヤクーブ・マンスール時代には、リビアの東部からチュニジア、アルジェリア、スペインのアンダルシア地方までを手中に収め、ムワッヒッド朝の最大版図を形成した。

✹ 不安定な王朝の興亡
●マリーン朝< 1258 〜 1465 年>
●サアード朝< 1549 〜 1659 年>

ムワッヒッド朝は、ヤークブ・マンスールの時代には、スペインのカスティーリャ王国と交戦を繰り返していたが、1212年、ムハンマド・アル・ナースィルの頃、ナバス・デ・トローサの戦いでカスティーリャ王国に敗れた。同朝は没落を始めるが、その結果、マグレブは3地方に分裂し、現在のモロッコ、アルジェリア、チュニジアの3国となる。

1258年、アルジェリア出身ベルベル人のマリーン族は、フェズを都に定めマリーン朝を興した。この王朝は、約200年続いたが、ペストの流行と各地での反乱により衰退し、1465年に滅亡。その後、約100年間にわたり、いくつものサハラ・ベルベルの王朝が興亡を繰り返す。この頃、ヨーロッパではキリスト教徒によるレコンキスタ（国土回復運動）が始まる。スペイン、アンダルシアからもアラブ人がモロッコへ次々と避難。勢いに乗ったキリスト勢力も続いてモロッコへ侵入。タンジェやセウタ、そのほかの大西洋沿岸の主要都市はポルトガルの支配下に入った。そしてセウタは現在まで続くスペインの支配を受けることになる。

1549年、モロッコ南部トドラ峡谷出身のムハンマド・エシュ・シェイフは、混乱が続くモロッコを統一してサアード朝（首都マラケシュ）を建てる[注2)]。アフメド・マンスールの時代には、モロッコ内でサハラ縦断貿易を行っていたポルトガル人を駆逐。その後

サアード朝は勢力を拡げ、スーダンからマリまでの広い範囲を統治した。

アフメドの死後、王朝は分裂し1659年に滅びた。これに乗じ、太守ハッサン家がスルタンの権力と地位を奪う。ムーレイ・イスマイルのときに、ベルベル諸部族の反乱を鎮圧して、沿岸地方の外国勢力に占領された地域を回復した。

※ アラウィー朝樹立、そしてヨーロッパ二重保護制へ
●アラウィー朝＜1666年～現在。1912～1956年はフランス保護国＞

1666年、サハラ砂漠の玄関口、リッサニ周辺のフェラリ族のムーレイ・ラシッドは、モロッコを統一してアラウィー朝（首都メクネス）を興した。彼の弟、ムーレイ・イスマイルは、ヨーロッパ列強と国交を結び、モロッコは19世紀初頭まで強力な力を保つ。

しかし、1830年にフランスはアルジェリアを占領。この頃から、モロッコも勢力拡大を狙うヨーロッパ列強の争いに巻き込まれていくことになる。

1912年、モロッコはフェズ条約によりフランスの保護国となる。北部地方は、同年のフランス・スペイン条約で、スペインの支配下に入り、タンジェは23年間は国際管理下ということになった。

フランス人初代統監L・リヨテは、ラバトを首都と定め、近代的な都市建設に着手した。また、武力による圧力のかたわら、旧支配者層を利用し、アラブとベルベルの対立をあおる分割統治策（モロッコのベルベル勅令など）を取ったりもした。1920年代になると、フランスやスペインの支配に対する反乱が始まった。北部のスペイン支配に対しては、アブド・アルカリームを指導者として、リフ共和国を設立。そこで戦われたリフ戦争は、スペイン・フランス連合軍の勝利に終わった。その後、スペイン人の入植者が増加し、それぞれの地区で、本国と入植者による二重支配が確立した。そして、フランスやスペインなど本国資本による経済開発が進められていった。

1930年代に入ると、民族運動が盛んになる。当初は、植民地支配下でのモロッコ人の政治的地位向上を求めるものであったが、やがて独立を目標とするようになり、1944年には、イスティクラル（独立）党が結成される。

第2次世界大戦後の1956年、ベン・ユーセフがフランスから独立を勝ち取る。また、スペイン地区とタンジェ地区におけるモロッコの主権も回復された。ベン・ユーセフは、スルタンから王に改称。ムハンマド5世（アラウィー朝第13代）と称して、新国家建設にとりかかった。この独立から5年後の1961年、ムハンマド5世の急死により、前国王のハッサン2世が即位。1962年、立憲王制の憲法を制定し、二院制の国会を開いた。それから現在まで、アラウィー朝が続いている。1999年7月のハッサン2世の死後、長男のムハンマド皇太子が国王に即位し、ムハンマド6世となった。

民地だったが、1975年に、スペインはモロッコとモーリタニアにその支配権を譲渡した。同時に、サハラウィ※たちが独立を目指して決起。「ポリサリオ戦線」が結成され、「サハラ・アラブ民主共和国」を宣言。両国軍との戦闘が始まった。1979年、モーリタニアは領有権を放棄したが、モロッコは全西サハラの領有を主張し続けている。現在、幸いにも戦闘は行われていないが、最近は1999年9月にラーユーン市街で、2000年3月にはスマラ市街でデモ騒動も起こっている。現在、西サハラとの国境は閉鎖されている。
※西サハラの人々は、自らを「サハラウィ（砂漠の民）」と呼んでいる。

イスラム原理主義とは

1979年に起こったイラン・イスラム革命※以降、イスラム圏の各地でイスラムを復興させようというさまざまな運動が起こった。

このイスラム復興運動が各地に広がった大きな理由として、1967年の第3次中東戦争でアラブ諸国が大敗したことが挙げられる。なぜイスラム教徒がユダヤ教徒の国イスラエルに負けたのか。それに対し多くの信者は「自分たちがコーランの教えを忠実に守らず、あまりにも世俗化してしまったために神の怒りを買ったのだ」と考えた。イスラム復興運動は、そのような自己批判から始まった。

それはやがて反政府イスラム運動として発展した。つまり、正しいイスラム教徒としての道を踏みはずした政治指導者を打倒し、コーランとイスラム法に基づいた正しい社会を作ることを目標とした。これを「イスラム原理主義」という。

イスラム原理主義者たちは、「イスラムの価値を落としめた不信心者に支配された国家は打倒しなければならない」という目標を掲げている。一部の過激派はときには暴力的なテロ活動に出ることもある。
※西洋化政策を進めていた当時のイラン国王に対して、反対派勢力が起こしたイスラム復興の革命。

旅の言葉

監修　和田麻弥

●数字
(上がアラビア語、下が
フランス語)
1　ワヘド
　　un　アン
2　ジュージュ
　　deux　ドゥー
3　タラータ
　　trois　トロワ
4　アルバァ
　　quatre　キャトル
5　ハムサ
　　cinq　サンク
6　スィッタ
　　six　スィス
7　サバァ
　　sept　セッ
8　ツァマニア
　　huit　ユイッ
9　ティサア
　　neuf　ヌフ
10　アシャラ
　　dix　ディス
11　ハダーシュ
　　onze　オーンズ
12　ツナーシュ
　　douze　ドゥーズ
13　タラッターシュ
　　treize　トレーズ
14　アルバァターシュ
　　quatorze　キャトー
　　ルズ
15　ハムサターシュ
　　quinze　キャーンズ
16　スィッターシュ
　　seize　セーズ
17　サバァターシュ
　　dix-sept　ディセッ
18　タマンターシュ
　　dix-huit　ディズュイッ
19　ティサアアターシュ
　　dix-neuf　ディズヌフ
20　アシュリーン
　　vingt　ヴァン
21　ワワードワアシュリリ
　　ーン
　　vingt-et-un　ヴァン
　　テアン
30　テラーティーン
　　trente　トロント
40　アルバイーン
　　quarante　キャラー
　　ント
50　ハムスィーン
　　cinquante　サンコント
60　スィッティーン
　　soixante　ソワソント
70　サバイーン
　　soixante-dix　ソワソ
　　ントディス
80　タマニーン
　　quatre-vingt　キャト

アラビア語は、一般に「フスハ」と呼ばれるアラビア語圏で共通の公用語と、国や地方によって差がある方言「アンミーヤ」とに分かれる。モロッコで話されているのは、「マグレブ方言」とも呼ばれるアンミーヤ。これは、エジプトやシリア、ヨルダン、湾岸諸国のアンミーヤとはかなり違っている。またモロッコでは、フランス語が通じるので、一緒に覚えておくといい。ここではアラビア語とフランス語を併記した。単語集（→ P.337）は、指さすだけで意味が通じるようになっている。指さしでも、現地の人と心を通わせた瞬間は、旅の最高の思い出になることだろう。

● あいさつ

※ [ ]で囲んだものは女性の表現

こんにちは　アッサラーム・アレイコム　Bonjour.（ボンジュール）
おはよう　スバーハル・ヘール　Bonjour.（ボンジュール）
こんばんは　マサーウル・ヘール　Bonsoir.（ボンソワール）
はじめまして　ムシャルフィン　Enchanté [e].（アンシャンテ）
ようこそ、いらっしゃい　マルハバ　Bienvenue.（ビヤンヴニュ）
どうぞ　トゥファッダル　S'il vous plaît.（シル ブ プレ）
元気？　ラバース　Comment ça va ?（コモン サ ヴァ）
元気です　ビヘール・ハムドゥリッラー　Oui, ça va.（ウィ サ ヴァ）
あなたの名前は？　アッスミーテック
　　Comment vous appelez-vous ?（コモン ヴー ザプレヴー）
私の名前は太郎です　イスミー・タロウ
　　Je m'appelle Tarou.（ジュ マペール タロウ）
私は日本人です　アナ・ヤバーニ [ヤバニーヤ]
　　Je suis Japonais [e].（ジュ スィ ジャポネ[ーズ]）
私は学生です　アナ・タリーブ [タリーバ]
　　Je suis etudiant [e].（ジュ スィ エチュディアン[ト]）
日本のどこから来たの？　ムニン・ジーティ・フ・ジャポン
　　De quel endroit du Japon venez-vous ?（ド ケル アンドロワ デュ ジャポン ヴネヴ）
東京です　ミン・トーキョー
　　Je viens de Tokyo.（ジュ ヴィヤン ド トキョウ）
英語が話せますか？　カッツハダル・インギリズィーヤ
　　Parlez-vous l'anglais ?（パルレ ヴ ラングレ）
もっとゆっくり話してください
　　ハダル・ブッシュウィーヤ・アーファック
　　Parlez plus lentement, s'il vous plaît.（パルレ プリュ ロントモン スィル ヴ プレ）

『地球の歩き方』掲載のフランス語会話（ほか6言語）の文例が"ネイティブの発音"で聞ける！「ゆっくり」「ふつう」の再生スピードがあるので初心者でも安心。
URL www3.eccweblesson.com

332

どういう意味ですか？　アッシュ・ケッ・タニ
　　　　　　　　　　ケス　ク　スラ　ヴ　ディル
　　　　　　　　　　Qu'est que cela veut dire ?

職業は何ですか？　アッシュミン・ハドゥマ・カッディール
　　　　　　　　　ケ　　レ　ヴォートル　メチエ
　　　　　　　　　Quel est votre métier ?

あなたは何歳ですか？　シャハール・スニン・アンダク
　　　　　　　　　　　ケ　ラージ　アヴェ　ヴ
　　　　　　　　　　　Quel age avez-vous ?

結婚してますか？　ウアッシュ・ムズウージュ ［ムズウージャ］
　　　　　　　　　エットゥ　ヴ　　マリエ
　　　　　　　　　Etes-vous marié ［e］ ?

● 基本会話 ━━━━━━━━━━━━━━━━

はい　ナァム／イィエェ　　　いいえ　ラ
　　　ウイ　　　　　　　　　　　　　ノン
　　　Oui.　　　　　　　　　　　　Non.

さようなら　ブッサラーマ
　　　　　　オー　ルボワ
　　　　　　Au revoir.

いくらですか？　ビッシャハール
　　　　　　　　セ　　コンビヤン
　　　　　　　　C'est combien ?

ありがとう　シュクラン
　　　　　　メルスィ
　　　　　　Merci.

すみません　スマフリーヤ
　　　　　　パルドン
　　　　　　Pardon.

ごめんなさい　スマフリーヤ
　　　　　　　ジュ　ムクスキューズ
　　　　　　　Je m'excuse.

高い　ガーリ　　　　安い　ルヒース
　　　セ　シェー　　　　　ボン　マルシェ
　　　C'est cher　　　　Bon Marché.

本当？　ブッサー？　　でしょ？　ヤック？
　　　　ヴレモン　　　　　　　　ネ　ス　パ
　　　　Vraiment ?　　　　　　n'est-ce pas ?

放っておいてください　ハッリーニ・フティカル
　　　　　　　　　　　レッセ　モワ　トランキル
　　　　　　　　　　　Laissez moi tranquille.

やめて！ ［いいかげんにして］ サフィ！
　　　　　　　　　　　　　　　アレテ
　　　　　　　　　　　　　　　Arrêtez !

問題ありません　マケインムシュキル
　　　　　　　　イルニア　パ　ド　プロブレム
　　　　　　　　Il n'y a pas de probléme.

けっこうです　ブラーシュ　　だめ！　ラ
　　　　　　　サ　スフィ　　　　　　ノン
　　　　　　　Ça suffit.　　　　　Non.

いただきます　ビスミッラー
　　　　　　　ボナ　ペティ
　　　　　　　Bon appétit.

おいしい！　ブニン
　　　　　　セ　ボン
　　　　　　C'est bon.

ごちそうさま　ハムドゥリッラー
　　　　　　　セテ　トレ　ビヤン
　　　　　　　C'était très bien.

おなかがすいた　ドゥルニ・ジュー
　　　　　　　　ジェ　ファン
　　　　　　　　J'ai faim.

いらない　ブラーシュ
　　　　　ノン　メルシィ
　　　　　Non, merci.

　　ルヴァン
90　ティサィーン
　　quatre-vingt-dix
　　キャトルヴァンディス
100　ミア
　　cent　ソン
200　ミアティーン
　　deux cents　ドゥソン
300　タラタミア
　　trois cents　トロワソン
1000　エルフ
　　mille　ミル
1/2　ヌス
　　un demi　アンドゥミ
1/3　トゥルトゥ
　　un tiers　アンティエール
1/4　ロボア
　　un quart　アンカール

● 月
1月　ヤナイール
　　janvier　ジャンヴィエ
2月　フィブラーイル
　　fevrier　フェヴリエ
3月　マルス
　　mars　マルス
4月　アブリール
　　avril　アヴリル
5月　マーイ
　　mai　メ
6月　ユニオ
　　juin　ジュアン
7月　ユリウズ
　　juillet　ジュイエ
8月　ゴシュトゥ
　　août　ウート
9月　シュータンビル
　　septembre　セプト
　　　ンブル
10月　オクトーバル
　　octobre　オクトー
　　　ブル
11月　ヌーフンビル
　　novembre　ノヴォ
　　　ンブル
12月　ドゥージャンビル
　　decembre　デソー
　　　ンブル

● 時間(帯)
1:00　ワハダ
　　à une heure
　　ユヌール
2:00　ジュージュ
　　à deux heures
　　ドゥズール
3:00　タラタ
　　à trois heures
　　トロワズール
4:00　アルバァ
　　à quatre heures
　　キャトルール
5:00　ハムサ
　　à cinq heures
　　サンクール
6:00　スイッタ
　　à six heures
　　スィズール

7:00 サバア
  à sept heures
  セットゥール
8:00 ツマアニア
  à huit heures
  ユイツトゥール
9:00 ティサウード
  à neuf heures
  ヌヴール
10:00 アシャラ
  à dix heures
  ディズール
11:00 ハダーシュ
  à onze heures
  オーンズール
12:00 ツナーシュ
  à midi ミディ
朝（午前）スバーハ
  matin マタン
昼（午後）ラーシャ
  après-midi
  アプレミディ
夜 リール
  nuit ニュイ

モロッコ人のあいさつ

　モロッコ人はとってもあいさつにこだわる。大の男がふたりで抱き合ってほっぺた両側にキッスするのもしばしば。これは親愛を表す「ブース」というあいさつ。「やー、元気か？」「私は元気だ」「家族のだれだれは元気か？」「やー元気で何より」って具合に数分費やすのが普通とか。

●アラビア語の5W

いつ イムタ／フォーカッシュ
  Quand カン
どこ フィーン
  Où ウ
誰 シュクーン
  Qui キ
何 シュノー
  Qu'est-ce que ケスク
なぜ アラーシュ
  Pourquoi プフコワ

●形容詞・副詞

（アラビア語）
たくさん　　ブッザーフ
少し　　　　シュウィーヤ
もっと　　　ズィッ
大きい　　　ケビール
小さい　　　サギール
遠い　　　　バイードゥ
近い　　　　カリーブ
暑い　　　　スホーン
寒い　　　　ベルドゥ
きれい　　　ズウィーン

わかりましたか？　フヘムティ
　Est-ce que vous comprenez ?

わかりました フヘムトゥ　わかりません マーフヘムトゥ
　J'ai compris.　　Je ne comprends pas.

とても気に入りました　アージブニー・ブッザーフ
　Ça me plaît bien.

気をつけて　ルッダ・バーラック／アンダク
　Faites attention.

● 要求、許可

急いでくれ　セルビ
　Dépêchez-vous.

私は〜へ行きたい　ブギーッ・ヌムシー〜
　Je voudrais aller à 〜.

私は〜が食べたい　ブギーッ・ナークル〜
　Je voudrais manger 〜.

これが欲しい　アッティニ・ハーダ
　Je voudrais ceci.

私は電話をかけたい　ブギーッ・アイーッツ・フ・ティリフォン
　Je voudrais téléphoner.

お願いします　アーファク
　S'il vous plaît.

中に入ってもいいですか？　モムキン・ドホール？
　Puis-je entrer ?

写真を撮ってもいいですか？　ウアッシュ・ナホドゥ・ツウィラ
　Puis-je prendre une photo ?

● 観光

何て書いてあるんですか？　アッシュノー・ムクトゥブ・ヘナ
　Comment ça s'écrit ?

アラビア語で書いてください
　　クタブ・ブ・アラビーヤ・アーファク
　　S'il vous plaît, écrivez le en Arabe.

この通りの名前は何ですか？
　　スミートゥ・ハードゥ・トレック
　　Quel est le nom de cette rue ?

○○はどこですか？　フィーン・ケイン○○
　　Où est le ○○ ?

〜は何時に開きますか？　イムタ・ガディ・ハッル〜？
　　A quelle heure ça ouvre ?

地図はありますか？　アンダク・ハレタ？
　　Avez-vous une carte ?

あれは誰ですか？　シュクーン・トゥンマ？
　　Qui est-ce ?

● 乗り物

~行きのチケットが欲しい　ブギーッ・ワルカ・ディヤル~
Un billet pour ~ , s'il vous plaît.
アン　ビエ　プール　スィルヴ　プレ

どこでチケットが買えますか？
フィーン・ガディ・クッタァ・ティキーツ
Ou est-ce qu'on peux acheter le billet ?
ウ　エス　コン　ブー　アシュテ　ル　ビエ

何時に出発しますか？　イムタ・カイ・ムシー
A quelle heure est le départ ?
ア　ケラー　エール　デパール

どのくらい時間がかかりますか？
シャハール・ディヤル・ワクツ
Combien de temps faut-il pour y aller ?
コンビヤン　ド　トン　フォーティル　プーイ　アレ

このバスは空港行きですか？
ワッシュ・ハードゥルカール・カイ・ムシー・ルマタール
Est-que ce bus va à l'aéroport ?
エスク　ス　ビュス　ヴァ　ア　ラエロポール

● ホテル

空いている部屋はありますか？
ワッシュ・アンドゥクム・ビイツ・ハーウィ
Avez-vous une chambre libre ?
アヴェズヴー　ユヌ　シャンブル　リブル

シングルルームをお願いします
ブギーッ・ワハドゥルビイツ・ブハディ・アーファク
Je voudrais une chambre à un lit.
ジュ　ヴドレ　ユヌ　シャンブル　ア　アン　リ

部屋を見せてもらえますか？
ウリーニ・ルビイツ
Puis-je voir les chambres ?
ピュイジュヴォアールレ　シャンブル

１泊いくらですか？　シャハール・リイラ？
C'est combien pour une nuit ?
セ　コンビヤン　ブー　ユヌ　ニュイ

シャワーはお湯が出ますか？
ケイン・マァ・スホーン・フルハンマム
Est-ce que la douche est avec eau chaude ?
エス　クラ　ドーシュ　エタベック　オー　シュード

シャワーは共同です　ハンマム・ムシタレック
La douche est commune.
ラ　ドゥーシュ　エ　コミュン

トイレはありますか？　アンドゥクム・メルハドゥ？
Avez-vous les toilettes ?
アヴェ　ヴ　レ　トワレット

朝食付きですか？
ワッシュ・ハードゥルタマン・ブルフトール？
Le petit déjeuner est-il compris ?
ル　プティ　デジュネ　エティル　コンプリ

近くにいいレストランはありますか？
ワッシュ・ケイン・シ・ムタァムメズヤーン・ヘナ？
Y a-t-il des bons restaurants dans le quartier ?
イ　アティル　デ　ボン　レストロン　ドン　ル　カルティエ

両替はできますか？
ワシュ・モムキン・サルフ？
Peut-on changer de l'argent ?
プトン　シャンジェ　ド　ラルジャン

モロッコのジェスチャー

　モロッコの人たちは話を
するときジェスチャーをよ
く使う。
● 「ラッ、ラッ」……言い
ながら人差し指を左右に振
る。否定・拒絶を表す。
● 「シュノウ」……「何？」
と振り向くときに言う。
● 数を示す場合は、親指を
立てるのが1、親指と人差
し指で2、3はそれに中指、
4は薬指を加え、5は手の
甲を相手に見せながら、手
のひらを開く。6からはま
た別のほうの親指から足し
ていく。

乗り物必須ワード

　モロッコで覚えておきた
い乗り物に関する言葉とい
ったら、「ストライキ＝グ
レーヴ grève」。いつまで待
っても電車が来ないような
ら近くの人に聞いてみよう。
ちなみに1等車は「premi
ère classe プルミェール・
クラス」、2等車は「deuxi
ème classe ドゥーズィエ
ーム・クラス」。

● 鉄道に関するフランス語

鉄道：シュマン・ド・フェール
　chemin de fer
列車：トラン　train
鉄道駅：ギャール・ド・シ
　ュマン　gare de chemin
切符：ビエ　billet
時刻：ラー　l'heure
出発：デパール　départ
到着：アリヴェ　arrivé
ホーム：ケ　quai

怒るときはやっぱり母国
語が効果的？

　「怒るときは、日本語で
どなったほうが効果があっ
た」という投稿も多い。こ
れは万国共通で言えること
だ。

旅の言葉

●バスに関するフランス語

バス：ロトビュス
　　l'autobus
バスターミナル：
　　ガールルティエール
　　gare routière
切符：ビエ　billet
何時？：ケラー？
　　Quelle heure?
出発：デパール　départ
到着：アリヴェ　arrivé
まだ：パザンコール
　　pas encore

●オアシスはフランス語で「ロワジース」

　この地域では「オアシス」という言葉をよく使うことになるだろう。フランス語だと l'oasis ＝ロワジース。現地の英語のわかる人でも、なぜかこれを「ロワジース」と言うことが多いので覚えておくと便利。

●そのほかの名詞

フェリー：サフィーナ
　　ferry　フェリー
安宿：フンドゥク　ルヘース
　　hôtel pas cher　オテル
　　パ　シェール
郵便局：バーリッド／ブスタ
　　bureau de poste　ビュ
　　ロード　ポスト
日本大使館：スィファーラ
　　ディヤル　ヤバン
　　ambassade du japon
　　アンバサド ド ジャポン
航空券：ワルカ　ディヤル
　　ティヤラ
　　billet d'avion　ビィエ
　　ダヴィヨン
許可：ロクサ
　　permission ベルミスィオン

●ラクダツアーに必要な最低限のアラビア語

ジュメル→ラクダ
トラァ→乗る
ハバ／ヌゼル→降りる
ウッカフ→止まる
トゥミッシャ→歩く
クル→食べる
ナァス→眠る
ルマァ→水

● レストランで

メニューをください　アッティニ・ムニュー・アーファク
　ブーレージュ　ヴォワールラ　カルト　スィル　ヴ　ブレ
　Pourrais-je voir la carte, s'il vous plaît.

何がありますか？　アッシュノー・アンドゥクム
　ケル　エ　ヴォートル　スペシャリテ
　Quelle est votre spécialité ?

これとタジンとビールをください
　アッティニ・ハーダ・ウ・タジン・ウ・ワハドゥ・ビエーラ・
　アーファク
　ジュ　ウドレ　スィィ　アン　タジン　エ　ユヌ　ビエール
　Je voudrais ceci, un Tajine et une bière.

お勘定をお願いします　ハサブ・アーファク
　ラディシオン　スィル　ヴ　ブレ
　L'addition s'il vous plaît.

● 買い物

少し安くしてください　ヌッカス・シュウィーヤ・アーファク
　ブヴェヴ　ム　フェール　アン　プリ
　Pouvez-vous me faire un prix ?

見ているだけです　レールケンショッフ
　ジュ　ルガルド　スールモン
　Je regarde seulement.

いりません　マーブギートゥシュ
　ジェ　ネ　パ　ブゾワン
　Je n'ai pas besion.

● 緊急

腹痛がします　ダルニ・カルシ
　ジェ　マ　ロ　ヴァントル
　J'ai mal au ventre.

頭痛がします　ダルニ・ラース
　ジェ　マ　ラ　ラ　テート
　J'ai mal à la tête.

熱があります　フィヤ・スハナ
　ジェ　ド　ラ　フィエーヴル
　J'ai de la fiévre.

吐き気がします　ブギーッ・トゥキヤ
　ジェ　デ　ノゼ
　J'ai des nausées.

泥棒！　シュファール
　オ　ヴォラー
　Au voleur!

● これだけは覚えておきたいフランス語

❋ フランス語が話せない場合、あるいは話したくない場合

私はフランス語は話せない。　ジュ　ヌ　パルル　パ　フランセ
　Je ne parle pas francais.

❋ 要求の場合

私は〜が欲しい、私は〜したい　ジュ　ヴ　Je veux 〜 ＝I want 〜

〜の部分には名詞または動詞が入るのは英語と同じ。
　ジュ　ヴ　アレァ
〜に行きたい　Je veux + aller á 〜
　ジュ　ヴ　モンジェ
〜が食べたい　Je veux + manger 〜
　ジュ　ヴ　ボワール
〜が飲みたい　Je veux + boire 〜
　ジュ　ヴ　ラントレ
帰りたい　Je veux + rentrer

		いくら コンビアン **combien** شها ل シャハール	水 オー **eau** الماء ルマァ
部屋 シャーンブル **chambre** البيت ビィツ	シャワー ドゥーシュ **douche** الدوش ドゥーシュ	お湯 オー ショウド **eau chaude** ما سخون マースホーン	バス ビュス **bus** الطوبيس トビュス
タクシー タクスィ **taxi** الطاكسي タクシー	列車 トラン **train** التران トラン	銀行 バンク **banque** البنكا カ	警察 ポリス **police** البوليس ポリス
駅 ガル **gare** المحطة マハッタ	空港 アエロポー **aeroport** المطار マタール	病院 オピタル **hôpital** السبيطار スビタル	パスポート パスポー **passeport** الباسپور パスポール
お金 アルジャン **argent** الفلوس フルース	トイレ トワレット **toilette** الكابيتا カビナ	薬局 ファルマスィ **pharmacie** الفرماسيان ファルマシアン	荷物 バガージュ **baggages** البكاج バガージュ
電話 テレフォン **téléphone** التليفون ティリフォン	あそこ ラバ **là-bas** لهية ルヘー	ここ イスィ **ici** هنا ヘナ	午前(朝) マタン **matin** الصباح スバーハ
午後 アプレミディ **aprs-midi** العشية ラーシャ	夜 ソワー **soir** الليل リィイル	昨日 イエー **hier** البارح ルバーラハ	今日 オジョルデュイ **aujourd'hui** اليوم リユム
明日 ドゥマン **demain** غدا ガッダ	月曜 ランディ **lundi** الاثنين トゥニン	火曜 マルディ **mardi** التلدت ツラタ	水曜 メルクルディ **mercredi** اربع アルバア
木曜 ジュディ **jeudi** الخميس ハミス	金曜 ヴァンドルディ **vendredi** الجمعة ジュマァ	土曜 サムディ **samedi** السبت セプトゥ	日曜 ディマンシュ **dimanche** الحد ハッド

旅の言葉

travel diary 『地球の歩き方』 読者からのお便り

トラブル

 勝手に道案内

マラケシュの宿で予約したリヤドを探しているト、若者が道案内をしだしました。迷路のような道をぐるぐる長時間歩き回り、ようやくリヤドに到着しチップを請求されました。あとで宿の人に聞くと、初めにいた場所から宿の場所はとても近かったです。メディナ内の宿は場所がわかりづらいので、わかりやすい場所に宿の人に迎えに来てもらうのがいちばんです。

(滋賀県　mojacco　'12)［'19］

 自称「在日モロッコレストラン店長」の詐欺

メクネス駅のカフェで「二子玉川でマグレブというレストランを経営している」という日本語ペラペラの男性に声をかけられました。証拠に外国人登録証と三井住友銀行のゴールドカードを見せてきて、「新しい店を出すので買い付けのため帰国している。モロッコのよさを紹介したいのでフェズについたら待ち合わせしよう」と言われました。待ち合わせ場所に行ってみると男性のいとこだという人が迎えに来ており、タクシーでフェズのタンネリ地区にある革製品の店に連れて行かれました。私が買うのを渋っているところにさっきの男性が現れ、「僕は家族のおみやげにたくさん買ったから、まとめてディスカウントしてもらおう。いくらなら出すの？」などと言い出します。おかしいなと思って店を出て逃げました。帰国後、実際に二子玉川のマグレブに電話し店長さんにお話したところ、同様の手口による被害が何件もあるらしく、お店も困っているとのことでした。男性は3人のグループでした。おかしいなと思ったときはツーリストポリスに行くこと、その人の写真を撮っておくことをアドバイスされました。気をつけてください。

(神奈川県　ムラチカ　'11)［'19］

 絨毯屋に注意

列車でカサブランカからフェズへの移動中に出会った二人組に、フェズの町を案内してもらい、ひと休みといってある絨毯屋でミントティーを出されました。すると次から次に絨毯を広げて見せられ、絨毯の大きさや価格は次第にヒートアップ。最悪なことに前にも後ろにも店の男たちが陣取り、無言の圧力をかけてきました。グルだったと気づいてもあとの祭り。外に出たい一心の主人は日本円にして300万円以上で購入するはめになりました。悔しかったのでホテルのコンシェルジュに相談すると、支配人自らかけ合ってくれて、約6割のお金を取り戻すことができました。絨毯を買う気がないなら絨毯屋には入らないほうがいいです。

(ベルギー　匿名　'13)［'19］

快適な旅へのアドバイス

 列車の駅名案内

列車は、次に停車する駅名がわからないので確認を。フェズからカサブランカへ列車で移動するとき、うっかり日本の感覚で、次がどこ駅かのアナウンスないし表示があるものと思っていました。ラバトの次はカサブランカだと思っていたら大間違いでした。

(神奈川県　ベンガル納得　'11)［'17］

 タクシーがない

カサブランカのハッブース街に行き、20：00頃そろそろ旧市街のほうに戻ろうと思い、タクシーをひろおうと思ったら、タクシーの数は多いものの、すべてギュウギュウで入れない！　皆相乗りしあってました。1時間くらいつかまえられず、近くの王宮の警備の方にタクシーを呼んでもらうことに……。語学に自信のない人は、道をちゃんと覚えて日中に行くべきだと思いました。

(神奈川県　ベンガル納得　'11)［'19］

✉ 快適なモロッコ旅行のための10の鉄則

モロッコは、すばらしい所ですが、激しい呼び込みや勧誘で気分を悪くすることもあります。快適な観光ができるよう下記の10項目に注意して行動してみてください。

① 道に迷ったら、旅行者、お店の人、女性に尋ねること。親切に声をかけてくる人、または子供に尋ねないこと（チップを請求される）。

② しつこく日本語で話しかけてくる人は、金銭目的。相手をすると付きまとわれるので完全に無視する。

③ スークへ入る際は、事前に行先と方角を決めておく。

④ フェズは、メイン通り2本とサファリーン広場を目印として観光する。

⑤ 呼び込みのタクシーは利用しない。

⑥ 駅、バスセンターから少し離れた所からタクシーをひろい、必ずメーター付きに乗る。また、メーターを必ず倒す指示を。

⑦ リュックサックは必ず番号式のカギを付ける。

⑧ 買い物は、数軒訪ねて価格調査しておく。特に日本人は、数倍吹っかけられる。

⑨ 買い物の際は、同じ商品でも高い場合があることを覚えておく。

⑩ ガイドの申し込みは宿泊先で尋ねて頼む。道で知りあったガイドはできるだけ避ける。

（アメリカ　クマ　'11）['19]

✉ 準備が大事

モロッコ2日目からひどい下痢になった。下痢止めを持っていたのでぴたりと止まった。下痢対策にはポカリスエット、レトルトのお粥など。前菜の生サラダには注意してください！　パンはおいしいのでナイロン袋に入れておなかが空いたら食べるといい。

（兵庫県　八木彰子　'12）['19]

✉ 絨毯の客引き？

バブーシュを買ったあと、「すぐそばに家族でやっている絨毯屋さんがある。屋上からは広場が見えていいよ」とすすめられて行くと、屋上は確かにきれいでしたが、その後、絨毯を織る人が出てきて「写真撮っていいよ」「小さいのもあるよ」「まあ、ミントティー飲んで」と誘われました。「今日しか観光できなくてほかも見たいので」と断って出てきました。もし写真を撮ったらお金を請求されていたかもしれませんが、笑顔でていねいに断れば大丈夫！　ほかのお店でも購入させようとする勢いがあるので、断るときは断り、値切るときは思いっきり、そして最後は笑顔で楽しみましょう。

（神奈川県　まゆぽん　'11）['19]

✉ 砂漠ツアーのガイド

マラケシュから2泊3日の砂漠ツアーに参加しましたが、バスの運転手のみでガイドがいませんでした。途中に立ち寄った村ではそこのガイドがていねいな説明をしてくれましたが、別の写真スポットでは、その場所がどこかもわからない状態で、次の目的地もわかりませんでした。バスの運転手は英語を話さない人だったので、聞いてもわかりませんでした。ツアーに参加する際は、ガイドの有無、英語を話すかどうかをきちんと確認してからをおすすめします。

（東京都　ユウ　'11）['19]

✉ トイレットペーパーは必需品？

トイレットペーパーは持っていったほうがいいです。2008年、2009年、2011年と計3回モロッコを旅しましたが、注意をしても毎回おなかを壊してしまいます。トイレットペーパーのないホテルやレストランもあるので、持参するとかなり重宝します。

（徳島県　匿名　'11）['19]

travel diary 『地球の歩き方』読者からのお便り

見どころ情報

タムタトゥーシュ

トドラ渓谷から 20km ほど先にあるタムタトゥーシュという町はとてものどかな所だ。村の真ん中にあるカスバに登り見渡せば、絵に描いたような美しい自然が広がる。きれいな青々とした畑、そしてそばを流れる川で洗濯をする女性たちの姿が見える。

（茨城県　はぬる　'12）［'19］

写真美術館

Maison de la Photographie（→ P.68）

1870 年から 1950 年までの間にモロッコで撮影された写真を展示した、モロッコで唯一の写真美術館です。その収集数は約 5000 点にものぼり、当時の有名写真家による写真は芸術的価値があると同時に、時代検証のための歴史的・文化的価値も持ち合わせています。マラケシュのメディナのなかで、ひときわ静寂に包まれた心地よい空間。屋上のテラスからの景色も最高で、ひと休みしてモロッコ料理やドリンクを楽しむこともできます。冬にはここから、美しく雪化粧したアトラス山も望めます。場所はジャマ・エル・フナ広場から向かうとベン・ユーセフ・マドラサを通り過ぎ、道なりに進むと看板が出ています。

（和歌山県　yoko　'11）［'19］

▲歴史を感じる写真を集めている

ベルベル・エコ・ミュージアム

マラケシュの写真美術館の姉妹館で、市内から 37km 離れたウリカ渓谷にあるモロッコ初のエコミュージアム。写真や資料、陶器・装飾品・タペストリーなどの手工芸品が展示されています。ベルベル人が暮らすその村で、じかに彼らの歴史や文化に触れることができる“生きた”美術館です。村での宿泊やガイド付き山歩きのアレンジも申し込み可。交通手段は、マラケシュ市内のクトゥビア裏手にあるタクシー乗り場からグランタクシー（相乗りでひとり 10DH くらい）で Lagrab まで行き、そこでタクシーかミニバス（ひとり 5DH）に乗り換えて美術館のある Tafza 村まで。ただしまだ訪れる人が少ないので、事前に写真美術館にメール、または電話で連絡を入れたほうがよいとのこと。

（和歌山県　yoko　'11）［'19］

✉ ウリカ渓谷

マラケシュから日帰りで行ける、自然あふれるウリカ渓谷。外国人にとってはツアーが一般的だが、グランタクシーを使ったアクセスも可能だ。料金は片道 35DH。個人で行けば時間を気にすることなくゆっくり滞在できる。5 月下旬〜6 月上旬はサクランボのなる季節で、木の下でサクランボ売りたちが熟した甘いサクランボを売る姿に出会うだろう。

（茨城県　はぬる　'12）［'19］

食事情報

▲マラケシュの喧騒を抜けだそう（ウリカ渓谷）